U0850486

REFERENCE TO CRIMINAL TRIAL

2012年第5集・总第88集

刑事审判参考

中华人民共和国最高人民法院
刑事审判第一、二、三、四、五庭／主办

法律出版社
LAW PRESS・CHINA

2012年第5集·总第88集

刑事审判参考

最高人民法院刑事诉讼法司法解释专刊编辑说明

2012年3月14日,《全国人民代表大会关于修改〈中华人民共和国刑事诉讼法〉的决定》已在中华人民共和国第十一届全国人民代表大会第五次会议通过。修改后的《中华人民共和国刑事诉讼法》(以下简称《刑事诉讼法》)已于2013年1月1日起施行。为正确贯彻执行修改后的刑事诉讼法,最高人民法院根据法律修改情况,结合人民法院审判工作实际,制定了《关于适用〈中华人民共和国刑事诉讼法〉的解释》(以下简称《解释》)。《解释》于2012年12月20日公布,2013年1月1日配合《刑事诉讼法》同步实施。

《解释》在对以往司法解释、规范性文件进行集中梳理、修改、补充、编纂的基础上,通过广泛征求、认真听取各方面意见,反复、深入调研论证起草而成。《解释》集结了全国法院的审判经验和司法智慧,充分吸收了全国人大常委会法制工作委员会、最高人民检察院、公安部、国家安全部、司法部等机关和众多知名学者的意见,从严格规范司法行为、充分保障诉讼权利出发,以在《刑事诉讼法》框架内把握法律修改的精神实质和价值取向,依法、准确解释法律为首要原则,力求为适用《刑事诉讼法》提供有针对性、实效性的指引,最大限度解决认识分歧和司法争议,统一法律适用。

为帮助读者深入了解、尽快掌握《解释》的具体内容,在第一时间普及《刑事诉讼法》及《解释》的重要精神,《刑事审判参考》编辑部特推出“最高人民法院刑事诉讼法司法解释专刊”,专刊全文收录《解释》及其理解与适用以飨读者。同时,为了便于读者系统学习掌握和在工作实践中查阅《刑事诉讼法》相关规范性指导文件的规定,专刊附录了《最高人民法院、最高人民检察院、公安部、国家安全部、司法部、全国人大常委会法制工作委员会关于实施刑事诉讼法若干问题的规定》、《人民检察院刑事诉讼规则(试行)》和《公安机关办理刑事案件程序规定》三个文件。

本刊编辑部

二〇一三年二月

目　录

最高人民法院
关于适用《中华人民共和国
刑事诉讼法》的解释

（2012 年 11 月 5 日最高人民法院审判委员会第 1559 次会议通过　2012 年 12 月 20 日公布　自 2013 年 1 月 1 日起施行）

法释〔2012〕21 号

2012 年 3 月 14 日，第十一届全国人民代表大会第五次会议通过了《关于修改〈中华人民共和国刑事诉讼法〉的决定》。为正确理解和适用修改后的刑事诉讼法，结合人民法院审判工作实际，制定本解释。

第一章　管　　辖

第一条　人民法院直接受理的自诉案件包括：

（一）告诉才处理的案件：

1. 侮辱、诽谤案（刑法第二百四十六条规定的，但严重危害社会秩序和国家利益的除外）；

2. 暴力干涉婚姻自由案（刑法第二百五十七条第一款规定的）；

3. 虐待案（刑法第二百六十条第一款规定的）；

4. 侵占案（刑法第二百七十条规定的）。

（二）人民检察院没有提起公诉，被害人有证据证明的轻微刑事案件：

1. 故意伤害案（刑法第二百三十四条第一款规定的）；

2. 非法侵入住宅案（刑法第二百四十五条规定的）；

3. 侵犯通信自由案（刑法第二百五十二条规定的）；

4. 重婚案（刑法第二百五十八条规定的）；

5. 遗弃案（刑法第二百六十一条规定的）；

6. 生产、销售伪劣商品案(刑法分则第三章第一节规定的,但严重危害社会秩序和国家利益的除外);

7. 侵犯知识产权案(刑法分则第三章第七节规定的,但严重危害社会秩序和国家利益的除外);

8. 刑法分则第四章、第五章规定的,对被告人可能判处三年有期徒刑以下刑罚的案件。

本项规定的案件,被害人直接向人民法院起诉的,人民法院应当依法受理。对其中证据不足、可以由公安机关受理的,或者认为对被告人可能判处三年有期徒刑以上刑罚的,应当告知被害人向公安机关报案,或者移送公安机关立案侦查。

(三)被害人有证据证明对被告人侵犯自己人身、财产权利的行为应当依法追究刑事责任,且有证据证明曾经提出控告,而公安机关或者人民检察院不予追究被告人刑事责任的案件。

第二条 犯罪地包括犯罪行为发生地和犯罪结果发生地。

针对或者利用计算机网络实施的犯罪,犯罪地包括犯罪行为发生地的网站服务器所在地,网络接入地,网站建立者、管理者所在地,被侵害的计算机信息系统及其管理者所在地,被告人、被害人使用的计算机信息系统所在地,以及被害人财产遭受损失地。

第三条 被告人的户籍地为其居住地。经常居住地与户籍地不一致的,经常居住地为其居住地。经常居住地为被告人被追诉前已连续居住一年以上的地方,但住院就医的除外。

被告单位登记的住所地为其居住地。主要营业地或者主要办事机构所在地与登记的住所地不一致的,主要营业地或者主要办事机构所在地为其居住地。

第四条 在中华人民共和国领域外的中国船舶内的犯罪,由该船舶最初停泊的中国口岸所在地的人民法院管辖。

第五条 在中华人民共和国领域外的中国航空器内的犯罪,由该航空器在中国最初降落地的人民法院管辖。

第六条 在国际列车上的犯罪,根据我国与相关国家签订的协定确定管辖;没有协定的,由该列车最初停靠的中国车站所在地或者目的地的铁路运输法院管辖。

第七条 中国公民在中国驻外使、领馆内的犯罪,由其主管单位所在地或者原户籍地的人民法院管辖。

第八条 中国公民在中华人民共和国领域外的犯罪,由其入境地或者离境前居住地的人民法院管辖;被害人是中国公民的,也可由被害人离境前居住地的人民法院管辖。

第九条　外国人在中华人民共和国领域外对中华人民共和国国家或者公民犯罪，根据《中华人民共和国刑法》应当受处罚的，由该外国人入境地、入境后居住地或者被害中国公民离境前居住地的人民法院管辖。

第十条　对中华人民共和国缔结或者参加的国际条约所规定的罪行，中华人民共和国在所承担条约义务的范围内，行使刑事管辖权的，由被告人被抓获地的人民法院管辖。

第十一条　正在服刑的罪犯在判决宣告前还有其他罪没有判决的，由原审地人民法院管辖；由罪犯服刑地或者犯罪地的人民法院审判更为适宜的，可以由罪犯服刑地或者犯罪地的人民法院管辖。

罪犯在服刑期间又犯罪的，由服刑地的人民法院管辖。

罪犯在脱逃期间犯罪的，由服刑地的人民法院管辖。但是，在犯罪地抓获罪犯并发现其在脱逃期间的犯罪的，由犯罪地的人民法院管辖。

第十二条　人民检察院认为可能判处无期徒刑、死刑，向中级人民法院提起公诉的案件，中级人民法院受理后，认为不需要判处无期徒刑、死刑的，应当依法审判，不再交基层人民法院审判。

第十三条　一人犯数罪、共同犯罪和其他需要并案审理的案件，其中一人或者一罪属于上级人民法院管辖的，全案由上级人民法院管辖。

第十四条　上级人民法院决定审判下级人民法院管辖的第一审刑事案件的，应当向下级人民法院下达改变管辖决定书，并书面通知同级人民检察院。

第十五条　基层人民法院对可能判处无期徒刑、死刑的第一审刑事案件，应当移送中级人民法院审判。

基层人民法院对下列第一审刑事案件，可以请求移送中级人民法院审判：

（一）重大、复杂案件；

（二）新类型的疑难案件；

（三）在法律适用上具有普遍指导意义的案件。

需要将案件移送中级人民法院审判的，应当在报请院长决定后，至迟于案件审理期限届满十五日前书面请求移送。中级人民法院应当在接到申请后十日内作出决定。不同意移送的，应当下达不同意移送决定书，由请求移送的人民法院依法审判；同意移送的，应当下达同意移送决定书，并书面通知同级人民检察院。

第十六条　有管辖权的人民法院因案件涉及本院院长需要回避等原因，不宜行使管辖权的，可以请求移送上一级人民法院管辖。上一级人民法院可以管辖，也可以指定与提出请求的人民法院同级的其他人民法院管辖。

第十七条　两个以上同级人民法院都有管辖权的案件，由最初受理的人民法院审判。必要时,可以移送被告人主要犯罪地的人民法院审判。

管辖权发生争议的,应当在审理期限内协商解决;协商不成的,由争议的人民法院分别层报共同的上级人民法院指定管辖。

第十八条 上级人民法院在必要时,可以指定下级人民法院将其管辖的案件移送其他下级人民法院审判。

第十九条 上级人民法院指定管辖,应当将指定管辖决定书分别送达被指定管辖的人民法院和其他有关的人民法院。

第二十条 原受理案件的人民法院在收到上级人民法院改变管辖决定书、同意移送决定书或者指定其他人民法院管辖决定书后,对公诉案件,应当书面通知同级人民检察院,并将案卷材料退回,同时书面通知当事人;对自诉案件,应当将案卷材料移送被指定管辖的人民法院,并书面通知当事人。

第二十一条 第二审人民法院发回重新审判的案件,人民检察院撤回起诉后,又向原第一审人民法院的下级人民法院重新提起公诉的,下级人民法院应当将有关情况层报原第二审人民法院。原第二审人民法院根据具体情况,可以决定将案件移送原第一审人民法院或者其他人民法院审判。

第二十二条 军队和地方互涉刑事案件,按照有关规定确定管辖。

第二章 回 避

第二十三条 审判人员具有下列情形之一的,应当自行回避,当事人及其法定代理人有权申请其回避:

(一)是本案的当事人或者是当事人的近亲属的;

(二)本人或者其近亲属与本案有利害关系的;

(三)担任过本案的证人、鉴定人、辩护人、诉讼代理人、翻译人员的;

(四)与本案的辩护人、诉讼代理人有近亲属关系的;

(五)与本案当事人有其他利害关系,可能影响公正审判的。

第二十四条 审判人员违反规定,具有下列情形之一的,当事人及其法定代理人有权申请其回避:

(一)违反规定会见本案当事人、辩护人、诉讼代理人的;

(二)为本案当事人推荐、介绍辩护人、诉讼代理人,或者为律师、其他人员介绍办理本案的;

(三)索取、接受本案当事人及其委托人的财物或者其他利益的;

(四)接受本案当事人及其委托人的宴请,或者参加由其支付费用的活动的;

(五)向本案当事人及其委托人借用款物的;

（六）有其他不正当行为，可能影响公正审判的。

第二十五条 参与过本案侦查、审查起诉工作的侦查、检察人员，调至人民法院工作的，不得担任本案的审判人员。

在一个审判程序中参与过本案审判工作的合议庭组成人员或者独任审判员，不得再参与本案其他程序的审判。但是，发回重新审判的案件，在第一审人民法院作出裁判后又进入第二审程序或者死刑复核程序的，原第二审程序或者死刑复核程序中的合议庭组成人员不受本款规定的限制。

第二十六条 人民法院应当依法告知当事人及其法定代理人有权申请回避，并告知其合议庭组成人员、独任审判员、书记员等人员的名单。

第二十七条 审判人员自行申请回避，或者当事人及其法定代理人申请审判人员回避的，可以口头或者书面提出，并说明理由，由院长决定。

院长自行申请回避，或者当事人及其法定代理人申请院长回避的，由审判委员会讨论决定。审判委员会讨论时，由副院长主持，院长不得参加。

第二十八条 当事人及其法定代理人依照刑事诉讼法第二十九条和本解释第二十四条规定申请回避，应当提供证明材料。

第二十九条 应当回避的审判人员没有自行回避，当事人及其法定代理人也没有申请其回避的，院长或者审判委员会应当决定其回避。

第三十条 对当事人及其法定代理人提出的回避申请，人民法院可以口头或者书面作出决定，并将决定告知申请人。

当事人及其法定代理人申请回避被驳回的，可以在接到决定时申请复议一次。不属于刑事诉讼法第二十八条、第二十九条规定情形的回避申请，由法庭当庭驳回，并不得申请复议。

第三十一条 当事人及其法定代理人申请出庭的检察人员回避的，人民法院应当决定休庭，并通知人民检察院。

第三十二条 本章所称的审判人员，包括人民法院院长、副院长、审判委员会委员、庭长、副庭长、审判员、助理审判员和人民陪审员。

第三十三条 书记员、翻译人员和鉴定人适用审判人员回避的有关规定，其回避问题由院长决定。

第三十四条 辩护人、诉讼代理人可以依照本章的有关规定要求回避、申请复议。

第三章 辩护与代理

第三十五条 人民法院审判案件，应当充分保障被告人依法享有的辩护权利。

被告人除自己行使辩护权以外，还可以委托辩护人辩护。下列人员不得担任辩护人：

（一）正在被执行刑罚或者处于缓刑、假释考验期间的人；

（二）依法被剥夺、限制人身自由的人；

（三）无行为能力或者限制行为能力的人；

（四）人民法院、人民检察院、公安机关、国家安全机关、监狱的现职人员；

（五）人民陪审员；

（六）与本案审理结果有利害关系的人；

（七）外国人或者无国籍人。

前款第四项至第七项规定的人员，如果是被告人的监护人、近亲属，由被告人委托担任辩护人的，可以准许。

第三十六条 审判人员和人民法院其他工作人员从人民法院离任后二年内，不得以律师身份担任辩护人。

审判人员和人民法院其他工作人员从人民法院离任后，不得担任原任职法院所审理案件的辩护人，但作为被告人的监护人、近亲属进行辩护的除外。

审判人员和人民法院其他工作人员的配偶、子女或者父母不得担任其任职法院所审理案件的辩护人，但作为被告人的监护人、近亲属进行辩护的除外。

第三十七条 律师，人民团体、被告人所在单位推荐的人，或者被告人的监护人、亲友被委托为辩护人的，人民法院应当核实其身份证明和授权委托书。

第三十八条 一名被告人可以委托一至二人作为辩护人。

一名辩护人不得为两名以上的同案被告人，或者未同案处理但犯罪事实存在关联的被告人辩护。

第三十九条 被告人没有委托辩护人的，人民法院自受理案件之日起三日内，应当告知其有权委托辩护人；被告人因经济困难或者其他原因没有委托辩护人的，应当告知其可以申请法律援助；被告人属于应当提供法律援助情形的，应当告知其将依法通知法律援助机构指派律师为其提供辩护。

告知可以采取口头或者书面方式。

第四十条 审判期间，在押的被告人要求委托辩护人的，人民法院应当在三日内向其监护人、近亲属或者其指定的人员转达要求。被告人应当提供有关人员的联系方式。有关人员无法通知的，应当告知被告人。

第四十一条 人民法院收到在押被告人提出的法律援助申请，应当在二十四小时内转交所在地的法律援助机构。

第四十二条 对下列没有委托辩护人的被告人，人民法院应当通知法律援助机构指派律师为其提供辩护：

（一）盲、聋、哑人；

（二）尚未完全丧失辨认或者控制自己行为能力的精神病人；

（三）可能被判处无期徒刑、死刑的人。

高级人民法院复核死刑案件，被告人没有委托辩护人的，应当通知法律援助机构指派律师为其提供辩护。

第四十三条 具有下列情形之一，被告人没有委托辩护人的，人民法院可以通知法律援助机构指派律师为其提供辩护：

（一）共同犯罪案件中，其他被告人已经委托辩护人；

（二）有重大社会影响的案件；

（三）人民检察院抗诉的案件；

（四）被告人的行为可能不构成犯罪；

（五）有必要指派律师提供辩护的其他情形。

第四十四条 人民法院通知法律援助机构指派律师提供辩护的，应当将法律援助通知书、起诉书副本或者判决书送达法律援助机构；决定开庭审理的，除适用简易程序审理的以外，应当在开庭十五日前将上述材料送达法律援助机构。

法律援助通知书应当写明案由、被告人姓名、提供法律援助的理由、审判人员的姓名和联系方式；已确定开庭审理的，应当写明开庭的时间、地点。

第四十五条 被告人拒绝法律援助机构指派的律师为其辩护，坚持自己行使辩护权的，人民法院应当准许。

属于应当提供法律援助的情形，被告人拒绝指派的律师为其辩护的，人民法院应当查明原因。理由正当的，应当准许，但被告人须另行委托辩护人；被告人未另行委托辩护人的，人民法院应当在三日内书面通知法律援助机构另行指派律师为其提供辩护。

第四十六条 审判期间，辩护人接受被告人委托的，应当在接受委托之日起三日内，将委托手续提交人民法院。

法律援助机构决定为被告人指派律师提供辩护的，承办律师应当在接受指派之日起三日内，将法律援助手续提交人民法院。

第四十七条 辩护律师可以查阅、摘抄、复制案卷材料。其他辩护人经人民法院许可，也可以查阅、摘抄、复制案卷材料。合议庭、审判委员会的讨论记录以及其他依法不公开的材料不得查阅、摘抄、复制。

辩护人查阅、摘抄、复制案卷材料的，人民法院应当提供方便，并保证必要的时间。

复制案卷材料可以采用复印、拍照、扫描等方式。

第四十八条 辩护律师可以同在押的或者被监视居住的被告人会见和通信。其他辩护人经人民法院许可,也可以同在押的或者被监视居住的被告人会见和通信。

第四十九条 辩护人认为在侦查、审查起诉期间公安机关、人民检察院收集的证明被告人无罪或者罪轻的证据材料未随案移送,申请人民法院调取的,应当以书面形式提出,并提供相关线索或者材料。人民法院接受申请后,应当向人民检察院调取。人民检察院移送相关证据材料后,人民法院应当及时通知辩护人。

第五十条 辩护律师申请向被害人及其近亲属、被害人提供的证人收集与本案有关的材料,人民法院认为确有必要的,应当签发准许调查书。

第五十一条 辩护律师向证人或者有关单位、个人收集、调取与本案有关的证据材料,因证人或者有关单位、个人不同意,申请人民法院收集、调取,或者申请通知证人出庭作证,人民法院认为确有必要的,应当同意。

第五十二条 辩护律师直接申请人民法院向证人或者有关单位、个人收集、调取证据材料,人民法院认为确有收集、调取必要,且不宜或者不能由辩护律师收集、调取的,应当同意。人民法院收集、调取证据材料时,辩护律师可以在场。

人民法院向有关单位收集、调取的书面证据材料,必须由提供人签名,并加盖单位印章;向个人收集、调取的书面证据材料,必须由提供人签名。

人民法院对有关单位、个人提供的证据材料,应当出具收据,写明证据材料的名称、收到的时间、件数、页数以及是否为原件等,由书记员或者审判人员签名。

收集、调取证据材料后,应当及时通知辩护律师查阅、摘抄、复制,并告知人民检察院。

第五十三条 本解释第五十条至第五十二条规定的申请,应当以书面形式提出,并说明理由,写明需要收集、调取证据材料的内容或者需要调查问题的提纲。

对辩护律师的申请,人民法院应当在五日内作出是否准许、同意的决定,并通知申请人;决定不准许、不同意的,应当说明理由。

第五十四条 人民法院自受理自诉案件之日起三日内,应当告知自诉人及其法定代理人、附带民事诉讼当事人及其法定代理人,有权委托诉讼代理人,并告知如果经济困难的,可以申请法律援助。

第五十五条 当事人委托诉讼代理人的,参照适用刑事诉讼法第三十二条和本解释的有关规定。

第五十六条 诉讼代理人有权根据事实和法律,维护被害人、自诉人或者附带民事诉讼当事人的诉讼权利和其他合法权益。

第五十七条 经人民法院许可,诉讼代理人可以查阅、摘抄、复制本案的案卷材料。

律师担任诉讼代理人,需要收集、调取与本案有关的证据材料的,参照适用本解释第五十一条至第五十三条的规定。

第五十八条 诉讼代理人接受当事人委托或者法律援助机构指派后,应当在三日内将委托手续或者法律援助手续提交人民法院。

第五十九条 辩护人、诉讼代理人复制案卷材料的,人民法院只收取工本费;法律援助律师复制必要的案卷材料的,应当免收或者减收费用。

第六十条 辩护律师向人民法院告知其委托人或者其他人准备实施、正在实施危害国家安全、公共安全以及严重危害他人人身安全犯罪的,人民法院应当记录在案,立即转告主管机关依法处理,并为反映有关情况的辩护律师保密。

第四章 证 据

第一节 一般规定

第六十一条 认定案件事实,必须以证据为根据。

第六十二条 审判人员应当依照法定程序收集、审查、核实、认定证据。

第六十三条 证据未经当庭出示、辨认、质证等法庭调查程序查证属实,不得作为定案的根据,但法律和本解释另有规定的除外。

第六十四条 应当运用证据证明的案件事实包括:

(一)被告人、被害人的身份;

(二)被指控的犯罪是否存在;

(三)被指控的犯罪是否为被告人所实施;

(四)被告人有无刑事责任能力,有无罪过,实施犯罪的动机、目的;

(五)实施犯罪的时间、地点、手段、后果以及案件起因等;

(六)被告人在共同犯罪中的地位、作用;

(七)被告人有无从重、从轻、减轻、免除处罚情节;

(八)有关附带民事诉讼、涉案财物处理的事实;

(九)有关管辖、回避、延期审理等的程序事实;

(十)与定罪量刑有关的其他事实。

认定被告人有罪和对被告人从重处罚,应当适用证据确实、充分的证明标准。

第六十五条 行政机关在行政执法和查办案件过程中收集的物证、书证、视听资料、电子数据等证据材料,在刑事诉讼中可以作为证据使用;经法庭查证属实,且收集程序符合有关法律、行政法规规定的,可以作为定案的根据。

根据法律、行政法规规定行使国家行政管理职权的组织，在行政执法和查办案件过程中收集的证据材料，视为行政机关收集的证据材料。

第六十六条 人民法院依照刑事诉讼法第一百九十一条的规定调查核实证据，必要时，可以通知检察人员、辩护人、自诉人及其法定代理人到场。上述人员未到场的，应当记录在案。

人民法院调查核实证据时，发现对定罪量刑有重大影响的新的证据材料的，应当告知检察人员、辩护人、自诉人及其法定代理人。必要时，也可以直接提取，并及时通知检察人员、辩护人、自诉人及其法定代理人查阅、摘抄、复制。

第六十七条 下列人员不得担任刑事诉讼活动的见证人：

（一）生理上、精神上有缺陷或者年幼，不具有相应辨别能力或者不能正确表达的人；

（二）与案件有利害关系，可能影响案件公正处理的人；

（三）行使勘验、检查、搜查、扣押等刑事诉讼职权的公安、司法机关的工作人员或者其聘用的人员。

由于客观原因无法由符合条件的人员担任见证人的，应当在笔录材料中注明情况，并对相关活动进行录像。

第六十八条 公开审理案件时，公诉人、诉讼参与人提出涉及国家秘密、商业秘密或者个人隐私的证据的，法庭应当制止。有关证据确与本案有关的，可以根据具体情况，决定将案件转为不公开审理，或者对相关证据的法庭调查不公开进行。

第二节 物证、书证的审查与认定

第六十九条 对物证、书证应当着重审查以下内容：

（一）物证、书证是否为原物、原件，是否经过辨认、鉴定；物证的照片、录像、复制品或者书证的副本、复制件是否与原物、原件相符，是否由二人以上制作，有无制作人关于制作过程以及原物、原件存放于何处的文字说明和签名；

（二）物证、书证的收集程序、方式是否符合法律、有关规定；经勘验、检查、搜查提取、扣押的物证、书证，是否附有相关笔录、清单，笔录、清单是否经侦查人员、物品持有人、见证人签名，没有物品持有人签名的，是否注明原因；物品的名称、特征、数量、质量等是否注明清楚；

（三）物证、书证在收集、保管、鉴定过程中是否受损或者改变；

（四）物证、书证与案件事实有无关联；对现场遗留与犯罪有关的具备鉴定条件的血迹、体液、毛发、指纹等生物样本、痕迹、物品，是否已作DNA鉴定、指纹鉴定等，并与被告人或者被害人的相应生物检材、生物特征、物品等比对；

（五）与案件事实有关联的物证、书证是否全面收集。

第七十条 据以定案的物证应当是原物。原物不便搬运，不易保存，依法应当由有关部门保管、处理，或者依法应当返还的，可以拍摄、制作足以反映原物外形和特征的照片、录像、复制品。

物证的照片、录像、复制品，不能反映原物的外形和特征的，不得作为定案的根据。

物证的照片、录像、复制品，经与原物核对无误、经鉴定为真实或者以其他方式确认为真实的，可以作为定案的根据。

第七十一条 据以定案的书证应当是原件。取得原件确有困难的，可以使用副本、复制件。

书证有更改或者更改迹象不能作出合理解释，或者书证的副本、复制件不能反映原件及其内容的，不得作为定案的根据。

书证的副本、复制件，经与原件核对无误、经鉴定为真实或者以其他方式确认为真实的，可以作为定案的根据。

第七十二条 对与案件事实可能有关联的血迹、体液、毛发、人体组织、指纹、足迹、字迹等生物样本、痕迹和物品，应当提取而没有提取，应当检验而没有检验，导致案件事实存疑的，人民法院应当向人民检察院说明情况，由人民检察院依法补充收集、调取证据或者作出合理说明。

第七十三条 在勘验、检查、搜查过程中提取、扣押的物证、书证，未附笔录或者清单，不能证明物证、书证来源的，不得作为定案的根据。

物证、书证的收集程序、方式有下列瑕疵，经补正或者作出合理解释的，可以采用：

（一）勘验、检查、搜查、提取笔录或者扣押清单上没有侦查人员、物品持有人、见证人签名，或者对物品的名称、特征、数量、质量等注明不详的；

（二）物证的照片、录像、复制品，书证的副本、复制件未注明与原件核对无异，无复制时间，或者无被收集、调取人签名、盖章的；

（三）物证的照片、录像、复制品，书证的副本、复制件没有制作人关于制作过程和原物、原件存放地点的说明，或者说明中无签名的；

（四）有其他瑕疵的。

对物证、书证的来源、收集程序有疑问，不能作出合理解释的，该物证、书证不得作为定案的根据。

第三节　证人证言、被害人陈述的审查与认定

第七十四条 对证人证言应当着重审查以下内容：

（一）证言的内容是否为证人直接感知；

(二)证人作证时的年龄,认知、记忆和表达能力,生理和精神状态是否影响作证;

(三)证人与案件当事人、案件处理结果有无利害关系;

(四)询问证人是否个别进行;

(五)询问笔录的制作、修改是否符合法律、有关规定,是否注明询问的起止时间和地点,首次询问时是否告知证人有关作证的权利义务和法律责任,证人对询问笔录是否核对确认;

(六)询问未成年证人时,是否通知其法定代理人或者有关人员到场,其法定代理人或者有关人员是否到场;

(七)证人证言有无以暴力、威胁等非法方法收集的情形;

(八)证言之间以及与其他证据之间能否相互印证,有无矛盾。

第七十五条 处于明显醉酒、中毒或者麻醉等状态,不能正常感知或者正确表达的证人所提供的证言,不得作为证据使用。

证人的猜测性、评论性、推断性的证言,不得作为证据使用,但根据一般生活经验判断符合事实的除外。

第七十六条 证人证言具有下列情形之一的,不得作为定案的根据:

(一)询问证人没有个别进行的;

(二)书面证言没有经证人核对确认的;

(三)询问聋、哑人,应当提供通晓聋、哑手势的人员而未提供的;

(四)询问不通晓当地通用语言、文字的证人,应当提供翻译人员而未提供的。

第七十七条 证人证言的收集程序、方式有下列瑕疵,经补正或者作出合理解释的,可以采用;不能补正或者作出合理解释的,不得作为定案的根据:

(一)询问笔录没有填写询问人、记录人、法定代理人姓名以及询问的起止时间、地点的;

(二)询问地点不符合规定的;

(三)询问笔录没有记录告知证人有关作证的权利义务和法律责任的;

(四)询问笔录反映出在同一时段,同一询问人员询问不同证人的。

第七十八条 证人当庭作出的证言,经控辩双方质证、法庭查证属实的,应当作为定案的根据。

证人当庭作出的证言与其庭前证言矛盾,证人能够作出合理解释,并有相关证据印证的,应当采信其庭审证言;不能作出合理解释,而其庭前证言有相关证据印证的,可以采信其庭前证言。

经人民法院通知,证人没有正当理由拒绝出庭或者出庭后拒绝作证,法庭对其证言的真实性无法确认的,该证人证言不得作为定案的根据。

第七十九条 对被害人陈述的审查与认定,参照适用本节的有关规定。

第四节 被告人供述和辩解的审查与认定

第八十条 对被告人供述和辩解应当着重审查以下内容:

(一)讯问的时间、地点,讯问人的身份、人数以及讯问方式等是否符合法律、有关规定;

(二)讯问笔录的制作、修改是否符合法律、有关规定,是否注明讯问的具体起止时间和地点,首次讯问时是否告知被告人相关权利和法律规定,被告人是否核对确认;

(三)讯问未成年被告人时,是否通知其法定代理人或者有关人员到场,其法定代理人或者有关人员是否到场;

(四)被告人的供述有无以刑讯逼供等非法方法收集的情形;

(五)被告人的供述是否前后一致,有无反复以及出现反复的原因;被告人的所有供述和辩解是否均已随案移送;

(六)被告人的辩解内容是否符合案情和常理,有无矛盾;

(七)被告人的供述和辩解与同案被告人的供述和辩解以及其他证据能否相互印证,有无矛盾。

必要时,可以调取讯问过程的录音录像、被告人进出看守所的健康检查记录、笔录,并结合录音录像、记录、笔录对上述内容进行审查。

第八十一条 被告人供述具有下列情形之一的,不得作为定案的根据:

(一)讯问笔录没有经被告人核对确认的;

(二)讯问聋、哑人,应当提供通晓聋、哑手势的人员而未提供的;

(三)讯问不通晓当地通用语言、文字的被告人,应当提供翻译人员而未提供的。

第八十二条 讯问笔录有下列瑕疵,经补正或者作出合理解释的,可以采用;不能补正或者作出合理解释的,不得作为定案的根据:

(一)讯问笔录填写的讯问时间、讯问人、记录人、法定代理人等有误或者存在矛盾的;

(二)讯问人没有签名的;

(三)首次讯问笔录没有记录告知被讯问人相关权利和法律规定的。

第八十三条 审查被告人供述和辩解,应当结合控辩双方提供的所有证据以及被告人的全部供述和辩解进行。

被告人庭审中翻供,但不能合理说明翻供原因或者其辩解与全案证据矛盾,而其庭前供述与其他证据相互印证的，可以采信其庭前供述。

被告人庭前供述和辩解存在反复，但庭审中供认，且与其他证据相互印证的，可以采信其庭审供述；被告人庭前供述和辩解存在反复，庭审中不供认，且无其他证据与庭前供述印证的，不得采信其庭前供述。

第五节 鉴定意见的审查与认定

第八十四条 对鉴定意见应当着重审查以下内容：

（一）鉴定机构和鉴定人是否具有法定资质；

（二）鉴定人是否存在应当回避的情形；

（三）检材的来源、取得、保管、送检是否符合法律、有关规定，与相关提取笔录、扣押物品清单等记载的内容是否相符，检材是否充足、可靠；

（四）鉴定意见的形式要件是否完备，是否注明提起鉴定的事由、鉴定委托人、鉴定机构、鉴定要求、鉴定过程、鉴定方法、鉴定日期等相关内容，是否由鉴定机构加盖司法鉴定专用章并由鉴定人签名、盖章；

（五）鉴定程序是否符合法律、有关规定；

（六）鉴定的过程和方法是否符合相关专业的规范要求；

（七）鉴定意见是否明确；

（八）鉴定意见与案件待证事实有无关联；

（九）鉴定意见与勘验、检查笔录及相关照片等其他证据是否矛盾；

（十）鉴定意见是否依法及时告知相关人员，当事人对鉴定意见有无异议。

第八十五条 鉴定意见具有下列情形之一的，不得作为定案的根据：

（一）鉴定机构不具备法定资质，或者鉴定事项超出该鉴定机构业务范围、技术条件的；

（二）鉴定人不具备法定资质，不具有相关专业技术或者职称，或者违反回避规定的；

（三）送检材料、样本来源不明，或者因污染不具备鉴定条件的；

（四）鉴定对象与送检材料、样本不一致的；

（五）鉴定程序违反规定的；

（六）鉴定过程和方法不符合相关专业的规范要求的；

（七）鉴定文书缺少签名、盖章的；

（八）鉴定意见与案件待证事实没有关联的；

（九）违反有关规定的其他情形。

第八十六条 经人民法院通知，鉴定人拒不出庭作证的，鉴定意见不得作为定案的根据。

鉴定人由于不能抗拒的原因或者有其他正当理由无法出庭的，人民法院可以根据情况决定延期审理或者重新鉴定。

对没有正当理由拒不出庭作证的鉴定人，人民法院应当通报司法行政机关或者有关部门。

第八十七条 对案件中的专门性问题需要鉴定，但没有法定司法鉴定机构，或者法律、司法解释规定可以进行检验的，可以指派、聘请有专门知识的人进行检验，检验报告可以作为定罪量刑的参考。

对检验报告的审查与认定，参照适用本节的有关规定。

经人民法院通知，检验人拒不出庭作证的，检验报告不得作为定罪量刑的参考。

第六节 勘验、检查、辨认、侦查实验等笔录的审查与认定

第八十八条 对勘验、检查笔录应当着重审查以下内容：

（一）勘验、检查是否依法进行，笔录的制作是否符合法律、有关规定，勘验、检查人员和见证人是否签名或者盖章；

（二）勘验、检查笔录是否记录了提起勘验、检查的事由，勘验、检查的时间、地点，在场人员、现场方位、周围环境等，现场的物品、人身、尸体等的位置、特征等情况，以及勘验、检查、搜查的过程；文字记录与实物或者绘图、照片、录像是否相符；现场、物品、痕迹等是否伪造、有无破坏；人身特征、伤害情况、生理状态有无伪装或者变化等；

（三）补充进行勘验、检查的，是否说明了再次勘验、检查的原由，前后勘验、检查的情况是否矛盾。

第八十九条 勘验、检查笔录存在明显不符合法律、有关规定的情形，不能作出合理解释或者说明的，不得作为定案的根据。

第九十条 对辨认笔录应当着重审查辨认的过程、方法，以及辨认笔录的制作是否符合有关规定。

辨认笔录具有下列情形之一的，不得作为定案的根据：

（一）辨认不是在侦查人员主持下进行的；

（二）辨认前使辨认人见到辨认对象的；

（三）辨认活动没有个别进行的；

（四）辨认对象没有混杂在具有类似特征的其他对象中，或者供辨认的对象数量不符合规定的；

（五）辨认中给辨认人明显暗示或者明显有指认嫌疑的；

（六）违反有关规定、不能确定辨认笔录真实性的其他情形。

第九十一条 对侦查实验笔录应当着重审查实验的过程、方法,以及笔录的制作是否符合有关规定。

侦查实验的条件与事件发生时的条件有明显差异,或者存在影响实验结论科学性的其他情形的,侦查实验笔录不得作为定案的根据。

第七节 视听资料、电子数据的审查与认定

第九十二条 对视听资料应当着重审查以下内容:

(一)是否附有提取过程的说明,来源是否合法;

(二)是否为原件,有无复制及复制份数;是复制件的,是否附有无法调取原件的原因、复制件制作过程和原件存放地点的说明,制作人、原视听资料持有人是否签名或者盖章;

(三)制作过程中是否存在威胁、引诱当事人等违反法律、有关规定的情形;

(四)是否写明制作人、持有人的身份,制作的时间、地点、条件和方法;

(五)内容和制作过程是否真实,有无剪辑、增加、删改等情形;

(六)内容与案件事实有无关联。

对视听资料有疑问的,应当进行鉴定。

第九十三条 对电子邮件、电子数据交换、网上聊天记录、博客、微博客、手机短信、电子签名、域名等电子数据,应当着重审查以下内容:

(一)是否随原始存储介质移送;在原始存储介质无法封存、不便移动或者依法应当由有关部门保管、处理、返还时,提取、复制电子数据是否由二人以上进行,是否足以保证电子数据的完整性,有无提取、复制过程及原始存储介质存放地点的文字说明和签名;

(二)收集程序、方式是否符合法律及有关技术规范;经勘验、检查、搜查等侦查活动收集的电子数据,是否附有笔录、清单,并经侦查人员、电子数据持有人、见证人签名;没有持有人签名的,是否注明原因;远程调取境外或者异地的电子数据的,是否注明相关情况;对电子数据的规格、类别、文件格式等注明是否清楚;

(三)电子数据内容是否真实,有无删除、修改、增加等情形;

(四)电子数据与案件事实有无关联;

(五)与案件事实有关联的电子数据是否全面收集。

对电子数据有疑问的,应当进行鉴定或者检验。

第九十四条 视听资料、电子数据具有下列情形之一的,不得作为定案的根据:

(一)经审查无法确定真伪的;

(二)制作、取得的时间、地点、方式等有疑问,不能提供必要证明或者作出合理

解释的。

第八节　非法证据排除

第九十五条　使用肉刑或者变相肉刑，或者采用其他使被告人在肉体上或者精神上遭受剧烈疼痛或者痛苦的方法，迫使被告人违背意愿供述的，应当认定为刑事诉讼法第五十四条规定的"刑讯逼供等非法方法"。

认定刑事诉讼法第五十四条规定的"可能严重影响司法公正"，应当综合考虑收集物证、书证违反法定程序以及所造成后果的严重程度等情况。

第九十六条　当事人及其辩护人、诉讼代理人申请人民法院排除以非法方法收集的证据的，应当提供涉嫌非法取证的人员、时间、地点、方式、内容等相关线索或者材料。

第九十七条　人民法院向被告人及其辩护人送达起诉书副本时，应当告知其申请排除非法证据的，应当在开庭审理前提出，但在庭审期间才发现相关线索或者材料的除外。

第九十八条　开庭审理前，当事人及其辩护人、诉讼代理人申请人民法院排除非法证据的，人民法院应当在开庭前及时将申请书或者申请笔录及相关线索、材料的复制件送交人民检察院。

第九十九条　开庭审理前，当事人及其辩护人、诉讼代理人申请排除非法证据，人民法院经审查，对证据收集的合法性有疑问的，应当依照刑事诉讼法第一百八十二条第二款的规定召开庭前会议，就非法证据排除等问题了解情况，听取意见。人民检察院可以通过出示有关证据材料等方式，对证据收集的合法性加以说明。

第一百条　法庭审理过程中，当事人及其辩护人、诉讼代理人申请排除非法证据的，法庭应当进行审查。经审查，对证据收集的合法性有疑问的，应当进行调查；没有疑问的，应当当庭说明情况和理由，继续法庭审理。当事人及其辩护人、诉讼代理人以相同理由再次申请排除非法证据的，法庭不再进行审查。

对证据收集合法性的调查，根据具体情况，可以在当事人及其辩护人、诉讼代理人提出排除非法证据的申请后进行，也可以在法庭调查结束前一并进行。

法庭审理过程中，当事人及其辩护人、诉讼代理人申请排除非法证据，人民法院经审查，不符合本解释第九十七条规定的，应当在法庭调查结束前一并进行审查，并决定是否进行证据收集合法性的调查。

第一百零一条　法庭决定对证据收集的合法性进行调查的，可以由公诉人通过出示、宣读讯问笔录或者其他证据，有针对性地播放讯问过程的录音录像，提请法庭通知有关侦查人员或者其他人员出庭说明情况等方式，证明证据收集的合法性。

公诉人提交的取证过程合法的说明材料，应当经有关侦查人员签名，并加盖公章。未经有关侦查人员签名的，不得作为证据使用。上述说明材料不能单独作为证明取证过程合法的根据。

第一百零二条 经审理，确认或者不能排除存在刑事诉讼法第五十四条规定的以非法方法收集证据情形的，对有关证据应当排除。

人民法院对证据收集的合法性进行调查后，应当将调查结论告知公诉人、当事人和辩护人、诉讼代理人。

第一百零三条 具有下列情形之一的，第二审人民法院应当对证据收集的合法性进行审查，并根据刑事诉讼法和本解释的有关规定作出处理：

（一）第一审人民法院对当事人及其辩护人、诉讼代理人排除非法证据的申请没有审查，且以该证据作为定案根据的；

（二）人民检察院或者被告人、自诉人及其法定代理人不服第一审人民法院作出的有关证据收集合法性的调查结论，提出抗诉、上诉的；

（三）当事人及其辩护人、诉讼代理人在第一审结束后才发现相关线索或者材料，申请人民法院排除非法证据的。

第九节 证据的综合审查与运用

第一百零四条 对证据的真实性，应当综合全案证据进行审查。

对证据的证明力，应当根据具体情况，从证据与待证事实的关联程度、证据之间的联系等方面进行审查判断。

证据之间具有内在联系，共同指向同一待证事实，不存在无法排除的矛盾和无法解释的疑问的，才能作为定案的根据。

第一百零五条 没有直接证据，但间接证据同时符合下列条件的，可以认定被告人有罪：

（一）证据已经查证属实；

（二）证据之间相互印证，不存在无法排除的矛盾和无法解释的疑问；

（三）全案证据已经形成完整的证明体系；

（四）根据证据认定案件事实足以排除合理怀疑，结论具有唯一性；

（五）运用证据进行的推理符合逻辑和经验。

第一百零六条 根据被告人的供述、指认提取到了隐蔽性很强的物证、书证，且被告人的供述与其他证明犯罪事实发生的证据相互印证，并排除串供、逼供、诱供等可能性的，可以认定被告人有罪。

第一百零七条 采取技术侦查措施收集的证据材料，经当庭出示、辨认、质证等法庭调查程序查证属实的，可以作为定案的根据。

使用前款规定的证据可能危及有关人员的人身安全，或者可能产生其他严重后果的，法庭应当采取不暴露有关人员身份、技术方法等保护措施，必要时，审判人员可以在庭外核实。

第一百零八条 对侦查机关出具的被告人到案经过、抓获经过等材料，应当审查是否有出具该说明材料的办案人、办案机关的签名、盖章。

对到案经过、抓获经过或者确定被告人有重大嫌疑的根据有疑问的，应当要求侦查机关补充说明。

第一百零九条 下列证据应当慎重使用，有其他证据印证的，可以采信：

（一）生理上、精神上有缺陷，对案件事实的认知和表达存在一定困难，但尚未丧失正确认知、表达能力的被害人、证人和被告人所作的陈述、证言和供述；

（二）与被告人有亲属关系或者其他密切关系的证人所作的有利被告人的证言，或者与被告人有利害冲突的证人所作的不利被告人的证言。

第一百一十条 证明被告人自首、坦白、立功的证据材料，没有加盖接受被告人投案、坦白、检举揭发等的单位的印章，或者接受人员没有签名的，不得作为定案的根据。

对被告人及其辩护人提出有自首、坦白、立功的事实和理由，有关机关未予认定，或者有关机关提出被告人有自首、坦白、立功表现，但证据材料不全的，人民法院应当要求有关机关提供证明材料，或者要求相关人员作证，并结合其他证据作出认定。

第一百一十一条 证明被告人构成累犯、毒品再犯的证据材料，应当包括前罪的裁判文书、释放证明等材料；材料不全的，应当要求有关机关提供。

第一百一十二条 审查被告人实施被指控的犯罪时或者审判时是否达到相应法定责任年龄，应当根据户籍证明、出生证明文件、学籍卡、人口普查登记、无利害关系人的证言等证据综合判断。

证明被告人已满十四周岁、十六周岁、十八周岁或者不满七十五周岁的证据不足的，应当认定被告人不满十四周岁、不满十六周岁、不满十八周岁或者已满七十五周岁。

第五章 强制措施

第一百一十三条 人民法院审判案件，根据情况，对被告人可以决定拘传、取保候审、监视居住或者逮捕。

对被告人采取、撤销或者变更强制措施的，由院长决定。

第一百一十四条 对经依法传唤拒不到庭的被告人,或者根据案件情况有必要拘传的被告人,可以拘传。

拘传被告人,应当由院长签发拘传票,由司法警察执行,执行人员不得少于二人。

拘传被告人,应当出示拘传票。对抗拒拘传的被告人,可以使用戒具。

第一百一十五条 拘传被告人,持续的时间不得超过十二小时;案情特别重大、复杂,需要采取逮捕措施的,持续的时间不得超过二十四小时。不得以连续拘传的形式变相拘禁被告人。应当保证被拘传人的饮食和必要的休息时间。

第一百一十六条 被告人具有刑事诉讼法第六十五条第一款规定情形之一的,人民法院可以决定取保候审。

对被告人决定取保候审的,应当责令其提出保证人或者交纳保证金,不得同时使用保证人保证与保证金保证。

第一百一十七条 对下列被告人决定取保候审的,可以责令其提出一至二名保证人:

(一)无力交纳保证金的;

(二)未成年或者已满七十五周岁的;

(三)不宜收取保证金的其他被告人。

第一百一十八条 人民法院应当审查保证人是否符合法定条件。符合条件的,应当告知其必须履行的义务,并由其出具保证书。

第一百一十九条 对决定取保候审的被告人使用保证金保证的,应当依照刑事诉讼法第七十条第一款的规定确定保证金的具体数额,并责令被告人或者为其提供保证金的单位、个人将保证金一次性存入公安机关指定银行的专门账户。

第一百二十条 人民法院向被告人宣布取保候审决定后,应当将取保候审决定书等相关材料送交当地同级公安机关执行;被告人不在本地居住的,送交其居住地公安机关执行。

对被告人使用保证金保证的,应当在核实保证金已经存入公安机关指定银行的专门账户后,将银行出具的收款凭证一并送交公安机关。

第一百二十一条 被告人被取保候审期间,保证人不愿继续履行保证义务或者丧失履行保证义务能力的,人民法院应当在收到保证人的申请或者公安机关的书面通知后三日内,责令被告人重新提出保证人或者交纳保证金,或者变更强制措施,并通知公安机关。

第一百二十二条 根据案件事实和法律规定,认为已经构成犯罪的被告人在取保候审期间逃匿的,如果系保证人协助被告人逃匿,或者保证人明知被告人藏匿地点但拒绝向司法机关提供，对保证人应当依法追究刑事责任。

第一百二十三条 人民法院发现使用保证金保证的被取保候审人违反刑事诉讼法第六十九条第一款、第二款规定的，应当提出没收部分或者全部保证金的书面意见，连同有关材料一并送交负责执行的公安机关处理。

人民法院收到公安机关已经没收保证金的书面通知或者变更强制措施的建议后，应当区别情形，在五日内责令被告人具结悔过，重新交纳保证金或者提出保证人，或者变更强制措施，并通知公安机关。

人民法院决定对被依法没收保证金的被告人继续取保候审的，取保候审的期限连续计算。

第一百二十四条 对被取保候审的被告人的判决、裁定生效后，应当解除取保候审、退还保证金的，如果保证金属于其个人财产，人民法院可以书面通知公安机关将保证金移交人民法院，用以退赔被害人、履行附带民事赔偿义务或者执行财产刑，剩余部分应当退还被告人。

第一百二十五条 对具有刑事诉讼法第七十二条第一款、第二款规定情形的被告人，人民法院可以决定监视居住。

人民法院决定对被告人监视居住的，应当核实其住处；没有固定住处的，应当为其指定居所。

第一百二十六条 人民法院向被告人宣布监视居住决定后，应当将监视居住决定书等相关材料送交被告人住处或者指定居所所在地的同级公安机关执行。

对被告人指定居所监视居住后，人民法院应当在二十四小时内，将监视居住的原因和处所通知其家属；确实无法通知的，应当记录在案。

第一百二十七条 人民检察院、公安机关已经对犯罪嫌疑人取保候审、监视居住，案件起诉至人民法院后，需要继续取保候审、监视居住或者变更强制措施的，人民法院应当在七日内作出决定，并通知人民检察院、公安机关。

决定继续取保候审、监视居住的，应当重新办理手续，期限重新计算；继续使用保证金保证的，不再收取保证金。

人民法院不得对被告人重复采取取保候审、监视居住措施。

第一百二十八条 对具有刑事诉讼法第七十九条第一款、第二款规定情形的被告人，人民法院应当决定逮捕。

第一百二十九条 被取保候审的被告人具有下列情形之一的，人民法院应当决定逮捕：

（一）故意实施新的犯罪的；

（二）企图自杀、逃跑的；

（三）毁灭、伪造证据，干扰证人作证或者串供的；

（四）对被害人、举报人、控告人实施打击报复的；

（五）经传唤，无正当理由不到案，影响审判活动正常进行的；

（六）擅自改变联系方式或者居住地，导致无法传唤，影响审判活动正常进行的；

（七）未经批准，擅自离开所居住的市、县，影响审判活动正常进行，或者两次未经批准，擅自离开所居住的市、县的；

（八）违反规定进入特定场所、与特定人员会见或者通信、从事特定活动，影响审判活动正常进行，或者两次违反有关规定的；

（九）依法应当决定逮捕的其他情形。

第一百三十条 被监视居住的被告人具有下列情形之一的，人民法院应当决定逮捕：

（一）具有前条第一项至第五项规定情形之一的；

（二）未经批准，擅自离开执行监视居住的处所，影响审判活动正常进行，或者两次未经批准，擅自离开执行监视居住的处所的；

（三）未经批准，擅自会见他人或者通信，影响审判活动正常进行，或者两次未经批准，擅自会见他人或者通信的；

（四）对因患有严重疾病、生活不能自理，或者因怀孕、正在哺乳自己婴儿而未予逮捕的被告人，疾病痊愈或者哺乳期已满的；

（五）依法应当决定逮捕的其他情形。

第一百三十一条 人民法院作出逮捕决定后，应当将逮捕决定书等相关材料送交同级公安机关执行，并将逮捕决定书抄送人民检察院。逮捕被告人后，人民法院应当将逮捕的原因和羁押的处所，在二十四小时内通知其家属；确实无法通知的，应当记录在案。

第一百三十二条 人民法院对决定逮捕的被告人，应当在逮捕后二十四小时内讯问。发现不应当逮捕的，应当变更强制措施或者立即释放。

第一百三十三条 被逮捕的被告人具有下列情形之一的，人民法院可以变更强制措施：

（一）患有严重疾病、生活不能自理的；

（二）怀孕或者正在哺乳自己婴儿的；

（三）系生活不能自理的人的唯一扶养人。

第一百三十四条 第一审人民法院判决被告人无罪、不负刑事责任或者免除刑事处罚，被告人在押的，应当在宣判后立即释放。

被逮捕的被告人具有下列情形之一的，人民法院应当变更强制措施或者予以释放：

（一）第一审人民法院判处管制、宣告缓刑、单独适用附加刑，判决尚未发生法律效力的；

（二）被告人被羁押的时间已到第一审人民法院对其判处的刑期期限的；

（三）案件不能在法律规定的期限内审结的。

第一百三十五条 人民法院决定变更强制措施或者释放被告人的，应当立即将变更强制措施决定书或者释放通知书送交公安机关执行。

第一百三十六条 对人民法院决定逮捕的被告人，人民检察院建议释放或者变更强制措施的，人民法院应当在收到建议后十日内将处理情况通知人民检察院。

第一百三十七条 被告人及其法定代理人、近亲属或者辩护人申请变更强制措施的，应当说明理由。人民法院收到申请后，应当在三日内作出决定。同意变更强制措施的，应当依照本解释规定处理；不同意的，应当告知申请人，并说明理由。

第六章 附带民事诉讼

第一百三十八条 被害人因人身权利受到犯罪侵犯或者财物被犯罪分子毁坏而遭受物质损失的，有权在刑事诉讼过程中提起附带民事诉讼；被害人死亡或者丧失行为能力的，其法定代理人、近亲属有权提起附带民事诉讼。

因受到犯罪侵犯，提起附带民事诉讼或者单独提起民事诉讼要求赔偿精神损失的，人民法院不予受理。

第一百三十九条 被告人非法占有、处置被害人财产的，应当依法予以追缴或者责令退赔。被害人提起附带民事诉讼的，人民法院不予受理。追缴、退赔的情况，可以作为量刑情节考虑。

第一百四十条 国家机关工作人员在行使职权时，侵犯他人人身、财产权利构成犯罪，被害人或者其法定代理人、近亲属提起附带民事诉讼的，人民法院不予受理，但应当告知其可以依法申请国家赔偿。

第一百四十一条 人民法院受理刑事案件后，对符合刑事诉讼法第九十九条和本解释第一百三十八条第一款规定的，可以告知被害人或者其法定代理人、近亲属有权提起附带民事诉讼。

有权提起附带民事诉讼的人放弃诉讼权利的，应当准许，并记录在案。

第一百四十二条 国家财产、集体财产遭受损失，受损失的单位未提起附带民事诉讼，人民检察院在提起公诉时提起附带民事诉讼的，人民法院应当受理。

人民检察院提起附带民事诉讼的，应当列为附带民事诉讼原告人。

被告人非法占有、处置国家财产、集体财产的,依照本解释第一百三十九条的规定处理。

第一百四十三条 附带民事诉讼中依法负有赔偿责任的人包括:

(一)刑事被告人以及未被追究刑事责任的其他共同侵害人;

(二)刑事被告人的监护人;

(三)死刑罪犯的遗产继承人;

(四)共同犯罪案件中,案件审结前死亡的被告人的遗产继承人;

(五)对被害人的物质损失依法应当承担赔偿责任的其他单位和个人。

附带民事诉讼被告人的亲友自愿代为赔偿的,应当准许。

第一百四十四条 被害人或者其法定代理人、近亲属仅对部分共同侵害人提起附带民事诉讼的,人民法院应当告知其可以对其他共同侵害人,包括没有被追究刑事责任的共同侵害人,一并提起附带民事诉讼,但共同犯罪案件中同案犯在逃的除外。

被害人或者其法定代理人、近亲属放弃对其他共同侵害人的诉讼权利的,人民法院应当告知其相应法律后果,并在裁判文书中说明其放弃诉讼请求的情况。

第一百四十五条 附带民事诉讼的起诉条件是:

(一)起诉人符合法定条件;

(二)有明确的被告人;

(三)有请求赔偿的具体要求和事实、理由;

(四)属于人民法院受理附带民事诉讼的范围。

第一百四十六条 共同犯罪案件,同案犯在逃的,不应列为附带民事诉讼被告人。逃跑的同案犯到案后,被害人或者其法定代理人、近亲属可以对其提起附带民事诉讼,但已经从其他共同犯罪人处获得足额赔偿的除外。

第一百四十七条 附带民事诉讼应当在刑事案件立案后及时提起。

提起附带民事诉讼应当提交附带民事起诉状。

第一百四十八条 侦查、审查起诉期间,有权提起附带民事诉讼的人提出赔偿要求,经公安机关、人民检察院调解,当事人双方已经达成协议并全部履行,被害人或者其法定代理人、近亲属又提起附带民事诉讼的,人民法院不予受理,但有证据证明调解违反自愿、合法原则的除外。

第一百四十九条 被害人或者其法定代理人、近亲属提起附带民事诉讼的,人民法院应当在七日内决定是否立案。符合刑事诉讼法第九十九条以及本解释有关规定的,应当受理;不符合的,裁定不予受理。

第一百五十条 人民法院受理附带民事诉讼后,应当在五日内将附带民事起诉状副本送达附带民事诉讼被告人及其法定代理人，或者将口头起诉的内容及时通知附带民事诉讼被告人及其法定代理人，并制作笔录。

人民法院送达附带民事起诉状副本时，应当根据刑事案件的审理期限，确定被告人及其法定代理人提交附带民事答辩状的时间。

第一百五十一条 附带民事诉讼当事人对自己提出的主张，有责任提供证据。

第一百五十二条 人民法院对可能因被告人的行为或者其他原因，使附带民事判决难以执行的案件，根据附带民事诉讼原告人的申请，可以裁定采取保全措施，查封、扣押或者冻结被告人的财产；附带民事诉讼原告人未提出申请的，必要时，人民法院也可以采取保全措施。

有权提起附带民事诉讼的人因情况紧急，不立即申请保全将会使其合法权益受到难以弥补的损害的，可以在提起附带民事诉讼前，向被保全财产所在地、被申请人居住地或者对案件有管辖权的人民法院申请采取保全措施。申请人在人民法院受理刑事案件后十五日内未提起附带民事诉讼的，人民法院应当解除保全措施。

人民法院采取保全措施，适用民事诉讼法第一百条至第一百零五条的有关规定，但民事诉讼法第一百零一条第三款的规定除外。

第一百五十三条 人民法院审理附带民事诉讼案件，可以根据自愿、合法的原则进行调解。经调解达成协议的，应当制作调解书。调解书经双方当事人签收后，即具有法律效力。

调解达成协议并即时履行完毕的，可以不制作调解书，但应当制作笔录，经双方当事人、审判人员、书记员签名或者盖章后即发生法律效力。

第一百五十四条 调解未达成协议或者调解书签收前当事人反悔的，附带民事诉讼应当同刑事诉讼一并判决。

第一百五十五条 对附带民事诉讼作出判决，应当根据犯罪行为造成的物质损失，结合案件具体情况，确定被告人应当赔偿的数额。

犯罪行为造成被害人人身损害的，应当赔偿医疗费、护理费、交通费等为治疗和康复支付的合理费用，以及因误工减少的收入。造成被害人残疾的，还应当赔偿残疾生活辅助具费等费用；造成被害人死亡的，还应当赔偿丧葬费等费用。

驾驶机动车致人伤亡或者造成公私财产重大损失，构成犯罪的，依照《中华人民共和国道路交通安全法》第七十六条的规定确定赔偿责任。

附带民事诉讼当事人就民事赔偿问题达成调解、和解协议的，赔偿范围、数额不受第二款、第三款规定的限制。

第一百五十六条 人民检察院提起附带民事诉讼的，人民法院经审理，认为附带民事诉讼被告人依法应当承担赔偿责任的，应当判令附带民事诉讼被告人直接向遭受损失的单位作出赔偿;遭受损失的单位已经终止,有权利义务继受人的,应当判令其向继受人作出赔偿;没有权利义务继受人的,应当判令其向人民检察院交付赔偿款,由人民检察院上缴国库。

第一百五十七条 审理刑事附带民事诉讼案件,人民法院应当结合被告人赔偿被害人物质损失的情况认定其悔罪表现,并在量刑时予以考虑。

第一百五十八条 附带民事诉讼原告人经传唤,无正当理由拒不到庭,或者未经法庭许可中途退庭的,应当按撤诉处理。

刑事被告人以外的附带民事诉讼被告人经传唤,无正当理由拒不到庭,或者未经法庭许可中途退庭的,附带民事部分可以缺席判决。

第一百五十九条 附带民事诉讼应当同刑事案件一并审判,只有为了防止刑事案件审判的过分迟延,才可以在刑事案件审判后,由同一审判组织继续审理附带民事诉讼;同一审判组织的成员确实不能继续参与审判的,可以更换。

第一百六十条 人民法院认定公诉案件被告人的行为不构成犯罪,对已经提起的附带民事诉讼,经调解不能达成协议的,应当一并作出刑事附带民事判决。

人民法院准许人民检察院撤回起诉的公诉案件,对已经提起的附带民事诉讼,可以进行调解;不宜调解或者经调解不能达成协议的,应当裁定驳回起诉,并告知附带民事诉讼原告人可以另行提起民事诉讼。

第一百六十一条 第一审期间未提起附带民事诉讼,在第二审期间提起的,第二审人民法院可以依法进行调解;调解不成的,告知当事人可以在刑事判决、裁定生效后另行提起民事诉讼。

第一百六十二条 人民法院审理附带民事诉讼案件,不收取诉讼费。

第一百六十三条 人民法院审理附带民事诉讼案件,除刑法、刑事诉讼法以及刑事司法解释已有规定的以外,适用民事法律的有关规定。

第一百六十四条 被害人或者其法定代理人、近亲属在刑事诉讼过程中未提起附带民事诉讼,另行提起民事诉讼的,人民法院可以进行调解,或者根据物质损失情况作出判决。

第七章 期间、送达、审理期限

第一百六十五条 以月计算的期限,自本月某日至下月同日为一个月。期限起算日为本月最后一日的,至下月最后一日为一个月。下月同日不存在的,自本月某日至下月最后一日为一个月。半个月一律按十五日计算。

第一百六十六条 当事人由于不能抗拒的原因或者有其他正当理由而耽误期限,依法申请继续进行应当在期满前完成的诉讼活动的,人民法院查证属实后,应当裁定准许。

第一百六十七条 送达诉讼文书，应当由收件人签收。收件人不在的，可以由其成年家属或者所在单位负责收件的人员代收。

收件人或者代收人在送达回证上签收的日期为送达日期。

收件人或者代收人拒绝签收的，送达人可以邀请见证人到场，说明情况，在送达回证上注明拒收的事由和日期，由送达人、见证人签名或者盖章，将诉讼文书留在收件人、代收人的住处或者单位；也可以把诉讼文书留在受送达人的住处，并采用拍照、录像等方式记录送达过程，即视为送达。

第一百六十八条 直接送达诉讼文书有困难的，可以委托收件人所在地的人民法院代为送达，或者邮寄送达。

第一百六十九条 委托送达的，应当将委托函、委托送达的诉讼文书及送达回证寄送受托法院。受托法院收到后，应当登记，在十日内送达收件人，并将送达回证寄送委托法院；无法送达的，应当告知委托法院，并将诉讼文书及送达回证退回。

第一百七十条 邮寄送达的，应当将诉讼文书、送达回证挂号邮寄给收件人。挂号回执上注明的日期为送达日期。

第一百七十一条 诉讼文书的收件人是军人的，可以通过其所在部队团级以上单位的政治部门转交。

收件人正在服刑的，可以通过执行机关转交。

收件人正在被采取强制性教育措施的，可以通过强制性教育机构转交。

由有关部门、单位代为转交诉讼文书的，应当请有关部门、单位收到后立即交收件人签收，并将送达回证及时寄送人民法院。

第一百七十二条 指定管辖案件的审理期限，自被指定管辖的人民法院收到指定管辖决定书和有关案卷、证据材料之日起计算。

第一百七十三条 申请上级人民法院批准延长审理期限，应当在期限届满十五日前层报。有权决定的人民法院不同意延长的，应当在审理期限届满五日前作出决定。

因特殊情况申请最高人民法院批准延长审理期限，最高人民法院经审查，予以批准的，可以延长审理期限一至三个月。期限届满案件仍然不能审结的，可以再次提出申请。

第一百七十四条 审判期间，对被告人作精神病鉴定的时间不计入审理期限。

第八章 审判组织

第一百七十五条 审判长由审判员担任。助理审判员由本院院长提出，经审判委员会通过,可以临时代行审判员职务,并可以担任审判长。

第一百七十六条 开庭审理和评议案件,应当由同一合议庭进行。合议庭成员在评议案件时,应当独立表达意见并说明理由。意见分歧的,应当按多数意见作出决定,但少数意见应当记入笔录。评议笔录由合议庭的组成人员在审阅确认无误后签名。评议情况应当保密。

第一百七十七条 审判员依法独任审判时,行使与审判长相同的职权。

第一百七十八条 合议庭审理、评议后,应当及时作出判决、裁定。

拟判处死刑的案件、人民检察院抗诉的案件,合议庭应当提请院长决定提交审判委员会讨论决定。

对合议庭成员意见有重大分歧的案件、新类型案件、社会影响重大的案件以及其他疑难、复杂、重大的案件,合议庭认为难以作出决定的,可以提请院长决定提交审判委员会讨论决定。

人民陪审员可以要求合议庭将案件提请院长决定是否提交审判委员会讨论决定。

对提请院长决定提交审判委员会讨论决定的案件,院长认为不必要的,可以建议合议庭复议一次。

独任审判的案件,审判员认为有必要的,也可以提请院长决定提交审判委员会讨论决定。

第一百七十九条 审判委员会的决定,合议庭、独任审判员应当执行;有不同意见的,可以建议院长提交审判委员会复议。

第九章 公诉案件第一审普通程序

第一节 审查受理与庭前准备

第一百八十条 对提起公诉的案件,人民法院应当在收到起诉书(一式八份,每增加一名被告人,增加起诉书五份)和案卷、证据后,指定审判人员审查以下内容:

(一)是否属于本院管辖;

(二)起诉书是否写明被告人的身份,是否受过或者正在接受刑事处罚,被采取强制措施的种类、羁押地点,犯罪的时间、地点、手段、后果以及其他可能影响定罪量刑的情节;

(三)是否移送证明指控犯罪事实的证据材料,包括采取技术侦查措施的批准决定和所收集的证据材料;

(四)是否查封、扣押、冻结被告人的违法所得或者其他涉案财物,并附证明相关财物依法应当追缴的证据材料；

（五）是否列明被害人的姓名、住址、联系方式；是否附有证人、鉴定人名单；是否申请法庭通知证人、鉴定人、有专门知识的人出庭，并列明有关人员的姓名、性别、年龄、职业、住址、联系方式；是否附有需要保护的证人、鉴定人、被害人名单；

（六）当事人已委托辩护人、诉讼代理人，或者已接受法律援助的，是否列明辩护人、诉讼代理人的姓名、住址、联系方式；

（七）是否提起附带民事诉讼；提起附带民事诉讼的，是否列明附带民事诉讼当事人的姓名、住址、联系方式，是否附有相关证据材料；

（八）侦查、审查起诉程序的各种法律手续和诉讼文书是否齐全；

（九）有无刑事诉讼法第十五条第二项至第六项规定的不追究刑事责任的情形。

第一百八十一条　人民法院对提起公诉的案件审查后，应当按照下列情形分别处理：

（一）属于告诉才处理的案件，应当退回人民检察院，并告知被害人有权提起自诉；

（二）不属于本院管辖或者被告人不在案的，应当退回人民检察院；

（三）不符合前条第二项至第八项规定之一，需要补充材料的，应当通知人民检察院在三日内补送；

（四）依照刑事诉讼法第一百九十五条第三项规定宣告被告人无罪后，人民检察院根据新的事实、证据重新起诉的，应当依法受理；

（五）依照本解释第二百四十二条规定裁定准许撤诉的案件，没有新的事实、证据，重新起诉的，应当退回人民检察院；

（六）符合刑事诉讼法第十五条第二项至第六项规定情形的，应当裁定终止审理或者退回人民检察院；

（七）被告人真实身份不明，但符合刑事诉讼法第一百五十八条第二款规定的，应当依法受理。

对公诉案件是否受理，应当在七日内审查完毕。

第一百八十二条　开庭审理前，人民法院应当进行下列工作：

（一）确定审判长及合议庭组成人员；

（二）开庭十日前将起诉书副本送达被告人、辩护人；

（三）通知当事人、法定代理人、辩护人、诉讼代理人在开庭五日前提供证人、鉴定人名单，以及拟当庭出示的证据；申请证人、鉴定人、有专门知识的人出庭的，应当列明有关人员的姓名、性别、年龄、职业、住址、联系方式；

（四）开庭三日前将开庭的时间、地点通知人民检察院；

（五）开庭三日前将传唤当事人的传票和通知辩护人、诉讼代理人、法定代理人、证人、鉴定人等出庭的通知书送达；通知有关人员出庭，也可以采取电话、短信、传真、电子邮件等能够确认对方收悉的方式；

（六）公开审理的案件，在开庭三日前公布案由、被告人姓名、开庭时间和地点。

上述工作情况应当记录在案。

第一百八十三条 案件具有下列情形之一的，审判人员可以召开庭前会议：

（一）当事人及其辩护人、诉讼代理人申请排除非法证据的；

（二）证据材料较多、案情重大复杂的；

（三）社会影响重大的；

（四）需要召开庭前会议的其他情形。

召开庭前会议，根据案件情况，可以通知被告人参加。

第一百八十四条 召开庭前会议，审判人员可以就下列问题向控辩双方了解情况，听取意见：

（一）是否对案件管辖有异议；

（二）是否申请有关人员回避；

（三）是否申请调取在侦查、审查起诉期间公安机关、人民检察院收集但未随案移送的证明被告人无罪或者罪轻的证据材料；

（四）是否提供新的证据；

（五）是否对出庭证人、鉴定人、有专门知识的人的名单有异议；

（六）是否申请排除非法证据；

（七）是否申请不公开审理；

（八）与审判相关的其他问题。

审判人员可以询问控辩双方对证据材料有无异议，对有异议的证据，应当在庭审时重点调查；无异议的，庭审时举证、质证可以简化。

被害人或者其法定代理人、近亲属提起附带民事诉讼的，可以调解。

庭前会议情况应当制作笔录。

第一百八十五条 开庭审理前，合议庭可以拟出法庭审理提纲，提纲一般包括下列内容：

（一）合议庭成员在庭审中的分工；

（二）起诉书指控的犯罪事实的重点和认定案件性质的要点；

（三）讯问被告人时需了解的案情要点；

（四）出庭的证人、鉴定人、有专门知识的人、侦查人员的名单；

（五）控辩双方申请当庭出示的证据的目录；

（六）庭审中可能出现的问题及应对措施。

第一百八十六条 审判案件应当公开进行。

案件涉及国家秘密或者个人隐私的，不公开审理；涉及商业秘密，当事人提出申请的，法庭可以决定不公开审理。

不公开审理的案件，任何人不得旁听，但法律另有规定的除外。

第一百八十七条 精神病人、醉酒的人、未经人民法院批准的未成年人以及其他不宜旁听的人不得旁听案件审理。

第一百八十八条 被害人、诉讼代理人经传唤或者通知未到庭，不影响开庭审理的，人民法院可以开庭审理。

辩护人经通知未到庭，被告人同意的，人民法院可以开庭审理，但被告人属于应当提供法律援助情形的除外。

第一百八十九条 开庭审理前，书记员应当依次进行下列工作：

（一）受审判长委托，查明公诉人、当事人、证人及其他诉讼参与人是否到庭；

（二）宣读法庭规则；

（三）请公诉人及相关诉讼参与人入庭；

（四）请审判长、审判员（人民陪审员）入庭；

（五）审判人员就座后，向审判长报告开庭前的准备工作已经就绪。

第二节 宣布开庭与法庭调查

第一百九十条 审判长宣布开庭，传被告人到庭后，应当查明被告人的下列情况：

（一）姓名、出生日期、民族、出生地、文化程度、职业、住址，或者被告单位的名称、住所地、诉讼代表人的姓名、职务；

（二）是否受过法律处分及处分的种类、时间；

（三）是否被采取强制措施及强制措施的种类、时间；

（四）收到起诉书副本的日期；有附带民事诉讼的，附带民事诉讼被告人收到附带民事起诉状的日期。

被告人较多的，可以在开庭前查明上述情况，但开庭时审判长应当作出说明。

第一百九十一条 审判长宣布案件的来源、起诉的案由、附带民事诉讼当事人的姓名及是否公开审理；不公开审理的，应当宣布理由。

第一百九十二条 审判长宣布合议庭组成人员、书记员、公诉人名单及辩护人、鉴定人、翻译人员等诉讼参与人的名单。

第一百九十三条 审判长应当告知当事人及其法定代理人、辩护人、诉讼代理人在法庭审理过程中依法享有下列诉讼权利：

（一）可以申请合议庭组成人员、书记员、公诉人、鉴定人和翻译人员回避；

（二）可以提出证据，申请通知新的证人到庭、调取新的证据，申请重新鉴定或者勘验、检查；

（三）被告人可以自行辩护；

（四）被告人可以在法庭辩论终结后作最后陈述。

第一百九十四条 审判长应当询问当事人及其法定代理人、辩护人、诉讼代理人是否申请回避、申请何人回避和申请回避的理由。

当事人及其法定代理人、辩护人、诉讼代理人申请回避的，依照刑事诉讼法及本解释的有关规定处理。

同意或者驳回回避申请的决定及复议决定，由审判长宣布，并说明理由。必要时，也可以由院长到庭宣布。

第一百九十五条 审判长宣布法庭调查开始后，应当先由公诉人宣读起诉书；有附带民事诉讼的，再由附带民事诉讼原告人或者其法定代理人、诉讼代理人宣读附带民事起诉状。

第一百九十六条 起诉书指控的被告人的犯罪事实为两起以上的，法庭调查一般应当分别进行。

第一百九十七条 在审判长主持下，被告人、被害人可以就起诉书指控的犯罪事实分别陈述。

第一百九十八条 在审判长主持下，公诉人可以就起诉书指控的犯罪事实讯问被告人。

经审判长准许，被害人及其法定代理人、诉讼代理人可以就公诉人讯问的犯罪事实补充发问；附带民事诉讼原告人及其法定代理人、诉讼代理人可以就附带民事部分的事实向被告人发问；被告人的法定代理人、辩护人，附带民事诉讼被告人及其法定代理人、诉讼代理人可以在控诉一方就某一问题讯问完毕后向被告人发问。

第一百九十九条 讯问同案审理的被告人，应当分别进行。必要时，可以传唤同案被告人等到庭对质。

第二百条 经审判长准许，控辩双方可以向被害人、附带民事诉讼原告人发问。

第二百零一条 审判人员可以讯问被告人。必要时，可以向被害人、附带民事诉讼当事人发问。

第二百零二条 公诉人可以提请审判长通知证人、鉴定人出庭作证，或者出示证据。被害人及其法定代理人、诉讼代理人，附带民事诉讼原告人及其诉讼代理人也可以提出申请。

在控诉一方举证后，被告人及其法定代理人、辩护人可以提请审判长通知证人、鉴定人出庭作证，或者出示证据。

第二百零三条 控辩双方申请证人出庭作证，出示证据，应当说明证据的名称、来源和拟证明的事实。法庭认为有必要的，应当准许；对方提出异议，认为有关证据与案件无关或者明显重复、不必要，法庭经审查异议成立的，可以不予准许。

第二百零四条 已经移送人民法院的证据，控辩双方需要出示的，可以向法庭提出申请。法庭同意的，应当指令值庭法警出示、播放；需要宣读的，由值庭法警交由申请人宣读。

第二百零五条 公诉人、当事人或者辩护人、诉讼代理人对证人证言有异议，且该证人证言对定罪量刑有重大影响，或者对鉴定意见有异议，申请法庭通知证人、鉴定人出庭作证，人民法院认为有必要的，应当通知证人、鉴定人出庭；无法通知或者证人、鉴定人拒绝出庭的，应当及时告知申请人。

第二百零六条 证人具有下列情形之一，无法出庭作证的，人民法院可以准许其不出庭：

（一）在庭审期间身患严重疾病或者行动极为不便的；

（二）居所远离开庭地点且交通极为不便的；

（三）身处国外短期无法回国的；

（四）有其他客观原因，确实无法出庭的。

具有前款规定情形的，可以通过视频等方式作证。

第二百零七条 证人出庭作证所支出的交通、住宿、就餐等费用，人民法院应当给予补助。

第二百零八条 强制证人出庭的，应当由院长签发强制证人出庭令。

第二百零九条 审判危害国家安全犯罪、恐怖活动犯罪、黑社会性质的组织犯罪、毒品犯罪等案件，证人、鉴定人、被害人因出庭作证，本人或者其近亲属的人身安全面临危险的，人民法院应当采取不公开其真实姓名、住址和工作单位等个人信息，或者不暴露其外貌、真实声音等保护措施。

审判期间，证人、鉴定人、被害人提出保护请求的，人民法院应当立即审查；认为确有保护必要的，应当及时决定采取相应保护措施。

第二百一十条 决定对出庭作证的证人、鉴定人、被害人采取不公开个人信息的保护措施的，审判人员应当在开庭前核实其身份，对证人、鉴定人如实作证的保证书不得公开，在判决书、裁定书等法律文书中可以使用化名等代替其个人信息。

第二百一十一条 证人、鉴定人到庭后，审判人员应当核实其身份、与当事人以及本案的关系，并告知其有关作证的权利义务和法律责任。

证人、鉴定人作证前，应当保证向法庭如实提供证言、说明鉴定意见，并在保证书上签名。

第二百一十二条 向证人、鉴定人发问，应当先由提请通知的一方进行；发问完毕后，经审判长准许，对方也可以发问。

第二百一十三条 向证人发问应当遵循以下规则：

（一）发问的内容应当与本案事实有关；

（二）不得以诱导方式发问；

（三）不得威胁证人；

（四）不得损害证人的人格尊严。

前款规定适用于对被告人、被害人、附带民事诉讼当事人、鉴定人、有专门知识的人的讯问、发问。

第二百一十四条 控辩双方的讯问、发问方式不当或者内容与本案无关的，对方可以提出异议，申请审判长制止，审判长应当判明情况予以支持或者驳回；对方未提出异议的，审判长也可以根据情况予以制止。

第二百一十五条 审判人员认为必要时，可以询问证人、鉴定人、有专门知识的人。

第二百一十六条 向证人、鉴定人、有专门知识的人发问应当分别进行。证人、鉴定人、有专门知识的人经控辩双方发问或者审判人员询问后，审判长应当告知其退庭。

证人、鉴定人、有专门知识的人不得旁听对本案的审理。

第二百一十七条 公诉人、当事人及其辩护人、诉讼代理人申请法庭通知有专门知识的人出庭，就鉴定意见提出意见的，应当说明理由。法庭认为有必要的，应当通知有专门知识的人出庭。

申请有专门知识的人出庭，不得超过二人。有多种类鉴定意见的，可以相应增加人数。

有专门知识的人出庭，适用鉴定人出庭的有关规定。

第二百一十八条 举证方当庭出示证据后，由对方进行辨认并发表意见。控辩双方可以互相质问、辩论。

第二百一十九条 当庭出示的证据，尚未移送人民法院的，应当在质证后移交法庭。

第二百二十条 法庭对证据有疑问的，可以告知公诉人、当事人及其法定代理人、辩护人、诉讼代理人补充证据或者作出说明；必要时，可以宣布休庭，对证据进行调查核实。

对公诉人、当事人及其法定代理人、辩护人、诉讼代理人补充的和法庭庭外调查核实取得的证据，应当经过当庭质证才能作为定案的根据。但是，经庭外征求意见，控辩双方没有异议的除外。

有关情况，应当记录在案。

第二百二十一条　公诉人申请出示开庭前未移送人民法院的证据，辩护方提出异议的，审判长应当要求公诉人说明理由；理由成立并确有出示必要的，应当准许。

辩护方提出需要对新的证据作辩护准备的，法庭可以宣布休庭，并确定准备辩护的时间。

辩护方申请出示开庭前未提交的证据，参照适用前两款的规定。

第二百二十二条　法庭审理过程中，当事人及其辩护人、诉讼代理人申请通知新的证人到庭，调取新的证据，申请重新鉴定或者勘验的，应当提供证人的姓名、证据的存放地点，说明拟证明的案件事实，要求重新鉴定或者勘验的理由。法庭认为有必要的，应当同意，并宣布延期审理；不同意的，应当说明理由并继续审理。

延期审理的案件，符合刑事诉讼法第二百零二条第一款规定的，可以报请上级人民法院批准延长审理期限。

人民法院同意重新鉴定申请的，应当及时委托鉴定，并将鉴定意见告知人民检察院、当事人及其辩护人、诉讼代理人。

第二百二十三条　审判期间，公诉人发现案件需要补充侦查，建议延期审理的，合议庭应当同意，但建议延期审理不得超过两次。

人民检察院将补充收集的证据移送人民法院的，人民法院应当通知辩护人、诉讼代理人查阅、摘抄、复制。

补充侦查期限届满后，经法庭通知，人民检察院未将案件移送人民法院，且未说明原因的，人民法院可以决定按人民检察院撤诉处理。

第二百二十四条　人民法院向人民检察院调取需要调查核实的证据材料，或者根据被告人、辩护人的申请，向人民检察院调取在侦查、审查起诉期间收集的有关被告人无罪或者罪轻的证据材料，应当通知人民检察院在收到调取证据材料决定书后三日内移交。

第二百二十五条　法庭审理过程中，对与量刑有关的事实、证据，应当进行调查。

人民法院除应当审查被告人是否具有法定量刑情节外，还应当根据案件情况审查以下影响量刑的情节：

（一）案件起因；

（二）被害人有无过错及过错程度，是否对矛盾激化负有责任及责任大小；

（三）被告人的近亲属是否协助抓获被告人；

（四）被告人平时表现，有无悔罪态度；

（五）退赃、退赔及赔偿情况；

（六）被告人是否取得被害人或者其近亲属谅解；

（七）影响量刑的其他情节。

第二百二十六条 审判期间，合议庭发现被告人可能有自首、坦白、立功等法定量刑情节，而人民检察院移送的案卷中没有相关证据材料的，应当通知人民检察院移送。

审判期间，被告人提出新的立功线索的，人民法院可以建议人民检察院补充侦查。

第二百二十七条 对被告人认罪的案件，在确认被告人了解起诉书指控的犯罪事实和罪名，自愿认罪且知悉认罪的法律后果后，法庭调查可以主要围绕量刑和其他有争议的问题进行。

对被告人不认罪或者辩护人作无罪辩护的案件，法庭调查应当在查明定罪事实的基础上，查明有关量刑事实。

第三节 法庭辩论与最后陈述

第二百二十八条 合议庭认为案件事实已经调查清楚的，应当由审判长宣布法庭调查结束，开始就定罪、量刑的事实、证据和适用法律等问题进行法庭辩论。

第二百二十九条 法庭辩论应当在审判长的主持下，按照下列顺序进行：

（一）公诉人发言；

（二）被害人及其诉讼代理人发言；

（三）被告人自行辩护；

（四）辩护人辩护；

（五）控辩双方进行辩论。

第二百三十条 人民检察院可以提出量刑建议并说明理由，量刑建议一般应当具有一定的幅度。当事人及其辩护人、诉讼代理人可以对量刑提出意见并说明理由。

第二百三十一条 对被告人认罪的案件，法庭辩论时，可以引导控辩双方主要围绕量刑和其他有争议的问题进行。

对被告人不认罪或者辩护人作无罪辩护的案件，法庭辩论时，可以引导控辩双方先辩论定罪问题，后辩论量刑问题。

第二百三十二条 附带民事部分的辩论应当在刑事部分的辩论结束后进行，先由附带民事诉讼原告人及其诉讼代理人发言，后由附带民事诉讼被告人及其诉讼代理人答辩。

第二百三十三条 法庭辩论过程中，审判长应当充分听取控辩双方的意见，对控辩双方与案件无关、重复或者指责对方的发言应当提醒、制止。

第二百三十四条 法庭辩论过程中，合议庭发现与定罪、量刑有关的新的事实，有必要调查的，审判长可以宣布暂停辩论，恢复法庭调查，在对新的事实调查后，继续法庭辩论。

第二百三十五条 审判长宣布法庭辩论终结后，合议庭应当保证被告人充分行使最后陈述的权利。被告人在最后陈述中多次重复自己的意见的，审判长可以制止。陈述内容蔑视法庭、公诉人，损害他人及社会公共利益，或者与本案无关的，应当制止。

在公开审理的案件中，被告人最后陈述的内容涉及国家秘密、个人隐私或者商业秘密的，应当制止。

第二百三十六条 被告人在最后陈述中提出新的事实、证据，合议庭认为可能影响正确裁判的，应当恢复法庭调查；被告人提出新的辩解理由，合议庭认为可能影响正确裁判的，应当恢复法庭辩论。

第四节 评议案件与宣告判决

第二百三十七条 被告人最后陈述后，审判长应当宣布休庭，由合议庭进行评议。

第二百三十八条 开庭审理的全部活动，应当由书记员制作笔录；笔录经审判长审阅后，分别由审判长和书记员签名。

第二百三十九条 法庭笔录应当在庭审后交由当事人、法定代理人、辩护人、诉讼代理人阅读或者向其宣读。

法庭笔录中的出庭证人、鉴定人、有专门知识的人的证言、意见部分，应当在庭审后分别交由有关人员阅读或者向其宣读。

前两款所列人员认为记录有遗漏或者差错的，可以请求补充或者改正；确认无误后，应当签名；拒绝签名的，应当记录在案；要求改变庭审中陈述的，不予准许。

第二百四十条 合议庭评议案件，应当根据已经查明的事实、证据和有关法律规定，在充分考虑控辩双方意见的基础上，确定被告人是否有罪、构成何罪，有无从重、从轻、减轻或者免除处罚情节，应否处以刑罚、判处何种刑罚，附带民事诉讼如何解决，查封、扣押、冻结的财物及其孳息如何处理等，并依法作出判决、裁定。

第二百四十一条 对第一审公诉案件，人民法院审理后，应当按照下列情形分别作出判决、裁定：

（一）起诉指控的事实清楚，证据确实、充分，依据法律认定指控被告人的罪名成立的，应当作出有罪判决；

（二）起诉指控的事实清楚，证据确实、充分，指控的罪名与审理认定的罪名不一致的，应当按照审理认定的罪名作出有罪判决；

（三）案件事实清楚，证据确实、充分，依据法律认定被告人无罪的，应当判决宣告被告人无罪；

（四）证据不足，不能认定被告人有罪的，应当以证据不足、指控的犯罪不能成立，判决宣告被告人无罪；

（五）案件部分事实清楚，证据确实、充分的，应当作出有罪或者无罪的判决；对事实不清、证据不足部分，不予认定；

（六）被告人因不满十六周岁，不予刑事处罚的，应当判决宣告被告人不负刑事责任；

（七）被告人是精神病人，在不能辨认或者不能控制自己行为时造成危害结果，不予刑事处罚的，应当判决宣告被告人不负刑事责任；

（八）犯罪已过追诉时效期限且不是必须追诉，或者经特赦令免除刑罚的，应当裁定终止审理；

（九）被告人死亡的，应当裁定终止审理；根据已查明的案件事实和认定的证据，能够确认无罪的，应当判决宣告被告人无罪。

具有前款第二项规定情形的，人民法院应当在判决前听取控辩双方的意见，保障被告人、辩护人充分行使辩护权。必要时，可以重新开庭，组织控辩双方围绕被告人的行为构成何罪进行辩论。

第二百四十二条　宣告判决前，人民检察院要求撤回起诉的，人民法院应当审查撤回起诉的理由，作出是否准许的裁定。

第二百四十三条　审判期间，人民法院发现新的事实，可能影响定罪的，可以建议人民检察院补充或者变更起诉；人民检察院不同意或者在七日内未回复意见的，人民法院应当就起诉指控的犯罪事实，依照本解释第二百四十一条的规定作出判决、裁定。

第二百四十四条　对依照本解释第一百八十一条第一款第四项规定受理的案件，人民法院应当在判决中写明被告人曾被人民检察院提起公诉，因证据不足，指控的犯罪不能成立，被人民法院依法判决宣告无罪的情况；前案依照刑事诉讼法第一百九十五条第三项规定作出的判决不予撤销。

第二百四十五条　合议庭成员应当在评议笔录上签名，在判决书、裁定书等法律文书上署名。

第二百四十六条 裁判文书应当写明裁判依据，阐释裁判理由，反映控辩双方的意见并说明采纳或者不予采纳的理由。

第二百四十七条 当庭宣告判决的，应当在五日内送达判决书。定期宣告判决的，应当在宣判前，先期公告宣判的时间和地点，传唤当事人并通知公诉人、法定代理人、辩护人和诉讼代理人；判决宣告后，应当立即送达判决书。

判决书应当送达人民检察院、当事人、法定代理人、辩护人、诉讼代理人，并可以送达被告人的近亲属。判决生效后，还应当送达被告人的所在单位或者原户籍地的公安派出所，或者被告单位的注册登记机关。

第二百四十八条 宣告判决，一律公开进行。公诉人、辩护人、诉讼代理人、被害人、自诉人或者附带民事诉讼原告人未到庭的，不影响宣判的进行。

宣告判决结果时，法庭内全体人员应当起立。

第五节 法庭纪律与其他规定

第二百四十九条 法庭审理过程中，诉讼参与人、旁听人员应当遵守以下纪律：

（一）服从法庭指挥，遵守法庭礼仪；

（二）不得鼓掌、喧哗、哄闹、随意走动；

（三）不得对庭审活动进行录音、录像、摄影，或者通过发送邮件、博客、微博客等方式传播庭审情况，但经人民法院许可的新闻记者除外；

（四）旁听人员不得发言、提问；

（五）不得实施其他扰乱法庭秩序的行为。

第二百五十条 法庭审理过程中，诉讼参与人或者旁听人员扰乱法庭秩序的，审判长应当按照下列情形分别处理：

（一）情节较轻的，应当警告制止并进行训诫；

（二）不听制止的，可以指令法警强行带出法庭；

（三）情节严重的，报经院长批准后，可以对行为人处一千元以下的罚款或者十五日以下的拘留；

（四）未经许可录音、录像、摄影或者通过邮件、博客、微博客等方式传播庭审情况的，可以暂扣存储介质或者相关设备。

诉讼参与人、旁听人员对罚款、拘留的决定不服的，可以直接向上一级人民法院申请复议，也可以通过决定罚款、拘留的人民法院向上一级人民法院申请复议。通过决定罚款、拘留的人民法院申请复议的，该人民法院应当自收到复议申请之日起三日内，将复议申请、罚款或者拘留决定书和有关事实、证据材料一并报上一级人民法院复议。复议期间,不停止决定的执行。

第二百五十一条 担任辩护人、诉讼代理人的律师严重扰乱法庭秩序,被强行带出法庭或者被处以罚款、拘留的,人民法院应当通报司法行政机关,并可以建议依法给予相应处罚。

第二百五十二条 聚众哄闹、冲击法庭或者侮辱、诽谤、威胁、殴打司法工作人员或者诉讼参与人,严重扰乱法庭秩序,构成犯罪的,应当依法追究刑事责任。

第二百五十三条 辩护人严重扰乱法庭秩序,被强行带出法庭或者被处以罚款、拘留,被告人自行辩护的,庭审继续进行;被告人要求另行委托辩护人,或者被告人属于应当提供法律援助情形的,应当宣布休庭。

第二百五十四条 被告人当庭拒绝辩护人辩护,要求另行委托辩护人或者指派律师的,合议庭应当准许。被告人拒绝辩护人辩护后,没有辩护人的,应当宣布休庭;仍有辩护人的,庭审可以继续进行。

有多名被告人的案件,部分被告人拒绝辩护人辩护后,没有辩护人的,根据案件情况,可以对该被告人另案处理,对其他被告人的庭审继续进行。

重新开庭后,被告人再次当庭拒绝辩护人辩护的,可以准许,但被告人不得再次另行委托辩护人或者要求另行指派律师,由其自行辩护。

被告人属于应当提供法律援助的情形,重新开庭后再次当庭拒绝辩护人辩护的,不予准许。

第二百五十五条 法庭审理过程中,辩护人拒绝为被告人辩护的,应当准许;是否继续庭审,参照适用前条的规定。

第二百五十六条 依照前两条规定另行委托辩护人或者指派律师的,自案件宣布休庭之日起至第十五日止,由辩护人准备辩护,但被告人及其辩护人自愿缩短时间的除外。

第二百五十七条 有多名被告人的案件,部分被告人具有刑事诉讼法第二百条第一款规定情形的,人民法院可以对全案中止审理;根据案件情况,也可以对该部分被告人中止审理,对其他被告人继续审理。

对中止审理的部分被告人,可以根据案件情况另案处理。

第二百五十八条 人民检察院认为人民法院审理案件违反法定程序,在庭审后提出书面纠正意见,人民法院认为正确的,应当采纳。

第十章 自诉案件第一审程序

第二百五十九条 人民法院受理自诉案件必须符合下列条件:

(一)符合刑事诉讼法第二百零四条、本解释第一条的规定;

（二）属于本院管辖；

（三）被害人告诉；

（四）有明确的被告人、具体的诉讼请求和证明被告人犯罪事实的证据。

第二百六十条 本解释第一条规定的案件，如果被害人死亡、丧失行为能力或者因受强制、威吓等无法告诉，或者是限制行为能力人以及因年老、患病、盲、聋、哑等不能亲自告诉，其法定代理人、近亲属告诉或者代为告诉的，人民法院应当依法受理。

被害人的法定代理人、近亲属告诉或者代为告诉，应当提供与被害人关系的证明和被害人不能亲自告诉的原因的证明。

第二百六十一条 提起自诉应当提交刑事自诉状；同时提起附带民事诉讼的，应当提交刑事附带民事自诉状。

第二百六十二条 自诉状应当包括以下内容：

（一）自诉人（代为告诉人）、被告人的姓名、性别、年龄、民族、出生地、文化程度、职业、工作单位、住址、联系方式；

（二）被告人实施犯罪的时间、地点、手段、情节和危害后果等；

（三）具体的诉讼请求；

（四）致送的人民法院和具状时间；

（五）证据的名称、来源等；

（六）证人的姓名、住址、联系方式等。

对两名以上被告人提出告诉的，应当按照被告人的人数提供自诉状副本。

第二百六十三条 对自诉案件，人民法院应当在十五日内审查完毕。经审查，符合受理条件的，应当决定立案，并书面通知自诉人或者代为告诉人。

具有下列情形之一的，应当说服自诉人撤回起诉；自诉人不撤回起诉的，裁定不予受理：

（一）不属于本解释第一条规定的案件的；

（二）缺乏罪证的；

（三）犯罪已过追诉时效期限的；

（四）被告人死亡的；

（五）被告人下落不明的；

（六）除因证据不足而撤诉的以外，自诉人撤诉后，就同一事实又告诉的；

（七）经人民法院调解结案后，自诉人反悔，就同一事实再行告诉的。

第二百六十四条 对已经立案，经审查缺乏罪证的自诉案件，自诉人提不出补充证据的，人民法院应当说服其撤回起诉或者裁定驳回起诉；自诉人撤回起诉或者被驳回起诉后,又提出了新的足以证明被告人有罪的证据,再次提起自诉的,人民法院应当受理。

第二百六十五条 自诉人对不予受理或者驳回起诉的裁定不服的,可以提起上诉。

第二审人民法院查明第一审人民法院作出的不予受理裁定有错误的,应当在撤销原裁定的同时,指令第一审人民法院立案受理;查明第一审人民法院驳回起诉裁定有错误的,应当在撤销原裁定的同时,指令第一审人民法院进行审理。

第二百六十六条 自诉人明知有其他共同侵害人,但只对部分侵害人提起自诉的,人民法院应当受理,并告知其放弃告诉的法律后果;自诉人放弃告诉,判决宣告后又对其他共同侵害人就同一事实提起自诉的,人民法院不予受理。

共同被害人中只有部分人告诉的,人民法院应当通知其他被害人参加诉讼,并告知其不参加诉讼的法律后果。被通知人接到通知后表示不参加诉讼或者不出庭的,视为放弃告诉。第一审宣判后,被通知人就同一事实又提起自诉的,人民法院不予受理。但是,当事人另行提起民事诉讼的,不受本解释限制。

第二百六十七条 被告人实施两个以上犯罪行为,分别属于公诉案件和自诉案件,人民法院可以一并审理。对自诉部分的审理,适用本章的规定。

第二百六十八条 自诉案件当事人因客观原因不能取得的证据,申请人民法院调取的,应当说明理由,并提供相关线索或者材料。人民法院认为有必要的,应当及时调取。

第二百六十九条 对犯罪事实清楚,有足够证据的自诉案件,应当开庭审理。

第二百七十条 自诉案件,符合简易程序适用条件的,可以适用简易程序审理。

不适用简易程序审理的自诉案件,参照适用公诉案件第一审普通程序的有关规定。

第二百七十一条 人民法院审理自诉案件,可以在查明事实、分清是非的基础上,根据自愿、合法的原则进行调解。调解达成协议的,应当制作刑事调解书,由审判人员和书记员署名,并加盖人民法院印章。调解书经双方当事人签收后,即具有法律效力。调解没有达成协议,或者调解书签收前当事人反悔的,应当及时作出判决。

刑事诉讼法第二百零四条第三项规定的案件不适用调解。

第二百七十二条 判决宣告前,自诉案件的当事人可以自行和解,自诉人可以撤回自诉。

人民法院经审查,认为和解、撤回自诉确属自愿的,应当裁定准许;认为系被强迫、威吓等，并非出于自愿的，不予准许。

第二百七十三条 裁定准许撤诉或者当事人自行和解的自诉案件，被告人被采取强制措施的，人民法院应当立即解除。

第二百七十四条 自诉人经两次传唤，无正当理由拒不到庭，或者未经法庭准许中途退庭的，人民法院应当裁定按撤诉处理。

部分自诉人撤诉或者被裁定按撤诉处理的，不影响案件的继续审理。

第二百七十五条 被告人在自诉案件审判期间下落不明的，人民法院应当裁定中止审理。被告人到案后，应当恢复审理，必要时应当对被告人依法采取强制措施。

第二百七十六条 对自诉案件，应当参照刑事诉讼法第一百九十五条和本解释第二百四十一条的有关规定作出判决；对依法宣告无罪的案件，其附带民事部分应当依法进行调解或者一并作出判决。

第二百七十七条 告诉才处理和被害人有证据证明的轻微刑事案件的被告人或者其法定代理人在诉讼过程中，可以对自诉人提起反诉。反诉必须符合下列条件：

（一）反诉的对象必须是本案自诉人；

（二）反诉的内容必须是与本案有关的行为；

（三）反诉的案件必须符合本解释第一条第一项、第二项的规定。

反诉案件适用自诉案件的规定，应当与自诉案件一并审理。自诉人撤诉的，不影响反诉案件的继续审理。

第十一章 单位犯罪案件的审理

第二百七十八条 人民法院受理单位犯罪案件，除依照本解释第一百八十条的有关规定进行审查外，还应当审查起诉书是否列明被告单位的名称、住所地、联系方式，法定代表人、主要负责人以及代表被告单位出庭的诉讼代表人的姓名、职务、联系方式。需要人民检察院补充材料的，应当通知人民检察院在三日内补送。

第二百七十九条 被告单位的诉讼代表人，应当是法定代表人或者主要负责人；法定代表人或者主要负责人被指控为单位犯罪直接负责的主管人员或者因客观原因无法出庭的，应当由被告单位委托其他负责人或者职工作为诉讼代表人。但是，有关人员被指控为单位犯罪的其他直接责任人员或者知道案件情况、负有作证义务的除外。

第二百八十条 开庭审理单位犯罪案件，应当通知被告单位的诉讼代表人出庭；没有诉讼代表人参与诉讼的，应当要求人民检察院确定。

被告单位的诉讼代表人不出庭的,应当按照下列情形分别处理:

(一)诉讼代表人系被告单位的法定代表人或者主要负责人,无正当理由拒不出庭的,可以拘传其到庭;因客观原因无法出庭,或者下落不明的,应当要求人民检察院另行确定诉讼代表人;

(二)诉讼代表人系被告单位的其他人员的,应当要求人民检察院另行确定诉讼代表人出庭。

第二百八十一条 被告单位的诉讼代表人享有刑事诉讼法规定的有关被告人的诉讼权利。开庭时,诉讼代表人席位置于审判台前左侧,与辩护人席并列。

第二百八十二条 被告单位委托辩护人,参照适用本解释的有关规定。

第二百八十三条 对应当认定为单位犯罪的案件,人民检察院只作为自然人犯罪起诉的,人民法院应当建议人民检察院对犯罪单位补充起诉。人民检察院仍以自然人犯罪起诉的,人民法院应当依法审理,按照单位犯罪中的直接负责的主管人员或者其他直接责任人员追究刑事责任,并援引刑法分则关于追究单位犯罪中直接负责的主管人员和其他直接责任人员刑事责任的条款。

第二百八十四条 被告单位的违法所得及其孳息,尚未被依法追缴或者查封、扣押、冻结的,人民法院应当决定追缴或者查封、扣押、冻结。

第二百八十五条 为保证判决的执行,人民法院可以先行查封、扣押、冻结被告单位的财产,或者由被告单位提出担保。

第二百八十六条 审判期间,被告单位被撤销、注销、吊销营业执照或者宣告破产的,对单位犯罪直接负责的主管人员和其他直接责任人员应当继续审理。

第二百八十七条 审判期间,被告单位合并、分立的,应当将原单位列为被告单位,并注明合并、分立情况。对被告单位所判处的罚金以其在新单位的财产及收益为限。

第二百八十八条 审理单位犯罪案件,本章没有规定的,参照适用本解释的有关规定。

第十二章 简易程序

第二百八十九条 基层人民法院受理公诉案件后,经审查认为案件事实清楚、证据充分的,在将起诉书副本送达被告人时,应当询问被告人对指控的犯罪事实的意见,告知其适用简易程序的法律规定。被告人对指控的犯罪事实没有异议并同意适用简易程序的,可以决定适用简易程序,并在开庭前通知人民检察院和辩护人。

对人民检察院建议适用简易程序审理的案件,依照前款的规定处理;不符合简易程序适用条件的，应当通知人民检察院。

第二百九十条 具有下列情形之一的，不适用简易程序：

（一）被告人是盲、聋、哑人；

（二）被告人是尚未完全丧失辨认或者控制自己行为能力的精神病人；

（三）有重大社会影响的；

（四）共同犯罪案件中部分被告人不认罪或者对适用简易程序有异议的；

（五）辩护人作无罪辩护的；

（六）被告人认罪但经审查认为可能不构成犯罪的；

（七）不宜适用简易程序审理的其他情形。

第二百九十一条 适用简易程序审理的案件，符合刑事诉讼法第三十四条第一款规定的，人民法院应当告知被告人及其近亲属可以申请法律援助。

第二百九十二条 适用简易程序审理案件，人民法院应当在开庭三日前，将开庭的时间、地点通知人民检察院、自诉人、被告人、辩护人，也可以通知其他诉讼参与人。

通知可以采用简便方式，但应当记录在案。

第二百九十三条 适用简易程序审理案件，被告人有辩护人的，应当通知其出庭。

第二百九十四条 适用简易程序审理案件，审判长或者独任审判员应当当庭询问被告人对指控的犯罪事实的意见，告知被告人适用简易程序审理的法律规定，确认被告人是否同意适用简易程序。

第二百九十五条 适用简易程序审理案件，可以对庭审作如下简化：

（一）公诉人可以摘要宣读起诉书；

（二）公诉人、辩护人、审判人员对被告人的讯问、发问可以简化或者省略；

（三）对控辩双方无异议的证据，可以仅就证据的名称及所证明的事项作出说明；对控辩双方有异议，或者法庭认为有必要调查核实的证据，应当出示，并进行质证；

（四）控辩双方对与定罪量刑有关的事实、证据没有异议的，法庭审理可以直接围绕罪名确定和量刑问题进行。

适用简易程序审理案件，判决宣告前应当听取被告人的最后陈述。

第二百九十六条 适用简易程序独任审判过程中，发现对被告人可能判处的有期徒刑超过三年的，应当转由合议庭审理。

第二百九十七条 适用简易程序审理案件，一般应当当庭宣判。

第二百九十八条 适用简易程序审理案件，在法庭审理过程中，有下列情形之

一的,应当转为普通程序审理:

(一)被告人的行为可能不构成犯罪的;

(二)被告人可能不负刑事责任的;

(三)被告人当庭对起诉指控的犯罪事实予以否认的;

(四)案件事实不清、证据不足的;

(五)不应当或者不宜适用简易程序的其他情形。

转为普通程序审理的案件,审理期限应当从决定转为普通程序之日起计算。

第十三章　第二审程序

第二百九十九条　地方各级人民法院在宣告第一审判决、裁定时,应当告知被告人、自诉人及其法定代理人不服判决、裁定的,有权在法定期限内以书面或者口头形式,通过本院或者直接向上一级人民法院提出上诉;被告人的辩护人、近亲属经被告人同意,也可以提出上诉;附带民事诉讼当事人及其法定代理人,可以对判决、裁定中的附带民事部分提出上诉。

被告人、自诉人、附带民事诉讼当事人及其法定代理人是否提出上诉,以其在上诉期满前最后一次的意思表示为准。

第三百条　人民法院受理的上诉案件,一般应当有上诉状正本及副本。

上诉状内容应当包括:第一审判决书、裁定书的文号和上诉人收到的时间,第一审人民法院的名称,上诉的请求和理由,提出上诉的时间。被告人的辩护人、近亲属经被告人同意提出上诉的,还应当写明其与被告人的关系,并应当以被告人作为上诉人。

第三百零一条　上诉、抗诉必须在法定期限内提出。不服判决的上诉、抗诉的期限为十日;不服裁定的上诉、抗诉的期限为五日。上诉、抗诉的期限,从接到判决书、裁定书的第二日起计算。

对附带民事判决、裁定的上诉、抗诉期限,应当按照刑事部分的上诉、抗诉期限确定。附带民事部分另行审判的,上诉期限也应当按照刑事诉讼法规定的期限确定。

第三百零二条　上诉人通过第一审人民法院提出上诉的,第一审人民法院应当审查。上诉符合法律规定的,应当在上诉期满后三日内将上诉状连同案卷、证据移送上一级人民法院,并将上诉状副本送交同级人民检察院和对方当事人。

第三百零三条　上诉人直接向第二审人民法院提出上诉的,第二审人民法院应当在收到上诉状后三日内将上诉状交第一审人民法院。第一审人民法院应当审查上诉是否符合法律规定。符合法律规定的,应当在接到上诉状后三日内将上诉状连同案卷、证据移送上一级人民法院，并将上诉状副本送交同级人民检察院和对方当事人。

第三百零四条 上诉人在上诉期限内要求撤回上诉的，人民法院应当准许。

第三百零五条 上诉人在上诉期满后要求撤回上诉的，第二审人民法院应当审查。经审查，认为原判认定事实和适用法律正确，量刑适当的，应当裁定准许撤回上诉；认为原判事实不清、证据不足或者将无罪判为有罪、轻罪重判等的，应当不予准许，继续按照上诉案件审理。

被判处死刑立即执行的被告人提出上诉，在第二审开庭后宣告裁判前申请撤回上诉的，应当不予准许，继续按照上诉案件审理。

第三百零六条 地方各级人民检察院对同级人民法院第一审判决、裁定的抗诉，应当通过第一审人民法院提交抗诉书。第一审人民法院应当在抗诉期满后三日内将抗诉书连同案卷、证据移送上一级人民法院，并将抗诉书副本送交当事人。

第三百零七条 人民检察院在抗诉期限内撤回抗诉的，第一审人民法院不再向上一级人民法院移送案件；在抗诉期满后第二审人民法院宣告裁判前撤回抗诉的，第二审人民法院可以裁定准许，并通知第一审人民法院和当事人。

第三百零八条 在上诉、抗诉期满前撤回上诉、抗诉的，第一审判决、裁定在上诉、抗诉期满之日起生效。在上诉、抗诉期满后要求撤回上诉、抗诉，第二审人民法院裁定准许的，第一审判决、裁定应当自第二审裁定书送达上诉人或者抗诉机关之日起生效。

第三百零九条 第二审人民法院对第一审人民法院移送的上诉、抗诉案卷、证据，应当审查是否包括下列内容：

（一）移送上诉、抗诉案件函；

（二）上诉状或者抗诉书；

（三）第一审判决书、裁定书八份（每增加一名被告人增加一份）及其电子文本；

（四）全部案卷、证据，包括案件审理报告和其他应当移送的材料。

前款所列材料齐全的，第二审人民法院应当收案；材料不全的，应当通知第一审人民法院及时补送。

第三百一十条 第二审人民法院审理上诉、抗诉案件，应当就第一审判决、裁定认定的事实和适用法律进行全面审查，不受上诉、抗诉范围的限制。

第三百一十一条 共同犯罪案件，只有部分被告人提出上诉，或者自诉人只对部分被告人的判决提出上诉，或者人民检察院只对部分被告人的判决提出抗诉的，第二审人民法院应当对全案进行审查，一并处理。

第三百一十二条 共同犯罪案件,上诉的被告人死亡,其他被告人未上诉的,第二审人民法院仍应对全案进行审查。经审查,死亡的被告人不构成犯罪的,应当宣告无罪;构成犯罪的,应当终止审理。对其他同案被告人仍应作出判决、裁定。

第三百一十三条 刑事附带民事诉讼案件,只有附带民事诉讼当事人及其法定代理人上诉的,第二审人民法院应当对全案进行审查。经审查,第一审判决的刑事部分并无不当的,第二审人民法院只需就附带民事部分作出处理;第一审判决的附带民事部分事实清楚,适用法律正确的,应当以刑事附带民事裁定维持原判,驳回上诉。

第三百一十四条 刑事附带民事诉讼案件,只有附带民事诉讼当事人及其法定代理人上诉的,第一审刑事部分的判决在上诉期满后即发生法律效力。

应当送监执行的第一审刑事被告人是第二审附带民事诉讼被告人的,在第二审附带民事诉讼案件审结前,可以暂缓送监执行。

第三百一十五条 对上诉、抗诉案件,应当着重审查下列内容:

(一)第一审判决认定的事实是否清楚,证据是否确实、充分;

(二)第一审判决适用法律是否正确,量刑是否适当;

(三)在侦查、审查起诉、第一审程序中,有无违反法定诉讼程序的情形;

(四)上诉、抗诉是否提出新的事实、证据;

(五)被告人的供述和辩解情况;

(六)辩护人的辩护意见及采纳情况;

(七)附带民事部分的判决、裁定是否合法、适当;

(八)第一审人民法院合议庭、审判委员会讨论的意见。

第三百一十六条 第二审期间,被告人除自行辩护外,还可以继续委托第一审辩护人或者另行委托辩护人辩护。

共同犯罪案件,只有部分被告人提出上诉,或者自诉人只对部分被告人的判决提出上诉,或者人民检察院只对部分被告人的判决提出抗诉的,其他同案被告人也可以委托辩护人辩护。

第三百一十七条 下列案件,根据刑事诉讼法第二百二十三条第一款的规定,应当开庭审理:

(一)被告人、自诉人及其法定代理人对第一审认定的事实、证据提出异议,可能影响定罪量刑的上诉案件;

(二)被告人被判处死刑立即执行的上诉案件;

(三)人民检察院抗诉的案件;

(四)应当开庭审理的其他案件。

被判处死刑立即执行的被告人没有上诉,同案的其他被告人上诉的案件,第二审人民法院应当开庭审理。

被告人被判处死刑缓期执行的上诉案件,虽不属于第一款第一项规定的情形,有条件的,也应当开庭审理。

第三百一十八条 对上诉、抗诉案件,第二审人民法院经审查,认为原判事实不清、证据不足,或者具有刑事诉讼法第二百二十七条规定的违反法定诉讼程序情形,需要发回重新审判的,可以不开庭审理。

第三百一十九条 第二审期间,人民检察院或者被告人及其辩护人提交新证据的,人民法院应当及时通知对方查阅、摘抄或者复制。

第三百二十条 开庭审理第二审公诉案件,应当在决定开庭审理后及时通知人民检察院查阅案卷。自通知后的第二日起,人民检察院查阅案卷的时间不计入审理期限。

第三百二十一条 开庭审理上诉、抗诉的公诉案件,应当通知同级人民检察院派员出庭。

抗诉案件,人民检察院接到开庭通知后不派员出庭,且未说明原因的,人民法院可以裁定按人民检察院撤回抗诉处理,并通知第一审人民法院和当事人。

第三百二十二条 开庭审理上诉、抗诉案件,除参照适用第一审程序的有关规定外,应当按照下列规定进行:

(一)法庭调查阶段,审判人员宣读第一审判决书、裁定书后,上诉案件由上诉人或者辩护人先宣读上诉状或者陈述上诉理由,抗诉案件由检察员先宣读抗诉书;既有上诉又有抗诉的案件,先由检察员宣读抗诉书,再由上诉人或者辩护人宣读上诉状或者陈述上诉理由;

(二)法庭辩论阶段,上诉案件,先由上诉人、辩护人发言,后由检察员、诉讼代理人发言;抗诉案件,先由检察员、诉讼代理人发言,后由被告人、辩护人发言;既有上诉又有抗诉的案件,先由检察员、诉讼代理人发言,后由上诉人、辩护人发言。

第三百二十三条 开庭审理上诉、抗诉案件,可以重点围绕对第一审判决、裁定有争议的问题或者有疑问的部分进行。根据案件情况,可以按照下列方式审理:

(一)宣读第一审判决书,可以只宣读案由、主要事实、证据名称和判决主文等;

(二)法庭调查应当重点围绕对第一审判决提出异议的事实、证据以及提交的新的证据等进行;对没有异议的事实、证据和情节,可以直接确认;

(三)对同案审理案件中未上诉的被告人,未被申请出庭或者人民法院认为没有必要到庭的,可以不再传唤到庭;

(四)被告人犯有数罪的案件,对其中事实清楚且无异议的犯罪,可以不在庭审时审理。

同案审理的案件,未提出上诉、人民检察院也未对其判决提出抗诉的被告人要求出庭的,应当准许。出庭的被告人可以参加法庭调查和辩论。

第三百二十四条 第二审案件依法不开庭审理的,应当讯问被告人,听取其他当事人、辩护人、诉讼代理人的意见。合议庭全体成员应当阅卷,必要时应当提交书面阅卷意见。

第三百二十五条 审理被告人或者其法定代理人、辩护人、近亲属提出上诉的案件,不得加重被告人的刑罚,并应当执行下列规定:

(一)同案审理的案件,只有部分被告人上诉的,既不得加重上诉人的刑罚,也不得加重其他同案被告人的刑罚;

(二)原判事实清楚,证据确实、充分,只是认定的罪名不当的,可以改变罪名,但不得加重刑罚;

(三)原判对被告人实行数罪并罚的,不得加重决定执行的刑罚,也不得加重数罪中某罪的刑罚;

(四)原判对被告人宣告缓刑的,不得撤销缓刑或者延长缓刑考验期;

(五)原判没有宣告禁止令的,不得增加宣告;原判宣告禁止令的,不得增加内容、延长期限;

(六)原判对被告人判处死刑缓期执行没有限制减刑的,不得限制减刑;

(七)原判事实清楚,证据确实、充分,但判处的刑罚畸轻、应当适用附加刑而没有适用的,不得直接加重刑罚、适用附加刑,也不得以事实不清、证据不足为由发回第一审人民法院重新审判。必须依法改判的,应当在第二审判决、裁定生效后,依照审判监督程序重新审判。

人民检察院抗诉或者自诉人上诉的案件,不受前款规定的限制。

第三百二十六条 人民检察院只对部分被告人的判决提出抗诉,或者自诉人只对部分被告人的判决提出上诉的,第二审人民法院不得对其他同案被告人加重刑罚。

第三百二十七条 被告人或者其法定代理人、辩护人、近亲属提出上诉的案件,第二审人民法院发回重新审判后,除有新的犯罪事实,人民检察院补充起诉的以外,原审人民法院不得加重被告人的刑罚。

第三百二十八条 原判事实不清、证据不足,第二审人民法院发回重新审判的案件,原审人民法院重新作出判决后,被告人上诉或者人民检察院抗诉的,第二审人民法院应当依法作出判决、裁定,不得再发回重新审判。

第三百二十九条 第二审人民法院发现原审人民法院在重新审判过程中,有刑事诉讼法第二百二十七条规定的情形之一，或者违反第二百二十八条规定的，应当裁定撤销原判，发回重新审判。

第三百三十条 第二审人民法院审理对刑事部分提出上诉、抗诉，附带民事部分已经发生法律效力的案件，发现第一审判决、裁定中的附带民事部分确有错误的，应当依照审判监督程序对附带民事部分予以纠正。

第三百三十一条 第二审人民法院审理对附带民事部分提出上诉，刑事部分已经发生法律效力的案件，发现第一审判决、裁定中的刑事部分确有错误的，应当依照审判监督程序对刑事部分进行再审，并将附带民事部分与刑事部分一并审理。

第三百三十二条 第二审期间，第一审附带民事诉讼原告人增加独立的诉讼请求或者第一审附带民事诉讼被告人提出反诉的，第二审人民法院可以根据自愿、合法的原则进行调解；调解不成的，告知当事人另行起诉。

第三百三十三条 对第二审自诉案件，必要时可以调解，当事人也可以自行和解。调解结案的，应当制作调解书，第一审判决、裁定视为自动撤销；当事人自行和解的，应当裁定准许撤回自诉，并撤销第一审判决、裁定。

第三百三十四条 第二审期间，自诉案件的当事人提出反诉的，应当告知其另行起诉。

第三百三十五条 第二审人民法院可以委托第一审人民法院代为宣判，并向当事人送达第二审判决书、裁定书。第一审人民法院应当在代为宣判后五日内将宣判笔录送交第二审人民法院，并在送达完毕后及时将送达回证送交第二审人民法院。

委托宣判的，第二审人民法院应当直接向同级人民检察院送达第二审判决书、裁定书。

第十四章 在法定刑以下判处刑罚和特殊假释的核准

第三百三十六条 报请最高人民法院核准在法定刑以下判处刑罚的案件，应当按照下列情形分别处理：

（一）被告人未上诉、人民检察院未抗诉的，在上诉、抗诉期满后三日内报请上一级人民法院复核。上一级人民法院同意原判的，应当书面层报最高人民法院核准；不同意的，应当裁定发回重新审判，或者改变管辖按照第一审程序重新审理。原判是基层人民法院作出的，高级人民法院可以指定中级人民法院按照第一审程序重新审理；

（二）被告人上诉或者人民检察院抗诉的，应当依照第二审程序审理。第二审维持原判,或者改判后仍在法定刑以下判处刑罚的,应当依照前项规定层报最高人民法院核准。

第三百三十七条 报请最高人民法院核准在法定刑以下判处刑罚的案件,应当报送判决书、报请核准的报告各五份,以及全部案卷、证据。

第三百三十八条 对在法定刑以下判处刑罚的案件,最高人民法院予以核准的,应当作出核准裁定书;不予核准的,应当作出不核准裁定书,并撤销原判决、裁定,发回原审人民法院重新审判或者指定其他下级人民法院重新审判。

第三百三十九条 依照本解释第三百三十六条、第三百三十八条规定发回第二审人民法院重新审判的案件,第二审人民法院可以直接改判;必须通过开庭查清事实、核实证据或者纠正原审程序违法的,应当开庭审理。

第三百四十条 最高人民法院和上级人民法院复核在法定刑以下判处刑罚案件的审理期限,参照适用刑事诉讼法第二百三十二条的规定。

第三百四十一条 报请最高人民法院核准因罪犯具有特殊情况,不受执行刑期限制的假释案件,应当按照下列情形分别处理:

(一)中级人民法院依法作出假释裁定后,应当报请高级人民法院复核。高级人民法院同意的,应当书面报请最高人民法院核准;不同意的,应当裁定撤销中级人民法院的假释裁定;

(二)高级人民法院依法作出假释裁定的,应当报请最高人民法院核准。

第三百四十二条 报请最高人民法院核准因罪犯具有特殊情况,不受执行刑期限制的假释案件,应当报送报请核准的报告、罪犯具有特殊情况的报告、假释裁定书各五份,以及全部案卷。

第三百四十三条 对因罪犯具有特殊情况,不受执行刑期限制的假释案件,最高人民法院予以核准的,应当作出核准裁定书;不予核准的,应当作出不核准裁定书,并撤销原裁定。

第十五章 死刑复核程序

第三百四十四条 报请最高人民法院核准死刑案件,应当按照下列情形分别处理:

(一)中级人民法院判处死刑的第一审案件,被告人未上诉、人民检察院未抗诉的,在上诉、抗诉期满后十日内报请高级人民法院复核。高级人民法院同意判处死刑的,应当在作出裁定后十日内报请最高人民法院核准;不同意的,应当依照第二审程序提审或者发回重新审判;

(二)中级人民法院判处死刑的第一审案件,被告人上诉或者人民检察院抗诉,

高级人民法院裁定维持的,应当在作出裁定后十日内报请最高人民法院核准;

(三)高级人民法院判处死刑的第一审案件,被告人未上诉、人民检察院未抗诉的,应当在上诉、抗诉期满后十日内报请最高人民法院核准。

高级人民法院复核死刑案件,应当讯问被告人。

第三百四十五条 中级人民法院判处死刑缓期执行的第一审案件,被告人未上诉、人民检察院未抗诉的,应当报请高级人民法院核准。

高级人民法院复核死刑缓期执行案件,应当讯问被告人。

第三百四十六条 报请复核的死刑、死刑缓期执行案件,应当一案一报。报送的材料包括报请复核的报告,第一、二审裁判文书,死刑案件综合报告各五份以及全部案卷、证据。死刑案件综合报告,第一、二审裁判文书和审理报告应当附送电子文本。

同案审理的案件应当报送全案案卷、证据。

曾经发回重新审判的案件,原第一、二审案卷应当一并报送。

第三百四十七条 报请复核的报告,应当写明案由、简要案情、审理过程和判决结果。

死刑案件综合报告应当包括以下内容:

(一)被告人、被害人的基本情况。被告人有前科或者曾受过行政处罚的,应当写明;

(二)案件的由来和审理经过。案件曾经发回重新审判的,应当写明发回重新审判的原因、时间、案号等;

(三)案件侦破情况。通过技术侦查措施抓获被告人、侦破案件,以及与自首、立功认定有关的情况,应当写明;

(四)第一审审理情况。包括控辩双方意见,第一审认定的犯罪事实,合议庭和审判委员会意见;

(五)第二审审理或者高级人民法院复核情况。包括上诉理由、检察机关意见,第二审审理或者高级人民法院复核认定的事实,证据采信情况及理由,控辩双方意见及采纳情况;

(六)需要说明的问题。包括共同犯罪案件中另案处理的同案犯的定罪量刑情况,案件有无重大社会影响,以及当事人的反应等情况;

(七)处理意见。写明合议庭和审判委员会的意见。

第三百四十八条 复核死刑、死刑缓期执行案件,应当全面审查以下内容:

(一)被告人的年龄,被告人有无刑事责任能力、是否系怀孕的妇女;

(二)原判认定的事实是否清楚,证据是否确实、充分;

（三）犯罪情节、后果及危害程度；

（四）原判适用法律是否正确，是否必须判处死刑，是否必须立即执行；

（五）有无法定、酌定从重、从轻或者减轻处罚情节；

（六）诉讼程序是否合法；

（七）应当审查的其他情况。

第三百四十九条 高级人民法院复核死刑缓期执行案件，应当按照下列情形分别处理：

（一）原判认定事实和适用法律正确、量刑适当、诉讼程序合法的，应当裁定核准；

（二）原判认定的某一具体事实或者引用的法律条款等存在瑕疵，但判处被告人死刑缓期执行并无不当的，可以在纠正后作出核准的判决、裁定；

（三）原判认定事实正确，但适用法律有错误，或者量刑过重的，应当改判；

（四）原判事实不清、证据不足的，可以裁定不予核准，并撤销原判，发回重新审判，或者依法改判；

（五）复核期间出现新的影响定罪量刑的事实、证据的，可以裁定不予核准，并撤销原判，发回重新审判，或者依照本解释第二百二十条规定审理后依法改判；

（六）原审违反法定诉讼程序，可能影响公正审判的，应当裁定不予核准，并撤销原判，发回重新审判。

高级人民法院复核死刑缓期执行案件，不得加重被告人的刑罚。

第三百五十条 最高人民法院复核死刑案件，应当按照下列情形分别处理：

（一）原判认定事实和适用法律正确、量刑适当、诉讼程序合法的，应当裁定核准；

（二）原判认定的某一具体事实或者引用的法律条款等存在瑕疵，但判处被告人死刑并无不当的，可以在纠正后作出核准的判决、裁定；

（三）原判事实不清、证据不足的，应当裁定不予核准，并撤销原判，发回重新审判；

（四）复核期间出现新的影响定罪量刑的事实、证据的，应当裁定不予核准，并撤销原判，发回重新审判；

（五）原判认定事实正确，但依法不应当判处死刑的，应当裁定不予核准，并撤销原判，发回重新审判；

（六）原审违反法定诉讼程序，可能影响公正审判的，应当裁定不予核准，并撤销原判，发回重新审判。

第三百五十一条 对一人有两罪以上被判处死刑的数罪并罚案件，最高人民法院复核后，认为其中部分犯罪的死刑判决、裁定事实不清、证据不足的，应当对全案裁定不予核准，并撤销原判，发回重新审判；认为其中部分犯罪的死刑判决、裁定认定事实正确，但依法不应当判处死刑的，可以改判，并对其他应当判处死刑的犯罪作出核准死刑的判决。

第三百五十二条 对有两名以上被告人被判处死刑的案件，最高人民法院复核后，认为其中部分被告人的死刑判决、裁定事实不清、证据不足的，应当对全案裁定不予核准，并撤销原判，发回重新审判；认为其中部分被告人的死刑判决、裁定认定事实正确，但依法不应当判处死刑的，可以改判，并对其他应当判处死刑的被告人作出核准死刑的判决。

第三百五十三条 最高人民法院裁定不予核准死刑的，根据案件情况，可以发回第二审人民法院或者第一审人民法院重新审判。

第一审人民法院重新审判的，应当开庭审理。第二审人民法院重新审判的，可以直接改判；必须通过开庭查清事实、核实证据或者纠正原审程序违法的，应当开庭审理。

第三百五十四条 高级人民法院依照复核程序审理后报请最高人民法院核准死刑，最高人民法院裁定不予核准，发回高级人民法院重新审判的，高级人民法院可以依照第二审程序提审或者发回重新审判。

第三百五十五条 最高人民法院裁定不予核准死刑，发回重新审判的案件，原审人民法院应当另行组成合议庭审理，但本解释第三百五十条第四项、第五项规定的案件除外。

第三百五十六条 死刑复核期间，辩护律师要求当面反映意见的，最高人民法院有关合议庭应当在办公场所听取其意见，并制作笔录；辩护律师提出书面意见的，应当附卷。

第三百五十七条 死刑复核期间，最高人民检察院提出意见的，最高人民法院应当审查，并将采纳情况及理由反馈最高人民检察院。

第三百五十八条 最高人民法院应当根据有关规定向最高人民检察院通报死刑案件复核结果。

第十六章　查封、扣押、冻结财物及其处理

第三百五十九条 人民法院对查封、扣押、冻结的被告人财物及其孳息，应当妥善保管，并制作清单，附卷备查；对人民检察院随案移送的被告人财物及其孳息，应当根据清单核查后妥善保管。任何单位和个人不得挪用或者自行处理。

查封不动产、车辆、船舶、航空器等财物，应当扣押其权利证书，经拍照或者录

像后原地封存,或者交持有人、被告人的近亲属保管,登记并写明财物的名称、型号、权属、地址等详细情况,并通知有关财物的登记、管理部门办理查封登记手续。

扣押物品,应当登记并写明物品名称、型号、规格、数量、重量、质量、成色、纯度、颜色、新旧程度、缺损特征和来源等。扣押货币、有价证券,应当登记并写明货币、有价证券的名称、数额、面额等,货币应当存入银行专门账户,并登记银行存款凭证的名称、内容。扣押文物、金银、珠宝、名贵字画等贵重物品以及违禁品,应当拍照,需要鉴定的,应当及时鉴定。对扣押的物品应当根据有关规定及时估价。

冻结存款、汇款、债券、股票、基金份额等财产,应当登记并写明编号、种类、面值、张数、金额等。

第三百六十条 对被害人的合法财产,权属明确的,应当依法及时返还,但须经拍照、鉴定、估价,并在案卷中注明返还的理由,将原物照片、清单和被害人的领取手续附卷备查;权属不明的,应当在人民法院判决、裁定生效后,按比例返还被害人,但已获退赔的部分应予扣除。

第三百六十一条 审判期间,权利人申请出卖被扣押、冻结的债券、股票、基金份额等财产,人民法院经审查,认为不损害国家利益、被害人利益,不影响诉讼正常进行的,以及扣押、冻结的汇票、本票、支票有效期即将届满的,可以在判决、裁定生效前依法出卖,所得价款由人民法院保管,并及时告知当事人或者其近亲属。

第三百六十二条 对作为证据使用的实物,包括作为物证的货币、有价证券等,应当随案移送。第一审判决、裁定宣告后,被告人上诉或者人民检察院抗诉的,第一审人民法院应当将上述证据移送第二审人民法院。

第三百六十三条 对不宜移送的实物,应当根据情况,分别审查以下内容:

(一)大宗的、不便搬运的物品,查封、扣押机关是否随案移送查封、扣押清单,并附原物照片和封存手续,注明存放地点等;

(二)易腐烂、霉变和不易保管的物品,查封、扣押机关变卖处理后,是否随案移送原物照片、清单、变价处理的凭证(复印件)等;

(三)枪支弹药、剧毒物品、易燃易爆物品以及其他违禁品、危险物品,查封、扣押机关根据有关规定处理后,是否随案移送原物照片和清单等。

上述不宜移送的实物,应当依法鉴定、估价的,还应当审查是否附有鉴定、估价意见。

对查封、扣押的货币、有价证券等未移送的,应当审查是否附有原物照片、清单或者其他证明文件。

第三百六十四条 法庭审理过程中,对查封、扣押、冻结的财物及其孳息,应当调查其权属情况,是否属于违法所得或者依法应当追缴的其他涉案财物。

案外人对查封、扣押、冻结的财物及其孳息提出权属异议的，人民法院应当审查并依法处理。

经审查，不能确认查封、扣押、冻结的财物及其孳息属于违法所得或者依法应当追缴的其他涉案财物的，不得没收。

第三百六十五条 对查封、扣押、冻结的财物及其孳息，应当在判决书中写明名称、金额、数量、存放地点及其处理方式等。涉案财物较多，不宜在判决主文中详细列明的，可以附清单。

涉案财物未随案移送的，应当在判决书中写明，并写明由查封、扣押、冻结机关负责处理。

第三百六十六条 查封、扣押、冻结的财物及其孳息，经审查，确属违法所得或者依法应当追缴的其他涉案财物的，应当判决返还被害人，或者没收上缴国库，但法律另有规定的除外。

判决返还被害人的涉案财物，应当通知被害人认领；无人认领的，应当公告通知；公告满三个月无人认领的，应当上缴国库；上缴国库后有人认领，经查证属实的，应当申请退库予以返还；原物已经拍卖、变卖的，应当返还价款。

对侵犯国有财产的案件，被害单位已经终止且没有权利义务继受人，或者损失已经被核销的，查封、扣押、冻结的财物及其孳息应当上缴国库。

第三百六十七条 随案移送的或者人民法院查封、扣押的财物及其孳息，由第一审人民法院在判决生效后负责处理。

涉案财物未随案移送的，人民法院应当在判决生效后十日内，将判决书、裁定书送达查封、扣押机关，并告知其在一个月内将执行回单送回。

第三百六十八条 对冻结的存款、汇款、债券、股票、基金份额等财产判决没收的，第一审人民法院应当在判决生效后，将判决书、裁定书送达相关金融机构和财政部门，通知相关金融机构依法上缴国库并在接到执行通知书后十五日内，将上缴国库的凭证、执行回单送回。

第三百六十九条 查封、扣押、冻结的财物与本案无关但已列入清单的，应当由查封、扣押、冻结机关依法处理。

查封、扣押、冻结的财物属于被告人合法所有的，应当在赔偿被害人损失、执行财产刑后及时返还被告人；财物未随案移送的，应当通知查封、扣押、冻结机关将赔偿被害人损失、执行财产刑的部分移送人民法院。

第三百七十条 查封、扣押、冻结财物及其处理，本解释没有规定的，参照适用法律、其他司法解释的有关规定。

第十七章　审判监督程序

第三百七十一条　当事人及其法定代理人、近亲属对已经发生法律效力的判决、裁定提出申诉的，人民法院应当审查处理。

案外人认为已经发生法律效力的判决、裁定侵害其合法权益，提出申诉的，人民法院应当审查处理。

申诉可以委托律师代为进行。

第三百七十二条　向人民法院申诉，应当提交以下材料：

（一）申诉状。应当写明当事人的基本情况、联系方式以及申诉的事实与理由；

（二）原一、二审判决书、裁定书等法律文书。经过人民法院复查或者再审的，应当附有驳回通知书、再审决定书、再审判决书、裁定书；

（三）其他相关材料。以有新的证据证明原判决、裁定认定的事实确有错误为由申诉的，应当同时附有相关证据材料；申请人民法院调查取证的，应当附有相关线索或者材料。

申诉不符合前款规定的，人民法院应当告知申诉人补充材料；申诉人对必要材料拒绝补充且无正当理由的，不予审查。

第三百七十三条　申诉由终审人民法院审查处理。但是，第二审人民法院裁定准许撤回上诉的案件，申诉人对第一审判决提出申诉的，可以由第一审人民法院审查处理。

上一级人民法院对未经终审人民法院审查处理的申诉，可以告知申诉人向终审人民法院提出申诉，或者直接交终审人民法院审查处理，并告知申诉人；案件疑难、复杂、重大的，也可以直接审查处理。

对未经终审人民法院及其上一级人民法院审查处理，直接向上级人民法院申诉的，上级人民法院可以告知申诉人向下级人民法院提出。

第三百七十四条　对死刑案件的申诉，可以由原核准的人民法院直接审查处理，也可以交由原审人民法院审查。原审人民法院应当写出审查报告，提出处理意见，层报原核准的人民法院审查处理。

第三百七十五条　对立案审查的申诉案件，应当在三个月内作出决定，至迟不得超过六个月。

经审查，具有下列情形之一的，应当根据刑事诉讼法第二百四十二条的规定，决定重新审判：

（一）有新的证据证明原判决、裁定认定的事实确有错误，可能影响定罪量刑的；

（二）据以定罪量刑的证据不确实、不充分、依法应当排除的；

（三）证明案件事实的主要证据之间存在矛盾的；

（四）主要事实依据被依法变更或者撤销的；

（五）认定罪名错误的；

（六）量刑明显不当的；

（七）违反法律关于溯及力规定的；

（八）违反法律规定的诉讼程序，可能影响公正裁判的；

（九）审判人员在审理该案件时有贪污受贿、徇私舞弊、枉法裁判行为的。

申诉不具有上述情形的，应当说服申诉人撤回申诉；对仍然坚持申诉的，应当书面通知驳回。

第三百七十六条 具有下列情形之一，可能改变原判决、裁定据以定罪量刑的事实的证据，应当认定为刑事诉讼法第二百四十二条第一项规定的"新的证据"：

（一）原判决、裁定生效后新发现的证据；

（二）原判决、裁定生效前已经发现，但未予收集的证据；

（三）原判决、裁定生效前已经收集，但未经质证的证据；

（四）原判决、裁定所依据的鉴定意见，勘验、检查等笔录或者其他证据被改变或者否定的。

第三百七十七条 申诉人对驳回申诉不服的，可以向上一级人民法院申诉。上一级人民法院经审查认为申诉不符合刑事诉讼法第二百四十二条和本解释第三百七十五条第二款规定的，应当说服申诉人撤回申诉；对仍然坚持申诉的，应当驳回或者通知不予重新审判。

第三百七十八条 各级人民法院院长发现本院已经发生法律效力的判决、裁定确有错误的，应当提交审判委员会讨论决定是否再审。

第三百七十九条 上级人民法院发现下级人民法院已经发生法律效力的判决、裁定确有错误的，可以指令下级人民法院再审；原判决、裁定认定事实正确但适用法律错误，或者案件疑难、复杂、重大，或者有不宜由原审人民法院审理情形的，也可以提审。

上级人民法院指令下级人民法院再审的，一般应当指令原审人民法院以外的下级人民法院审理；由原审人民法院审理更有利于查明案件事实、纠正裁判错误的，可以指令原审人民法院审理。

第三百八十条 对人民检察院依照审判监督程序提出抗诉的案件，人民法院应当在收到抗诉书后一个月内立案。但是，有下列情形之一的，应当区别情况予以处理：

（一）对不属于本院管辖的，应当将案件退回人民检察院；

（二）按照抗诉书提供的住址无法向被抗诉的原审被告人送达抗诉书的，应当通知人民检察院在三日内重新提供原审被告人的住址；逾期未提供的，将案件退回人民检察院；

（三）以有新的证据为由提出抗诉，但未附相关证据材料或者有关证据不是指向原起诉事实的，应当通知人民检察院在三日内补送相关材料；逾期未补送的，将案件退回人民检察院。

决定退回的抗诉案件，人民检察院经补充相关材料后再次抗诉，经审查符合受理条件的，人民法院应当受理。

第三百八十一条 对人民检察院依照审判监督程序提出抗诉的案件，接受抗诉的人民法院应当组成合议庭审理。对原判事实不清、证据不足，包括有新的证据证明原判可能有错误，需要指令下级人民法院再审的，应当在立案之日起一个月内作出决定，并将指令再审决定书送达抗诉的人民检察院。

第三百八十二条 对决定依照审判监督程序重新审判的案件，除人民检察院抗诉的以外，人民法院应当制作再审决定书。再审期间不停止原判决、裁定的执行，但被告人可能经再审改判无罪，或者可能经再审减轻原判刑罚而致刑期届满的，可以决定中止原判决、裁定的执行，必要时，可以对被告人采取取保候审、监视居住措施。

第三百八十三条 依照审判监督程序重新审判的案件，人民法院应当重点针对申诉、抗诉和决定再审的理由进行审理。必要时，应当对原判决、裁定认定的事实、证据和适用法律进行全面审查。

第三百八十四条 原审人民法院审理依照审判监督程序重新审判的案件，应当另行组成合议庭。

原来是第一审案件，应当依照第一审程序进行审判，所作的判决、裁定可以上诉、抗诉；原来是第二审案件，或者是上级人民法院提审的案件，应当依照第二审程序进行审判，所作的判决、裁定是终审的判决、裁定。

对原审被告人、原审自诉人已经死亡或者丧失行为能力的再审案件，可以不开庭审理。

第三百八十五条 开庭审理的再审案件，再审决定书或者抗诉书只针对部分原审被告人，其他同案原审被告人不出庭不影响审理的，可以不出庭参加诉讼。

第三百八十六条 除人民检察院抗诉的以外，再审一般不得加重原审被告人的刑罚。再审决定书或者抗诉书只针对部分原审被告人的，不得加重其他同案原审被告人的刑罚。

第三百八十七条 人民法院审理人民检察院抗诉的再审案件，人民检察院在开庭审理前撤回抗诉的，应当裁定准许；人民检察院接到出庭通知后不派员出庭，且未说明原因的，可以裁定按撤回抗诉处理，并通知诉讼参与人。

人民法院审理申诉人申诉的再审案件，申诉人在再审期间撤回申诉的，应当裁定准许；申诉人经依法通知无正当理由拒不到庭，或者未经法庭许可中途退庭的，应当裁定按撤回申诉处理，但申诉人不是原审当事人的除外。

第三百八十八条 开庭审理的再审案件，系人民法院决定再审的，由合议庭组成人员宣读再审决定书；系人民检察院抗诉的，由检察人员宣读抗诉书；系申诉人申诉的，由申诉人或者其辩护人、诉讼代理人陈述申诉理由。

第三百八十九条 再审案件经过重新审理后，应当按照下列情形分别处理：

（一）原判决、裁定认定事实和适用法律正确、量刑适当的，应当裁定驳回申诉或者抗诉，维持原判决、裁定；

（二）原判决、裁定定罪准确、量刑适当，但在认定事实、适用法律等方面有瑕疵的，应当裁定纠正并维持原判决、裁定；

（三）原判决、裁定认定事实没有错误，但适用法律错误，或者量刑不当的，应当撤销原判决、裁定，依法改判；

（四）依照第二审程序审理的案件，原判决、裁定事实不清或者证据不足的，可以在查清事实后改判，也可以裁定撤销原判，发回原审人民法院重新审判。

原判决、裁定事实不清或者证据不足，经审理事实已经查清的，应当根据查清的事实依法裁判；事实仍无法查清，证据不足，不能认定被告人有罪的，应当撤销原判决、裁定，判决宣告被告人无罪。

第三百九十条 原判决、裁定认定被告人姓名等身份信息有误，但认定事实和适用法律正确、量刑适当的，作出生效判决、裁定的人民法院可以通过裁定对有关信息予以更正。

第三百九十一条 对再审改判宣告无罪并依法享有申请国家赔偿权利的当事人，人民法院宣判时，应当告知其在判决发生法律效力后可以依法申请国家赔偿。

第十八章 涉外刑事案件的审理和司法协助

第三百九十二条 本解释所称的涉外刑事案件是指：

（一）在中华人民共和国领域内，外国人犯罪的或者我国公民侵犯外国人合法权利的刑事案件；

（二）符合刑法第七条、第十条规定情形的我国公民在中华人民共和国领域外犯罪的案件；

（三）符合刑法第八条、第十条规定情形的外国人对中华人民共和国国家或者公民犯罪的案件；

（四）符合刑法第九条规定情形的中华人民共和国在所承担国际条约义务范围内行使管辖权的案件。

第三百九十三条 第一审涉外刑事案件，除刑事诉讼法第二十条至第二十二条规定的以外，由基层人民法院管辖。必要时，中级人民法院可以指定辖区内若干基层人民法院集中管辖第一审涉外刑事案件，也可以依照刑事诉讼法第二十三条的规定，审理基层人民法院管辖的第一审涉外刑事案件。

第三百九十四条 外国人的国籍，根据其入境时的有效证件确认；国籍不明的，根据公安机关或者有关国家驻华使、领馆出具的证明确认。

国籍无法查明的，以无国籍人对待，适用本章有关规定，在裁判文书中写明“国籍不明”。

第三百九十五条 在刑事诉讼中，外国籍当事人享有我国法律规定的诉讼权利并承担相应义务。

第三百九十六条 涉外刑事案件审判期间，人民法院应当将下列事项及时通报同级人民政府外事主管部门，并通知有关国家驻华使、领馆：

（一）人民法院决定对外国籍被告人采取强制措施的情况，包括外国籍当事人的姓名（包括译名）、性别、入境时间、护照或者证件号码、采取的强制措施及法律依据、羁押地点等；

（二）开庭的时间、地点、是否公开审理等事项；

（三）宣判的时间、地点。

涉外刑事案件宣判后，应当及时将处理结果通报同级人民政府外事主管部门。

对外国籍被告人执行死刑的，死刑裁决下达后执行前，应当通知其国籍国驻华使、领馆。

外国籍被告人在案件审理中死亡的，应当及时通报同级人民政府外事主管部门，并通知有关国家驻华使、领馆。

第三百九十七条 需要向有关国家驻华使、领馆通知有关事项的，应当层报高级人民法院，由高级人民法院按照下列规定通知：

（一）外国籍当事人国籍国与我国签订有双边领事条约的，根据条约规定办理；未与我国签订双边领事条约，但参加《维也纳领事关系公约》的，根据公约规定办理；未与我国签订领事条约，也未参加《维也纳领事关系公约》，但与我国有外交关系的，可以根据外事主管部门的意见，按照互惠原则，根据有关规定和国际惯例办理；

（二）在外国驻华领馆领区内发生的涉外刑事案件，通知有关外国驻该地区的领馆；在外国领馆领区外发生的涉外刑事案件，通知有关外国驻华使馆；与我国有外交关系，但未设使、领馆的国家，可以通知其代管国家驻华使、领馆；无代管国家或者代管国家不明的，可以不通知；

（三）双边领事条约规定通知时限的，应当在规定的期限内通知；无双边领事条约规定的，应当根据或者参照《维也纳领事关系公约》和国际惯例尽快通知，至迟不得超过七日；

（四）双边领事条约没有规定必须通知，外国籍当事人要求不通知其国籍国驻华使、领馆的，可以不通知，但应当由其本人出具书面声明。

高级人民法院向外国驻华使、领馆通知有关事项，必要时，可以请人民政府外事主管部门协助。

第三百九十八条　人民法院受理涉外刑事案件后，应当告知在押的外国籍被告人享有与其国籍国驻华使、领馆联系，与其监护人、近亲属会见、通信，以及请求人民法院提供翻译的权利。

第三百九十九条　涉外刑事案件审判期间，外国籍被告人在押，其国籍国驻华使、领馆官员要求探视的，可以向受理案件的人民法院所在地的高级人民法院提出。人民法院应当根据我国与被告人国籍国签订的双边领事条约规定的时限予以安排；没有条约规定的，应当尽快安排。必要时，可以请人民政府外事主管部门协助。

涉外刑事案件审判期间，外国籍被告人在押，其监护人、近亲属申请会见的，可以向受理案件的人民法院所在地的高级人民法院提出，并依照本解释第四百零三条的规定提供与被告人关系的证明。人民法院经审查认为不妨碍案件审判的，可以批准。

被告人拒绝接受探视、会见的，可以不予安排，但应当由其本人出具书面声明。

探视、会见被告人应当遵守我国法律规定。

第四百条　人民法院审理涉外刑事案件，应当公开进行，但依法不应公开审理的除外。

公开审理的涉外刑事案件，外国籍当事人国籍国驻华使、领馆官员要求旁听的，可以向受理案件的人民法院所在地的高级人民法院提出申请，人民法院应当安排。

第四百零一条　人民法院审判涉外刑事案件，使用中华人民共和国通用的语言、文字，应当为外国籍当事人提供翻译。

人民法院的诉讼文书为中文本。外国籍当事人不通晓中文的，应当附有外文译本,译本不加盖人民法院印章,以中文本为准。

外国籍当事人通晓中国语言、文字,拒绝他人翻译,或者不需要诉讼文书外文译本的,应当由其本人出具书面声明。

第四百零二条 外国籍被告人委托律师辩护,或者外国籍附带民事诉讼原告人、自诉人委托律师代理诉讼的,应当委托具有中华人民共和国律师资格并依法取得执业证书的律师。

外国籍被告人在押的,其监护人、近亲属或者其国籍国驻华使、领馆可以代为委托辩护人。其监护人、近亲属代为委托的,应当提供与被告人关系的有效证明。

外国籍当事人委托其监护人、近亲属担任辩护人、诉讼代理人的,被委托人应当提供与当事人关系的有效证明。经审查,符合刑事诉讼法、有关司法解释规定的,人民法院应当准许。

外国籍被告人没有委托辩护人的,人民法院可以通知法律援助机构为其指派律师提供辩护。被告人拒绝辩护人辩护的,应当由其出具书面声明,或者将其口头声明记录在案。被告人属于应当提供法律援助情形的,依照本解释第四十五条规定处理。

第四百零三条 外国籍当事人从中华人民共和国领域外寄交或者托交给中国律师或者中国公民的委托书,以及外国籍当事人的监护人、近亲属提供的与当事人关系的证明,必须经所在国公证机关证明,所在国中央外交主管机关或者其授权机关认证,并经我国驻该国使、领馆认证,但我国与该国之间有互免认证协定的除外。

第四百零四条 对涉外刑事案件的被告人,可以决定限制出境;对开庭审理案件时必须到庭的证人,可以要求暂缓出境。作出限制出境的决定,应当通报同级公安机关或者国家安全机关;限制外国人出境的,应当同时通报同级人民政府外事主管部门和当事人国籍国驻华使、领馆。

人民法院决定限制外国人和中国公民出境的,应当书面通知被限制出境的人在案件审理终结前不得离境,并可以采取扣留护照或者其他出入境证件的办法限制其出境;扣留证件的,应当履行必要手续,并发给本人扣留证件的证明。

对需要在边防检查站阻止外国人和中国公民出境的,受理案件的人民法院应当层报高级人民法院,由高级人民法院填写口岸阻止人员出境通知书,向同级公安机关办理交控手续。控制口岸不在本省、自治区、直辖市的,应当通过有关省、自治区、直辖市公安机关办理交控手续。紧急情况下,确有必要的,也可以先向边防检查站交控,再补办交控手续。

第四百零五条 对来自境外的证据材料,人民法院应当对材料来源、提供人、提供时间以及提取人、提取时间等进行审查。经审查,能够证明案件事实且符合刑事诉讼法规定的，可以作为证据使用，但提供人或者我国与有关国家签订的双边条约对材料的使用范围有明确限制的除外；材料来源不明或者其真实性无法确认的，不得作为定案的根据。

当事人及其辩护人、诉讼代理人提供来自境外的证据材料的，该证据材料应当经所在国公证机关证明，所在国中央外交主管机关或者其授权机关认证，并经我国驻该国使、领馆认证。

第四百零六条 涉外刑事案件，符合刑事诉讼法第二百零二条第一款、第二百三十二条规定的，经有关人民法院批准或者决定，可以延长审理期限。

第四百零七条 涉外刑事案件宣判后，外国籍当事人国籍国驻华使、领馆要求提供裁判文书的，可以向受理案件的人民法院所在地的高级人民法院提出，人民法院可以提供。

第四百零八条 根据中华人民共和国缔结或者参加的国际条约，或者按照互惠原则，人民法院和外国法院可以相互请求刑事司法协助。

外国法院请求的事项有损中华人民共和国的主权、安全、社会公共利益的，人民法院不予协助。

第四百零九条 请求和提供司法协助，应当依照中华人民共和国缔结或者参加的国际条约规定的途径进行；没有条约关系的，通过外交途径进行。

第四百一十条 人民法院请求外国提供司法协助的，应当经高级人民法院审查后报最高人民法院审核同意。

外国法院请求我国提供司法协助，属于人民法院职权范围的，经最高人民法院审核同意后转有关人民法院办理。

第四百一十一条 人民法院请求外国提供司法协助的请求书及其所附文件，应当附有该国文字译本或者国际条约规定的其他文字文本。

外国法院请求我国提供司法协助的请求书及其所附文件，应当附有中文译本或者国际条约规定的其他文字文本。

第四百一十二条 人民法院向在中华人民共和国领域外居住的当事人送达刑事诉讼文书，可以采用下列方式：

（一）根据受送达人所在国与中华人民共和国缔结或者共同参加的国际条约规定的方式送达；

（二）通过外交途径送达；

（三）对中国籍当事人，可以委托我国驻受送达人所在国的使、领馆代为送达；

（四）当事人是自诉案件的自诉人或者附带民事诉讼原告人的，可以向有权代其接受送达的诉讼代理人送达；

（五）当事人是外国单位的，可以向其在中华人民共和国领域内设立的代表机构或者有权接受送达的分支机构、业务代办人送达；

（六）受送达人所在国法律允许的，可以邮寄送达；自邮寄之日起满三个月，送达回证未退回，但根据各种情况足以认定已经送达的，视为送达；

（七）受送达人所在国法律允许的，可以采用传真、电子邮件等能够确认受送达人收悉的方式送达。

第四百一十三条 人民法院通过外交途径向在中华人民共和国领域外居住的受送达人送达刑事诉讼文书的，所送达的文书应当经高级人民法院审查后报最高人民法院审核。最高人民法院认为可以发出的，由最高人民法院交外交部主管部门转递。

外国法院通过外交途径请求人民法院送达刑事诉讼文书的，由该国驻华使馆将法律文书交我国外交部主管部门转最高人民法院。最高人民法院审核后认为属于人民法院职权范围，且可以代为送达的，应当转有关人民法院办理。

第四百一十四条 涉外刑事案件审理过程中的其他事宜，依照法律、司法解释和其他有关规定办理。

第十九章 执行程序

第一节 死刑的执行

第四百一十五条 被判处死刑缓期执行的罪犯，在死刑缓期执行期间故意犯罪的，应当由罪犯服刑地的中级人民法院依法审判，所作的判决可以上诉、抗诉。

认定构成故意犯罪的判决、裁定发生法律效力后，应当层报最高人民法院核准执行死刑。

第四百一十六条 死刑缓期执行的期间，从判决或者裁定核准死刑缓期执行的法律文书宣告或者送达之日起计算。

死刑缓期执行期满，依法应当减刑的，人民法院应当及时减刑。死刑缓期执行期满减为无期徒刑、有期徒刑的，刑期自死刑缓期执行期满之日起计算。

第四百一十七条 最高人民法院的执行死刑命令，由高级人民法院交付第一审人民法院执行。第一审人民法院接到执行死刑命令后，应当在七日内执行。

在死刑缓期执行期间故意犯罪，最高人民法院核准执行死刑的，由罪犯服刑地的中级人民法院执行。

第四百一十八条 第一审人民法院在接到执行死刑命令后、执行前，发现有下列情形之一的，应当暂停执行，并立即将请求停止执行死刑的报告和相关材料层报最高人民法院：

（一）罪犯可能有其他犯罪的；

（二）共同犯罪的其他犯罪嫌疑人到案，可能影响罪犯量刑的；

（三）共同犯罪的其他罪犯被暂停或者停止执行死刑，可能影响罪犯量刑的；

（四）罪犯揭发重大犯罪事实或者有其他重大立功表现，可能需要改判的；

（五）罪犯怀孕的；

（六）判决、裁定可能有影响定罪量刑的其他错误的。

最高人民法院经审查，认为可能影响罪犯定罪量刑的，应当裁定停止执行死刑；认为不影响的，应当决定继续执行死刑。

第四百一十九条 最高人民法院在执行死刑命令签发后、执行前，发现有前条第一款规定情形的，应当立即裁定停止执行死刑，并将有关材料移交下级人民法院。

第四百二十条 下级人民法院接到最高人民法院停止执行死刑的裁定后，应当会同有关部门调查核实停止执行死刑的事由，并及时将调查结果和意见层报最高人民法院审核。

第四百二十一条 对下级人民法院报送的停止执行死刑的调查结果和意见，由最高人民法院原作出核准死刑判决、裁定的合议庭负责审查，必要时，另行组成合议庭进行审查。

第四百二十二条 最高人民法院对停止执行死刑的案件，应当按照下列情形分别处理：

（一）确认罪犯怀孕的，应当改判；

（二）确认罪犯有其他犯罪，依法应当追诉的，应当裁定不予核准死刑，撤销原判，发回重新审判；

（三）确认原判决、裁定有错误或者罪犯有重大立功表现，需要改判的，应当裁定不予核准死刑，撤销原判，发回重新审判；

（四）确认原判决、裁定没有错误，罪犯没有重大立功表现，或者重大立功表现不影响原判决、裁定执行的，应当裁定继续执行死刑，并由院长重新签发执行死刑的命令。

第四百二十三条 第一审人民法院在执行死刑前，应当告知罪犯有权会见其近亲属。罪犯申请会见并提供具体联系方式的，人民法院应当通知其近亲属。罪犯近亲属申请会见的，人民法院应当准许，并及时安排会见。

第四百二十四条 第一审人民法院在执行死刑三日前，应当通知同级人民检察院派员临场监督。

第四百二十五条 死刑采用枪决或者注射等方法执行。

采用注射方法执行死刑的，应当在指定的刑场或者羁押场所内执行。

采用枪决、注射以外的其他方法执行死刑的，应当事先层报最高人民法院批准。

第四百二十六条 执行死刑前，指挥执行的审判人员对罪犯应当验明正身，讯问有无遗言、信札，并制作笔录，再交执行人员执行死刑。

执行死刑应当公布，禁止游街示众或者其他有辱罪犯人格的行为。

第四百二十七条 执行死刑后，应当由法医验明罪犯确实死亡，在场书记员制作笔录。负责执行的人民法院应当在执行死刑后十五日内将执行情况，包括罪犯被执行死刑前后的照片，上报最高人民法院。

第四百二十八条 执行死刑后，负责执行的人民法院应当办理以下事项：

（一）对罪犯的遗书、遗言笔录，应当及时审查；涉及财产继承、债务清偿、家事嘱托等内容的，将遗书、遗言笔录交给家属，同时复制附卷备查；涉及案件线索等问题的，抄送有关机关；

（二）通知罪犯家属在限期内领取罪犯骨灰；没有火化条件或者因民族、宗教等原因不宜火化的，通知领取尸体；过期不领取的，由人民法院通知有关单位处理，并要求有关单位出具处理情况的说明；对罪犯骨灰或者尸体的处理情况，应当记录在案；

（三）对外国籍罪犯执行死刑后，通知外国驻华使、领馆的程序和时限，根据有关规定办理。

第二节 死刑缓期执行、无期徒刑、有期徒刑、拘役的交付执行

第四百二十九条 被判处死刑缓期执行、无期徒刑、有期徒刑、拘役的罪犯，交付执行时在押的，第一审人民法院应当在判决、裁定生效后十日内，将判决书、裁定书、起诉书副本、自诉状复印件、执行通知书、结案登记表送达看守所，由公安机关将罪犯交付执行。

罪犯需要收押执行刑罚，而判决、裁定生效前未被羁押的，人民法院应当根据生效的判决书、裁定书将罪犯送交看守所羁押，并依照前款的规定办理执行手续。

第四百三十条 同案审理的案件中，部分被告人被判处死刑，对未被判处死刑的同案被告人需要羁押执行刑罚的，应当在其判决、裁定生效后十日内交付执行。但是，该同案被告人参与实施有关死刑之罪的，应当在最高人民法院复核讯问被判处死刑的被告人后交付执行。

第四百三十一条 执行通知书回执经看守所盖章后，应当附卷备查。

第四百三十二条 被判处无期徒刑、有期徒刑或者拘役的罪犯，符合刑事诉讼法第二百五十四条第一款、第二款的规定，人民法院决定暂予监外执行的，应当制

作暂予监外执行决定书，写明罪犯基本情况、判决确定的罪名和刑罚、决定暂予监外执行的原因、依据等，通知罪犯居住地的县级司法行政机关派员办理交接手续，并将暂予监外执行决定书抄送罪犯居住地的县级人民检察院和公安机关。

人民检察院认为人民法院的暂予监外执行决定不当，在法定期限内提出书面意见的，人民法院应当立即对该决定重新核查，并在一个月内作出决定。

第四百三十三条 暂予监外执行的罪犯具有下列情形之一的，原作出暂予监外执行决定的人民法院，应当在收到执行机关的收监执行建议书后十五日内，作出收监执行的决定：

（一）不符合暂予监外执行条件的；

（二）未经批准离开所居住的市、县，经警告拒不改正，或者拒不报告行踪，脱离监管的；

（三）因违反监督管理规定受到治安管理处罚，仍不改正的；

（四）受到执行机关两次警告，仍不改正的；

（五）保外就医期间不按规定提交病情复查情况，经警告拒不改正的；

（六）暂予监外执行的情形消失后，刑期未满的；

（七）保证人丧失保证条件或者因不履行义务被取消保证人资格，不能在规定期限内提出新的保证人的；

（八）违反法律、行政法规和监督管理规定，情节严重的其他情形。

人民法院收监执行决定书，一经作出，立即生效。

第四百三十四条 人民法院应当将收监执行决定书送交罪犯居住地的县级司法行政机关，由其根据有关规定将罪犯交付执行。收监执行决定书应当同时抄送罪犯居住地的同级人民检察院和公安机关。

第四百三十五条 被收监执行的罪犯有不计入执行刑期情形的，人民法院应当在作出收监决定时，确定不计入执行刑期的具体时间。

第三节　管制、缓刑、剥夺政治权利的交付执行

第四百三十六条 对被判处管制、宣告缓刑的罪犯，人民法院应当核实其居住地。宣判时，应当书面告知罪犯到居住地县级司法行政机关报到的期限和不按期报到的后果。判决、裁定生效后十日内，应当将判决书、裁定书、执行通知书等法律文书送达罪犯居住地的县级司法行政机关，同时抄送罪犯居住地的县级人民检察院。

第四百三十七条 对单处剥夺政治权利的罪犯，人民法院应当在判决、裁定生效后十日内，将判决书、裁定书、执行通知书等法律文书送达罪犯居住地的县级公安机关，并抄送罪犯居住地的县级人民检察院。

第四节　财产刑和附带民事裁判的执行

第四百三十八条　财产刑和附带民事裁判由第一审人民法院负责裁判执行的机构执行。

第四百三十九条　罚金在判决规定的期限内一次或者分期缴纳。期满无故不缴纳或者未足额缴纳的，人民法院应当强制缴纳。经强制缴纳仍不能全部缴纳的，在任何时候，包括主刑执行完毕后，发现被执行人有可供执行的财产的，应当追缴。

行政机关对被告人就同一事实已经处以罚款的，人民法院判处罚金时应当折抵，扣除行政处罚已执行的部分。

判处没收财产的，判决生效后，应当立即执行。

第四百四十条　执行财产刑和附带民事裁判过程中，案外人对被执行财产提出权属异议的，人民法院应当参照民事诉讼有关执行异议的规定进行审查并作出处理。

第四百四十一条　被判处财产刑，同时又承担附带民事赔偿责任的被执行人，应当先履行民事赔偿责任。

判处财产刑之前被执行人所负正当债务，需要以被执行的财产偿还的，经债权人请求，应当偿还。

第四百四十二条　被执行人或者被执行财产在外地的，可以委托当地人民法院执行。

受托法院在执行财产刑后，应当及时将执行的财产上缴国库。

第四百四十三条　执行财产刑过程中，具有下列情形之一的，人民法院应当裁定中止执行：

（一）执行标的物系人民法院或者仲裁机构正在审理案件的争议标的物，需等待该案件审理完毕确定权属的；

（二）案外人对执行标的物提出异议的；

（三）应当中止执行的其他情形。

中止执行的原因消除后，应当恢复执行。

第四百四十四条　执行财产刑过程中，具有下列情形之一的，人民法院应当裁定终结执行：

（一）据以执行的判决、裁定被撤销的；

（二）被执行人死亡或者被执行死刑，且无财产可供执行的；

（三）被判处罚金的单位终止，且无财产可供执行的；

（四）依照刑法第五十三条规定免除罚金的；

（五）应当终结执行的其他情形。

裁定终结执行后，发现被执行人的财产有被隐匿、转移等情形的，应当追缴。

第四百四十五条 财产刑全部或者部分被撤销的，已经执行的财产应当全部或者部分返还被执行人；无法返还的，应当依法赔偿。

第四百四十六条 因遭遇不能抗拒的灾祸缴纳罚金确有困难，被执行人申请减少或者免除罚金的，应当提交相关证明材料。人民法院应当在收到申请后一个月内作出裁定。符合法定减免条件的，应当准许；不符合条件的，驳回申请。

第四百四十七条 财产刑和附带民事裁判的执行，本解释没有规定的，参照适用民事执行的有关规定。

第五节 减刑、假释案件的审理

第四百四十八条 被判处死刑缓期执行的罪犯，在死刑缓期执行期间，没有故意犯罪的，死刑缓期执行期满后，应当裁定减刑；死刑缓期执行期满后，尚未裁定减刑前又犯罪的，应当依法减刑后对其所犯新罪另行审判。

第四百四十九条 对减刑、假释案件，应当按照下列情形分别处理：

（一）对被判处死刑缓期执行的罪犯的减刑，由罪犯服刑地的高级人民法院根据同级监狱管理机关审核同意的减刑建议书裁定；

（二）对被判处无期徒刑的罪犯的减刑、假释，由罪犯服刑地的高级人民法院，在收到同级监狱管理机关审核同意的减刑、假释建议书后一个月内作出裁定，案情复杂或者情况特殊的，可以延长一个月；

（三）对被判处有期徒刑和被减为有期徒刑的罪犯的减刑、假释，由罪犯服刑地的中级人民法院，在收到执行机关提出的减刑、假释建议书后一个月内作出裁定，案情复杂或者情况特殊的，可以延长一个月；

（四）对被判处拘役、管制的罪犯的减刑，由罪犯服刑地中级人民法院，在收到同级执行机关审核同意的减刑、假释建议书后一个月内作出裁定。

对暂予监外执行罪犯的减刑，应当根据情况，分别适用前款的有关规定。

第四百五十条 受理减刑、假释案件，应当审查执行机关移送的材料是否包括下列内容：

（一）减刑、假释建议书；

（二）终审法院的裁判文书、执行通知书、历次减刑裁定书的复制件；

（三）证明罪犯确有悔改、立功或者重大立功表现具体事实的书面材料；

（四）罪犯评审鉴定表、奖惩审批表等；

（五）罪犯假释后对所居住社区影响的调查评估报告；

（六）根据案件情况需要移送的其他材料。

经审查，材料不全的，应当通知提请减刑、假释的执行机关补送。

第四百五十一条 审理减刑、假释案件,应当审查财产刑和附带民事裁判的执行情况,以及罪犯退赃、退赔情况。罪犯积极履行判决确定的义务的,可以认定有悔改表现,在减刑、假释时从宽掌握;确有履行能力而不履行的,在减刑、假释时从严掌握。

第四百五十二条 审理减刑、假释案件,应当对以下内容予以公示:

(一)罪犯的姓名、年龄等个人基本情况;

(二)原判认定的罪名和刑期;

(三)罪犯历次减刑情况;

(四)执行机关的减刑、假释建议和依据。

公示应当写明公示期限和提出意见的方式。公示地点为罪犯服刑场所的公共区域;有条件的地方,可以面向社会公示。

第四百五十三条 审理减刑、假释案件,应当组成合议庭,可以采用书面审理的方式,但下列案件应当开庭审理:

(一)因罪犯有重大立功表现提请减刑的;

(二)提请减刑的起始时间、间隔时间或者减刑幅度不符合一般规定的;

(三)社会影响重大或者社会关注度高的;

(四)公示期间收到投诉意见的;

(五)人民检察院有异议的;

(六)有必要开庭审理的其他案件。

第四百五十四条 人民法院作出减刑、假释裁定后,应当在七日内送达提请减刑、假释的执行机关、同级人民检察院以及罪犯本人。人民检察院认为减刑、假释裁定不当,在法定期限内提出书面纠正意见的,人民法院应当在收到意见后另行组成合议庭审理,并在一个月内作出裁定。

第四百五十五条 减刑、假释裁定作出前,执行机关书面提请撤回减刑、假释建议的,是否准许,由人民法院决定。

第四百五十六条 人民法院发现本院已经生效的减刑、假释裁定确有错误的,应当另行组成合议庭审理;发现下级人民法院已经生效的减刑、假释裁定确有错误的,可以指令下级人民法院另行组成合议庭审理。

第六节 缓刑、假释的撤销

第四百五十七条 罪犯在缓刑、假释考验期限内犯新罪或者被发现在判决宣告前还有其他罪没有判决,应当撤销缓刑、假释的,由审判新罪的人民法院撤销原判决、裁定宣告的缓刑、假释,并书面通知原审人民法院和执行机关。

第四百五十八条 罪犯在缓刑、假释考验期限内,有下列情形之一的,原作出缓刑、假释判决、裁定的人民法院应当在收到执行机关的撤销缓刑、假释建议书后一个月内，作出撤销缓刑、假释的裁定：

（一）违反禁止令，情节严重的；

（二）无正当理由不按规定时间报到或者接受社区矫正期间脱离监管，超过一个月的；

（三）因违反监督管理规定受到治安管理处罚，仍不改正的；

（四）受到执行机关三次警告仍不改正的；

（五）违反有关法律、行政法规和监督管理规定，情节严重的其他情形。

人民法院撤销缓刑、假释的裁定，一经作出，立即生效。

人民法院应当将撤销缓刑、假释裁定书送交罪犯居住地的县级司法行政机关，由其根据有关规定将罪犯交付执行。撤销缓刑、假释裁定书应当同时抄送罪犯居住地的同级人民检察院和公安机关。

第二十章　未成年人刑事案件诉讼程序

第一节　一般规定

第四百五十九条　人民法院审理未成年人刑事案件，应当贯彻教育、感化、挽救的方针，坚持教育为主、惩罚为辅的原则，加强对未成年人的特殊保护。

第四百六十条　人民法院应当加强同政府有关部门以及共青团、妇联、工会、未成年人保护组织等团体的联系，推动未成年人刑事案件人民陪审、情况调查、安置帮教等工作的开展，充分保障未成年人的合法权益，积极参与社会管理综合治理。

第四百六十一条　审理未成年人刑事案件，应当由熟悉未成年人身心特点、善于做未成年人思想教育工作的审判人员进行，并应当保持有关审判人员工作的相对稳定性。

未成年人刑事案件的人民陪审员，一般由熟悉未成年人身心特点，热心教育、感化、挽救失足未成年人工作，并经过必要培训的共青团、妇联、工会、学校、未成年人保护组织等单位的工作人员或者有关单位的退休人员担任。

第四百六十二条　中级人民法院和基层人民法院可以设立独立建制的未成年人案件审判庭。尚不具备条件的，应当在刑事审判庭内设立未成年人刑事案件合议庭，或者由专人负责审理未成年人刑事案件。

高级人民法院应当在刑事审判庭内设立未成年人刑事案件合议庭。具备条件的，可以设立独立建制的未成年人案件审判庭。

未成年人案件审判庭和未成年人刑事案件合议庭统称少年法庭。

第四百六十三条 下列案件由少年法庭审理:

(一)被告人实施被指控的犯罪时不满十八周岁、人民法院立案时不满二十周岁的案件;

(二)被告人实施被指控的犯罪时不满十八周岁、人民法院立案时不满二十周岁,并被指控为首要分子或者主犯的共同犯罪案件。

其他共同犯罪案件有未成年被告人的,或者其他涉及未成年人的刑事案件是否由少年法庭审理,由院长根据少年法庭工作的实际情况决定。

第四百六十四条 对分案起诉至同一人民法院的未成年人与成年人共同犯罪案件,可以由同一个审判组织审理;不宜由同一个审判组织审理的,可以分别由少年法庭、刑事审判庭审理。

未成年人与成年人共同犯罪案件,由不同人民法院或者不同审判组织分别审理的,有关人民法院或者审判组织应当互相了解共同犯罪被告人的审判情况,注意全案的量刑平衡。

第四百六十五条 对未成年人刑事案件,必要时,上级人民法院可以根据刑事诉讼法第二十六条的规定,指定下级人民法院将案件移送其他人民法院审判。

第四百六十六条 人民法院审理未成年人刑事案件,在讯问和开庭时,应当通知未成年被告人的法定代理人到场。法定代理人无法通知、不能到场或者是共犯的,也可以通知未成年被告人的其他成年亲属,所在学校、单位、居住地的基层组织或者未成年人保护组织的代表到场,并将有关情况记录在案。

到场的其他人员,除依法行使刑事诉讼法第二百七十条第二款规定的权利外,经法庭同意,可以参与对未成年被告人的法庭教育等工作。

适用简易程序审理未成年人刑事案件,适用前两款的规定。

询问未成年被害人、证人,适用第一款、第二款的规定。

第四百六十七条 开庭审理时被告人不满十八周岁的案件,一律不公开审理。经未成年被告人及其法定代理人同意,未成年被告人所在学校和未成年人保护组织可以派代表到场。到场代表的人数和范围,由法庭决定。到场代表经法庭同意,可以参与对未成年被告人的法庭教育工作。

对依法公开审理,但可能需要封存犯罪记录的案件,不得组织人员旁听。

第四百六十八条 确有必要通知未成年被害人、证人出庭作证的,人民法院应当根据案件情况采取相应的保护措施。有条件的,可以采取视频等方式对其陈述、证言进行质证。

第四百六十九条 审理未成年人刑事案件,不得向外界披露该未成年人的姓名、住所、照片以及可能推断出该未成年人身份的其他资料。

查阅、摘抄、复制的未成年人刑事案件的案卷材料，不得公开和传播。

被害人是未成年人的刑事案件，适用前两款的规定。

第四百七十条 审理未成年人刑事案件，本章没有规定的，适用本解释的有关规定。

第二节 开庭准备

第四百七十一条 人民法院向未成年被告人送达起诉书副本时，应当向其讲明被指控的罪行和有关法律规定，并告知其审判程序和诉讼权利、义务。

第四百七十二条 审判时不满十八周岁的未成年被告人没有委托辩护人的，人民法院应当通知法律援助机构指派律师为其提供辩护。

第四百七十三条 未成年被害人及其法定代理人因经济困难或者其他原因没有委托诉讼代理人的，人民法院应当帮助其申请法律援助。

第四百七十四条 对未成年人刑事案件，人民法院决定适用简易程序审理的，应当征求未成年被告人及其法定代理人、辩护人的意见。上述人员提出异议的，不适用简易程序。

第四百七十五条 被告人实施被指控的犯罪时不满十八周岁，开庭时已满十八周岁、不满二十周岁的，人民法院开庭时，一般应当通知其近亲属到庭。经法庭同意，近亲属可以发表意见。近亲属无法通知、不能到场或者是共犯的，应当记录在案。

第四百七十六条 对人民检察院移送的关于未成年被告人性格特点、家庭情况、社会交往、成长经历、犯罪原因、犯罪前后的表现、监护教育等情况的调查报告，以及辩护人提交的反映未成年被告人上述情况的书面材料，法庭应当接受。

必要时，人民法院可以委托未成年被告人居住地的县级司法行政机关、共青团组织以及其他社会团体组织对未成年被告人的上述情况进行调查，或者自行调查。

第四百七十七条 对未成年人刑事案件，人民法院根据情况，可以对未成年被告人进行心理疏导；经未成年被告人及其法定代理人同意，也可以对未成年被告人进行心理测评。

第四百七十八条 开庭前和休庭时，法庭根据情况，可以安排未成年被告人与其法定代理人或者刑事诉讼法第二百七十条第一款规定的其他成年亲属、代表会见。

第三节 审 判

第四百七十九条 人民法院应当在辩护台靠近旁听区一侧为未成年被告人的法定代理人或者刑事诉讼法第二百七十条第一款规定的其他成年亲属、代表设置席位。

审理可能判处五年有期徒刑以下刑罚或者过失犯罪的未成年人刑事案件,可以采取适合未成年人特点的方式设置法庭席位。

第四百八十条 在法庭上不得对未成年被告人使用戒具,但被告人人身危险性大,可能妨碍庭审活动的除外。必须使用戒具的,在现实危险消除后,应当立即停止使用。

第四百八十一条 未成年被告人或者其法定代理人当庭拒绝辩护人辩护的,适用本解释第二百五十四条第一款、第二款的规定。

重新开庭后,未成年被告人或者其法定代理人再次当庭拒绝辩护人辩护的,不予准许。重新开庭时被告人已满十八周岁的,可以准许,但不得再另行委托辩护人或者要求另行指派律师,由其自行辩护。

第四百八十二条 法庭审理过程中,审判人员应当根据未成年被告人的智力发育程度和心理状态,使用适合未成年人的语言表达方式。

发现有对未成年被告人诱供、训斥、讽刺或者威胁等情形的,审判长应当制止。

第四百八十三条 控辩双方提出对未成年被告人判处管制、宣告缓刑等量刑建议的,应当向法庭提供有关未成年被告人能够获得监护、帮教以及对所居住社区无重大不良影响的书面材料。

第四百八十四条 对未成年被告人情况的调查报告,以及辩护人提交的有关未成年被告人情况的书面材料,法庭应当审查并听取控辩双方意见。上述报告和材料可以作为法庭教育和量刑的参考。

第四百八十五条 法庭辩论结束后,法庭可以根据案件情况,对未成年被告人进行教育;判决未成年被告人有罪的,宣判后,应当对未成年被告人进行教育。

对未成年被告人进行教育,可以邀请诉讼参与人、刑事诉讼法第二百七十条第一款规定的其他成年亲属、代表以及社会调查员、心理咨询师等参加。

适用简易程序审理的案件,对未成年被告人进行法庭教育,适用前两款的规定。

第四百八十六条 未成年被告人最后陈述后,法庭应当询问其法定代理人是否补充陈述。

第四百八十七条 对未成年人刑事案件宣告判决应当公开进行,但不得采取召开大会等形式。

对依法应当封存犯罪记录的案件,宣判时,不得组织人员旁听;有旁听人员的,应当告知其不得传播案件信息。

第四百八十八条 定期宣告判决的未成年人刑事案件,未成年被告人的法定代理人无法通知、不能到庭或者是共犯的,法庭可以通知刑事诉讼法第二百七十条第一款规定的其他成年亲属、代表到庭，并在宣判后向未成年被告人的成年亲属送达判决书。

第四节　执　　行

第四百八十九条　将未成年罪犯送监执行刑罚或者送交社区矫正时，人民法院应当将有关未成年罪犯的调查报告及其在案件审理中的表现材料，连同有关法律文书，一并送达执行机关。

第四百九十条　犯罪时不满十八周岁，被判处五年有期徒刑以下刑罚以及免除刑事处罚的未成年人的犯罪记录，应当封存。

2012 年 12 月 31 日以前审结的案件符合前款规定的，相关犯罪记录也应当封存。

司法机关或者有关单位向人民法院申请查询封存的犯罪记录的，应当提供查询的理由和依据。对查询申请，人民法院应当及时作出是否同意的决定。

第四百九十一条　人民法院可以与未成年罪犯管教所等服刑场所建立联系，了解未成年罪犯的改造情况，协助做好帮教、改造工作，并可以对正在服刑的未成年罪犯进行回访考察。

第四百九十二条　人民法院认为必要时，可以督促被收监服刑的未成年罪犯的父母或者其他监护人及时探视。

第四百九十三条　对被判处管制、宣告缓刑、裁定假释、决定暂予监外执行的未成年罪犯，人民法院可以协助社区矫正机构制定帮教措施。

第四百九十四条　人民法院可以适时走访被判处管制、宣告缓刑、免除刑事处罚、裁定假释、决定暂予监外执行等的未成年罪犯及其家庭，了解未成年罪犯的管理和教育情况，引导未成年罪犯的家庭承担管教责任，为未成年罪犯改过自新创造良好环境。

第四百九十五条　被判处管制、宣告缓刑、免除刑事处罚、裁定假释、决定暂予监外执行等的未成年罪犯，具备就学、就业条件的，人民法院可以就其安置问题向有关部门提出司法建议，并附送必要的材料。

第二十一章　当事人和解的公诉案件诉讼程序

第四百九十六条　对符合刑事诉讼法第二百七十七条规定的公诉案件，事实清楚、证据充分的，人民法院应当告知当事人可以自行和解；当事人提出申请的，人民法院可以主持双方当事人协商以达成和解。

根据案件情况，人民法院可以邀请人民调解员、辩护人、诉讼代理人、当事人亲友等参与促成双方当事人和解。

第四百九十七条　符合刑事诉讼法第二百七十七条规定的公诉案件，被害人死亡的，其近亲属可以与被告人和解。近亲属有多人的，达成和解协议，应当经处于同一继承顺序的所有近亲属同意。

被害人系无行为能力或者限制行为能力人的，其法定代理人、近亲属可以代为和解。

第四百九十八条　被告人的近亲属经被告人同意，可以代为和解。

被告人系限制行为能力人的，其法定代理人可以代为和解。

被告人的法定代理人、近亲属依照前两款规定代为和解的，和解协议约定的赔礼道歉等事项，应当由被告人本人履行。

第四百九十九条　对公安机关、人民检察院主持制作的和解协议书，当事人提出异议的，人民法院应当审查。经审查，和解自愿、合法的，予以确认，无需重新制作和解协议书；和解不具有自愿性、合法性的，应当认定无效。和解协议被认定无效后，双方当事人重新达成和解的，人民法院应当主持制作新的和解协议书。

第五百条　审判期间，双方当事人和解的，人民法院应当听取当事人及其法定代理人等有关人员的意见。双方当事人在庭外达成和解的，人民法院应当通知人民检察院，并听取其意见。经审查，和解自愿、合法的，应当主持制作和解协议书。

第五百零一条　和解协议书应当包括以下内容：

（一）被告人承认自己所犯罪行，对犯罪事实没有异议，并真诚悔罪；

（二）被告人通过向被害人赔礼道歉、赔偿损失等方式获得被害人谅解；涉及赔偿损失的，应当写明赔偿的数额、方式等；提起附带民事诉讼的，由附带民事诉讼原告人撤回附带民事诉讼；

（三）被害人自愿和解，请求或者同意对被告人依法从宽处罚。

和解协议书应当由双方当事人和审判人员签名，但不加盖人民法院印章。

和解协议书一式三份，双方当事人各持一份，另一份交人民法院附卷备查。

对和解协议中的赔偿损失内容，双方当事人要求保密的，人民法院应当准许，并采取相应的保密措施。

第五百零二条　和解协议约定的赔偿损失内容，被告人应当在协议签署后即时履行。

和解协议已经全部履行，当事人反悔的，人民法院不予支持，但有证据证明和解违反自愿、合法原则的除外。

第五百零三条　双方当事人在侦查、审查起诉期间已经达成和解协议并全部履行，被害人或者其法定代理人、近亲属又提起附带民事诉讼的，人民法院不予受理，但有证据证明和解违反自愿、合法原则的除外。

第五百零四条 被害人或者其法定代理人、近亲属提起附带民事诉讼后，双方愿意和解，但被告人不能即时履行全部赔偿义务的，人民法院应当制作附带民事调解书。

第五百零五条 对达成和解协议的案件，人民法院应当对被告人从轻处罚；符合非监禁刑适用条件的，应当适用非监禁刑；判处法定最低刑仍然过重的，可以减轻处罚；综合全案认为犯罪情节轻微不需要判处刑罚的，可以免除刑事处罚。

共同犯罪案件，部分被告人与被害人达成和解协议的，可以依法对该部分被告人从宽处罚，但应当注意全案的量刑平衡。

第五百零六条 达成和解协议的，裁判文书应当作出叙述，并援引刑事诉讼法的相关条文。

第二十二章　犯罪嫌疑人、被告人逃匿、死亡案件违法所得的没收程序

第五百零七条 依照刑法规定应当追缴违法所得及其他涉案财产，且符合下列情形之一的，人民检察院可以向人民法院提出没收违法所得的申请：

（一）犯罪嫌疑人、被告人实施了贪污贿赂犯罪、恐怖活动犯罪等重大犯罪后逃匿，在通缉一年后不能到案的；

（二）犯罪嫌疑人、被告人死亡的。

第五百零八条 具有下列情形之一的，应当认定为刑事诉讼法第二百八十条第一款规定的“重大犯罪案件”：

（一）犯罪嫌疑人、被告人可能被判处无期徒刑以上刑罚的；

（二）案件在本省、自治区、直辖市或者全国范围内有较大影响的；

（三）其他重大犯罪案件。

第五百零九条 实施犯罪行为所取得的财物及其孳息，以及被告人非法持有的违禁品、供犯罪所用的本人财物，应当认定为刑事诉讼法第二百八十条第一款规定的“违法所得及其他涉案财产”。

第五百一十条 对人民检察院提出的没收违法所得申请，人民法院应当审查以下内容：

（一）是否属于本院管辖；

（二）是否写明犯罪嫌疑人、被告人涉嫌有关犯罪的情况，并附相关证据材料；

（三）是否附有通缉令或者死亡证明；

（四）是否列明违法所得及其他涉案财产的种类、数量、所在地，并附相关证据材料；

（五）是否附有查封、扣押、冻结违法所得及其他涉案财产的清单和相关法律手续；

（六）是否写明犯罪嫌疑人、被告人的近亲属和其他利害关系人的姓名、住址、联系方式及其要求等情况；

（七）是否写明申请没收的理由和法律依据。

第五百一十一条 对没收违法所得的申请，人民法院应当在七日内审查完毕，并按照下列情形分别处理：

（一）不属于本院管辖的，应当退回人民检察院；

（二）材料不全的，应当通知人民检察院在三日内补送；

（三）属于违法所得没收程序受案范围和本院管辖，且材料齐全的，应当受理。

人民检察院尚未查封、扣押、冻结申请没收的财产或者查封、扣押、冻结期限即将届满，涉案财产有被隐匿、转移或者毁损、灭失危险的，人民法院可以查封、扣押、冻结申请没收的财产。

第五百一十二条 人民法院决定受理没收违法所得的申请后，应当在十五日内发出公告，公告期为六个月。公告应当写明以下内容：

（一）案由；

（二）犯罪嫌疑人、被告人通缉在逃或者死亡等基本情况；

（三）申请没收财产的种类、数量、所在地；

（四）犯罪嫌疑人、被告人的近亲属和其他利害关系人申请参加诉讼的期限、方式；

（五）应当公告的其他情况。

公告应当在全国公开发行的报纸或者人民法院的官方网站刊登，并在人民法院公告栏张贴、发布；必要时，可以在犯罪地、犯罪嫌疑人、被告人居住地、申请没收的不动产所在地张贴、发布。

人民法院已经掌握犯罪嫌疑人、被告人的近亲属和其他利害关系人的联系方式的，应当采取电话、传真、邮件等方式直接告知其公告内容，并记录在案。

第五百一十三条 对申请没收的财产主张所有权的人，应当认定为刑事诉讼法第二百八十一条第二款规定的“其他利害关系人”。

犯罪嫌疑人、被告人的近亲属和其他利害关系人申请参加诉讼的，应当在公告期间提出。犯罪嫌疑人、被告人的近亲属应当提供其与犯罪嫌疑人、被告人关系的证明材料，其他利害关系人应当提供申请没收的财产系其所有的证据材料。

犯罪嫌疑人、被告人的近亲属和其他利害关系人在公告期满后申请参加诉讼，能够合理说明原因，并提供证明申请没收的财产系其所有的证据材料的，人民法院应当准许。

第五百一十四条 公告期满后，人民法院应当组成合议庭对申请没收违法所得的案件进行审理。

利害关系人申请参加诉讼的，人民法院应当开庭审理。没有利害关系人申请参加诉讼的，可以不开庭审理。

第五百一十五条 开庭审理申请没收违法所得的案件，按照下列程序进行：

（一）审判长宣布法庭调查开始后，先由检察员宣读申请书，后由利害关系人、诉讼代理人发表意见；

（二）法庭应当依次就犯罪嫌疑人、被告人是否实施了贪污贿赂犯罪、恐怖活动犯罪等重大犯罪并已经通缉一年不能到案，或者是否已经死亡，以及申请没收的财产是否依法应当追缴进行调查；调查时，先由检察员出示有关证据，后由利害关系人发表意见、出示有关证据，并进行质证；

（三）法庭辩论阶段，先由检察员发言，后由利害关系人及其诉讼代理人发言，并进行辩论。

利害关系人接到通知后无正当理由拒不到庭，或者未经法庭许可中途退庭的，可以转为不开庭审理，但还有其他利害关系人参加诉讼的除外。

第五百一十六条 对申请没收违法所得的案件，人民法院审理后，应当按照下列情形分别处理：

（一）案件事实清楚，证据确实、充分，申请没收的财产确属违法所得及其他涉案财产的，除依法返还被害人的以外，应当裁定没收；

（二）不符合本解释第五百零七条规定的条件的，应当裁定驳回申请。

第五百一十七条 对没收违法所得或者驳回申请的裁定，犯罪嫌疑人、被告人的近亲属和其他利害关系人或者人民检察院可以在五日内提出上诉、抗诉。

第五百一十八条 对不服第一审没收违法所得或者驳回申请裁定的上诉、抗诉案件，第二审人民法院经审理，应当按照下列情形分别作出裁定：

（一）原裁定正确的，应当驳回上诉或者抗诉，维持原裁定；

（二）原裁定确有错误的，可以在查清事实后改变原裁定；也可以撤销原裁定，发回重新审判；

（三）原审违反法定诉讼程序，可能影响公正审判的，应当撤销原裁定，发回重新审判。

第五百一十九条 在审理申请没收违法所得的案件过程中，在逃的犯罪嫌疑人、被告人到案的，人民法院应当裁定终止审理。人民检察院向原受理申请的人民法院提起公诉的，可以由同一审判组织审理。

第五百二十条　在审理案件过程中，被告人死亡或者脱逃，符合刑事诉讼法第二百八十条第一款规定的，人民检察院可以向人民法院提出没收违法所得的申请。

人民检察院向原受理案件的人民法院提出申请的，可以由同一审判组织依照本章规定的程序审理。

第五百二十一条　审理申请没收违法所得案件的期限，参照公诉案件第一审普通程序和第二审程序的审理期限执行。

公告期间和请求刑事司法协助的时间不计入审理期限。

第五百二十二条　没收违法所得裁定生效后，犯罪嫌疑人、被告人到案并对没收裁定提出异议，人民检察院向原作出裁定的人民法院提起公诉的，可以由同一审判组织审理。

人民法院经审理，应当按照下列情形分别处理：

（一）原裁定正确的，予以维持，不再对涉案财产作出判决；

（二）原裁定确有错误的，应当撤销原裁定，并在判决中对有关涉案财产一并作出处理。

人民法院生效的没收裁定确有错误的，除第一款规定的情形外，应当依照审判监督程序予以纠正。已经没收的财产，应当及时返还；财产已经上缴国库的，由原没收机关从财政机关申请退库，予以返还；原物已经出卖、拍卖的，应当退还价款；造成犯罪嫌疑人、被告人以及利害关系人财产损失的，应当依法赔偿。

第五百二十三条　人民法院审理申请没收违法所得的案件，本章没有规定的，参照适用本解释的有关规定。

第二十三章　依法不负刑事责任的精神病人的强制医疗程序

第五百二十四条　实施暴力行为，危害公共安全或者严重危害公民人身安全，社会危害性已经达到犯罪程度，但经法定程序鉴定依法不负刑事责任的精神病人，有继续危害社会可能的，可以予以强制医疗。

第五百二十五条　人民检察院申请对依法不负刑事责任的精神病人强制医疗的案件，由被申请人实施暴力行为所在地的基层人民法院管辖；由被申请人居住地的人民法院审判更为适宜的，可以由被申请人居住地的基层人民法院管辖。

第五百二十六条　对人民检察院提出的强制医疗申请，人民法院应当审查以下内容：

（一）是否属于本院管辖；

（二）是否写明被申请人的身份，实施暴力行为的时间、地点、手段、所造成的损害等情况，并附相关证据材料；

（三）是否附有法医精神病鉴定意见和其他证明被申请人属于依法不负刑事责任的精神病人的证据材料；

（四）是否列明被申请人的法定代理人的姓名、住址、联系方式；

（五）需要审查的其他事项。

第五百二十七条 对人民检察院提出的强制医疗申请，人民法院应当在七日内审查完毕，并按照下列情形分别处理：

（一）不属于本院管辖的，应当退回人民检察院；

（二）材料不全的，应当通知人民检察院在三日内补送；

（三）属于强制医疗程序受案范围和本院管辖，且材料齐全的，应当受理。

第五百二十八条 审理强制医疗案件，应当通知被申请人或者被告人的法定代理人到场。被申请人或者被告人没有委托诉讼代理人的，应当通知法律援助机构指派律师担任其诉讼代理人，为其提供法律帮助。

第五百二十九条 审理强制医疗案件，应当组成合议庭，开庭审理。但是，被申请人、被告人的法定代理人请求不开庭审理，并经人民法院审查同意的除外。

审理人民检察院申请强制医疗的案件，应当会见被申请人。

第五百三十条 开庭审理申请强制医疗的案件，按照下列程序进行：

（一）审判长宣布法庭调查开始后，先由检察员宣读申请书，后由被申请人的法定代理人、诉讼代理人发表意见；

（二）法庭依次就被申请人是否实施了危害公共安全或者严重危害公民人身安全的暴力行为、是否属于依法不负刑事责任的精神病人、是否有继续危害社会的可能进行调查；调查时，先由检察员出示有关证据，后由被申请人的法定代理人、诉讼代理人发表意见、出示有关证据，并进行质证；

（三）法庭辩论阶段，先由检察员发言，后由被申请人的法定代理人、诉讼代理人发言，并进行辩论。

被申请人要求出庭，人民法院经审查其身体和精神状态，认为可以出庭的，应当准许。出庭的被申请人，在法庭调查、辩论阶段，可以发表意见。

检察员宣读申请书后，被申请人的法定代理人、诉讼代理人无异议的，法庭调查可以简化。

第五百三十一条 对申请强制医疗的案件，人民法院审理后，应当按照下列情形分别处理：

（一）符合刑事诉讼法第二百八十四条规定的强制医疗条件的，应当作出对被申请人强制医疗的决定；

（二）被申请人属于依法不负刑事责任的精神病人，但不符合强制医疗条件的，应当作出驳回强制医疗申请的决定；被申请人已经造成危害结果的，应当同时责令其家属或者监护人严加看管和医疗；

（三）被申请人具有完全或者部分刑事责任能力，依法应当追究刑事责任的，应当作出驳回强制医疗申请的决定，并退回人民检察院依法处理。

第五百三十二条　第一审人民法院在审理案件过程中发现被告人可能符合强制医疗条件的，应当依照法定程序对被告人进行法医精神病鉴定。经鉴定，被告人属于依法不负刑事责任的精神病人的，应当适用强制医疗程序，对案件进行审理。

开庭审理前款规定的案件，应当先由合议庭组成人员宣读对被告人的法医精神病鉴定意见，说明被告人可能符合强制医疗的条件，后依次由公诉人和被告人的法定代理人、诉讼代理人发表意见。经审判长许可，公诉人和被告人的法定代理人、诉讼代理人可以进行辩论。

第五百三十三条　对前条规定的案件，人民法院审理后，应当按照下列情形分别处理：

（一）被告人符合强制医疗条件的，应当判决宣告被告人不负刑事责任，同时作出对被告人强制医疗的决定；

（二）被告人属于依法不负刑事责任的精神病人，但不符合强制医疗条件的，应当判决宣告被告人无罪或者不负刑事责任；被告人已经造成危害结果的，应当同时责令其家属或者监护人严加看管和医疗；

（三）被告人具有完全或者部分刑事责任能力，依法应当追究刑事责任的，应当依照普通程序继续审理。

第五百三十四条　人民法院在审理第二审刑事案件过程中，发现被告人可能符合强制医疗条件的，可以依照强制医疗程序对案件作出处理，也可以裁定发回原审人民法院重新审判。

第五百三十五条　人民法院决定强制医疗的，应当在作出决定后五日内，向公安机关送达强制医疗决定书和强制医疗执行通知书，由公安机关将被决定强制医疗的人送交强制医疗。

第五百三十六条　被决定强制医疗的人、被害人及其法定代理人、近亲属对强制医疗决定不服的，可以自收到决定书之日起五日内向上一级人民法院申请复议。复议期间不停止执行强制医疗的决定。

第五百三十七条　对不服强制医疗决定的复议申请，上一级人民法院应当组成合议庭审理，并在一个月内，按照下列情形分别作出复议决定：

（一）被决定强制医疗的人符合强制医疗条件的，应当驳回复议申请，维持原决定；

（二）被决定强制医疗的人不符合强制医疗条件的，应当撤销原决定；

（三）原审违反法定诉讼程序，可能影响公正审判的，应当撤销原决定，发回原审人民法院重新审判。

第五百三十八条 对本解释第五百三十三条第一项规定的判决、决定，人民检察院提出抗诉，同时被决定强制医疗的人、被害人及其法定代理人、近亲属申请复议的，上一级人民法院应当依照第二审程序一并处理。

第五百三十九条 审理强制医疗案件，本章没有规定的，参照适用公诉案件第一审普通程序和第二审程序的有关规定。

第五百四十条 被强制医疗的人及其近亲属申请解除强制医疗的，应当向决定强制医疗的人民法院提出。

被强制医疗的人及其近亲属提出的解除强制医疗申请被人民法院驳回，六个月后再次提出申请的，人民法院应当受理。

第五百四十一条 强制医疗机构提出解除强制医疗意见，或者被强制医疗的人及其近亲属申请解除强制医疗的，人民法院应当审查是否附有对被强制医疗的人的诊断评估报告。

强制医疗机构提出解除强制医疗意见，未附诊断评估报告的，人民法院应当要求其提供。

被强制医疗的人及其近亲属向人民法院申请解除强制医疗，强制医疗机构未提供诊断评估报告的，申请人可以申请人民法院调取。必要时，人民法院可以委托鉴定机构对被强制医疗的人进行鉴定。

第五百四十二条 强制医疗机构提出解除强制医疗意见，或者被强制医疗的人及其近亲属申请解除强制医疗的，人民法院应当组成合议庭进行审查，并在一个月内，按照下列情形分别处理：

（一）被强制医疗的人已不具有人身危险性，不需要继续强制医疗的，应当作出解除强制医疗的决定，并可责令被强制医疗的人的家属严加看管和医疗；

（二）被强制医疗的人仍具有人身危险性，需要继续强制医疗的，应当作出继续强制医疗的决定。

人民法院应当在作出决定后五日内，将决定书送达强制医疗机构、申请解除强制医疗的人、被决定强制医疗的人和人民检察院。决定解除强制医疗的，应当通知强制医疗机构在收到决定书的当日解除强制医疗。

第五百四十三条 人民检察院认为强制医疗决定或者解除强制医疗决定不当，在收到决定书后二十日内提出书面纠正意见的，人民法院应当另行组成合议庭审理,并在一个月内作出决定。

第二十四章　附　　则

第五百四十四条　人民法院讯问被告人,宣告判决,审理减刑、假释案件,根据案件情况,可以采取视频方式进行。

第五百四十五条　向人民法院提出自诉、上诉、申诉、申请等的,应当以书面形式提出。书写有困难的,除另有规定的以外,可以口头提出,由人民法院工作人员制作笔录或者记录在案,并向口述人宣读或者交其阅读。

第五百四十六条　诉讼期间制作、形成的工作记录、告知笔录等材料,应当由制作人员和其他有关人员签名、盖章。宣告或者送达判决书、裁定书、决定书、通知书等诉讼文书的,应当由接受宣告或者送达的人在诉讼文书、送达回证上签名、盖章。

诉讼参与人未签名、盖章的,应当捺指印;刑事被告人除签名、盖章外,还应当捺指印。

当事人拒绝签名、盖章、捺指印的,办案人员应当在诉讼文书或者笔录材料中注明情况,有相关见证人见证,或者有录音录像证明的,不影响相关诉讼文书或者笔录材料的效力。

第五百四十七条　本解释的有关规定适用于军事法院、铁路运输法院等专门人民法院。

第五百四十八条　本解释自2013年1月1日起施行,最高人民法院1998年9月2日公布的《关于执行〈中华人民共和国刑事诉讼法〉若干问题的解释》同时废止;最高人民法院以前发布的司法解释和规范性文件,与本解释不一致的,以本解释为准。

《关于适用〈中华人民共和国刑事诉讼法〉的解释》理解与适用

胡云腾　胡伟新　周加海　李　晓　黄应生
方　芳　周海洋　喻海松

2012年3月14日，第十一届全国人民代表大会第五次会议通过了《关于修改〈中华人民共和国刑事诉讼法〉的决定》（以下简称《修改刑事诉讼法决定》）。为正确执行修改后的刑事诉讼法，最高人民法院根据法律修改情况，结合人民法院审判工作实际，制定了《关于适用〈中华人民共和国刑事诉讼法〉的解释》（以下简称《解释》）。现就《解释》的起草经过、主要原则和重点内容作一介绍。

一、《解释》的起草经过

刑事诉讼法是国家的基本法律，最高人民法院高度重视修改后刑事诉讼法的贯彻落实工作。早在刑事诉讼法修改过程中，即密切跟踪立法进程，同步开展了配套司法解释起草的前期准备工作。《修改刑事诉讼法决定》通过后，第一时间启动了司法解释的起草制定工作，并确定了在以往司法解释、规范性文件基础上进行集中梳理、修改、补充、编纂，形成统一的刑事诉讼法解释的起草思路。其后，经十个月左右的紧张工作，通过广泛征求、认真听取各方面意见，反复、深入调研论证，于2012年12月20日公布了《解释》，自2013年1月1日起与修改后刑事诉讼法同步施行。

《解释》分24章，共548条，7万多字，比1998年《最高人民法院关于执行〈中华人民共和国刑事诉讼法〉若干问题的解释》（以下简称《1998年解释》）增加了181条。《解释》对人民法院适用刑事诉讼法的相关问题作了全面系统、明确具体的规定，是最高人民法院有史以来条文最多、篇幅最长的司法解释，也是内容最为丰富、最为重要的司法解释之一。《解释》的制定实施，对于确保修改后刑事诉讼法的正确、统一、严格、有效实施，更加有效地惩罚犯罪，更为有力地保障人权，切实维护社会和谐稳定，落实党的十八大提出的加强法律实施的要求和树立司法公信具有重要意义。

二、起草《解释》把握的主要原则

为确保《解释》合法、准确、科学,能够切实发挥规范、统一、明确法律具体适用的功能,在起草过程中,我们着重坚持了以下几项原则:

1. 严格依法解释,反映立法精神

在法律框架内,在把握法律修改的精神实质和价值取向的基础上,依法、准确解释法律,是我们起草《解释》所坚持的首要原则;确保《解释》的每一个条文、每一项规定于法有据,是我们在起草《解释》过程中最为注意的问题。尽管有些规定已沿用多年,符合实践需要,但还不符合修改后刑事诉讼法的要求,因而也作了修改完善。例如,《1998年解释》规定,因当事人和辩护人、诉讼代理人申请通知新的证人到庭、调取新的证据、申请重新鉴定或者勘验决定延期审理的时间不计入审理期限。这一规定有其实践的合理性,但考虑到刑事诉讼法未作相应规定,由司法解释规定不计入审理期限不妥,遂删除了上述规定。又如,《1998年解释》规定,适用简易程序审理的案件,辩护人可以不出庭,在开庭审理前将书面辩护意见送交人民法院。尽管这一规定有利于充分发挥简易程序的简易功能,不少法院仍建议保留,且有关方面并未提出不同意见,但为充分维护当事人诉讼权益,《解释》还是作了修改,规定适用简易程序审理案件,应当通知辩护人出庭。

2. 规范司法行为,保障诉讼权利

《修改刑事诉讼法决定》通过后,一度有人担心,相关部门在制定司法解释或者规范性文件时,会否扭曲立法精神,为本部门扩权争利。对此,我们高度关注。在起草解释过程中,我们始终强调要秉持客观公正的立场,坚决摒弃本位主义,从严格规范司法行为、充分保障诉讼权利出发解释法律,确保司法公正,推动法治进步。对有关司法权力行使的内容,如法律未予明确,绝不自我授权;法律虽未要求,但有利于公正审判的,则要坚持做到。例如,此次刑事诉讼法修改新增设了强制医疗程序,但并未明确相关案件的审理方式。为体现程序公正,维护当事人合法权益,《解释》明确规定,对此类案件应当开庭审理,只有被申请人、被告人的法定代理人请求不开庭审理,并经人民法院审查同意的,可以不开庭。对有关诉讼权利的规定,如法律已作规定,绝不"打折";法律未作禁止,则尽量予以扩展。例如,法律并未对诉讼代理人的权利作出相应规定,为有效维护被害人、附带民事诉讼当事人的合法权益,保障诉讼代理人履行职责,《解释》规定经人民法院许可,诉讼代理人也可以查阅、摘抄、复制本案的案卷材料;律师担任诉讼代理人,需要收集、调取与本案有关的证据材料的,参照适用辩护律师收集、调取证据的有关规定。

3. 解决分歧争议,统一法律适用

此次刑事诉讼法修改幅度大、内容多,对不少新增的或者有实质修改的规定,在具体理解上,都存在一定的争议或者分歧。解决实际问题,增强《解释》的针对性、实效性,统一思想认识、法律适用,是我们起草《解释》所坚持的又一重要原则。例如,修改后刑事诉讼法新增了庭前会议制度,对于提高庭审质量和效率具有重要意义。但法律规定较为原则,仅有一款。经认真研究,《解释》对庭前会议的适用情形、参加人员范围、功能作用等广大法官希望明确的具体事项作了规定,为充分发挥该项制度的功效奠定了坚实基础。又如,关于和解协议中的赔偿损失内容,能否延期履行、分期履行,认识分歧也很大。经综合各方意见,为有效维护被害方合法权益,确保"案结事了"、效果良好,《解释》明确规定和解协议约定的赔偿内容应当在协议签署后即时履行。

4. 汇集各方智慧,凝聚社会共识

在起草本解释过程中,我们高度重视听取地方法院,尤其是中、基层法院一线办案法官的意见。解释稿曾下发地方各级法院征求意见,提交全国法院刑事审判工作座谈会讨论,在修改完善解释稿过程中,多次邀请地方法院的代表参与研究,可以说,《解释》集中了全国法院的审判经验和司法智慧。与此同时,为保障《解释》内容科学、正确,我们还特别重视广泛征求社会各界意见。在起草《解释》过程中,曾多次听取立法机关的意见,分别征求最高人民检察院、公安部、司法部、国家安全部等中央政法机关的意见,多次召开专家论证会,邀请众多知名学者参与《解释》内容乃至文字标点的研究推敲。对各方提出的意见,均认真研究、充分吸收。例如,解释稿在征求各方面意见过程中,律师界曾对有关法律纪律的规定提出意见,我们高度重视,经慎重考虑对相关规定作了必要完善。因此,也可以说,《解释》凝聚了全社会的法治智慧。

三、《解释》重点内容解读

《解释》条文众多,因篇幅所限,以下仅就其中的重点内容,主要是根据《修改刑事诉讼法决定》新增加的,以及对《1998 年解释》等司法解释和规范性文件有所修改的内容,在理解和适用中需要注意的问题作一介绍。

(一)管辖

《修改刑事诉讼法决定》对刑事诉讼法管辖部分的修改,主要是对第二十条"中级人民法院管辖的第一审刑事案件"范围的修改:一是将第一项"反革命案件、危害国家安全案件"修改为"危害国家安全、恐怖活动案件";二是删除了原第三项"外国人犯罪的刑事案件"。《解释》根据修改后刑事诉讼法的规定,在《1998 年解释》的基础上,结合审判实践情况,对审判管辖问题作了具体规定。

1. 自诉案件的范围

《解释》第一条规定了人民法院可直接受理的自诉案件的范围,是对刑事诉讼法第二百零四条的细化,主要吸收了《1998年解释》第一条的内容。有两处修改:一是将第二项中"人民检察院虽没有提起公诉,但被害人有证据证明的轻微刑事案件"中规定的"应当移送公安机关立案侦查",修改为"应当告知被害人向公安机关报案或者移送公安机关立案侦查";二是将第三项中"被害人有证据证明对被告人侵犯自己人身、财产权利的行为应当依法追究刑事责任,而公安机关或者人民检察院已经作出不予追究的书面决定的案件",修改为"被害人有证据证明对被告人侵犯自己人身、财产权利的行为应当依法追究刑事责任,且有证据证明曾经提出控告,而公安机关或者人民检察院不予追究被告人刑事责任的案件"。

需要说明的是,关于《解释》第一条第三项,征求意见稿曾沿用《1998年解释》的规定。有关方面提出,对公诉转自诉案件,要求公安机关或者人民检察院必须作出不予追究的书面决定人民法院才予受理,此限制了公民的告诉权,也与刑事诉讼法第二百零四条的规定不一致。经研究,采纳了这一意见,对相关规定作了修改完善,明确人民法院受理此类案件,不再需要被害人提供有关机关不予受理的书面决定,但必须有证据证明曾经提出过控告。

2. 犯罪地的界定

《解释》第二条明确了犯罪地的内涵,根据司法实践情况和各方面意见,该条对《1998年解释》第二条作了较大幅度修改。修改主要有两处:一是将"犯罪地是指犯罪行为发生地"修改为"犯罪地包括犯罪行为发生地和犯罪结果发生地";二是明确了针对或者利用计算机网络犯罪的管辖问题。关于本条,需要注意的是:

(1)针对《1998年解释》第二条,立法机关、中央有关司法机关和不少地方法院提出,根据我国刑法第六条关于"犯罪的行为或者结果有一项发生在中华人民共和国领域内的,就认为是在中华人民共和国领域内犯罪"的规定,以及当前犯罪行为复杂化和犯罪地多变化的特点,应将犯罪地明确为包括犯罪行为发生地和犯罪结果发生地,以及时有效惩治犯罪,维护被害人合法权益,减少当前不断增多的指定管辖和管辖争议问题。经研究,《解释》采纳了此意见,将犯罪地明确为包括犯罪行为发生地和犯罪结果发生地。增加规定"犯罪结果发生地"后,《1998年解释》中规定的以非法占有为目的的犯罪管辖规定已无存在必要,相应予以删除。

(2)其他规范性文件中关于某些特殊犯罪犯罪地的规定,如不与《解释》相冲突,仍然有效。如最高人民法院、最高人民检察院、公安部、国家安全部、工业和信息化部、中国人民银行、中国银行业监督管理委员会制定的《关于办理流动性团伙性跨区域性犯罪案件有关问题的意见》中关于犯罪行为发生地以及犯罪结果发生地的规定，最高人民法院、最高人民检察院、公安部制定的《关于办理侵犯知识产权刑事案件适用法律若干问题的意见》中关于侵犯知识产权犯罪案件犯罪地的规定，最高人民法院、最高人民检察院、海关总署《关于办理走私刑事案件适用法律若干问题的意见》中关于犯罪行为发生地的规定等。

3. 外国人在我国领域外犯罪的管辖

《解释》第九条、第十条规定了对外国人在我国领域外犯罪的管辖问题。需要注意的是：对于外国人在中华人民共和国领域外实施的危害我国国家和公民利益的犯罪，《1998 年解释》第十三条规定，"由该外国人入境地的中级人民法院管辖"。起草《解释》过程中，有意见提出，此类案件存在经过侦查发现外国籍犯罪嫌疑人已经入境并在中国居住的情形，对于此类情形由该外国人入境后居住地司法机关管辖更为适宜。另有意见提出，在外国人入境地、居住地不明确或者外国人仍在外国的情况下，为充分维护我国家和公民权益，可增加规定被害人离境前的居住地司法机关也可管辖。经研究，采纳了上述意见，规定此类案件可以由该外国人入境地、入境后居住地或者被害中国公民离境前居住地的人民法院管辖。

4. 我国公民在我国领域外犯罪的管辖

《解释》第七条、第八条规定了对我国公民在我国领域外犯罪的管辖问题。需要注意的主要是：对中国公民在中华人民共和国领域外的犯罪，《1998 年解释》第十二条规定，"由该公民离境前的居住地或者原户籍所在地的人民法院管辖"。起草《解释》过程中，有意见提出，一是应明确犯罪人入境地的司法机关也应有管辖权，以更有效地惩治犯罪；二是增加规定"对于被害人是中国公民的，也可由该被害人离境前的居住地或者原户籍所在地的人民法院管辖"。理由是：对于中国公民在境外受到犯罪侵害的案件，多数情况下在侦查初期并不能确定犯罪嫌疑人，被害人或者其家属报案后，由于犯罪地在境外，犯罪嫌疑人不明，根据现有管辖规定，无法确定案件由何地管辖，实践中往往指定被害人居住地公安机关管辖，经研究，采纳了上述意见，规定对此类犯罪，由被告人入境地或者离境前居住地的人民法院管辖；被害人是中国公民的，也可由被害人离境前居住地的人民法院管辖。

5. 对服刑罪犯漏罪和新罪的管辖

《解释》第十一条明确了对正在服刑罪犯的漏罪和服刑期间所犯新罪的管辖问题，是在《1998 年解释》第十四条基础上修改。关于本条，需说明以下几个问题：

（1）根据本条第一款的规定，对服刑罪犯的漏罪，由原审地人民法院管辖；由罪犯服刑地或者犯罪地的人民法院审判更为适宜的，可以由罪犯服刑地或者犯罪地的人民法院管辖。《1998 年解释》规定，漏罪主要由原审人民法院管辖。有意见提出,规定由原审人民法院管辖,忽略了漏罪的级别管辖问题,即如果漏罪是应由中级人民法院管辖,而原审法院是基层人民法院的,或者相反,如何管辖?经研究,采纳了这一意见,将“原审人民法院”修改为“原审地人民法院”。

(2)根据第十一条第二款的规定,罪犯在服刑期间又犯罪的,即又犯新罪的,由服刑地的人民法院管辖。服刑罪犯在服刑期间脱逃,构成脱逃罪的,也适用这一规定由服刑地人民法院管辖。

(3)对于服刑罪犯脱逃期间又实施新的犯罪的,由服刑地人民法院管辖。如果在犯罪地被抓获并发现了其实施的新的犯罪的,由犯罪地的人民法院管辖。需要说明的是,《1998年解释》第十四条第三款曾规定:“正在服刑的罪犯在脱逃期间的犯罪,如果是在犯罪地捕获并发现的,由犯罪地的人民法院管辖。”这一规定存在漏洞,即罪犯如在脱逃期间犯罪,其后逃窜到异地,在异地被抓获并发现了所犯的新罪的,如何确定管辖难以明确。有鉴于此,《解释》第十一条第三款对该款作了修改,明确了由犯罪地人民法院管辖的案件类型。

6.基层人民法院将案件移送中级人民法院审判问题

《解释》第十五条在《1998年解释》第十六条基础上,吸收2010年12月28日最高人民法院印发的《关于规范上下级人民法院审判业务关系的若干意见》的相关内容,对这一问题作了明确。适用中需注意的是:

(1)《1998年解释》第十六条中规定,基层人民法院对于认为案情重大、复杂或者可能判处无期徒刑、死刑的第一审刑事案件,请求移送中级人民法院审判,应当经合议庭报请院长决定后,在案件审理期限届满十五日以前书面请求移送。起草解释过程中,有意见提出,“案情重大、复杂”的情形不好把握,根据刑事诉讼法第二十三条的规定,此属于可以请求移送的情形,和认为应当判处无期徒刑、死刑而应当移送的情形不同,应删除“案情重大、复杂”或者与应当移送的情形分开。经研究,《解释》第十五条将应当移送的情形和可以移送的情形作了区分,第一款仅规定了应当移送的情形,即“基层人民法院对可能判处无期徒刑、死刑的第一审刑事案件,应当移送中级人民法院审判”。

(2)起草《解释》过程中,一些法学专家和法官提出,当前疑难、复杂案件增多,为保障相关案件正确审理,可吸收《关于规范上下级人民法院审判业务关系的若干意见》第三条内容,对基层人民法院可以移送中级人民法院审判的案件类型作出明确。经研究,采纳了这一建议。《解释》第十五条第二款规定:“基层人民法院对下列第一审刑事案件,可以请求移送中级人民法院审判:(一)重大、复杂案件;(二)新类型的疑难案件;(三)在法律适用上具有普遍指导意义的案件。”

7.“降格起诉”案件的处理

司法实践中,个别发回重新审判的案件,检察机关撤回起诉后,又向原第一审法院的下一级法院起诉,带来了一些问题。有鉴于此,《解释》第二十一条规定:“第二审人民法院发回重新审判的案件,人民检察院撤回起诉后,又向原第一审人民法院的下级人民法院重新提起公诉的,下级人民法院应当将有关情况层报原第二审人民法院。原第二审人民法院根据具体情况,可以决定将案件移送原第一审人民法院或者其他人民法院审判。”

8. 军地互涉刑事案件的管辖问题

对于军地互涉刑事案件的管辖,《解释》第二十二条规定:“军队和地方互涉刑事案件,按照有关规定确定管辖。”这里的有关规定是指最高人民法院、最高人民检察院、公安部、国家安全部、司法部、解放军总政治部2009年发布的《办理军队和地方互涉刑事案件规定》。

(二)回避

此次刑事诉讼法修改,对回避的相关条文作了进一步完善,增加规定辩护人、诉讼代理人可以依照规定要求回避、申请复议。《解释》第二章“回避”,根据刑事诉讼法的规定和司法实践的具体情况,对回避的对象、方式、事由,回避的决定,回避决定的效力、复议等问题作了明确规定。

1. 回避的事由

回避的事由,即审判人员不得参与案件审判的具体情形。关于审判人员回避的具体情形,大致包括如下三类:(1)《解释》第二十三条规定的审判人员与本案当事人有利害关系,可能影响公正审判的情形。关于该条规定的“近亲属”的范围,根据最高人民法院《关于审判人员在诉讼活动中执行回避制度若干问题的规定》,包括与审判人员有夫妻、直系血亲、三代以内旁系血亲及近姻亲关系的亲属。(2)《解释》第二十四条规定的审判人员违反规定,有不正当行为,可能影响公正审判的情形。(3)《解释》第二十五条规定的审判人员由于工作原因参与过本案其他刑事诉讼活动的情形。

《解释》第二十五条第二款规定:“在一个审判程序中参与过本案审判工作的合议庭组成人员或者独任审判员,不得再参与本案其他程序的审判。”需要注意的是,此处的用语是“参与过本案审判工作的合议庭组成人员或者独任审判员”,而非“参与过本案审判工作的审判人员”。因此,审判委员会委员、书记员不在其中。而发回重新审判的案件,在第一审人民法院作出裁判后又进入第二审程序或者死刑复核程序的,原第二审程序或者死刑复核程序中的合议庭组成人员不受上述规定的限制。征求意见过程中,有意见提出,发回重新审判的案件,一审作出裁判后又进入第二审程序或者复核程序的，原合议庭组成人员不得再参与该案件审理。理由是：发回重审的案件再次进入二审程序或者复核程序后，由原合议庭审理，固可提高效率，但似难以避免先入为主，影响案件公正审理。经研究认为，对于发回重新审判的案件，原第二审程序的合议庭组成人员对案件情况比较熟悉，清楚发回重审的原因。因此，发回重审的案件再次进入二审程序或者复核程序后，由原合议庭审理，不会影响司法公正，而是能更好地审查一审法院是否解决了原来存在的问题，重新作出的裁判是否合法、合理，可以兼顾公正与效率。因此，未采纳上述意见。

2. 回避的决定及复议

《解释》第三十条第一款借鉴民事诉讼法第四十七条"人民法院对当事人提出的回避申请，应当在申请提出的三日内，以口头或者书面形式作出决定"的规定，对作出回避决定的形式予以明确，规定人民法院可以口头或者书面作出决定，并将决定告知申请人。

《1998年解释》第二十八条规定："被驳回回避申请的当事人及其法定代理人对决定有异议，可以当庭申请复议一次。"征求意见过程中，有意见提出，规定可以当庭申请复议一次，对不开庭审理的案件则无法处理，同时对开庭审理的案件也没有必要限制当事人必须在开庭时才能申请复议。经研究，《解释》第三十条第二款借鉴民事诉讼法第四十七条"申请人对决定不服的，可以在接到决定时申请复议一次"的规定，将申请复议的时间明确为"接到决定时"。

(三)辩护与代理

此次刑事诉讼法修改，重点完善了辩护人在刑事诉讼中法律地位和作用的规定，扩大了法律援助的适用范围。《解释》第三章"辩护与代理"根据刑事诉讼法的规定和司法实践的具体情况，对辩护与代理的相关问题作了具体规定，对于进一步保障辩护人、代理人在案件审理过程中依法行使职权，更好地维护当事人的合法权益具有重要意义。

1. 辩护人的范围

辩护权是被告人的法定诉讼权利，被告人除自己行使辩护权以外，还可以委托其他符合法律规定的人辩护。刑事诉讼法第三十二条对辩护人的范围作了规定，《解释》第三十五条作了进一步明确。《解释》第三十六条对审判人员和人民法院其他工作人员及其配偶、子女、父母担任辩护人的禁止情形作了规定。需要注意的是，《解释》第三十六条第三款系在《最高人民法院关于审判人员在诉讼活动中执行回避制度若干问题的规定》第九条规定的基础上修改而来。该规定第九条规定："审判人员及法院其他工作人员的配偶、子女或者父母不得担任其所任职法院审理案件的诉讼代理人或者辩护人。”此次征求意见过程中，有意见提出，作为被告人的监护人、近亲属进行辩护的应当除外。经研究，予以采纳，增加了“但作为被告人的监护人、近亲属进行辩护的除外”的规定。

2. 一名辩护人为两名以上被告人辩护的禁止情形

《1998 年解释》第三十五条规定：“在共同犯罪的案件中，一名辩护人不得为两名以上的同案被告人辩护。”这主要是为了防止利益冲突，损害被告人合法权益，影响案件公正审理。而从司法实践来看，有的案件被告人虽非共同犯罪人，但犯罪事实存在紧密关联，如系毒品犯罪的上下家，或者系受贿人与行贿人，等等；有的共同犯罪案件则未作同案处理。如允许一名辩护人同时为上述案件中的两名以上被告人提供辩护，势必也存在“利益冲突”问题，有鉴于此，《解释》第三十八条第二款对上述规定作了完善，规定：“一名辩护人不得为两名以上的同案被告人，或者未同案处理但犯罪事实存在关联的被告人辩护”。

3. 转达在押被告人委托辩护人要求的程序

刑事诉讼法第三十三条第二款规定，“犯罪嫌疑人、被告人在押期间要求委托辩护人的，人民法院、人民检察院和公安机关应当及时转达其要求”。《解释》第四十条对该款规定的具体适用作了明确，规定审判期间，在押的被告人要求委托辩护人的，人民法院应当在三日内向其监护人、近亲属或者其指定的人员转达要求。适用中需注意的是，不宜直接向有关律师事务所、律师转达被告人的委托辩护要求，以免推荐律师、介绍案件之嫌。

4. 法律援助的适用范围

《解释》第四十二条、第四十三条分别对应当通知法律援助机构指派律师提供辩护和可以通知法律援助机构指派律师提供辩护的情形作了具体规定。需要注意的是，第四十二条第二款规定：“高级人民法院复核死刑案件，被告人没有委托辩护人的，应当通知法律援助机构指派律师为其提供辩护。”这里的“死刑案件”，包括死刑、死刑缓期执行案件。规定本款主要考虑到修改后刑事诉讼法大大扩大了法律援助的范围，对可能判处无期徒刑的案件也应当提供法律援助。鉴于此立法精神，为保障死刑、死刑缓期执行的正确适用，有必要增加本款。

5. 辩护人的相关权利

此次刑事诉讼法修改，进一步扩大了辩护人的权利，以保障其在刑事诉讼中更为充分地行使辩护职能。《解释》对辩护人在审判阶段的权利作了进一步细化。

《解释》第四十七条根据刑事诉讼法的相关规定，对审判阶段辩护人的阅卷权予以了明确。需要注意的是，根据有关方面的意见，第三款专门增加了复制案卷材料的具体方式，规定可以采用复印、拍照、扫描等方式。

《解释》第四十九条至第五十二条根据刑事诉讼法的规定,对辩护人的调查取证权作了进一步规定。刑事诉讼法第三十九条规定:“辩护人认为在侦查、审查起诉期间公安机关、人民检察院收集的证明犯罪嫌疑人、被告人无罪或者罪轻的证据材料未提交的,有权申请人民检察院、人民法院调取。”据此,《解释》第四十九条作了进一步规定。对此,需要注意以下几个问题:(1)辩护人申请人民法院调取上述证据的,应当以书面形式提出,并提供相关线索或者材料,以防止辩护人滥用此项权利。(2)征求意见过程中,有意见提出,人民法院直接向公安机关调取的被告人无罪或者罪轻的证据材料,应当先移送检察机关或者由检察机关与辩护人同时查阅、摘抄、复制证据材料。经研究认为,对于审判期间依辩护人申请调取的证据,先由辩护人查阅并无不妥,于法有据,未采纳上述观点。(3)刑事诉讼法第四十一条第一款规定:“辩护律师经证人或者其他有关单位和个人同意,可以向他们收集与本案有关的材料,也可以申请人民检察院、人民法院收集、调取证据,或者申请人民法院通知证人出庭作证。”最高人民法院、最高人民检察院、公安部、国家安全部、司法部、全国人大常委会法制工作委员会2012年12月26日《关于实施刑事诉讼法若干问题的规定》第八条进一步规定:“对于辩护律师申请人民检察院、人民法院收集、调取证据,人民检察院、人民法院认为需要调查取证的,应当由人民检察院、人民法院收集、调取证据,不得向律师签发准许调查决定书,让律师收集、调取证据。”《解释》第五十一条、第五十二条作了进一步规定。对于辩护律师申请人民法院收集、调取证据,人民法院同意的,不得向律师签发准许调查决定书,让律师收集、调取证据,而应当依照规定直接收集、调取相关证据,并在收集、调取证据材料后,及时通知辩护律师查阅、摘抄、复制,告知人民检察院。

6. 诉讼代理人的有关问题

根据刑事诉讼法的相关规定和精神,《解释》第五十四条至第五十八条对委托诉讼代理人的告知程序、诉讼代理人的委托程序、诉讼代理人的责任、权利义务等问题作了明确规定。需要提及的是,《1998年解释》第四十九条规定:“律师担任诉讼代理人,可以查阅、摘抄、复制与本案有关的材料,了解案情。其他诉讼代理人经人民法院准许,也可以查阅、摘抄、复制本案有关材料,了解案情。需要收集、调取与本案有关的材料的,可以参照本解释第四十四条、第四十五条的规定执行。”征求意见过程中,有意见提出,刑事诉讼法没有规定诉讼代理人阅卷或者收集、调取证据的诉讼权利。这一问题还涉及公安机关、人民检察院等其他部门。上述规定是否妥当,建议通盘研究考虑。经研究,上述规定有保留的必要:(1)刑事诉讼法虽然没有规定诉讼代理人阅卷、取证的诉讼权利,但也没有明确禁止。而律师法规定,“受委托的律师自案件被人民法院受理之日起,有权查阅、摘抄和复制与案件有关的所有材料”,“受委托的律师根据案情的需要,可以申请人民检察院、人民法院收集、调取证据或者申请人民法院通知证人出庭作证”。(2)诉讼代理人如果没有阅卷、取证的诉讼权利,就难以落实立法设置诉讼代理制度,以有效维护当事人合法权益的重要目的和功能。(3)实践表明,该条规定的实施效果良好。经商有关方面,《解释》第五十七条保留上述规定,但是增加规定无论是律师还是非律师担任诉讼代理人,查阅、摘抄、复制案卷均需经法院许可;律师担任诉讼代理人调查取证的,参照适用辩护律师的有关规定。

(四)证据

证据是刑事诉讼的基石,对于准确定罪量刑,实现司法公正,防止冤假错案的发生具有关键作用。此次刑事诉讼法修改在总结近年来有关司法改革经验的基础上,充分吸收《关于办理刑事案件排除非法证据若干问题的规定》和《关于办理死刑案件审查判断证据若干问题的规定》的有关内容,对证据制度作了较大幅度的修改完善。根据刑事诉讼法的相关规定,《解释》大幅扩充了证据部分的规定,第四章“证据”共五十二条,分为九节,全面规定了证据的一般规定、分类审查与认定、综合审查与运用等内容。

1. 证明标准

从审判实践来看,与定罪量刑相关的事实较为复杂,对所有的证明对象适用同一证明标准,既不现实,也不必要。因此,应当区分不同的证明对象适用不同的证明标准。对于认定被告人有罪和对被告人从重处罚的事实,是证明的主要对象,必须明确其适用最为严格的证明标准,即对其的证明必须达到“证据确实、充分”的程度。相应地,对被告人从宽处罚的事实,以及与附带民事诉讼、涉案财物处理有关的事实等,可以适当降低证明标准,适用优势证据标准。因此,《解释》第六十四条第二款明确规定:“认定被告人有罪和对被告人从重处罚,应当适用证据确实、充分的证明标准。”

2. 行政机关收集的证据材料在刑事诉讼中的使用

刑事诉讼法第五十二条第二款规定:“行政机关在行政执法和查办案件过程中收集的物证、书证、视听资料、电子数据等证据材料,在刑事诉讼中可以作为证据使用。”据此,《解释》第六十五条对相关问题作了进一步明确规定。司法实践中适用上述规定需要注意以下问题:

(1)行政机关的外延。刑事诉讼法第五十二条第二款规定的“行政机关”不限于工商、税务等行政机关,也包括证券监管部门等行政机关以外根据法律、法规规定行使国家行政管理职权的组织。因此,《解释》第六十五条第二款规定:“根据法律、行政法规规定行使国家行政管理职权的组织,在行政执法和查办案件过程中收集的证据材料,视为行政机关收集的证据材料。”但是,实践中,行政主体还包括受行政机关委托代表行政机关行使职权的组织,这些组织不属于刑事诉讼法第五十二条规定的“行政机关”,其在行政执法和查办案件过程中收集的有关证据材料,不能视为行政机关收集的证据材料。

(2)“物证、书证、视听资料、电子数据等证据材料”的外延。对于刑事诉讼法第五十二条第二款中的“物证、书证、视听资料、电子数据等证据材料”中的“等”,可以明确的是,不能包括当事人陈述、证人证言等言词证据。这主要是因为:言词证据具有较强的主观性,容易发生变化,且行政机关收集言词证据的程序明显不如公安司法机关收集言词证据严格,如允许行政机关收集的言词证据亦可在刑事诉讼中使用,难以保障案件公正处理,也不利于维护当事人权利。至于上述规定中的“等”是否可以包括行政机关收集的鉴定意见、勘验、检查、辨认、搜查等笔录,认识尚不完全一致。今后如遇有具体案件,还需在征求有关方面意见基础上,通过批复等形式再予明确。

(3)行政机关收集的证据材料在刑事诉讼中的审查判断标准。行政机关在行政执法和查办案件的过程中,尚不知道所涉及的案件是否达到犯罪的程度,是否会进入刑事诉讼程序,无法也不应当适用刑事诉讼程序的规定收集相关证据材料,只能依照法律、行政法规关于行政执法和查办案件的相关规定,而非刑事诉讼的标准。因此,《解释》第六十五条第一款规定:“……经法庭查证属实,且收集程序符合有关法律、行政法规规定的,可以作为定案的根据。”

3.见证人的范围

《解释》第六十七条第一款对见证人的范围作出了明确规定。具体而言,下列人员不得担任刑事诉讼活动的见证人:

(1)生理上、精神上有缺陷或者年幼,不具有相应辨别能力或者不能正确表达的人。

(2)与案件有利害关系,可能影响案件公正处理的人。这里包括两方面的利害关系:一是与案件当事人有利害关系,包括与被告人、被害人或者其他当事人有利害关系,如系当事人的近亲属;二是与案件处理结果有利害关系,包括本人和本人的近亲属与案件的处理结果有某种利害关系。但是,虽然与案件有利害关系,但不会影响案件公正处理的人员,可以担任刑事诉讼的见证人。例如,为了收集犯罪证据、查获犯罪人,侦查人员对犯罪嫌疑人以及可能隐藏罪犯或者犯罪证据的人的身体、物品、住处和其他有关的地方进行搜查,犯罪嫌疑人的家属与犯罪嫌疑人有利害关系,但是由其见证搜查过程,能够有效监督侦查人员依法行使职权,并不会影响案件的公正处理,故可以担任见证人。相反,不应由被害人的家属担任见证人,因为其担任见证人,不足以有效监督侦查人员依法进行搜查,会影响到案件公正处理。

(3)行使勘验、检查、搜查、扣押等刑事诉讼职权的公安、司法机关的工作人员或者其聘用的人员。设立见证人的目的在于监督相关刑事诉讼活动的依法进行,确保相关笔录和清单的客观公正,因此,应当由实施相关刑事诉讼活动主体以外的人进行见证,以避免"自己监督自己"的现象。而行使勘验、检查、搜查、扣押等相关刑事诉讼职权的公安、司法机关工作人员或者其聘用的辅警、保安人员等相关人员,已经参与相关刑事诉讼活动,不宜由其再担任见证人。

征求意见过程中,有意见提出,如果不允许辅警、保安人员等担任见证人,实践中有两种情形难以解决:一是在一些偏远地区的案件现场,或者深夜发现的现场,可能难以找到群众做见证人;二是在当前司法环境下,出于各种顾虑,有的群众不愿意担任证人,公安机关不可能强迫他人担任见证人。经研究认为,上述意见确有一定道理,所反映的是当前的实际情况。基于此,《解释》第六十七条第二款专门规定:"由于客观原因无法由符合条件的人员担任见证人的,应当在笔录材料中注明情况,并对相关活动进行录像。"

4. 对涉及国家秘密、商业秘密、个人隐私的证据的处理

《1998 年解释》第六十二条规定:"在公开审理案件时,对于公诉人、诉讼参与人提出涉及国家秘密或者个人隐私的证据时,审判长应当制止。如确与本案有关的,应当决定案件转为不公开审理。"鉴于此次刑事诉讼法修改进一步扩展了应当保密的证据范围,《解释》第六十八条对《1998 年解释》第六十二条规定作了进一步完善。理解和适用这一规定,需要把握以下几方面的内容:

(1)公开审理案件时,公诉人、诉讼参与人提出涉及国家秘密、商业秘密或者个人隐私的证据的,审判长或独任审判员应当制止。这一处理规则统一适用于涉及国家秘密、商业秘密或者个人隐私的证据。

(2)审判长在制止公诉人、诉讼参与人在公开审理案件时提出涉及国家秘密、商业秘密或者个人隐私的证据后,如果上述证据确与本案有关的,应当区分情况处理:①根据刑事诉讼法第一百八十三条第一款的规定,有关国家秘密或者个人隐私的案件,不公开审理。因此,对于涉及国家秘密或者个人隐私的证据确与本案有关的,应当决定将案件转为不公开审理,或者对相关证据的法庭调查不公开进行。②根据刑事诉讼法第一百八十三条第一款的规定,涉及商业秘密的案件,当事人申请不公开审理的,可以不公开审理。因此,涉及商业秘密的证据确与本案有关,当事人申请不公开审理的,可以决定将案件转为不公开审理,或者对相关证据的法庭调查不公开进行。

需要注意的是,与《1998年解释》第六十二条的规定不同,《解释》第六十八条未规定一律不公开审理,而是可以根据案件情况采取不公开审理或者局部不公开审理(即对相关证据的法庭调查不公开进行)两种方式。所谓局部不公开审理,是指对涉及国家秘密、商业秘密或者个人隐私的证据的质证不公开,让旁听人员退庭,转为不公开审理。待相关证据的调查结束后,法庭审理再转为公开进行。

5.证人证言的审查与认定

《解释》第四章第三节“证人证言、被害人陈述的审查与认定”对证人证言审查认定、排除、采信,被害人陈述的审查与认定等问题作了专门规定,为人民法院准确审查判断证人证言、被害人陈述提供了可操作性的规范。需要注意以下问题:

(1)证人作证能力的判断。①对于是否“不能辨别是非、不能正确表达”,应当根据具体情况予以判断,从而决定其能否成为证人。《1998年解释》第五十七条规定:“对于证人能否辨别是非,能否正确表达,必要时可以进行鉴定。”经研究认为,在法庭审理过程中,控辩双方动辄申请对证人进行鉴定,不但是对证人的人格侮辱,而且还会由于无人愿意接受这种有侮人格的鉴定而拒绝作证。而且,对于证人是否具有作证能力,可以通过通知证人出庭接受询问予以判断。因此,《解释》删除了“对于证人能否辨别是非,能否正确表达,必要时可以进行鉴定”的规定。②根据具体情况审查证人感知相关内容时的认知能力和生理、精神状况。征求意见过程中,有意见认为不能仅审查作证时的状态,而且应当审查感知相关内容时的状态。经研究认为,上述意见确有一定道理,故《解释》第七十五条第一款规定:“处于明显醉酒、中毒或者麻醉等状态,不能正常感知或者正确表达的证人所提供的证言,不得作为证据使用。”③征求意见过程中,有意见提出,司法实践中,有的人由于事故、疾病等原因致语言、视力、听力严重下降,甚至有的比盲、聋、哑人还要严重,因此,应当将因疾病等原因造成重度残疾,不能准确表达自己意志的人排除在证人之外。经研究认为,此种情形可以由司法实践具体把握,确实存在因疾病等原因不能准确表达自己意志的人,可以认定为“生理上有缺陷,不能辨别是非、不能正确表达”的人,排除在证人之外。

(2)询问未成年证人,法定代理人或相关人员未到场的问题。征求意见过程中,有意见提出,询问未成年证人,法定代理人或相关人员未到场的,该未成年证人提供的证言不得作为定案的根据。经研究认为,询问未成年证人,其法定代理人或者相关人员到场,违反了刑事诉讼法的相关规定,属于证人证言的收集程序存在瑕疵,但不宜绝对排除该证人证言,而应当根据具体情况,允许补正或者作出合理解释。如果不能补正或者作出合理解释的,该证人证言不得作为定案的根据。

6. 证人证言的采信

《解释》第七十八条对证人证言的采信问题作出了规定，包括当庭证言的采信、证人改变证言情况下的证言采信、未出庭证人证言的排除。具体而言：

(1)当庭证言的采信。《解释》第七十八条第一款规定："证人当庭作出的证言，经控辩双方质证、法庭查证属实的，应当作为定案的根据。"这里使用了"应当"的用语，体现的正是对于证人出庭作证的鼓励。司法适用中需要注意的是，此处规定的"法庭查证属实"不仅是对证言的真实性的查证，而且是对证言真实性、合法性和关联性的查证。

(2)证人改变证言情况下的证言采信。对于被告人在庭前和庭中所作的证言存在差异甚至矛盾时，如何采信相关证言，刑事诉讼法未规定明确规则。《解释》在《关于办理死刑案件审查判断证据若干问题的规定》以下简称《证据审查判断规定》第十五条第二款规定的基础上，进一步对能否采信庭前证言的问题予以明确，规定："证人当庭作出的证言与其庭前证言矛盾，证人能够作出合理解释，并有相关证据印证的，应当采信其庭审证言；不能作出合理解释，而其庭前证言有相关证据印证的，可以采信其庭前证言。"主要有如下考虑：①从刑事诉讼法鼓励证人出庭的立法精神出发，宜鼓励司法实践中根据庭审证言认定案件事实，因此，该条款的基本立场是以庭审证言为基础，允许证人当庭对其当庭作出的证言与庭前证言矛盾的情形作出合理解释。②从实践来看，在庭审证言和庭前证言相矛盾的情况下，庭审证言未必一定是真实的，而庭前证言也未必一定是不真实的。这里专门规定只有在"证人当庭能够作出合理解释，并有相关证据印证"的，才采信其庭审证言。因此，在证人当庭改变庭前证言后，应当结合全案证据，对其当庭证言进行审查，进行有针对性的询问，判断其庭审证言的可信度。③在证人当庭作出的证言与其庭前证言矛盾的情况下，如果证人不能作出合理解释，而其庭前证言有相关证据印证的，可以采信其庭前证言。

(3)未出庭证人证言的排除。《解释》第七十八条第三款规定："经人民法院通知，证人没有正当理由拒绝出庭或者出庭后拒绝作证，法庭对其证言的真实性无法确认的，该证人证言不得作为定案的根据。"与刑事诉讼法第一百八十七条明确规定拒不出庭的鉴定人的鉴定意见不得作为定案的根据不同，这里规定对证人拒绝出庭或者出庭后拒绝作证，尚不能绝对排除证言的采用。这主要是考虑：在当前的司法实践中，证人证言对证明案件事实仍发挥着重要作用。而实践中证人为避免麻烦和报复，不愿出庭的情况仍会存在，如规定证人一旦不出庭即一概不能采信其证言，将会严重影响犯罪的追诉与惩处。因此，对证人拒不出庭或者出庭后拒绝作证的，人民法院应区分情况作出处理：经审查，其庭前证言无法与在案其他证据相印证,如书面证言之间或者同其他证据产生矛盾且矛盾无法排除的,则不能采信,不得作为定案的根据;反之,仍可作为定案根据。

7. 被告人供述和辩解的审查与认定

《解释》第四章第四节“被告人供述和辩解的审查与认定”对被告人的供述和辩解的审查与认定、排除、采信等问题作了专门规定。审判实践中,应当注意以下问题:

(1)调取讯问过程的录音录像。刑事诉讼法对讯问过程的录音录像制度作出明确,第一百二十一条规定:“侦查人员在讯问犯罪嫌疑人的时候,可以对讯问过程进行录音或者录像;对于可能判处无期徒刑、死刑的案件或者其他重大犯罪案件,应当对讯问过程进行录音或者录像。录音或者录像应当全程进行,保持完整性。”录音录像是证明讯问过程合法性、讯问笔录真实性的重要证据。但是,实践中,由于种种原因,一些地方公安、检察机关对人民法院调取相关证据材料的工作往往不予配合,严重影响了案件的公正、及时审理,也影响了对被告人合法权益的维护。因此,《关于实施刑事诉讼法若干问题的规定》第十九条专门规定,“侦查人员对讯问过程进行录音或者录像的,应当在讯问笔录中注明。人民检察院、人民法院可以根据需要调取讯问犯罪嫌疑人的录音或者录像,有关机关应当及时提供”。据此,必要时,人民法院可以调取讯问过程的录音录像、被告人进出看守所的健康检查记录、笔录,并结合录音录像、记录、笔录对被告人供述进行审查。对可能判处死刑的案件,被告人及其辩护人申请排除非法证据的案件,第一审人民法院收案后即应当及时调取。

(2)讯问笔录经被告人核对确认的问题。被告人未对讯问笔录核对确认,难以保证讯问笔录中记录的内容是被告人所陈述,也自然无法保证讯问笔录记载的被告人供述的真实性,因而不得作为定案的根据。但是,从司法实践来看,目前不少刑事案件被告人供述中存在以下几种情况难以获得被告人签名:①被告人属于文盲,不能够书写自己的名字,只能捺手印;②存在被告人出于不正当理由拒不签名确认的情况。上述情形下,完全排除被告人的供述不合适。经研究认为,根据《解释》第五百四十六条的规定,前一种情形下,被告人可以捺指印;后一种情形下,有相关见证人见证,或者有录音录像证明的,不影响讯问笔录的法律效力。

(3)讯问犯罪嫌疑人、被告人,法定代理人或者合适成年人未到场的问题。征求意见过程中,有意见建议将讯问犯罪嫌疑人、被告人,法定代理人或者合适成年人未到场的,此种情形的被告人供述不得作为定案的根据。经研究认为,此种情形下不宜直接将被告人供述不作为定案的根据,而应当视为讯问笔录存有瑕疵,允许补正或者作出合理解释;不能补正或者作出合理解释的,不得作为定案的根据。

8. 鉴定意见的审查与认定

《解释》第四章第五节“鉴定意见的审查与认定”对鉴定意见的审查内容、排除、鉴定人不出庭鉴定意见的处理、检验报告等问题作了具体规定。司法实践中，应当注意以下问题：

(1)补充鉴定或者重新鉴定的问题。《证据审查判断规定》第二十四条第二款规定，对鉴定意见有疑问的，“可以依法补充鉴定或者重新鉴定”，《解释》未予吸收该规定。主要考虑是：在司法实践中，许多案件存在多次补充鉴定或者重新鉴定的现象，但是，通过多次补充鉴定或者重新鉴定并未能够解决刑事诉讼中的这些待证的专门性问题。而且，此次刑事诉讼法修改，将“鉴定结论”修改为“鉴定意见”，这一证据种类名称的改变，表明鉴定意见同其他证据一样，并不具有更高的证明价值，必须通过审判人员综合全案证据审查判断，才能作为定案的根据。这也是从立法层面要求改变过去司法鉴定中唯鉴定结论是从，多次鉴定、重复鉴定的现象。因此，应当不鼓励，或者说不支持通过多次补充鉴定或者重新鉴定解决问题，而应当通过结合全案证据，通知鉴定人出庭作证、通知有专门知识的人出庭就鉴定意见提出意见等方式，正确评判鉴定意见的证明价值和可靠性，妥善解决刑事诉讼中的专门性问题，准确认定案件事实。

(2)多份不同鉴定意见并存时的处理方法。在当前的司法实践中，多份不同鉴定意见并存的现象比较普遍，且难以在短时间内得到完全改变，这为审判人员取舍鉴定意见增大了难度。我们认为，应当充分运用刑事诉讼法增加的相关制度，立足当前的司法实践，妥善解决这一问题：①充分适用鉴定人出庭和有专门知识的人出庭制度，根据控辩双方的申请通知有专门知识的人出庭，以促使控辩双方对专门性问题达成共识，增强审判人员对鉴定意见审查判断的内心确信。②对于通过鉴定人、有专门知识的人出庭难以澄清疑问的，可以由控辩双方合意选定鉴定人进行鉴定，从而尽可能地消除双方的分歧，促使双方就鉴定意见达成共识。当然，如果控辩双方无法达成合意，人民法院可以依法指定鉴定人进行重新鉴定。重新鉴定的意见仍然需要经过庭审质证，由法庭审查判断。

(3)鉴定人拒不出庭作证的处理。刑事诉讼法第一百八十七条第三款规定：“经人民法院通知，鉴定人拒不出庭作证的，鉴定意见不得作为定案的根据。”《解释》第八十六条第一款对此予以重申。据此，经人民法院通知，鉴定人拒不出庭作证的，鉴定意见不得作为定案的根据。这意味着，只要经人民法院通知，无论鉴定人不出庭的理由是否正当，也不论是否基于不能抗拒的原因，该鉴定意见在鉴定人未出庭的情况下都不得作为定案的根据。

《关于实施刑事诉讼法若干问题的规定》第二十九条规定：“鉴定人由于不能

抗拒的原因或者有其他正当理由无法出庭的,人民法院可以根据案件审理情况决定延期审理"。需要指出的是,《解释》第八十六条根据审判实践的具体情况,进一步规范了此种情形下的处理,规定人民法院可以根据情况决定延期审理或者重新鉴定。例如,鉴定人在庭审期间身患严重疾病或者行动极为不便,而鉴定人应当出庭作证的,人民法院根据案件具体情况,可以决定案件延期审理,待鉴定人痊愈后再开庭审理,也可以将该鉴定意见排除,进行重新鉴定。

根据《解释》第八十六条第三款的规定,对没有正当理由拒不出庭作证的鉴定人,人民法院应当通报司法行政机关或者有关部门。对此需要注意以下几个问题:①本款适用的是没有正当理由拒不出庭作证的鉴定人。②根据《最高人民法院、最高人民检察院、公安部、国家安全部、司法部关于做好司法鉴定机构和司法鉴定人备案登记工作的通知》(司法通〔2008〕165号)的规定,司法行政部门仅对经检察机关、公安机关、国家安全机关审查合格的所属鉴定机构和鉴定人进行备案登记,对其无管理职能。因此,对于检察机关、公安机关、国家安全机关所属鉴定机构的鉴定人没有正当理由拒不出庭的,人民法院应当通报相应检察机关、公安机关、国家安全机关;对于其他司法鉴定人没有正当理由拒不出庭的,人民法院应当通知司法行政机关。③对于没有正当理由拒不出庭作证的鉴定人,司法行政部门或者有关部门可以依照《关于司法鉴定管理问题的决定》或者其他规定给予相应处罚。例如,根据《关于司法鉴定管理问题的决定》第十三条的规定,经人民法院通知,鉴定人拒不出庭作证的,可以给予停止从事司法鉴定业务三个月以上一年以下的处罚;情节严重的,撤销登记。

(4)检验报告的审查判断。《解释》第八十七条对检验报告的审查判断的有关问题作了规定。具体而言:①对案件中的专门性问题需要鉴定,但没有法定司法鉴定机构,或者法律、司法解释规定可以进行检验的,可以指派、聘请有专门知识的人进行检验,检验报告可以作为定罪量刑的参考。需要注意的是,在此种情形下,司法机关并不是依据鉴定意见对案件事实进行证明,这些部门经检验提出的意见,不能称为"鉴定意见",而只能称为"检验报告"。而且,检验报告也只能作为定罪量刑的参考。②司法机关对于这些检验报告应当进行审查。允许进行检验,是应对当前实际情况的应急之策。为了进一步规范实践中的相关做法,根据《解释》第八十七条第二款的规定,应当参照对鉴定意见的审查要求,认真审查判断检验报告的真实性、关联性和合法性。③依法通知检验人出庭作证。在刑事诉讼法已经要求鉴定人出庭作证的情况下,针对本来已作例外规定的检验报告,没有理由赋予检验人不出庭的特权。因此,司法实践中,人民法院应当根据《解释》第八十七条第三款的规定,参照鉴定人出庭作证的相关规定,及时通知检验人出庭作证。

9. 混杂辨认的问题

此次刑事诉讼法修改，根据司法实践发展需要，扩大了作为证据种类的笔录的范围，将“勘验、检查笔录”修改为“勘验、检查、辨认、侦查实验等笔录”。《解释》第九十条吸收《证据审查判断规定》第三十条的规定并予以完善，对辨认笔录的审查判断作出了明确规定。需要注意的是混杂辨认的问题。从司法实践来看，有关证据不具备混杂辨认条件的情形有以下几种：一是难以找到类似特征参照物的情形，如尸体、场所；二是参照物特征几乎完全相同的情形，如人民币等种类物，根本无法区分；三是辨认人能够准确描述物品独有特征的情形。如对手机的辨认，辨认人能够说出手机内短信息内容、手机外观磨损细节及部位等特征，可不用混杂辨认。《审查判断证据规定》第三十条专门规定，对尸体、场所等特定辨认对象不需要适用混杂辨认规则。经研究认为：其一，对于种类物的辨认可以依附于其他物品，如偷的钱包里面的钱，往往是直接对钱包进行辨认；也可以不走辨认的程序，丢了几百块钱，数额对上了就可以了。申言之，如果系无法依附于其他物品的种类物，辨认也没有意义，无须进行辨认。其二，对于尸体、场所等难以找到类似特征参照物的情形和辨认人能够准确描述物品独有特征的情形，则无须进行辨认，由相关人员直接指认即可。因此，《解释》第九十条第二款第四项没有作“但书”规定，并非意味着对上述情形仍然需要适用混杂辨认规则，而是说明对上述情形没有必要进行辨认。

10. 电子数据的审查与认定

此次刑事诉讼法修改，适应现代信息技术的发展，根据刑事诉讼中出现的新情况和实践需要，将电子数据增设为法定证据种类，进一步丰富了证据的外延。对审查电子数据的一般原则和重点内容进行了规范。《解释》第九十三条在《证据审查判断规定》第二十九条规定的基础上，对电子数据的审查判断作了进一步修改完善。

(1)不存在“原始电子数据”的概念。与传统证据种类不同，电子数据没有“原始电子数据”的概念，只有“原始存储介质”的概念。由于电子数据的电子性，电子数据不同于物证、书证等其他证据种类，其完全可以同原始存储介质分离开来。例如，存储于计算机中的电子文档，可以同计算机这一存储介质分开来，存储于移动硬盘、U盘等存储介质之中。而且，对电子数据的复制可以确保与原数据的完全一致性，复制后的电子数据与原数据没有任何差异。与此不同，物证、书证等证据无法同原始存储介质完全区分开来，更无法采取确保与原物、原件完全一致的方式予以复制。例如，一封作为书证使用的书信，书信的原始内容无法同原始载体完全分离开来，只能存在于原始的纸张这一载体之上，即使采取彩色复印等方式进行复制,也无法确保复制后的书信同原件的完全一致性。不仅物证、书证等传统证据如此,视听资料这一随着技术发展而兴起的新型证据亦是如此。[①] 基于上述考虑,使用“原始电子数据”这个概念没有任何意义,对于电子数据而言,不存在“原始电子数据”的概念。但是,电子数据原始存储介质这个概念是有意义的,这表明电子数据是存储在原始的介质之中,即取证时是将存储介质予以扣押,并作为证据移送的,而非运用移动存储介质将该电子数据从原始介质中提取的,如直接从现场扣押行为人使用的电脑。因此,可以将电子数据区分为电子数据是随原始存储介质移送的和在无法移送原始存储介质的情况下(如大型服务器中的电子数据)通过其他存储介质予以收集的。针对此种情形,为了确保随原始存储介质移送的电子数据的真实性、完整性,审判人员要审查电子数据是否是随原始存储介质移送的,是否采取了技术措施保证原始存储介质数据的完整性,如通过加只读锁确保数据不被修改。

而在原始存储介质无法封存、不便移动或者依法应当由有关部门保管、处理、返还时,应当审查提取、复制电子数据是否由二人以上进行,是否足以保证电子数据的完整性,有无提取、复制过程及原始存储介质存放地点的文字说明和签名。审判人员应当对上述情况进行审查,以判断未随原始存储介质移送的电子数据的真实性和完整性。特别需要注意的是电子数据完整性的问题。为解决电子数据的完整性问题,侦查机关可以通过记录电子数据完整性校验值等方式保证电子数据的完整性,完整性校验值是对电子数据计算获得的一组数据,如果原始数据被修改,则完整性校验值必定发生变化。因此,审判人员在审查电子数据的过程中,应当审查侦查机关是否对电子数据采取记录电子数据完整性校验值等方式保证电子数据的完整性。

(2)取消了对电子数据移送打印件的要求。从司法实践来看,电子数据可以分为两类:一类是可以直接展示的电子数据,如电子文档、图片等;另一类是无法直接展示的电子数据,如计算机病毒等破坏性程序等。对于前者,可以直接通过展示电子数据查看,没有必要移送打印件(特别是在电子文档等特别大,导致打印件的数量繁多的情况下);而对于后者,则无法以打印件的形式予以展示,无法移送打印件。因此,没有必要要求移送电子数据的打印件。

(3)远程调取电子数据的问题。需要特别注意的是,如果电子数据位于境外,难以通过国际司法协助获取相关数据,通常通过远程调取的方式获取电子数据。

① 需要注意的是,这一论断的前提是,随着电子数据成为独立的证据种类,以电子数据形式存在的视听资料是电子数据,不再属于视听资料的范畴。

而且,即使在国内,也可能在个别案件中存在异地远程调取电子数据的情况。此种情形下,应当注明相关情况。审判人员应当根据注明的情况予以审查,判断电子数据提取过程的合法性,判断所提取的电子数据的真实性和完整性。

(4)电子数据的鉴定和检验。在法庭审查过程中,审判人员应当通过听取控辩双方意见、询问相关人员等多种方式审查电子数据的内容和制作过程的真实性,必要时可以进行庭外调查。但是,由于电子数据的技术性较强,一般的删除、修改、增加等情形难以通过审判人员的观察作出认定,需要外力的辅助。因此,《解释》第九十三条第二款规定:“对视听资料有疑问的,应当进行检验或者鉴定。”这里的检验或者鉴定,主要针对的是计算机程序功能(如计算机病毒等破坏性程序的功能)和数据同一性、相似性(如侵权案件需要认定盗版软件与正版软件的同一性、相似性)的问题。① 之所以这里没有要求对有疑问的电子数据一律进行鉴定,而是规定也可以进行检验,主要是基于当前的司法现状。如果在当前现有条件下要求对所有案件的电子数据一律出具鉴定意见,不少案件将难以处理。而且,《最高人民法院、最高人民检察院关于办理危害计算机信息系统安全刑事案件应用法律若干问题的解释》等司法解释已经规定对于部分特定电子数据可以进行检验。因此,这里基于现实需要,考虑到以往司法解释的规定,对于有疑问的电子数据,既可以采取鉴定的方式,也可以采取侦查机关检验与司法机关认定相结合的方式。

11. 非法证据的范围

所谓排除非法证据,是指在刑事诉讼中,对于以非法方法收集的证据,应当予以排除,不得作为认定被告人有罪的根据。依据刑事诉讼法第五十四条的规定,非法证据包括非法言词证据和非法实物证据。

(1)非法言词证据。对于采用刑讯逼供等非法方法收集的犯罪嫌疑人、被告人供述和采用暴力、威胁等非法方法收集的证人证言、被害人陈述,应当一律予以排除。根据《解释》第九十五条第一款的规定,使用肉刑或者变相肉刑,或者采用其他使被告人在肉体上或者精神上遭受剧烈疼痛或者痛苦的方法,迫使被告人违背意愿供述的,应当认定为刑事诉讼法第五十四条规定的“刑讯逼供等非法方法”。

(2)非法实物证据。收集物证、书证不符合法定程序,可能严重影响司法公正的,应当予以补正或者作出合理解释;不能补正或者作出合理解释的,对该证据应当予以排除。需要注意的是,《关于办理刑事案件排除非法证据若干问题的规定》第十四条规定:“物证、书证的取得明显违反法律规定,可能影响公正审判的,应当

① 需要注意的是,鉴定或者检验并非审查认定电子数据的前提条件和必经程序。通常而言,只有通过其他方法审查电子数据仍然存在疑问的,才需要进行鉴定或者检验。司法实践中一定程度存在的对电子数据一律要求附有鉴定意见或者检验报告的做法是不妥当的。

予以补正或者作出合理解释,否则,该物证、书证不能作为定案的根据。”所谓“影响公正审判”,被认为是“影响实体上的公正审判”。刑事诉讼法第五十四条使用的是“可能严重影响司法公正”的表述。两者的规定有不同之处,刑事诉讼法的规定更能反映非法证据排除制度的功能,即使非法取得的物证、书证本身不影响实体公正,但取证手段严重损害司法公正的,也应当予以排除。根据《解释》第九十五条第二款的规定,认定刑事诉讼法第五十四条规定的“可能严重影响司法公正”,应当综合考虑收集物证、书证违反法定程序以及所造成后果的严重程度等情况。

12. 非法证据排除申请

根据刑事诉讼法及《解释》第九十六条至第九十八条的规定,对于非法证据排除申请,需要注意以下问题:

(1)申请排除非法证据的时间。法律对权利人提出申请规定了较为宽泛的时间,但通过实践操作发现,如果不对权利人提出申请的时间进行适度引导,很容易导致权利人在庭审中滥用权利。一旦权利人当庭提出的线索促使审判人员启动调查程序,公诉人员面对突如其来的非法证据申请,很难即刻举证证明,而休庭准备相关证据势必会拖延诉讼进程。而且,从司法实践来看,个别案件中,非法证据排除占据开庭审理过多时间,导致庭审主次不分。完全的庭中排除使得庭审活动偏离了定罪量刑的主题,审判人员及控辩双方忽视了对案件事实真相的调查,庭审的中心功能没有实现。为避免诉讼资源被无谓地浪费,非法证据排除申请的提出应当被适度引导。刑事诉讼法第一百八十二条第二款增设了庭前会议制度,专门规定审判人员在开庭以前可以召集公诉人、当事人和辩护人、诉讼代理人,就非法证据排除问题了解情况,听取意见。因此,有必要充分利用庭前会议程序,尽量在庭前解决非法证据排除问题,至少为法庭调查做好相应准备。综上,《解释》第九十七条规定:“人民法院向被告人及其辩护人送达起诉书副本时,应当告知其申请排除非法证据的,应当在开庭审理前提出,但在庭审期间才发现相关线索或者材料的除外。”

需要注意的是,在刑事诉讼中没有类似于民事诉讼的举证时限的规定。在《解释》起草过程中,有意见认为,对于当事人及其辩护人、诉讼代理人在开庭前即掌握相关线索或者材料,但是在开庭审理后才提出非法证据排除申请的,法庭可以不再对证据收集的合法性进行调查,但在审查和采信相关证据时应当特别慎重。经慎重研究,《解释》未采纳上述建议,主要考虑是:刑事诉讼毕竟不同于民事诉讼,不能因为当事人及其辩护人、诉讼代理人在开庭审理前未及时提出非法证据排除申请,就剥夺对其申请进行审查、继而启动证据合法性调查的程序性权利。但是,为了保证庭审有序进行,应当将该申请的审查时间交由法庭决定,以避免对庭审秩序和效率的影响。因此,《解释》第一百条第三款进而规定:“法庭审理过程中,当事人及其辩护人、诉讼代理人申请排除非法证据,人民法院经审查,不符合本解释第九十七条规定的,应当在法庭调查结束前一并进行审查,并决定是否进行证据收集合法性的调查。”

(2)非法证据排除申请的条件。为了保证对非法证据调查的顺利进行,避免申请和启动非法证据排除程序的随意性,法律规定申请非法证据排除应当提供线索或者材料。而且,考虑到由被告方提供材料难以做到,因此法律规定了被告方承担举证责任的最低要求,即提供线索或者材料均可,而线索的范围比较广泛,申请人提供应当不困难,这不仅是应当的,而且是能够做到的。根据刑事诉讼法的规定,《解释》第九十六条规定:“当事人及其辩护人、诉讼代理人申请人民法院排除以非法方法收集的证据的,应当提供涉嫌非法取证的人员、时间、地点、方式、内容等相关线索或者材料。”所谓“材料”,是指被告人出示的血衣、伤痕、伤痕照片、医疗证明、伤残证明、同监人的证言等能够证明存在刑讯逼供等非法取证事实的证据材料;所谓“线索”,是指可以显示刑讯逼供等非法取证确实存在的比较具体的事实,如关于刑讯逼供的时间、地点、方式及涉嫌刑讯逼供的人员等信息。

(3)对非法证据排除申请材料的处理。根据《解释》第九十八条的规定,开庭审理前,当事人及其辩护人、诉讼代理人申请人民法院排除非法证据的,人民法院应当在开庭前及时将申请书或者申请笔录及相关线索、材料的复制件送交人民检察院。这一规定的目的在于强调人民法院要及时将相关材料移送人民检察院,以便于人民检察院对非法证据排除的申请做相应准备,避免开庭才知晓对方提出非法证据排除申请,从而影响庭审顺利进行。

13. 庭前会议就非法证据排除申请了解情况、听取意见

根据刑事诉讼法第一百八十二条第二款的规定,《解释》第九十九条规定对于开庭审理前提出的非法证据排除申请,人民法院认为“对证据收集的合法性有疑问的”,应当召开庭前会议,就非法证据排除等问题了解情况,听取意见。在庭前会议中,人民检察院可以通过出示、宣读被告人的讯问笔录或者其他证据,播放讯问过程的录音录像,提请人民法院通知有关侦查人员或者其他人员到场说明情况等方式,对证据收集的合法性加以证明。需要注意的是,庭前会议是开庭前准备程序,而非审判程序。在庭前会议中,控辩双方可以就申请排除的证据达成一致意见,控方不再作为起诉证据,或者辩方认可证据收集的合法性。但是,非法证据排除程序是庭审程序,不能在开庭前全部进行完毕,如果双方未能就非法证据排除问题形成一致意见,则应当在开庭审理之后予以解决。

14. 证据收集的合法性审查、调查

《解释》第一百条至第一百零三条对证据收集的合法性审查、调查的有关问题作了规定。

(1)证据收集的合法性审查与证据收集的合法性调查之间的关系。刑事诉讼法第五十六条规定:“法庭审理过程中,审判人员认为可能存在本法第五十四条规定的以非法方法收集证据情形的,应当对证据收集的合法性进行法庭调查。”可见,非法证据排除程序的启动权在审判人员、合议庭,并非一提出就要启动排除程序,要综合全案情况进行证据收集的合法性审查。启动法庭调查程序的主体是审判人员,只有审判人员通过审查认为证据收集的合法性有疑问,可能存在以非法方法收集证据情形的,才应对证据收集的合法性进行法庭调查。

需要注意的是,法庭对证据收集合法性的审查方式。根据案件的具体情况,合议庭可以当庭对申请排除的证据的合法性进行审查,决定是否启动证据收集的合法性调查程序。而在一些案件中,当庭审查证据收集的合法性是否存在疑问较为困难,宜宣布休庭,由合议庭庭后进行审查,重新开庭后宣布审查结果。这一方面是为了增强法庭对证据收集合法性审查的准确性,避免审查结果的随意性;另一方面也能够更好地缓和庭审各方关系,避免申请排除非法证据一方同法庭产生对立。

(2)证据收集合法性的审查、调查时间。如前所述,证据收集的合法性审查和证据收集的合法性调查虽然紧密相连,但是两个不同的环节。

《关于办理刑事案件排除非法证据若干问题的规定》第五条规定:“被告人及其辩护人在开庭审理前或者庭审中,提出被告人审判前供述是非法取得的,法庭在公诉人宣读起诉书之后,应当先行当庭调查。法庭辩论结束前,被告人及其辩护人提出被告人审判前供述是非法取得的,法庭也应当进行调查。”这一规定确立了非法言词证据的先行调查原则,即在审理犯罪事实的过程中,只要被告人及其辩护人提出了证据合法性问题,就要先行对该问题进行“审理”。从司法实践来看,上述规定在适用中引发了一些问题,主要是规定对非法证据排除调查一律先行进行,不利于庭审的顺利进行,需要作进一步修改完善。《关于实施刑事诉讼法若干问题的规定》第十一条规定:“法庭经对当事人及其辩护人、诉讼代理人提供的相关线索或者材料进行审查后,认为可能存在刑事诉讼法第五十四条规定的以非法方法收集证据情形的,应当对证据收集的合法性进行法庭调查。法庭调查的顺序由法庭根据案件审理情况确定。”《解释》第一百条第二款作了进一步明确,该款规定:“对证据收集合法性的调查,根据具体情况,可以在当事人及其辩护人、诉讼代理人提出排除非法证据的申请后进行,也可以在法庭调查结束前一并进行。”

需要注意的是,对于申请排除非法证据不符合《解释》第九十七条规定的,应当在法庭调查结束前一并进行审查,并决定是否进行证据收集合法性的调查。此种情形下,不仅对证据收集合法性的调查在法庭调查结束前进行,而且对证据收集合法性的审查也要在法庭调查结束前进行。例如,此种情形下,当事人及其辩护人、诉讼代理人提出被告人口供系采用刑讯逼供方法收集的,法庭可以不对被告人口供的合法性进行审查,而是继续进行法庭审理。待其他证据举证、质证完毕,法庭调查结束前,法庭对开庭审理期间提出的非法证据排除申请一并进行审查。经审查,对证据收集的合法性有疑问的,应当继续进行调查;对证据收集的合法性没有疑问的,应当说明情况和理由,继续法庭审理。

(3)证据收集合法性调查的方法。根据《解释》第一百零一条的规定,经审查,法庭决定对证据收集的合法性进行法庭调查的,可以由公诉人通过出示、宣读讯问笔录或者其他证据,有针对性地播放讯问过程的录音录像,提请法庭通知有关侦查人员或者其他人员出庭说明情况等方式,证明证据收集的合法性。

需要注意的是:①播放同步录音录像资料应当具有一定的针对性,不宜全程播放。根据法律规定和司法实践,讯问被告人的同步录音录像,动辄十几个小时,甚至更长的时间,如果全程播放录音录像资料,会严重影响庭审效率,而且,全程播放也没有必要。②《解释》第一百零一条第二款的规定公诉人提交的取证过程合法性的说明材料不能单独作为说明取证过程合法性的证据。

(4)证据收集合法性调查结论。启动了法庭调查程序,法庭就应当对调查结果给出确定的意见,确定对相关的证据是否予以排除。根据《解释》第一百零二条第二款的规定,人民法院对证据收集的合法性进行调查后,应当将调查结论告知公诉人、当事人和辩护人、诉讼代理人。

(5)二审程序中的证据合法性审查、调查。根据《解释》第一百零三条的规定,对于当事人在第一审结束前收集到相关线索或者材料,未及时申请人民法院排除非法证据,而在第二审时才提出的,人民法院不再启动非法证据排除程序,但是应当纳入二审综合审查中一并解决,对相关证据的采信应当特别慎重。

(6)关于裁判文书如何表述非法证据排除程序的问题。从司法实践来看,裁判文书中对非法证据处理问题的表述,需要区分以下情形作出处理:①如果人民检察院能够证明证据收集的合法性,证据经法庭质证后予以采信,被告方坚持认为存在非法取证情形的,裁判文书中要说明采信该证据的理由,即法庭启动调查程序后,人民检察院提出证据收集合法性的相关证据,得到法庭的确认,经质证该证据得到采信,以回应被告人的主张。②如果人民检察院不能证明证据收集的合法性,不能排除存在以非法方法收集证据的情形,人民检察院又坚持认为取证合法的,裁判文书中要对法庭排除非法证据的理由加以阐述,即对于人民检察院提出的证明被告人犯罪事实的某个证据,被告方提出系非法取得,经法庭审查认定该证据系非法取得或者不能排除非法取证的可能性,该证据不能作为定案的根据。③如果排除非法证据的申请得到采纳,人民检察院主动撤回了被认为是非法取得的证据,就等于没有提出这个证据,裁判文书中不需要表述这种情形。④如果人民检察院证明证据收集的合法性,被告方表示认可的,就等于撤回了排除非法证据的申请,裁判文书可以不作表述。

15. 技侦证据材料的审查判断

根据刑事诉讼法的相关规定,结合司法实践的具体情况,《解释》第一百零七条及其他相关条文对技侦材料的审查判断作了明确规定。

(1)技侦证据材料的表述。由于技术侦查措施收集的证据材料并非刑事诉讼法第四十八条规定的证据种类,而只是由于此类证据材料的收集方法特殊而对其进行的概括而已。因此,对于技术措施收集的证据材料应当表述为特定的证据形式,如通过窃听措施收集的电话录音,应当作为视听资料使用;通过网络技术手段截取的网络聊天记录,应当作为电子数据使用;通过秘密拍照获取的相片,应当作为书证使用。

(2)技侦证据材料的核实方法。根据刑事诉讼法和《解释》的相关规定,结合司法实践的具体情形,对于采取技术侦查措施收集的证据材料的核实,通常有以下三种方式:

①对于采取技术侦查措施收集的证据材料,通过当庭出示、辨认、质证等法庭调查程序进行核实。采取技术侦查措施所收集的材料,原则上应当经过当庭出示、质证等法庭调查程序查证属实,才能作为定案的根据,这应当是对技侦材料进行核实的常态方式。

②对于采取技术侦查措施收集的证据材料,采取不暴露有关人员的身份、技术方法等保护措施进行核实。要求使用技术侦查措施所收集的证据材料一律经过在法庭上公开出示、质证等法庭调查程序,一方面,可能会暴露侦查人员、特情人员等相关人员,容易招致不法分子的报复,危及有关侦查人员和特情人员的人身安全;另一方面,这可能会泄露公安机关技术侦查手段,影响今后该类措施在侦查犯罪过程中效果的发挥。因此,刑事诉讼法第一百五十二条规定,此种情况下应当采取不暴露有关人员身份、技术方法等保护措施。

③对于采取技术侦查措施收集的证据材料,由审判人员在庭外进行核实。根据刑事诉讼法第一百五十二条的规定,采取上述核实方法,限于"必要的时候"。所谓"必要的时候",主要指两种情形:一是采取不暴露有关人员身份、技术方法不足以使审判人员确信这些证据材料的真实性、可靠性,无法作出判决;二是采取不暴

露有关人员身份、技术方法等保护措施还是无法防止严重后果的发生。①

司法实践中,对于庭外核实需要注意以下几个问题:其一,庭外核实与采取不暴露有关人员的身份、技术方法等保护措施核实,可以根据案件情况综合进行。换言之,该两种核实技侦材料的方法并非互相排斥,而是可以结合使用。在使用该证据可能危及有关人员的人身安全,或者可能产生其他严重后果的情况下,采取不暴露有关人员身份、技术方法等保护措施对证据材料进行核实,如果审判人员仍然无法判断该证据材料的真实性、合法性和关联性的,可以进一步采取庭外核实的方法。其二,庭外核实的具体方法。庭外核实可以要求侦查人员在庭外展示侦查的方法、过程、收集的证据材料及相关录音录像资料。审判人员通过对侦查方法、过程等进行核实,查看收集的证据材料,观看相关录音录像,以及向侦查人员、特情人员等相关人员了解情况,从而对证据材料进行审查判断。其三,参加庭外核实的人员范围。关于技侦证据材料庭外核实的人员范围,特别是辩护律师是否参与,存在较大认识分歧。因此,《解释》未对此问题予以明确。司法实践中,庭外核实时,人民法院应当加强与检察机关、侦查机关沟通,以确定宜否通知辩护人参加。根据具体情况通知辩护律师到场的,到场的辩护人应当签署保密承诺书。

(3)裁判文书中技侦证据的表述。经法定程序查证的技侦材料,无论是否通过当庭出示、辨认、质证等法庭调查程序进行核实,均应当在裁判文书中予以表述,作为定案的根据。为了避免公开技术侦查措施的过程及方法,在裁判文书中一般只概述证据的名称及其证明的内容,而不说明该证据的收集过程、有关人员身份和技术方法。实际上,对于普通证据材料,在裁判文书中一般也不会表述是通过何种具体途径获得该证据材料。

(五)强制措施

《修改刑事诉讼法决定》对强制措施的修改有:第一,分别规定了取保候审与监视居住的适用条件,有利于规范两者的适用。第二,进一步完善了被取保候审人应当遵守的规定及取保候审保证金的确定、收取和退还规定。第三,明确了监视居住作为逮捕替代措施的法律地位和适用范围,规定了指定监视居住,但严格限制了适用范围,明确了监督和相关权利的保障。第四,完善了对被监视居住人的监督手段。第五,完善了关于拘留、逮捕措施的规定,强化了检察机关对适用逮捕措施的监督。第六,规定了犯罪嫌疑人被拘留、逮捕后的相关权利保障。《解释》根据法律修改情况,在《1998 年解释》的基础上,结合 1999 年 8 月 4 日《最高人民法院、最高

① 参见王尚新、李寿伟主编:《〈关于修改刑事诉讼法的决定〉释解与适用》,人民法院出版社 2012 年版,第 163 页。

人民检察院、公安部、国家安全部关于取保候审若干问题的规定》以及2000年8月28日《最高人民检察院、公安部关于适用刑事强制措施有关问题的规定》,对人民法院在审判阶段采取强制措施的有关问题作了具体规定。

1. 以保证金取保候审的相关问题

《解释》第一百一十九条、第一百二十条明确了保证金数额的确定、交纳等程序性事项及以保证金形式取保的具体程序。适用保证金取保候审应注意以下问题:

(1)采取保证金形式保证的,被取保候审人除符合法律规定的条件外,其本人或者其法定代理人、亲友、所在单位等可以代其交纳保证金。如果被取保候审人没有经济来源、无力交纳保证金或者依靠他人生活,一般不适用保证金保证。如被取保候审人是未成年人或者已满七十五周岁的老人,身体残疾依靠他人抚养等人,应适用保证人保证。交纳保证金的人,应当将保证金一次性存入公安机关指定银行的专门账户。

(2)关于保证金的数额和币种。刑事诉讼法第七十条规定,确定保证金数额应考虑保证诉讼活动正常进行的需要,被取保候审人的社会危险性,案件的性质、情节,可能判处刑罚的轻重,被取保候审人的经济状况等情况,但没有规定保证金数额的上限和下限,也没有限定币种。《关于取保候审若干问题的规定》中规定,保证金的起点数额为一千元,同时明确了保证金应当以人民币交纳。起草《解释》过程中,有意见提出,根据社会发展情况,保证金的起点数额应提高;或者由最高人民法院规定一个幅度,由各省、自治区、直辖市高级人民法院根据本地区经济发展水平,在该幅度范围内规定本地区保证金的起点数额。也有意见提出,成年人和未成人应规定不同的起点数额,另外,应允许以可以兑换的外币交纳保证金。经研究,考虑到保证金的数额和币种涉及公、检、法等多家,需要统一协商,故《解释》仅作了原则性规定,待几家协商一致后再另行规定。当前,保证金数额和币种仍应适用《关于取保候审若干问题的规定》的规定,即起点数额为一千元,并应当以人民币交纳。

(3)以保证金形式取保候审的具体程序。提供保证金的人应当将银行出具的交纳保证金的凭证交决定机关核实。决定机关核实无误后,将《取保候审决定书》、银行出具的收款凭证以及案由、犯罪人的基本情况等相关材料一并送交执行机关执行。执行机关核实后,通知被取保候审人居住地派出所执行。

2. 人民法院应当变更强制措施的情形

《解释》第一百三十四条规定了在押或者被逮捕的被告人应当予以释放或者变更强制措施的情形,是对《1998年解释》第八十一条的修改。本条分为两款,第一款是根据有关意见新增加的。有意见提出,根据刑事诉讼法第二百四十九条的规定,对第一审人民法院判决宣告无罪、不负刑事责任或者免除刑事处罚的被告人,如果在押的,应当明确在宣判后立即释放。经研究,采纳了此意见,并将此情形单列一款,作为本条第一款。第二款主要吸收了《1998 年解释》第八十一条的规定,并根据刑事诉讼法第九十六条的规定,将"案件不能在法律规定的期限内审结的"规定为应当变更强制措施或者释放的一种情形。起草《解释》过程中,有意见提出,虽具有本条规定的情形,但案件并未完全审结,规定"应当释放"不合适,可能影响以后诉讼程序的进行。经研究认为,第二款将变更强制措施和释放并列,具体情况由办案法院视情况掌握,如此规定不会影响以后诉讼程序的进行。故没有采纳此意见。

(六)关于附带民事诉讼

附带民事诉讼是刑事诉讼中的一项重要制度。规定附带民事诉讼制度,在刑事诉讼过程中,在解决被告人刑事责任的同时,一并解决被害人物质损失的赔偿问题,有利于节约诉讼资源,便于诉讼参与人参加诉讼;有利于有效维护被害方的合法权益,及时弥补被害方因犯罪行为造成的物质损失;有利于有效化解社会矛盾,切实贯彻宽严相济刑事政策,实现"案结事了"。

《最高人民法院关于审理人身损害赔偿案件适用法律若干问题的解释》施行后,对于附带民事诉讼应否参照适用该解释,即将死亡赔偿金、残疾赔偿金也纳入附带民事诉讼的赔偿范围,开始出现不同认识。由此导致实践中附带民事诉讼赔偿标准不一,判赔数额虚高,空判现象普遍,缠讼闹访问题突出,严重影响了社会矛盾化解,损害了法律的权威和司法的统一。近年来,最高人民法院曾多次研究,希望能通过制定司法解释或者其他规范性文件等方式解决附带民事诉讼的有关问题,但因各方意见分歧较大,没有实现。在此次刑事诉讼法修改过程中,最高人民法院一直高度关注附带民事诉讼制度的完善问题,多次向立法机关提出修法建议。最终,立法机关采纳建议,对附带民事诉讼制度作了三点完善:一是增加了被害人死亡或者丧失行为能力的,其法定代理人、近亲属有权提起附带民事诉讼的规定;二是增加了附带民事诉讼原告人或者人民检察院可以申请人民法院采取保全措施的规定;三是增加了人民法院对附带民事诉讼可以进行调解或者根据物质损失情况作出判决、裁定的规定。

《解释》根据法律修改情况,在《1998 年解释》、《最高人民法院关于刑事附带民事诉讼范围问题的规定》(以下简称《附带民事诉讼范围规定》)、《最高人民法院关于人民法院是否受理刑事案件被害人提请精神损害赔偿民事诉讼问题的批复》(以下简称《精神损害批复》)等司法解释基础上,结合审判实践中的问题,对附带民事诉讼制度的具体适用作了规定。

1. 附带民事诉讼的受案范围

修改后的刑事诉讼法第九十九条沿用了1996年刑事诉讼法第七十七条有关“被害人由于被告人的犯罪行为而遭受物质损失的,在刑事诉讼过程中,有权提起附带民事诉讼”的规定。据此,《解释》第一百三十八条至第一百四十条对附带民事诉讼的受案范围作了具体规定。相关规定吸收了《1998年解释》等司法解释的内容,并根据审判实践作了必要完善。具体而言:

(1)被害人因人身权利受到犯罪侵犯而遭受物质损失,或者财物被犯罪分子毁坏而遭受物质损失的,有权在刑事诉讼过程中提起附带民事诉讼;被害人死亡或者丧失行为能力的,其法定代理人、近亲属有权提起附带民事诉讼。

(2)对因受到犯罪侵犯提起附带民事诉讼或者单独提起民事诉讼,要求赔偿精神损失的,人民法院不予受理。对此需要说明的是,在起草《解释》过程中,有关方面曾提出:刑事诉讼法规定的附带民事诉讼仅限于物质损失,但对于因犯罪行为遭受精神损失的,能否在有关刑事案件审结后,另行提起精神损害赔偿民事诉讼,各方面认识不一致,情况也很复杂,建议再慎重研究,可不作规定。经研究:其一,刑事诉讼法第九十九条明确规定,“被害人由于被告人的犯罪行为而遭受物质损失的,在刑事诉讼过程中,有权提起附带民事诉讼”。若认为对精神损失可以另行提起民事诉讼,则意味着刑事诉讼法第九十九条有关只有遭受物质损失的才能提起附带民事诉讼的规定将失去实际意义。绝大部分被害人肯定会选择在刑事案件审结后,另行提起民事诉讼,要求同时赔偿物质损失和精神损失。这样,势必导致附带民事诉讼制度被架空、虚置,附带民事诉讼制度有利于切实维护被害方合法权益、有利于化解社会矛盾、有利于贯彻宽严相济刑事政策、有利于节约司法资源等重要功能将无法发挥。其二,若认为对精神损失可以另行提起民事诉讼,则意味着就同一犯罪行为,被害方可以同一理由,两次提出损失赔偿要求,势必存在“一事两诉”的问题。其三,从司法实践来看,刑事案件审结后,特别是被告人被送监服刑或者执行死刑后,往往连有关赔偿被害方物质损失的附带民事判决都难以得到实际执行。若赋予被害方对精神损失可以另行提起民事诉讼的权利,只会制造“空判”,引发新的社会矛盾。其四,对于因犯罪行为遭受的精神损失能否在有关刑事案件审结后另行提起精神损害赔偿民事诉讼的问题,是一个普遍性问题。有关规定系沿用《最高人民法院关于人民法院是否受理刑事案件被害人提请精神损害赔偿民事诉讼有关问题的批复》。由于此前司法解释曾有过明确规定,本解释若予以回避,必然会引发认识分歧和实践执行中的混乱。综上,未采纳上述意见。

(3)被告人非法占有、处置被害人财产的,应当依法予以追缴或者责令退赔。被害人提起附带民事诉讼的,人民法院不予受理。追缴、退赔的情况,可以作为量刑情节考虑。对此需要说明的是,《附带民事诉讼范围规定》曾规定,对于被告人非法占有、处置被害人财产,“经过追缴或者退赔仍不能弥补损失,被害人向人民法院民事审判庭另行提起民事诉讼的,人民法院可以受理”。《解释》删除了以上规定,主要考虑:如经司法机关追缴或者责令退赔,仍不能弥补被害人损失,通常表明被告人已无退还或者赔偿能力,被害人另行提起民事诉讼后,只会获得无执行可能的“空判”,既增加当事人诉累,又影响裁判权威,影响“案结事了”;如发现被告人仍有违法所得未能追缴或者仍有退赔能力的,由司法机关继续依法追缴或者责令退赔即可,也不必由被害人另行提起附带民事诉讼。

(4)国家机关工作人员在行使职权时,侵犯他人人身、财产权利构成犯罪,被害人或者其法定代理人、近亲属提起附带民事诉讼的,人民法院不予受理,但应当告知其可以依法申请国家赔偿。

2. 人民检察院提起附带民事诉讼

刑事诉讼法第九十九条第二款规定:“如果是国家财产、集体财产遭受损失的,人民检察院在提起公诉的时候,可以提起附带民事诉讼。”《解释》第一百四十二条、第一百五十六条对该条规定的具体适用作出了明确。

(1)关于人民检察院提起附带民事诉讼的条件。根据《解释》第一百四十二条第一款、第三款该两款规定,需要注意的是:其一,对国家财产、集体财产因犯罪遭受损失的,只有在被害单位未提起附带民事诉讼的情况下,人民检察院才可以提起附带民事诉讼。其二,如被告人非法占有、处置国家财产、集体财产的,应当依法予以追缴或者责令退赔,不能提起附带民事诉讼。

(2)在人民检察院提起附带民事诉讼的情况下,如何界定其诉讼地位,如何判令被告人履行赔偿义务。对此,存在不同认识和做法。为统一、规范法律适用,《解释》第一百四十二条第二款、第一百五十六条对此作出了明确规定:其一,人民检察院提起附带民事诉讼的,应当列为附带民事诉讼原告人。对此,在《解释》征求意见过程中,有关部门曾提出,检察机关代表国家追诉犯罪的同时,按照法律的授权提起附带民事诉讼,对诉讼标的不享有实体上的权利和义务,其诉讼结果并不归于检察机关,故不应把检察机关视为附带民事诉讼原告。经研究,在人民检察院提起附带民事诉讼的情况下,只能将其身份表述为附带民事诉讼原告,并无其他选择,故未采纳该建议。其二,人民检察院提起附带民事诉讼的,人民法院经审理,认为附带民事诉讼被告人依法应当承担赔偿责任的,应当判令附带民事诉讼被告人直接向遭受损失的单位作出赔偿;遭受损失的单位已经终止,有权利义务继受人的,应当判令其向继受人作出赔偿;没有权利义务继受人的,应当判令其向人民检察院交付赔偿款,由人民检察院上缴国库。

3. 附带民事诉讼中依法负有赔偿责任的人的范围

《解释》第一百四十三条吸收了《1998年解释》第八十六条的有关内容，对附带民事诉讼中依法负有赔偿责任的人的范围作出规定。需要说明的是：

(1)在起草《解释》过程中，有意见提出：应当明确规定，未尽到安全保障义务的公共场所管理人，以及承担机动车交强险、商业险的保险公司也可以作为附带民事诉讼被告人。经研究，未采纳上述建议，主要考虑：依法应当对被害人因犯罪行为遭受的物质损失承担赔偿责任的人员范围较为广泛，难以一一列举，正因如此，《解释》第一百四十三条第一款设置了兜底条款。审判实践中，需要根据《侵权责任法》等有关法律的规定，结合具体案件情况，确定附带民事被告人的具体范围。例如，被害人是在娱乐场所遭到第三人的犯罪行为侵害，而娱乐场所管理人未尽到安全保障义务的，根据《侵权责任法》第三十七条的规定，娱乐场所管理人对被害人的物质损失承担相应的补充赔偿责任，此时，娱乐场所管理人就可以成为附带民事诉讼的共同被告人。又如，因交通肇事造成人身伤亡、财产损失的，根据《道路交通安全法》第七十六条的规定，由保险公司在机动车第三者责任强制保险责任限额范围内予以赔偿；不足的部分，由肇事人根据过错情况予以赔偿。如案发后，保险公司未在保险责任限额范围内作出赔偿的，也可以将其作为附带民事诉讼的共同被告人。

(2)《1998年解释》第八十六条第二款规定："附带民事诉讼的成年被告人，应当承担赔偿责任的，如果其亲属自愿代为承担，应当准许。"《解释》第一百四十三条第二款将其修改为"附带民事诉讼被告人的亲友自愿代为赔偿的，应当准许"。这是因为，实践中，也存在附带民事诉讼被告人的朋友自愿代被告人赔偿的情形，由于系出自自愿，人民法院也应当准许，这样，既有利于更加充分地维护被害人的合法权益，也有利于化解社会矛盾。

4. 在侦查、审查起诉期间已经达成调解协议又提起附带民事诉讼的处理

《1998年解释》第一百四十九条规定："侦查、审查起诉期间，有权提起附带民事诉讼的人提出赔偿要求，已经公安机关、人民检察院记录在案的，刑事案件起诉后，人民法院应当按附带民事诉讼案件受理；经公安机关、人民检察院调解，当事人双方达成协议并已给付，被害人又提起附带民事诉讼的，人民法院也可以受理。"针对该规定，在《解释》起草过程中，有意见提出，对在侦查、审查起诉期间，有权提起附带民事诉讼的人提出赔偿要求，已经公安机关、人民检察院记录在案的，人民法院应当在收到附带民事起诉状后才按照附带民事诉讼案件受理。理由是：其一，侦查、审查起诉期间，有权提起附带民事诉讼的人提出的赔偿要求，往往比较笼统、原则，赔偿项目及数额往往不具体，请求的赔偿人往往仅限于犯罪嫌疑人或被告人，

因此,移送人民法院后直接受理并不完全符合附带民事诉讼的条件;其二,不能排除实践中会出现有权提起附带民事诉讼的人在公安、检察机关提出赔偿请求,但之后又放弃诉权的情况,此种情形下人民法院也作为附带民事诉讼受理违反不告不理的原则。

另有意见提出,对在侦查、审查起诉期间,经公安机关、人民检察院调解,当事人双方达成协议并已给付,被害人又提起附带民事诉讼的,如规定人民法院也需受理,有所不妥。理由是:其一,如被害方因犯罪行为遭受的损失已得到赔偿,其应当就相应丧失了再起诉要求赔偿的权利。其二,对此类案件,如规定人民法院也需受理,势必会"鼓励"不诚实、不守信的行为,助长人们投机取巧、得寸进尺的心理,也会影响公安、检察机关做调解工作的积极性,不利于社会矛盾及时有效化解。

经研究,认为上述意见确有道理,《解释》第一百四十八条予以采纳:

(1)删除了"已经公安机关、人民检察院记录在案的,刑事案件起诉后,人民法院应当按附带民事诉讼案件受理"的规定。对在侦查、审查起诉期间,有权提起附带民事诉讼的人提出赔偿要求,已经公安机关、人民检察院记录在案的,只有在刑事案件起诉后,向人民法院依法提起附带民事诉讼的,人民法院才应当按附带民事诉讼案件受理。当然,人民法院受理刑事案件后,可以告知被害人或者其法定代理人、近亲属有权提起附带民事诉讼。

(2)规定对侦查、审查起诉期间,有权提起附带民事诉讼的人提出赔偿要求,经公安机关、人民检察院调解,当事人双方已经达成协议并全部履行,被害人或者其法定代理人、近亲属又提起附带民事诉讼的,人民法院不予受理,但有证据证明调解违反自愿、合法原则的除外。对此需要注意的是:

其一,如被告人已按调解协议约定,实际履行全部赔偿义务,则即使赔偿数额低于法律、司法解释规定的数额,人民法院也可以不受理被害人或者其法定代理人、近亲属提出的附带民事诉讼,除非有证据证明调解违反自愿、合法原则。

其二,如有证据证明调解协议的达成存在乘人之危(如利用被害方急需获得赔偿款用于支付医疗费用,而大大压低赔偿数额)、显失公平(如在造成人身伤害的情况下,约定的赔偿数额远不足以支付被害人的后续治疗费用)等问题,则应当认定调解违反自愿、合法原则,如被害人及其法定代理人、近亲属提起附带民事诉讼的,人民法院应当受理。

5. 附带民事诉讼中的保全措施

为保障附带民事诉讼裁判能得到履行、执行,切实维护被害方合法权益,修改后的刑事诉讼法第一百条对附带民事诉讼保全措施作了修改:一是明确了查封、扣押、冻结被告人的财产在性质上属于"保全措施";二是增加了"冻结"的保全手段;

三是明确附带民事诉讼原告人和人民检察院可以向人民法院申请采取保全措施；四是规定人民法院采取保全措施的，适用民事诉讼法的有关规定。根据修改后刑事诉讼法第一百条的规定，《解释》第一百五十二条对附带民事诉讼保全措施的具体适用作了规定。

(1)附带民事诉讼保全，既包括诉中保全，也包括诉前保全。对于在人民法院受理附带民事诉讼后，可能因被告人的行为或者其他原因，致使有关财物可能毁损、灭失或者被转移、隐匿等，使附带民事判决难以执行的案件，根据附带民事诉讼原告人(包括提起附带民事诉讼的人民检察院)的申请，人民法院可以裁定采取保全措施，查封、扣押或者冻结被告人的财产；有权提起附带民事诉讼的人因情况紧急，不立即申请保全将会使其合法权益受到难以弥补的损害的，还可以在提起附带民事诉讼前，向被保全财产所在地、被申请人居住地或者对案件有管辖权的人民法院申请采取保全措施。

(2)附带民事诉讼保全，既包括依申请保全，也包括依职权保全。人民法院受理附带民事诉讼后，既可以根据附带民事诉讼原告人的申请，裁定采取保全措施；附带民事诉讼原告人未提出申请的，必要时，人民法院也可以采取保全措施。

(3)人民法院采取附带民事诉讼保全措施，适用民事诉讼法有关规定，主要是：对诉中保全，人民法院可以责令申请人提供担保，申请人不提供担保的，裁定驳回申请；对诉前保全，申请人应当提供担保，不提供担保的，裁定驳回申请。此外，民事诉讼法有关人民法院应当在接受申请后四十八小时内作出裁定、保全限于请求的范围或者与本案有关的财物等的规定，也适用于附带民事诉讼保全。但附带民事诉讼保全不适用民事诉讼法第一百零一条第三款有关“申请人在人民法院采取保全措施后三十日内不起诉的，人民法院应当解除财产保全”的规定，这主要是考虑到对于公诉案件，附带民事诉讼的启动需待侦查、审查起诉工作的完结，被害人无法自主掌控，故对有权提起附带民事诉讼的人申请人民法院采取诉前保全措施的，不适用民事诉讼法的该款规定。但为保护被申请人利益，如申请人在人民法院受理刑事案件后十五日内未提起附带民事诉讼的，人民法院则应当解除保全措施。

6. 附带民事诉讼的赔偿范围

修改后的刑事诉讼法第一百零一条规定：“人民法院审理附带民事诉讼案件，可以进行调解，或者根据物质损失情况作出判决、裁定。”但是，对于究竟如何理解和把握“根据物质损失情况作出判决、裁定”，仍存在疑惑、争议。主要是：对附带民事诉讼，应否适用与单纯民事诉讼相同的赔偿范围和标准？应否将死亡赔偿金、残疾赔偿金也纳入附带民事诉讼的赔偿范围？这是《解释》起草中各方最为关注、争议最大的问题。为统一法律适用，确保附带民事诉讼案件审理的良好效果，经广泛

听取意见、反复认真研究,《解释》第一百五十五条对相关问题作出了明确。适用中应注意:

(1)对于附带民事诉讼,应当更加重视调解工作,切实加大调解力度。调解工作有效开展,才能避免不切实际、根本没有执行可能的空判,切实维护被害方的合法权益;通过调解结案,才能有效化解社会矛盾,避免申诉、上访,实现"案结事了"。附带民事诉讼经调解达成协议的,只要不违反自愿、合法原则,赔偿范围和数额不受限制。

(2)如调解不成,通过判决结案,则应当充分考虑刑事案件被告人多为没有正常收入的无业人员和进城务工人员,赔偿能力很低的实际,实事求是地仅就被害人遭受的物质损失作出判决。对犯罪行为造成被害人人身损害的,应当赔偿医疗费、护理费、交通费等为治疗和康复支付的合理费用,以及因误工减少的收入。造成被害人残疾的,还应当赔偿残疾生活辅助具费等费用;造成被害人死亡的,还应当赔偿丧葬费等费用。必须指出的是,对《解释》第一百五十五条第二款规定中的"等费用",目前应当作等内的理解;只有对被告人确有赔偿能力,而又无法达成调解协议的案件,才能作等外的理解。且如拟将死亡赔偿金、残疾赔偿金纳入判赔范围的,应当事先采取保全等措施,确保判决能得到实际执行,避免形成空判。也就是说,只有驾驶机动车过失致人伤亡或者公私财产遭受重大损失,构成犯罪的,才可以判决赔偿死亡赔偿金、残疾赔偿金。如果是驾驶机动车故意致人伤亡或者公私财产遭受重大损失,构成犯罪的,则不支持死亡赔偿金、残疾赔偿金。主要考虑:机动车发生交通事故造成人身伤亡、财产损失的,通常有第三者责任强制保险,被告人的赔偿能力也较高,一般不会导致空判。

(3)对因驾驶机动车致人伤亡或者公私财产遭受重大损失,构成犯罪的,应当根据《道路交通安全法》第七十六条的规定确定赔偿责任,即"机动车发生交通事故造成人身伤亡、财产损失的,由保险公司在机动车第三者责任强制保险责任限额范围内予以赔偿;不足的部分,按照下列规定承担赔偿责任……"

(4)对符合条件的被害方,可以根据2009年3月最高人民法院联合中央政法委等八部门制发的《关于开展刑事被害人救助工作的若干意见》给予相应的国家救助。

确立以上法律适用原则,是基于:

其一,根据法律、法理以及我国的法文化传统,对附带民事诉讼不应适用与单纯民事诉讼相同的标准。刑事诉讼法规定:"被害人由于被告人的犯罪行为而遭受物质损失的,在刑事诉讼过程中,有权提起附带民事诉讼。"而根据有关民事法律的规定,对民事侵权行为,还可判令被告人承担精神损害赔偿责任。由此可见,附带民事诉讼与单纯民事诉讼存在明显不同;依据法律规定,对二者不能适用相同赔偿标准。立法对附带民事诉讼与单纯民事诉讼的赔偿责任作出不同规定,是与两类不同诉讼的性质和我国的法文化传统相适应的。单纯民事案件,责令被告人作出相应赔偿,是对被害方进行抚慰、救济的唯一手段,故有理由要求被告人承担相应更重的赔偿责任;由于无须承担刑事责任,被告人往往也有意愿、有能力作出相应赔偿。而附带民事诉讼则不同,被告人不仅要在民事方面承担赔偿责任,还要承担相应的刑事责任。判决被告人承担刑事责任,既是对犯罪的惩罚、重新犯罪的预防,也是对被害方抚慰、救济的主要方式。以故意杀人案件为例,如判处被告人死刑,实已让其"以命抵命",显然不应再要求其承担与单纯民事案件相同的精神损害赔偿,否则势必存在双重处罚的问题。传统上"打了不罚、罚了不打"的观念和做法,正是根源于此。

其二,将死亡赔偿金、残疾赔偿金纳入附带民事赔偿范围,导致空判现象突出,缠讼、闹访普遍,严重影响案件裁判的法律与社会效果。如按上述标准判赔,则意味着对命案,被害人是城镇居民的,仅死亡赔偿金一项,一般就要赔40万元以上;被害人是农村居民的,一般也要赔20万元左右。而刑事案件被告人绝大多数都是经济状况差、赔偿能力弱的农民和无业人员,有的被执行死刑或者其他刑罚后,更无法承担如此高额的赔偿责任,相关判决往往成为"法律白条"。据调研,凡套用民事标准,将死亡赔偿金、残疾赔偿金纳入判赔范围的,赔偿到位率都极低。如某中级人民法院2010年判决刑事附带民事案件35件,赔偿总额641万元(平均判赔18万元),由于被告人没有赔偿能力,判决后赔偿到位率为零。经济较为发达的南部某省,2006年至2010年,刑事附带民事案件实际赔偿额仅占判决赔偿额的9.2%,2008年仅为2.1%。

其三,赔偿标准过高,实际极不利于维护被害人的合法权益,不利于矛盾化解。表面上看,设定高额赔偿标准似乎对被害人有利,但实际情况是:由于刑事被告人的实际赔偿能力很低,甚至没有,而被害方的期待、"要价"又过高,远远超过被告人的承受能力,导致不少案件中原本愿意代赔的被告人亲属索性不再代赔,结果导致被害方反而得不到任何赔偿,"人财两空"。严重犯罪案件中这种情况尤为普遍。赔偿数额虚高,还导致附带民事调解和矛盾化解的工作难度大大增加。套用单纯民事案件的赔偿标准确定附带民事案件的赔偿数额,常常使被害方对巨额赔偿抱有不切实际的期待,一旦被告人不能足额赔偿,就认为其没有悔罪诚意和表现,以致民事调解工作、矛盾化解工作根本无法开展。此外,根据《关于开展刑事被害人救助工作的若干意见》,对刑事被害人的救助金额一般最多为3万元。如将死亡赔偿金、残疾赔偿金也纳入附带民事赔偿范围,两者相差悬殊,显然使救助工作也无法发挥实际作用。根据刑事案件实际,实事求是地设定、把握附带民事诉讼的赔偿标准,才能促进附带民事调解工作有效开展,才能使被害人实际得到相应的赔偿,才能切实发挥刑事被害人国家救助的功能,才能及时、有效地化解社会矛盾,实现"案结事了"。

其四,对侵权责任法的有关规定应当正确理解。侵权责任法第四条规定:"侵权人因同一行为应当承担行政责任或者刑事责任的,不影响依法承担侵权责任。因同一行为应当承担侵权责任和行政责任、刑事责任,侵权人的财产不足以支付的,先承担侵权责任。"有人据此认为,对附带民事诉讼应适用与单纯民事诉讼相同的赔偿标准。我们认为,对该条规定应当准确理解,将该条规定和侵权责任法第五条规定结合起来分析。侵权责任法第五条规定:"其他法律对侵权责任另有特别规定的,依照其规定。"犯罪是最严重的、特殊的侵权行为,刑法和刑事诉讼法是专门规定这种侵权行为的基本法。显然,处理犯罪行为的赔偿问题,应当优先适用刑法和刑事诉讼法的相关规定,而不应当适用主要规定民事侵权的侵权责任法的规定,否则势必还要将精神损害纳入附带民事诉讼的赔偿范围。

其五,对被抚养人生活费应否纳入判赔范围问题,在《解释》起草过程中曾作过专门研究。据调研,被抚养人生活费在"两金"中占绝大部分份额。就北京地区而言,目前,致人死亡的案件,如被害人系城镇居民,被抚养人生活费一般为20万~30万元;如系农村居民,一般为10万~20万元。如此高的赔偿额,远远超出了绝大部分刑事案件被告人的实际赔偿能力。因此,如将被抚养人生活费纳入判赔范围,则当前附带民事诉讼所存在的判赔数额虚高、空判现象普遍、缠讼闹访突出等严重影响社会矛盾化解、影响宽严相济刑事政策贯彻的问题仍将不能得到有效解决。

7. 因犯罪行为遭受的损失另行提起民事诉讼的处理

对于被害人或者其法定代理人、近亲属在刑事诉讼过程中未提起附带民事诉讼,其后另行提起民事诉讼的,应当如何确定赔偿范围和标准,存在不同认识。一种意见认为,应当适用与单纯民事诉讼相同的赔偿范围和标准;另一种意见则认为,应当适用与附带民事诉讼相同的赔偿范围和标准。由于认识存在分歧,实践中判法不一,既影响了法律的统一实施,也影响了相关案件的处理效果。有鉴于此,《解释》第一百六十四条对此作出了明确,规定对此类案件,人民法院可以进行调解,或者根据物质损失情况作出判决。

在适用该条时应当注意:(1)对被害人或者其法定代理人、近亲属在刑事诉讼过程中未提起附带民事诉讼,另行提起民事诉讼的,人民法院也应当加大调解工作力度,如能在不违反自愿、合法原则的前提下达成调解协议,赔偿范围和数额可以不受限制。(2)如调解不成的,则应当根据物质损失情况作出判决,即应适用与附带民事诉讼相同的赔偿范围和标准。这主要是考虑:其一,对被害人等在刑事诉讼过程中未提起附带民事诉讼,另行提起民事诉讼的,理应适用与附带民事诉讼相同的赔偿范围和标准。否则,势必会导致同样行为不同处理的问题,既有违基本法理,也会导致附带民事诉讼制度被架空,影响该制度重要功能的发挥。其二,对另行提起民事诉讼的,适用不同的赔偿范围和标准,表面上看似乎对被害人等有利,实际恰恰相反,一旦刑事部分审结,被告人被送交执行刑罚,甚至执行死刑,就根本不可能再对被害人等作出赔偿,其亲友也不可能代赔。

实践中,有的被害人或者其法定代理人、近亲属可能会放弃提起附带民事诉讼,甚至在提起附带民事诉讼后又主动撤回,以期日后另行提起民事诉讼,获得"更多"赔偿。对此,审判人员应当向其做必要的法律释明工作,告知其可能的后果,以切实维护其合法权益。

(七)期间、送达、审判期限

此次刑事诉讼法修改,完善了期间及其计算的规定,适当延长了案件的审理期限。《解释》第七章"期间、送达、审理期限",根据刑事诉讼法的规定和人民法院的具体情况,对审判工作中涉及的期间、送达、审理期限等问题作了明确规定。

1. 送达

《解释》第一百六十七条至第一百七十一条对送达的程序和方式作了规定。关于留置送达,《解释》第一百六十七条进一步规定,收件人或者代收人拒绝签收的,"也可以把诉讼文书留在受送达人的住处,并采用拍照、录像等方式记录送达过程,即视为送达"。关于委托送达,《1998年解释》未明确委托送达的时限,《解释》第一百六十九条明确:"受托法院收到后,应当登记,在十日内送达收件人,并将送达回证寄送委托法院。"

2. 指定管辖案件的审理期限

从司法实践来看,指定管辖案件,一般是上级法院作出指定管辖决定后,公诉机关才开始将案卷移送给人民法院立案庭进行审查,二者之间相隔的时间有时候长达两三个月。基于上述考虑,《解释》第一百七十二条规定,指定管辖案件的审理期限,自被指定管辖的人民法院收到指定管辖决定书和有关案卷、证据材料之日起计算。

3. 申请批准延长审理期限

根据刑事诉讼法的规定,公诉案件需要延长审限的,可以报请上级人民法院批准。《解释》第一百七十三条第一款规定,"申请上级人民法院批准延长审理期限,应当在期限届满十五日前层报"。之所以限定在"期限届满十五日前",旨在防止在审限临近届满时报请上级法院批准延长审限,从而迫使上级法院批准延长审限。根据目前的规定,上级法院有裁量空间,可以作出不批准的决定。同时,该款规定,“有权决定的人民法院不同意延长的,应当在审理期限届满五日前作出决定”。之所以限定在“审理期限届满五日前”,旨在保证上级法院作出不批准决定后,审理案件的法院可以在审理期限内及时审结。

根据刑事诉讼法的规定,公诉案件因特殊情况还需要延长审理期限的,可以报请最高人民法院批准。法律没有明确此种情形下延长的具体期限,为防止过度延长审限情形的发生,《解释》第一百七十三条第二款作了严格的自我限制,规定可以延长审理期限一至三个月,期限届满案件仍然不能审结的,可以再次提出申请。

(八)审判组织

《解释》第八章“审判组织”,根据刑事诉讼法规定和司法实践的需要,对审判组织形式组成、职权、程序等相关问题作了明确规定。

《1998 年解释》第一百一十四条第二款规定:“对下列疑难、复杂、重大的案件,合议庭认为难以作出决定的,可以提请院长决定提交审判委员会讨论决定:(一)拟判处死刑的;(二)合议庭成员意见有重大分歧的;(三)人民检察院抗诉的;(四)在社会上有重大影响的;(五)其他需要由审判委员会讨论决定的。”《解释》根据司法实践的具体情况,对上述规定作了进一步完善。主要包括:(1)当前我国社会处于转型时期,“新类型案件”较易出现,对此类案件在法律适用和政策把握方面需要特别慎重,《解释》明确将此类案件纳入可以提请审判委员会讨论案件的范围,以利于人民法院更好地审理此类案件,妥善化解社会矛盾。(2)《1998 年解释》未区分应当提交审委会讨论和可以提交审委会讨论的案件,从实践需要来看,区分开来分别列明有利于实务操作。基于上述考虑,《解释》第一百七十八条第二款、第三款区分“应当提请院长决定提交审判委员会讨论决定”的案件和“可以提请院长决定提交审判委员会讨论决定”的案件,分别作了规定。

(九)公诉案件的第一审普通程序

公诉案件第一审普通程序是刑事审判中最为重要和关键的基础环节。此次刑事诉讼法修改,对一审普通程序的案卷移送、庭前准备、法庭审理、证人出庭、量刑程序、中止审理和审理期限等诸多问题作了重要修改完善。有关修改内容有效解决了长期以来困扰一审工作的疑难问题,突出了把问题解决在法庭上的立法精神,强调了证据裁判原则的贯彻落实,强化了对当事人诉讼权利及其他合法权益的尊重和保障,为进一步提高刑事审判的质量与效率、更加充分地发挥刑事审判的职能作用提供了重要的立法保证。根据刑事诉讼法的相关规定,结合审判实践,《解释》第九章“公诉案件第一审普通程序”在《1998 年解释》相关规定的基础上,对公诉案件的审查受理与庭前准备、宣布开庭与法庭调查、法庭辩论与最后陈述、评议案件与宣告判决、法庭纪律与其他规定等问题作出了详细规定。

1.公诉案件的庭前审查

由于公诉案件移送方式的重大变革,刑事诉讼法和《解释》对公诉案件的庭前审查程序的实践操作也作出了相应调整。

(1)审查的主体。根据司法实务中的实际情况,《解释》第一百八十条将庭前审查的主体从“审判员”调整为“审判人员”。

(2)审查的内容。《解释》第一百八十条对庭前审查的内容作了规定。需要注意的是:①考虑到人民法院在审判过程中认定被告人是否有前科需要查明被告人曾受过或者正在接受刑事处罚情况,因此,与《1998年解释》的规定相比,《解释》第一百八十条第二项将“是否受过或者正在接受刑事处罚”明确为审查的内容。②与1996年刑事诉讼法规定的“附有证据目录、证人名单和主要证据复印件或者照片”不同,刑事诉讼法第一百七十二条规定应当将案卷材料、证据移送人民法院。因此,人民法院应当审查是否移送证明指控犯罪事实的证据材料。《关于实施刑事诉讼法若干问题的规定》第二十条规定,“采取技术侦查措施收集的材料作为证据使用的,批准采取技术侦查措施的法律文书应当附卷,辩护律师可以依法查阅、摘抄、复制,在审判过程中可以向法庭出示”。因此,对采取技术侦查措施收集的材料,作为证据使用的,也应当随案移送,且应同时移送相关批准决定,以便人民法院对案件证据进行全面审查。如果直接使用该证据可能危及有关人员的人身安全或者产生其他严重后果的,可以单独列卷、标注密级后移送。综上,《解释》第一百八十条第三项将“是否移送证明指控犯罪事实的证据材料,包括采取技术侦查措施的批准决定和所收集的证据材料”明确为审查的内容。③根据刑事诉讼法第二百三十四条的规定,人民法院在庭前审查程序中即应当审查是否查封、扣押、冻结被告人的违法所得及其他涉案财物。而且,公诉机关自然负有证明查封、扣押、冻结的财物是否应当追缴的义务。《解释》第一百八十条第四项专门增加规定审查是否“附相关财物依法应当追缴的证据材料”。

(3)审查后的处理。《1998年解释》第一百一十七条对公诉案件审查后的处理情形作出了规定。《解释》第一百八十一条第一款主要作了如下几个方面的调整:①《1998年解释》第一百一十七条规定,对于依照该解释第一百七十七条规定裁定准许撤诉的案件,没有新的事实、证据,人民检察院重新起诉的,不予受理;对于符合刑事诉讼法第十五条第二项至第六项规定的情形的,应当裁定终止审理或者决定不予受理。此次征求意见过程中,有意见提出,法律没有规定人民法院对人民检察院提起公诉的案件,可以不予受理。经研究认为,上述意见确有道理,故将“不予受理”调整为“退回人民检察院”。②根据《解释》第一百八十一条第一款第一项的规定，经审查发现检察机关提起的公诉案件属于告诉才处理的案件，应当退回人民检察院，并告知被害人有权提起自诉。

司法实践中需要准确把握庭前审查权责。法律规定，人民法院对提起公诉的案件进行审查后，对于起诉书中有明确的指控犯罪事实的，应当决定开庭审判。《关于实施刑事诉讼法若干问题的规定》第二十五条第一款再次重申：“对于人民检察院提起公诉的案件，人民法院都应当受理。人民法院对提起公诉的案件进行审查后，对于起诉书中有明确的指控犯罪事实并且附有案卷材料、证据的，应当决定开庭审判，不得以上述材料不充足为由而不开庭审判。如果人民检察院移送的材料中缺少上述材料的，人民法院可以通知人民检察院补充材料，人民检察院应当自收到通知之日起三日内补送。”这表明，在立案审查阶段，人民法院对公诉案件的审理，不是实体审查，仍然是程序审查。按照现行立法规定，人民法院对于人民检察院提起公诉的案件，没有驳回起诉的权力，即没有不立案审理的权力，所以，只要起诉书中有明确的指控犯罪事实的，就应当决定开庭审判，而不能以材料不全、证据不足等理由不受理案件。当然，对于人民检察院应当移送的材料、证据而未移送的，可以要求人民检察院补送。

(4)庭前审查的期限。《解释》第一百八十一条第二款规定了庭前审查的期限。据此，人民法院对于公诉案件决定是否受理，应当在七日内审查完毕。《关于实施刑事诉讼法若干问题的规定》第二十五条第二款已明确规定：“人民法院对提起公诉的案件进行审查的期限计入人民法院的审理期限。”据此，对公诉案件的审查期限应当计入人民法院的审理期限。

2. 公诉案件的庭前准备

《解释》在《1998年解释》的基础上，根据立法的修改，结合司法实践的具体情形，对庭前准备程序作出详细规定。需要特别注意如下问题：

(1)开庭十日前将起诉书副本送达被告人、辩护人。根据刑事诉讼法第一百八十二条的规定，《解释》第一百八十二条第一款第二项将起诉书副本的送达对象从“当事人”调整为“被告人及其辩护人”。

(2)通知辩护人、法定代理人、证人、鉴定人等出庭的特殊方式。为了便于司法实践操作，提高诉讼效率，《解释》第一百八十二条第一款第五项专门规定“通知有关人员出庭，也可以采取电话、短信、传真、电子邮件等能够确认对方收悉的方式”。据此，除对当事人传唤必须使用书面形式外，通知辩护人、法定代理人、证人、鉴定人等出庭，可以使用书面通知书形式，也可以采取电话、短信、邮件等方式，但采取后一种方式的，应当及时获得对方的确认。

(3)不公开审理的问题

根据《解释》第一百八十六条第三款的规定,不公开审理的案件,任何人不得旁听,但法律另有规定的除外。“法律另有规定的除外”,是指未成年人刑事案件诉讼程序对不公开审理案件的旁听问题有例外规定。

(4)辩护人经人民法院通知,无正当理由,拒不到庭的问题

从司法实践来看,个别辩护人经人民法院通知,无正当理由,拒不到庭,影响了法庭审理活动的正常开展,有必要予以规范。经研究认为,这一问题的解决需要在维护被告人权益的前提下兼顾诉讼效率的问题,故通常情况下应当以被告人的意思为准决定是否开庭审理。因此,《解释》第一百八十八条第二款专门规定:“辩护人经通知未到庭,被告人同意的,人民法院可以开庭审理,但被告人属于应当提供法律援助情形的除外。”

(5)受审判长委托,查明公诉人、当事人、证人及其他诉讼参与人是否到庭的问题

《1998年解释》第一百二十四条第一项规定,开庭审理前书记员应当查明公诉人、当事人、证人及其他诉讼参与人是否到庭。此次征求意见过程中,有意见提出,刑事诉讼法第一百八十五条规定,开庭的时候,审判长查明当事人是否到庭,规定由书记员查明,与法律规定不一致。经研究认为,从审判实践来看,由书记员在开庭前查明当事人是否到庭,同未到庭的当事人取得联系,有利于庭审的顺利进行。因此,本条根据上述意见作了调整,增加了“受审判长委托”的前提条件。

(6)人民检察院在提起公诉后向人民法院借阅案卷材料的问题

由于此次刑事诉讼法修改规定人民检察院在提起公诉时将所有案卷证据材料移送人民法院,征求意见过程中,有意见建议对人民检察院要求借阅案卷材料以备出庭支持公诉的问题作出规定。经研究认为,人民检察院在将案卷和证据材料移送人民法院之时,可以通过复印等方式为出庭支持公诉做好准备,而不能再向人民法院借阅案卷材料,否则,证据材料若有缺失,难以明确责任。当然,已经移送人民法院的证据,控辩双方需要出示的,可以向法庭提出申请。《关于实施刑事诉讼法若干问题的规定》第二十六条规定:“人民法院开庭审理公诉案件时,出庭的检察人员和辩护人需要出示、宣读、播放已移交人民法院的证据的,可以申请法庭出示、宣读、播放。”《解释》第二百零四条进一步规定:“已经移送人民法院的证据,控辩双方需要出示的,可以向法庭提出申请。法庭同意的,应当指令值庭法警出示、播放;需要宣读的,由值庭法警交由申请人宣读。”

3.庭前会议程序

此次刑事诉讼法修改关于庭前准备程序改革的亮点在于设立了庭前会议程

序。根据刑事诉讼法第一百八十二条第二款和《解释》第一百八十三条、第一百八十四条的规定,庭前会议程序的实践操作应当注意以下问题:

(1)庭前会议的案件范围。《解释》第一百八十三条第一款的规定,案件具有下列情形之一的,审判人员可以召开庭前会议:①当事人及其辩护人、诉讼代理人申请排除非法证据的;②证据材料较多、案情重大复杂的;③社会影响重大的;④需要召开庭前会议的其他情形。

(2)庭前会议的参与主体。根据刑事诉讼法第一百八十三条第二款的规定,庭前会议的主持人应当是人民法院的审判人员,而参加人员包括公诉人、当事人和辩护人、诉讼代理人。因此,人民法院对人民检察院提起的公诉案件,决定开庭审判后,可以指定审判人员召集相关人员召开庭前会议。此外,担任庭前会议记录工作的书记员也应当参加会议。

需要研究的问题是:①参加庭前会议的审判人员的范围?对此,宜根据案件的具体情况确定参加审判人员的范围,可以是合议庭部分成员,也可以是合议庭全部成员。合议庭成员如未参与庭前会议的,应当在开庭前了解庭前会议情况。讨论中,有意见提出,对于案件简单的,也可由法官助理主持召开庭前会议。经研究认为,上述观点不妥,法官助理属于审判辅助人员,不属于审判人员,依法不能主持召开庭前会议,但其可以参加庭前会议,并协助审判人员作好相关工作。②被告人是否应当参加庭前会议?关于被告人是否参加庭前会议的问题,起草解释过程中,各方分歧意见较大。经研究认为,庭前会议实际上是开庭审理前听取各方意见的预备程序,并非正式的审判程序,被告人不参加,并不影响其诉讼权利的行使;被告人是否参加庭前会议,应当根据案件具体情况和庭前会议所要解决的具体问题而定,不宜一概而论。因此,《解释》第一百八十三条第二款规定:"召开庭前会议,根据案件情况,可以通知被告人参加。"

(3)庭前会议的功能。《解释》第一百八十四条对此作了规定。需要注意的是,《解释》第一百八十四第二款规定:"审判人员可以询问控辩双方对证据材料有无异议,对有异议的证据,应当在庭审时重点调查;无异议的,庭审时举证、质证可以简化。"实践中,在庭审进入法庭调查环节时,法庭可以说明召开庭前会议的情况,说明控辩双方对有关证据材料的意见,对双方均无异议的材料,可再次询问是否有补充意见,如仍无异议,则可当庭确认。

(4)庭前会议的权责。庭前会议是为确保庭审程序的顺利和高效进行而设置的协商程序,是审判的预备、准备程序,而非审判程序本身。从庭前会议设置的目的来看,庭前会议是为确保庭审程序的顺利和高效进行而设置的,并非查明案件事实。因此,庭前会议主要是程序性审查,即围绕回避、出庭证人名单、非法证据排除等与审判相关的问题,了解情况和听取意见。庭前会议不对被告人有罪与否、罪轻罪重予以评判,因为这是开庭审判所需要解决的问题。而且,庭前会议只能了解情况和听取意见,法院不能在庭前会议中对回避、出庭证人名单、非法证据排除等程序性事项作出裁定、决定。对于庭前会议达成的共识,也不具有法律效力。但是,对于双方在庭前会议中提出的意见和问题,能够在庭前解决的,应当尽量在庭前解决,以免影响庭审的正常进行。例如,辩护人对合议庭成员提出回避请求,经审查于法有据的,就应当及时更换审判人员;辩护人对某一证据的合法性提出疑问的,公诉人可以当场予以说明、解释,甚至播放录音录像,以消除辩护人的误解或者由公诉人撤回相关证据材料;等等。总之,通过庭前会议,尽量使控辩双方对程序事项的意见分歧解决在庭前。

4. 宣布开庭与法庭调查

《解释》第九章第二节"宣布开庭与法庭审理"根据刑事诉讼法的相关规定,结合司法实务,对开庭、法庭调查的相关问题作了具体规定。司法实践中需要着重把握以下问题:

(1)开庭前查明被告人情况

从审判实践来看,部分案件被告人众多,审判长在开庭后一一查明被告人的情况,占用庭审的时间较长,影响了法庭审理效率。因此,《解释》第一百九十条第二款增加规定:"被告人较多的,可以在开庭前查明上述情况,但开庭时审判长应当作出说明。"据此,对于被告人众多的案件,审判长或者受审判长委托的其他审判人员、书记员可以在开庭前先核实被告人的情况,开庭传被告人到庭后,审判长当庭说明已在庭前核实被告人情况,不再当庭查明。但是,被告人有异议的,仍然应当由审判长当庭对被告人的情况予以查明。

(2)传唤同案被告人等到庭对质

根据《解释》第一百九十九条的规定,讯问同案审理的被告人,应当分别进行。必要时,可以传唤同案被告人等到庭对质。实践中有许多因多种原因分案处理的案件,如毒品犯罪的上下线,聚众斗殴案件的双方等,被告人是非共同犯罪中的同案犯,在同一庭审中对质有利于查明真相,法庭可以依据上述规定传唤到庭对质。此外,还有意见建议赋予当事人、被告人的辩护人要求同案被告人当庭对质的启动权,有利于更好地发现事实真相,提高审判质量。经研究认为,实践中,当事人及辩护人可以提出申请,由合议庭判断是否必要,可不作出明确规定。

(3)控辩双方申请证人出庭作证或者出示证据

《1998年解释》第一百三十九条规定,控辩双方申请证人出庭作证,出示证据,由审判长直接决定是否准许出示。从诉讼法理角度而言,从1996年刑事诉讼法施行后，刑事诉讼逐渐走向法官中立、控辩双方主动，在此背景下，由审判长主动制止控辩双方出示证据，似不符合这一趋势。在庭审实践中，审判长主动制止控辩双方举证，特别是制止辩方举证，容易引发对立情绪，甚至矛盾冲突。基于上述考虑，《解释》第二百零三条予以调整，将不予准许控辩双方申请证人出庭作证或者出示证据的，增加了“对方提出异议”的前提限制。

(4)出示新的证据

根据《解释》第二百二十一条的规定，需要注意以下问题：①公诉人申请出示开庭前未移送人民法院的证据，辩护方提出异议的，审判长应当要求公诉人说明理由，理由成立并确有出示必要的，应当准许。②辩护方提出需要对新的证据作辩护准备的，法庭可以宣布休庭，并根据情况确定辩护方作必要准备的时间。确定的时间期满后，应当继续开庭审理。③辩护方申请出示开庭前未提交的证据，参照适用前述的规定。

5. 证人出庭

《解释》第二百零五条、第二百零六条规定，公诉人、当事人或者辩护人、诉讼代理人对证人证言有异议，且该证人证言对案件定罪量刑有重大影响，申请法庭通知证人出庭作证，人民法院认为有必要的，应当通知证人出庭。证人具有下列情形之一，无法出庭作证的，人民法院可以准许其不出庭：(1)在庭审期间身患严重疾病或者行动极为不便的；(2)居所远离开庭地点且交通极为不便的；(3)身处国外短期无法回国的；(4)有其他客观原因，确实无法出庭的。具有上述情形的，可以通过视频等方式作证。需要注意的是，证人通过视频等方式作证的，应当特别注意保障对方的质证权。

6. 强制证人出庭

刑事诉讼法第一百八十八条第一款规定：“经人民法院通知，证人没有正当理由不出庭作证的，人民法院可以强制其到庭，但是被告人的配偶、父母、子女除外。”适用中应注意：

(1)慎用强制证人出庭措施。对证人因种种原因逃避出庭的，应尽量通过说服教育解决问题，动用强制到庭措施必须慎重。

(2)强制的具体方法。对于应当强制到庭的证人，具体应当适用何种措施强制其到庭，刑事诉讼法第一百八十八条第一款未作明确规定。《解释》第二百零八条规定：“强制证人出庭的，应当由院长签发强制证人出庭令。”强制证人出庭令既可以由司法警察执行，也可以由人民法院其他工作人员执行，执行人员不得少于二人。

(3)地方人民法院对军人身份的证人、军事法院对地方证人强制出庭的处理。

从当前的司法实际出发，地方人民法院对军人身份的证人强制出庭的，宜委托其所在单位的案件管辖军事法院执行。军事法院对地方证人强制出庭的，宜委托地方证人居住地的人民法院执行。

（4）被告人的配偶、父母、子女仍有庭外作证义务。被告人的配偶、父母、子女虽然不能被强制出庭作证，但其仍然有庭外作证的义务。因此，不能将此解读为我国确立了被告人配偶、父母、子女的免证权。

（5）强制出庭的适用范围。强制出庭只适用于证人，不能强制被害人、鉴定人等出庭作证。

7.证人作证保障

《解释》第二百零七条规定："证人出庭作证所支出的交通、住宿、就餐等费用，人民法院应当给予补助。"具体补助标准，有待专门文件加以规定。需要注意的是，对于鉴定人因履行作证义务而支出的交通、住宿、就餐等费用不应当给予补助。此外，有专门知识的人出庭而支出的交通、住宿、就餐等费用也不应当给予补助，而应当由申请方承担相应的费用。

8.证人、鉴定人、被害人保护

根据刑事诉讼法第六十二条的规定，《解释》第二百零九条等条款对证人、鉴定人、被害人保护的问题作了相应规定。对于这一制度的理解和适用要注意把握以下内容：

（1）"对人身和住宅采取专门性保护措施"的执行机关。人民法院在审判期间，认为有必要对证人、鉴定人、被害人等的人身和住宅采取专门性保护措施的，应当协调、送交公安机关负责执行。

（2）证人、鉴定人、被害人申请保护的时间。证人、鉴定人、被害人在到庭后才提出保护请求，势必打乱开庭安排，也不利于对上述人员的有效保护。接到人民法院出庭通知的证人、鉴定人、被害人根据刑事诉讼法第六十二条的规定请求人民法院采取保护措施的，一般应当在开庭前向人民法院提出。符合条件的，人民法院应当采取保护措施。人民检察院、公安机关在开庭以前已对证人、鉴定人、被害人或者其近亲属采取保护措施的，应当及时通知人民法院。

（3）保护措施的具体内容。刑事诉讼法第六十二条第一款对保护措施的具体内容作了详细规定。需要注意的是，"不公开真实姓名、住址和工作单位等个人信息"的保护措施在刑事诉讼的侦查、审查起诉和审判等各阶段均可采用，即隐匿证人、鉴定人、被害人的真实姓名等个人信息，使用化名，以对上述人员进行隐名保护。《关于实施刑事诉讼法若干问题的规定》第十二条规定，"人民法院、人民检察院和公安机关依法决定不公开证人、鉴定人、被害人的真实姓名、住址和工作单位等个人信息的,可以在判决书、裁定书、起诉书、询问笔录等法律文书、证据材料中使用化名等代替证人、鉴定人、被害人的个人信息。但是,应当书面说明使用化名的情况并标明密级,单独成卷。辩护律师经法庭许可,查阅对证人、鉴定人、被害人使用化名情况的,应当签署保密承诺书”。《解释》第二百一十条也作了相应规定。需要注意的是,依法决定对出庭作证的证人、鉴定人采取“不公开真实姓名、住址和工作单位等个人信息”的保护措施的,证人、鉴定人在作证前,应当在如实作证的保证书上使用真名签名,而不得使用化名签名。当然,该保证书应当单独成卷或者列入副卷。

9. 有专门知识的人出庭

引入有专门知识的人制度,在法庭审理过程中由有专门知识的人对鉴定人作出的鉴定意见提出意见,实现有专门知识的人与鉴定人的对抗,是此次刑事诉讼法修改的一大亮点。根据刑事诉讼法和《解释》的相关规定,司法实践中适用有专门知识的人出庭制度,应当注意以下几个问题:

(1)有专门知识的人是否需要具备鉴定人资格。经研究认为,相当多的有专门知识的人,如科研单位的研究人员、大学教授、医生等,由于其不专门从事鉴定业务,往往并未申请鉴定人资格,但其学识、能力、水平可以胜任出庭就相关专门问题提出意见。而要求出庭的有专门知识的人必须具有鉴定人资格,不当地限制了有专门知识的人的范围,不利于讼争专业问题的解决,不符合立法目的。因此,《解释》第二百一十七条并未将有专门知识的人的范围限于具有司法鉴定资格的人员,实践中教授、医生、工程师、会计师等都可以作为有专门知识的人出庭。

(2)申请有专门知识的人出庭的主体和程序。根据刑事诉讼法第一百九十二条第二款的规定,申请有专门知识的人出庭的主体包括公诉人、当事人和辩护人、诉讼代理人。《解释》第二百一十七条第一款则进一步明确了申请程序,规定:“公诉人、当事人及其辩护人、诉讼代理人申请法庭通知有专门知识的人出庭,就鉴定意见提出意见的,应当说明理由。法庭认为有必要的,应当通知有专门知识的人出庭。”需要注意的是,如前所述,有专门知识的人不限于具有司法鉴定资格的人员,但这并不意味着人民法院对被申请出庭的人员不需要审查是否具有专门知识。因经审查有关人员确实不具有专门知识,无法就鉴定意见提出意见,则无必要通知其出庭。

(3)有专门知识的人出庭的人数限制。为保证庭审活动顺利、集中进行,《解释》第二百一十七条第二款对有专门知识的人出庭人数作了适当限制。通常情况下,控辩一方申请有专门知识的人出庭,不得超过二人。案件的鉴定意见涉及多个不同类别的鉴定事项的,可以相应增加人员。需要说明的是,这只是对出庭的有专门知识的人的人数限制，控辩各方聘请的其他有专门知识的人可以在庭外提供辅助，这不受前述的人数限制。控辩双方共同申请法庭通知同一名有专门知识的人出庭的，有利于控辩双方对讼争专业问题和相关鉴定意见达成一致认识，故应当予以鼓励。

(4)有专门知识的人在法庭中的位置的问题。关于有专门知识的人在法庭中的位置设置问题，《解释》未作规定，留待实践一段时间后，再视情况予以明确。如前所述，有专门知识的人出庭是就鉴定人作出的鉴定意见提出意见，辅助控辩一方就鉴定意见完成质证程序。因此，我们的倾向性意见是，可以在鉴定人席旁边设有专门知识的人席位，无论控辩何方申请通知出庭的有专门知识的人都在此就坐，以实现其辅助一方的功能。

(5)有专门知识的人就鉴定意见提出的意见的性质。有专门知识的人就鉴定意见提出的意见不是鉴定意见，不属于证据。有专门知识的人实际上是代表控辩双方发表意见，法院可以将其意见视为控辩双方的意见。

10.庭外调查核实证据

根据刑事诉讼法第一百九十一条的规定，法庭审理过程中对"证据有疑问的"，合议庭可以宣布休庭，对证据进行调查核实。为进一步贯彻立法的这一原则规定，《解释》第二百二十条及相关规定从庭外调查权的启动、调查方式、证据采信等方面对刑事诉讼法的规定作了具有可操作的具体规定。具体而言：

(1)法庭在案件审理过程中，法庭对证据有疑问的，首先可以告知公诉人、当事人及其法定代理人、辩护人、诉讼代理人补充证据或者作出说明，而非径直启动庭外调查核实程序。如果法庭对于证据有疑问，可以通过要求公诉人、当事人和辩护人、诉讼代理人补充证据或者作出说明的方式消除疑问，查证核实证据的，则没有必要启动庭外调查核实程序。

(2)根据《解释》第六十六条第一款的规定，法庭庭外调查核实证据，必要时，可以通知检察人员、辩护人、自诉人及其法定代理人到场。上述人员未到场的，应当记录在案。

(3)对公诉人、当事人及其法定代理人、辩护人、诉讼代理人补充的和法庭庭外调查核实取得的证据的查证方式。从司法实践来看，很多情况下控辩双方开庭后又陆续收集了一些证据，对这些证据控辩双方实际上并无异议，如果仍要通过开庭程序予以查证属实，则会导致司法资源浪费，诉讼也可能会无限拖延。而且，这些证据材料大多系自首、坦白、立功等对被告人有利的证据材料或者不独立存在但能增强法官内心确信的补强性证据材料。因此，《解释》第二百二十条第二款规定，对于上述证据材料，经庭外征求意见，控辩双方没有异议的，不再当庭质证。

顺带提及的是，对于控辩双方申请法院调取的证据，以及法院依职权调取的证据，需要当庭举证、质证的，实践中举证方式五花八门，有在法庭出示证据，控辩双方质证的；也有控辩双方一方出示，另一方质证的。我们认为，通常可以采取如下方式：对于人民法院依照上述规定调取的证据，不应当移送控辩一方，但应当及时通知检察人员、辩护人、自诉人及其法定代理人查阅、摘抄、复制。而且，对于人民法院依据上述规定调取的证据，开庭审理时，出庭的检察人员和辩护人认为需要出示的，可以向法庭提出申请。

11. 补充证据引发的延期审理

根据刑事诉讼法第一百九十八条的规定，《解释》第二百二十二条专门规定："法庭审理过程中，当事人及其辩护人、诉讼代理人申请通知新的证人到庭，调取新的证据，申请重新鉴定或者勘验的，应当提供证人的姓名、证据的存放地点，说明拟证明的案件事实，要求重新鉴定或者勘验的理由。法庭认为有必要的，应当同意，并宣布延期审理；不同意的，应当说明理由并继续审理。"

关于此种情形下延期审理的时间，《1998 年解释》第一百五十六条第二款规定："依照前款规定延期审理的时间不得超过一个月，延期审理的时间不计入审限。"刑事诉讼法没有规定延期审理的期限不计入审理期限，由司法解释规定不计入审理期限不妥，因此，删除了上述规定，这一期限应当计入审理期限。当然，根据《解释》第二百二十二条的规定，延期审理的案件，符合刑事诉讼法第二百零二条第一款规定的，可以报请上级人民法院批准延长审理期限。从实践来看，由于证据原因需要延期审理的案件，通常可以认为是"犯罪涉及面广，取证困难的重大复杂案件"，可以依照刑事诉讼法第二百零二条的规定经上一级人民法院批准延长三个月；因特殊情况还需要延长的，报请最高人民法院批准。

12. 补充侦查引发的延期审理

根据刑事诉讼法第一百九十八条的规定，《解释》第二百二十三条第一款规定：审判期间，公诉人发现案件需要补充侦查，建议延期审理的，合议庭应当同意，但建议延期审理不得超过两次。

为了明确补充侦查所获得证据材料的移送和辩护方的查阅问题，《解释》第二百二十三条第二款专门规定：人民检察院将补充收集的证据移送人民法院的，人民法院应当通知辩护人、诉讼代理人查阅、摘抄、复制。

为了避免此种情形下延期审理的无限延期，刑事诉讼法第一百九十九条规定，根据检察人员补充侦查建议决定延期审理的案件，人民检察院应当在一个月以内补充侦查完毕。但是，司法实践中存在人民检察院未及时提请人民法院恢复法庭审理，导致此种情形下延期审理的无限延期现象。因此，《1998 年解释》第一百五十七条第二款专门规定:"法庭宣布延期审理后,人民检察院在补充侦查的期限内没有提请人民法院恢复法庭审理的,人民法院应当决定按人民检察院撤诉处理。"《解释》第二百二十三条第三款,经综合有关方面的意见,对上述规定予以保留并作适当调整,规定:补充侦查期限届满后,经法庭通知,人民检察院未将案件移送人民法院,且未说明原因的,人民法院可以决定按人民检察院撤诉处理。

13. 普通程序简化审为提高审理刑事案件的质量和效率,2002年最高人民法院联合最高人民检察院、司法部制定了《关于适用普通程序审理"被告人认罪案件"的若干意见(试行)》(以下简称《意见》),规定对被告人对被指控的基本犯罪事实无异议,并自愿认罪的第一审公诉案件,可以适当简化审理程序。此次刑事诉讼法修改,扩大简易程序适用范围后,有的同志对能否继续沿用《意见》规定存在疑惑。经研究,我们认为,只要是被告人认罪的案件,包括可能判处无期徒刑、死刑的案件,即便按照普通程序审理,其审理程序也可以作适当简化。有鉴于此,《解释》第二百二十七条吸收了《意见》的精神,规定:"对被告人认罪的案件,在确认被告人了解起诉书指控的犯罪事实和罪名,自愿认罪且知悉认罪的法律后果后,法庭调查可以主要围绕量刑和其他有争议的问题进行。对被告人不认罪或者辩护人作无罪辩护的案件,法庭调查应当在查明定罪事实的基础上,查明有关量刑事实。"

14. 法庭辩论

《解释》第二百三十三条规定:"法庭辩论过程中,审判长应当充分听取控辩双方的意见,对控辩双方与案件无关、重复或者指责对方的发言应当提醒、制止。"与《1998年解释》第一百六十三条相比,主要在《1998年解释》规定的"制止"措施之前增加了"提醒"的方式,旨在使审判长进一步提高驾驭庭审的技巧和方法,避免造成被制止方与审判人员的对立,保证庭审顺利进行。起草《解释》过程中,有意见提出,从审判实践来看,个别案件中控辩双方发言过于冗长,不利于法庭审理的顺利进行,建议将控辩双方过于冗长的发言也列入审判长应当提醒、制止的对象范围。研究认为,过于冗长的发言不必然是无关、重复的发言,如果没有无关、重复,审判长不能仅仅因为发言长而制止。因此,对于过于冗长的发言,要么可以纳入"无关、重复的发言",要么则属于应当允许发言的情形。

15. 判决认定罪名与指控罪名不一致的问题

人民法院通过审理认定的罪名与指控的罪名不一致的,应当按照审理认定的罪名作出有罪判决。需要注意的是,由于法庭审理是围绕指控的罪名进行,特别是控辩双方主要围绕指控的罪名能否成立开展辩论,因此,人民法院作出与指控的罪名不一致的有罪判决的,应当设法保障被告方的辩护权。基于这一考虑,《解释》第二百四十一条第二款专门增加规定:"具有前款第二项规定情形的,人民法院应当在判决前听取控辩双方的意见,保障被告人、辩护人充分行使辩护权。必要时,可以重新开庭,组织控辩双方围绕被告人的行为构成何罪进行辩论。”审判实践中,人民法院拟根据审判认定的罪名作出有罪判决前,应当采取多种方式就变更罪名问题听取控辩双方的意见,既可以召集控辩双方在庭外共同听取意见,也可以在庭外分别听取控辩双方的意见。根据案件的具体情况,在案件社会影响较大、拟认定的罪名重于指控罪名等“必要时”,可以重新开庭,组织控辩双方围绕罪名确定问题进行辩论。

16. 裁判文书

裁判文书是刑事诉讼中最为重要的法律文书,必须严格按照规定的格式和要求制作、送达。实践中有以下几个问题值得注意:

(1)裁判文书的说理问题。针对当前裁判文书说理不够的问题,《解释》第二百四十六条规定:裁判文书应当写明裁判依据,阐释裁判理由,反映控辩双方的意见并说明采纳或者不予采纳的理由。

(2)根据《解释》第二百四十四条的规定,对依照《解释》第一百八十一条第一款第四项规定受理的案件,人民法院应当在判决中写明被告人曾被人民检察院提起公诉,因证据不足,指控的犯罪不能成立,被人民法院依法判决宣告无罪的情况;前案依照刑事诉讼法第一百九十五条第三项规定作出的判决不予撤销。具体可以表述为:“被告人×××曾于×年×月×日被××人民检察院以××罪向××人民法院提起公诉。因证据不足,指控的犯罪不能成立,被××人民法院依法判决宣告无罪。”

(3)判决书的送达。《解释》根据刑事诉讼法的规定,不再将被告人的近亲属列为判决书应当送达对象,是否送达,由人民法院根据案件具体情况处理。

(4)宣告判决。《1998 年解释》第一百八十三条第二款规定:“宣告判决时,法庭内全体人员应当起立。”审判实践中,各地法院宣告判决时,何时全体起立不一致,有必要统一全体起立的时间。因此,《解释》第二百四十八条第二款进一步将起立时间明确为“宣告判决结果时”。

17. 建议人民检察院补充或者变更起诉的问题

《解释》第二百四十三条规定:“审判期间,人民法院发现新的事实,可能影响定罪的,可以建议人民检察院补充或者变更起诉;人民检察院不同意或者在七日内未回复意见的,人民法院应当就起诉指控的犯罪事实,依照本解释第二百四十一条的规定作出判决、裁定。”与《1998 年解释》第一百七十八条的规定不同,这里规定了人民检察院回复的时间,旨在防止人民检察院对人民法院的建议久拖不决的情况。

从司法实践来看,人民检察院通常无法在七日内作出是否补充或者变更起诉的决定,往往需要通过补充侦查后才能作出相应决定。而且,补充起诉或变更起诉,相当于一次全新起诉,需要重新组织开庭。因此,在此种情形下,人民法院宜协调人民检察院作出建议补充侦查的回复,从而在案件重新移送人民法院后重新计算审理期限,有效避免此种情况下案件审理期限不够的问题。

18.法庭纪律

《解释》在《人民法院法庭规则》和《1998年解释》相关规定的基础上,根据司法实践中出现的新情况、新问题,对刑事案件法庭纪律作出了新的规定。

(1)法庭纪律

《解释》第二百四十九条对刑事案件法庭审理过程中诉讼参与人、旁听人员应当遵守的法庭纪律作出统一规定。特别是根据司法实践中的新情况,专门规定"不得对庭审活动进行录音、录像、摄影,或者通过发送邮件、博客、微博客等方式传播庭审情况,但经人民法院许可的新闻记者除外"。之所以规定未经许可不得传播庭审情况,主要考虑到实践中,个别诉讼参与人当庭利用电脑、手机等"直播"庭审情况,试图引发舆论关注、炒作,制造"舆论压力",这显然干扰了人民法院依法独立、公正审判;诉讼参与人不专注庭审,无疑也有违职业道德,有损当事人的合法权益。考虑到新闻记者经常在法庭审理过程中需要使用录音、录像、摄像或者通过其他方式报道庭审活动,故特别规定"但经人民法院许可的新闻记者除外"。

司法实践中,部分辩护律师等诉讼参与人经常需要携带笔记本电脑、平板电脑等进入法庭,以进行法规查询等工作。这些笔记本电脑、平板电脑等是办案工具,应当允许诉讼参与人带入法庭。但是,这些电子设备也具有录音、录像、摄影或者发送邮件、博客、微博客等功能,诉讼参与人不得使用其对庭审活动进行录音、录像、摄像,或者通过发送邮件、博客、微博客等方式传播庭审情况。

(2)违反法庭纪律的处理

《解释》根据刑事诉讼法的相关规定,结合司法实践的具体情况,第二百五十条至第二百五十三条对违反法庭纪律行为的处理作出了相应规定。需要特别注意的是:①未经许可录音、录像、摄影或者通过邮件、博客、微博客等方式传播庭审情况的,可以暂扣存储介质或者相关设备。这主要是考虑到诉讼参与人、旁听人员未经许可录音、录像、摄影和通过邮件、博客、微博客等方式报道庭审活动的,对其仅仅警告制止并进行训诫,尚不足以防止妨碍庭审顺利进行的后果发生,如未经许可将相关录音、录像、摄影资料带出法庭。因此,专门规定可以暂扣存储介质或者相关设备。司法实践中,应当对暂扣的存储介质或者相关设备进行相应的技术处理(并非简单的删除)后,在确保不发生进一步危害后果的前提下退还。②《解释》第二百五十一条规定:"担任辩护人、诉讼代理人的律师严重扰乱法庭秩序,被强行带出法庭或者被处以罚款、拘留的,人民法院应当通报司法行政机关,并可以建议依法给予相应处罚。"③根据《解释》第二百五十条的规定,辩护人严重违反法庭纪律,可能被强行带出法庭或者被处以罚款、拘留。在此种情况下,如何保障被告人的辩护权的有效行使和庭审活动的顺利进行,是亟待解决的问题。根据《解释》第二百五十三条的规定:辩护人严重扰乱法庭秩序,被强行带出法庭或者被处以罚款、拘留,被告人自行辩护的,应当准许,庭审继续进行;被告人要求另行委托辩护人,或者被告人属于应当提供法律援助情形的,应当宣布休庭,由被告人重新委托律师或者由人民法院另行通知法律援助机构指派律师。原辩护人不得继续担任辩护人。

19. 当庭拒绝辩护的处理

《解释》第二百五十四条至第二百五十六条对被告人当庭拒绝辩护人辩护、辩护人当庭拒绝为被告人辩护的有关问题作了规定。具体而言:

(1)被告人当庭拒绝辩护人为其辩护的,区分情况处理:被告人当庭拒绝辩护人辩护,要求另行委托辩护人或者指派律师的,合议庭应当准许。被告人拒绝辩护人辩护后,没有辩护人(被告人只委托有一名辩护人,或者同时拒绝两名辩护人为其辩护)的,应当宣布休庭,择日开庭;仍有辩护人(被告人委托有两名辩护人,只拒绝其中一名辩护人为其辩护)的,仍然可以保障其辩护权,庭审可以继续进行。

(2)对于有多名被告人的案件,部分被告人拒绝辩护人辩护的,确立如下处理原则:部分被告人拒绝辩护人辩护后,没有辩护人的,根据案件情况,可以对该被告人另案处理,对其他被告人的庭审继续进行。

(3)重新开庭后,被告人再次当庭拒绝辩护人辩护的,可以准许,但被告人不得再次另行委托辩护人或者要求另行指派律师,由其自行辩护。被告人属于应当提供法律援助的情形,重新开庭后再次当庭拒绝辩护人辩护的,不予准许。

(4)法庭审理过程中,辩护人拒绝为被告人辩护的,应当准许;是否继续庭审,参照适用上述规定。

(5)依照前述规定另行委托辩护人或者指派律师的,自案件宣布休庭之日起至第十五日止,由辩护人准备辩护,但被告人及其辩护人自愿缩短时间的除外。需要注意的是,与《1998 年解释》规定不同,此种情形下应当是"宣布休庭",而非"宣布延期审理",且准备辩护的时间应当计入审理期限。

20. 共同犯罪案件的中止审理

根据《解释》第二百五十七条的规定,对于共同犯罪案件部分被告人出现法定中止审理情形,是否需要全案中止审理,应区分情况处理:

(1)原则上,对于全案应当中止审理。因为如果部分被告人患有严重疾病,无法出庭的,如只对该被告人中止审理,而对其他被告人的审理继续进行,可能会影响到该被告人的合法权益,导致由于其未出席法庭审理而遭致不利。

(2)根据案件情况,也可以对该被告人中止审理,对其他被告人继续审理。所谓"根据案件情况"应具体把握,如果共同犯罪案件因为中止审理的被告人身体情况等原因可能导致审判拖延较长时间,超过了法定的审理期限,也可以针对该被告人中止审理,其他被告人的审理工作继续进行。这种情况,可以视同其没有到案的情形处理。此外,如果部分被告人脱逃的,也可以对该被告人中止审理,而对于其他被告人的审理继续进行。

(3)对部分被告人中止审理的,可以根据案件具体情况另案处理。具体操作方法举例如下:人民检察院对五名共同犯罪人一起起诉,审理过程中,有一名被告人重病或者脱逃,人民法院可以对其他四名被告人继续审理,作出判决。而对该名被告人的审理另案进行,单独作出判决。在此过程中,不需要人民检察院重新起诉或者变更起诉,人民法院可作出两份判决,两份判决可标为同一案号,但区分为"-1"、"-2"。

(十)自诉案件第一审程序

关于自诉案件审理程序,此次刑事诉讼法修改,除增加规定审理期限外,其余未作修改。《解释》第十章"自诉案件的第一审程序"在吸收《1998年解释》有关规定的基础上,根据司法实践的具体情况,对部分条文作了修改完善。

1.自诉案件的审查受理

自诉人提起自诉后,人民法院对自诉案件进行审查,符合自诉案件受理条件的,才予以受理和进行审判。对于自诉案件的受理,应当注意以下几点:

(1)自诉案件的不予受理。由于刑事诉讼法及有关司法解释没有明确规定对自诉案件是否可作出不予受理的裁定,实践中存在认识分歧,做法不一。有鉴于此,《解释》第二百六十三条第二款的规定,经审查,具有所列情形之一的,应当说服自诉人撤回起诉;自诉人不撤回的,裁定不予受理。

关于《解释》第二百六十三条第二款规定的应当说服自诉人撤回起诉或者裁定不予受理的情形,需要注意的是"缺乏罪证"的问题。《1998年解释》对此问题的表述为"证据不充分",《解释》将表述调整为与立法一致,采用了"缺乏罪证"的表述。需要注意的是,"缺乏罪证",既包括没有证据,也包括证据不充分。

(2)自诉案件不予受理或者驳回起诉裁定的上诉和处理。借鉴了《最高人民法院关于适用〈中华人民共和国民事诉讼法〉若干问题的意见》第一百八十七条"第二审人民法院查明第一审人民法院作出的不予受理裁定有错误的,应在撤销原裁定的同时,指令第一审人民法院立案受理;查明第一审人民法院作出的驳回起诉裁定有错误的，应在撤销原裁定的同时，指令第一审人民法院进行审理”的规定，《解释》第二百六十五条对自诉案件不予受理或者驳回起诉裁定的上诉和处理作了规定。自诉人对不予受理或者驳回起诉的裁定不服的，理所当然应当赋予其上诉的权利。而且，由于第一审人民法院没有作出实体判决，因此，第二审人民法院查明第一审人民法院作出的不予受理裁定有错误的，应当在撤销原裁定的同时，指令第一审人民法院立案受理；查明第一审人民法院驳回起诉裁定有错误的，应当在撤销原裁定的同时，指令第一审人民法院进行审理。

(3)对部分侵害人提起自诉和部分被害人自诉的处理。关于对部分侵害人提起自诉和部分被害人自诉的处理问题，《解释》第二百六十六条专门作了规定，由于该条涉及限制当事人的权利，新增了人民法院释明相关法律后果的规定。

2. 人民法院调取自诉案件证据

《1998年解释》第一百九十五条规定：“人民法院受理自诉案件后，对于当事人因客观原因不能取得并提供有关证据而申请人民法院调取证据，人民法院认为必要的，可以依法调取。”根据这一规定，只有人民法院受理自诉案件后，才能在必要时依法调取当事人因客观原因不能取得的证据。《解释》第二百六十八条在《1998年解释》第一百九十五条的规定基础上，吸收《关于办理侵犯知识产权刑事案件适用法律若干问题的意见》的相关规定，明确：“自诉案件当事人因客观原因不能取得的证据，申请人民法院调取的，应当说明理由，并提供相关线索或者材料。人民法院认为有必要的，应当及时调取。”对于这一规定，有两个问题值得注意：(1)人民法院依当事人申请调取证据不再限于受理自诉案件后，当事人在提起自诉时即可申请人民法院调取因客观原因不能取得的证据。这有助于解决自诉人收集证据能力差的问题，有利于维护当事人的合法权益。(2)自诉案件的当事人申请人民法院调取的证据限于“因客观原因不能取得的证据”，且应当说明理由，并提供相关线索或者材料，以避免当事人滥用这一条款。

3. 自诉案件的审理

《解释》第二百七十条第一款规定：“自诉案件，符合简易程序适用条件的，可以适用简易程序审理。”因此，对于受理的告诉才处理的案件和被告人有证据证明的轻微刑事案件，案件事实清楚、证据确实充分，被告人承认自己所犯罪行，对自诉书指控的犯罪事实没有异议，且对适用简易程序没有异议的，人民法院可以适用简易程序审判。但是，对于被害人有证据证明对被告人侵犯自己人身、财产权利的行为应当依法追究刑事责任，而公安机关或者人民检察院不予追究被告人刑事责任的案件，通常难以符合简易程序的适用条件，不宜适用简易程序审理。根据《解释》第二百七十条第二款的规定，不适用简易程序审理的自诉案件，参照适用公诉案件第一审普通程序的有关规定。

根据《解释》第二百六十七条的规定,被告人实施的两个以上的犯罪行为,分别属于公诉案件和自诉案件的,人民法院可以在审理公诉案件时,对自诉案件一并审理。也就是说,对被告人实施了分别属于公诉案件和自诉案件的两个以上的犯罪行为的,对上述案件可以并案审理,即将自诉案件并入公诉案件一并审理。需要注意的是,此种情况下自诉案件虽然被并入公诉案件一并审理,但对自诉案件的处理仍然适用自诉案件的相关规定,当事人享有自诉案件规定的相应诉讼权利,如自诉案件的被告人可以针对自诉人提出反诉等。实践中不能因为自诉案件被并入公诉案件一并审理,就对自诉案件也适用公诉案件的相关规定,无视自诉案件的特殊规定。

人民法院对于决定受理的自诉案件,无论适用简易程序还是普通程序,都应当开庭审理。《解释》第二百六十九条规定:“对犯罪事实清楚,有足够证据的自诉案件,应当开庭审理。”因此,具有《解释》第二百六十四条规定的情形,自诉人未撤回起诉的,人民法院应当在开庭审理后驳回起诉。

4. 自诉案件的结案方式

刑事诉讼法第二百零六条第一款规定:“人民法院对自诉案件,可以进行调解;自诉人在宣告判决前,可以同被告人自行和解或者撤回自诉。本法第二百零四条第三项规定的案件不适用调解。”根据这一规定,《解释》对自诉案件的结案方式作出了进一步明确规定。具体而言包括:

(1)调解。根据《解释》第二百七十一条的规定,人民法院审理自诉案件,可以在查明事实、分清是非的基础上,根据自愿、合法的原则进行调解。自诉案件刑事调解书应当明确“自诉人××自愿放弃对被告人××的指控”。因此,同和解一样,自诉案件调解结案的,对被告人也不追究刑事责任。需要注意的是,对于被害人有证据证明对被告人侵犯自己人身、财产权利的行为应当依法追究刑事责任,而公安机关或者人民检察院不予追究被告人刑事责任的案件,不适用调解。

(2)和解。《1998年解释》第一百九十七条只是明确规定对告诉才处理和被害人有证据证明的轻微刑事案件,自诉人在宣告判决前可以同被告人自行和解。经研究认为,在此次刑事诉讼法修改,允许对部分公诉案件进行和解的背景下,仍然将和解限制在告诉才处理和被害人有证据证明的轻微刑事案件,不利于充分发挥和解最大限度化解社会矛盾的功能。因此,《解释》第二百七十二条第一款规定:“判决宣告前,自诉案件的当事人可以自行和解,自诉人可以撤回自诉。”据此,对于所有的自诉案件,包括公诉转自诉案件,当事人都可以和解。而且,自诉案件的当事人和解不同于刑事诉讼法第五编第二章“当事人和解的公诉案件诉讼程序”,不受其关于案件范围等规定的限制。

(3)撤回自诉。提起自诉是自诉人的诉讼权利,自诉人在宣告判决前可以撤回起诉。但是,根据《解释》第二百七十二条第二款的规定,人民法院对于自诉人撤回自诉,不应当仅仅是消极允许,而应当积极审查,以防止自诉人由于被告人及相关人员强迫、威吓而撤回自诉,确保自诉人撤回自诉的自愿性。与和解相同,《1998年解释》未明确对于被害人有证据证明对被告人侵犯自己人身、财产权利的行为应当依法追究刑事责任,而公安机关或者人民检察院不予追究被告人刑事责任的案件,自诉人可以撤回自诉。基于同样的考虑,《解释》第二百七十二条第一款规定,对于所有自诉案件,自诉人在宣告判决前可以撤回起诉。此外,根据《解释》第二百七十四条的规定,自诉人经两次传唤,无正当理由拒不到庭,或者未经法庭准许中途退庭的,人民法院应当裁定[①]按撤诉处理。

(4)判决。对于未能以调解、撤回自诉结案的自诉案件,应当参照刑事诉讼法第一百九十五条和《解释》第二百四十一条的有关规定作出判决。对依法宣告无罪的案件,其附带民事部分应当依法进行调解或者一并作出判决。

5. 自诉案件的审理期限

此次刑事诉讼法修改,增加了关于人民法院审理自诉案件的期限的规定。刑事诉讼法第二百零六条第二款规定:"人民法院审理自诉案件的期限,被告人被羁押的,适用本法第二百零二条第一款、第二款的规定;未被羁押的,应当在受理后六个月以内宣判。"由于自诉案件受理的前提条件之一是"有明确的被告人、具体的诉讼请求和能证明被告人犯罪事实的证据",故证据充分、案件事实相对清楚,从提高审判效率、切实保护当事人合法权益的角度出发,审理自诉案件一般不应申请延长审理期限。对于适用简易程序审理的自诉案件,审理期限应当适用何规定,讨论中存在不同看法。有意见认为,对于适用简易程序审理的自诉案件,审理期限应当适用刑事诉讼法第二百一十四条的规定,即人民法院应当在受理后二十日以内审结;对可能判处的有期徒刑超过三年的,可以延长至一个半月。经认真研究,我们认为,适用简易程序审理的自诉案件也应当适用公诉案件普通审限的规定,不应当适用公诉案件简易程序较短审限的规定。主要考虑如下:与公诉案件移送到法院前公诉机关已收集好相关证据不同,不少自诉案件都是案件起诉到法院后申请人民法院调取证据,因此,人民法院需要适用较长的审限,以更好地调取相关证据、查明案件事实。正是基于上述考虑,立法对自诉案件设置了较长的审理期限。对于适

① 在征求意见过程中,有意见提出,根据司法实践中对裁定的使用情形,建议将《1998年解释》第二百六十七条第一款中的"应当决定按自诉人撤诉处理"修改为"应当裁定按自诉人撤诉处理"。经研究认为,此种情形下使用裁定的方式确实更为合适,采纳上述意见。

用简易程序审理的自诉案件亦是如此，不能直接适用公诉案件简易程序的审限，以更好地贯彻立法精神，更为准确地定罪量刑，维护当事人的权益。

（十一）单位犯罪案件的审理

此次刑事诉讼法修改，虽然对审判程序作了诸多修改，但仍然未对单位犯罪案件的审理作出明确规定，刑事实体法和程序法之间脱节的问题仍然未得以解决。为进一步规范单位犯罪案件的审理，《解释》第十一章"单位犯罪案件的审理"在《1998年解释》相关规定的基础上，根据多年来审理单位犯罪案件积累的司法实务经验和遇到的新情况、新问题，对单位犯罪案件的审理程序的相关问题作了较大幅度的修改完善。

1. 对未作为单位犯罪起诉的单位犯罪案件的处理

《解释》第二百八十三条吸收了2001年《全国法院审理金融犯罪案件工作座谈会纪要》的相关规定，明确："对应当认定为单位犯罪的案件，人民检察院只作为自然人犯罪起诉的，人民法院应当建议人民检察院对犯罪单位补充起诉。人民检察院仍以自然人犯罪起诉的，人民法院应当依法审理，按照单位犯罪中的直接负责的主管人员或者其他直接责任人员追究刑事责任，并援引刑法分则关于追究单位犯罪中直接负责的主管人员和其他直接责任人员刑事责任的条款。"需要注意的是，根据"不告不理"的刑事诉讼原理，如果经建议检察机关仍未补充起诉犯罪单位的，人民法院只能按单位犯罪中的直接负责的主管人员和其他直接责任人员追究被起诉的自然人的刑事责任，不能在判决结果中认定单位构成犯罪并判处罚金。

2. 诉讼代表人的问题

单位表现的主体为公司、企业、事业单位、机关、团体，不可能像自然人一样参与诉讼，必须借助诉讼代表人参与诉讼活动。因此，被告单位诉讼代表人的确定成为单位犯罪审理中的一个重要问题。

（1）被告单位诉讼代表人的范围。《解释》第二百七十九条扩大了被告单位诉讼代表人的范围，不限于单位的法定代表人、主要负责人及其他负责人。在前述人员无法担任被告单位诉讼代表人的情况下，可以委托职工作为单位的诉讼代表人出庭。

（2）被告单位诉讼代表人的确定。根据《解释》第二百七十九条的规定，诉讼代表人原则上应当由被告单位自行委托。但是，对于没有诉讼代表人参与诉讼（包括没有委托诉讼代表人代表被告单位出庭和所委托的诉讼代表人不符合相关规定），根据《解释》第二百八十条第一款的规定，由人民检察院确定被告单位的诉讼代表人。

（3）诉讼代表人的人数。关于被告人单位诉讼代表人的人数，国外立法中有不同规定,我国法律和司法解释未作明确规定。我们认为,为保证单位犯罪案件审理的顺利进行,被告单位的诉讼代表人以一人为宜。

(4)被告单位的诉讼代表人出庭。《1998年解释》第二百一十七规定,人民法院在必要的时候,可以拘传被告单位的诉讼代表人到庭。从司法实践来看,对于拘传被告单位诉讼代表人的问题,应当予以进一步完善,应当区分诉讼代表人的不同而决定是否适用拘传措施。经研究认为,法定代表人和主要负责人负有代表被告单位出庭的法定义务,而其他诉讼代表人的义务程度不如前者。特别是在单位其他人员被人民检察院指定为诉讼代表人的情况下,强制这些人员出庭就更加不合适。据此,《解释》第二百八十条第二款规定:①诉讼代表人系被告单位的法定代表人或者主要负责人,无正当理由拒不出庭的,可以拘传其到庭;因客观原因无法出庭,或者下落不明的,应当要求人民检察院另行确定诉讼代表人。②诉讼代表人系被告单位的其他负责人或者职工等其他人员的,不出庭的,不论是否基于客观原因,也不论是否有正当理由,人民法院均不得拘传其到庭,而应当要求人民检察院另行确定诉讼代表人出庭。

(5)诉讼代表人在法庭中的位置。《1998年解释》第二百一十一条规定,"开庭时,诉讼代表人席位置于审判台前左侧"。但是,司法实践中,对于"审判台前左侧"的具体含义理解有异,导致诉讼代表人席位在法庭中的具体设置也有差异。实际上,在单位犯罪案件的审理中,被告单位的诉讼代表人是代表被告单位出庭,其在刑事审判中具有独立的诉讼地位,而且,诉讼代表人只是代表被告单位出庭,其本身并不涉嫌犯罪,故不应将诉讼代表人席与被告人席并列,而应当与辩护人席并列。因此,《解释》第二百八十一条作了专门规定。

3. 被告单位委托辩护人的问题

作为刑事诉讼的主体,被告单位同被告自然人一样,享有包括辩护权在内的广泛诉讼权利。无疑,被告单位既可以由诉讼代表人代为行使辩护权,还可以委托辩护人辩护。《解释》第二百八十二条规定:"被告单位委托辩护人,参照适用本解释的有关规定。"需要注意的是,被告单位和被指控的单位直接负责的主管人员、其他直接责任人员不能委托同一名辩护人,以避免"利益冲突",保证审判的顺利进行,有效维护被告单位和被告人的合法权益。

4. 被告单位终结的处理问题

根据《解释》第二百八十六条的规定,审判期间,被告单位被撤销、注销、吊销营业执照或者宣告破产的,对单位犯罪直接负责的主管人员和其他直接责任人员应当继续审理。需要注意的是,被告单位虽然被撤销、注销、吊销营业执照或者宣告破产,但其仍然有条件承担相应刑事责任的(仍然有财产可以执行罚金刑),仍然应当对被告单位判处罚金,以防止被告单位在审判期间通过上述方式逃脱承担刑事责任。

根据《解释》第二百八十七条的规定,审判期间,被告单位合并、分立的,应当将原单位列为被告单位,并注明合并、分立情况。对被告单位所判处的罚金以其在新单位的财产及收益为限。

(十二)简易程序

简易程序是基层人民法院适用最多的程序,它的科学设计对于提高人民法院审判工作质效,实现刑事案件审理的简繁分流,有效解决人民法院“案多人少”的矛盾意义重大。此次刑事诉讼法修改,对简易程序作了重大完善:第一,扩大了适用简易程序审理案件的范围,明确了适用条件,将被告人是否同意规定为适用简易程序的必要条件;第二,规定了不适用简易程序审理案件的情形;第三,明确了适用简易程序审理案件的审判组织形式;第四,完善了适用简易程序的审限规定。《解释》根据刑事诉讼法修改情况,结合《最高人民法院、最高人民检察院、司法部关于适用简易程序审理公诉案件的若干意见》、《最高人民法院、最高人民检察院、司法部关于适用普通程序审理“被告人认罪案件”的若干意见》的规定,以及审判实践,对简易程序作了具体规定。

1. 适用简易程序审理案件的条件

(1)属于基层人民法院管辖。与1996年刑事诉讼法相比,此次刑事诉讼法修改将可以适用简易程序的案件范围扩大到基层人民法院管辖的所有案件,刑事诉讼法没有再规定可以适用简易程序的案件的种类,而是明确了适用条件,只要是符合法律规定条件的案件,都可以适用简易程序审理。包括:一罪或者数罪可能被宣告判处的刑罚为有期徒刑、拘役、管制、单处罚金、单处剥夺政治权利、免予刑事处罚的案件。1996年刑事诉讼法没有规定可能单处剥夺政治权利的案件可以适用简易程序审理,根据刑事诉讼法的规定,可能单处剥夺政治权利的案件只要符合适用简易程序的条件,即可适用简易程序审理。《解释》征求意见稿曾借鉴《1998年解释》第二百二十一条的规定,明确可能判处免予刑事处罚的案件也可以适用简易程序。后经研究,免予刑事处罚的案件,只要符合刑事诉讼法规定的适用简易程序的条件,可以适用简易程序,没有必要再单独规定,因此,《解释》没有再明确这一问题。

(2)案件必须事实清楚、证据充分。即指人民法院根据起诉书指控的事实,认为案件事实简单明确,易于审理,定罪量刑的证据客观全面,足以认定被告人有罪。

(3)被告人承认自己所犯罪行,对起诉书指控的犯罪事实没有异议。即被告人认罪,对起诉书指控的犯罪行为供认不讳。如果承认指控的主要犯罪事实,仅对个别细节提出异议;或者对犯罪事实没有异议,仅对罪名认定提出异议的,不属于不认罪,仍然可以适用简易程序,但庭审中应针对被告人有异议的部分重点调查、辩论。

(4)被告人对适用简易程序没有异议。即被告人在了解简易程序的相关规定和适用该程序可能导致的后果后,仍同意适用简易程序。需要特别强调的是,适用简易程序审理案件,应在取得被告人同意后适用,即使开庭前已经取得被告人同意,开庭后也应当由其当庭确认。

有意见提出,被告人及其辩护人也可以申请适用简易程序,同时,适用简易程序应征求被害人的意见。经研究认为,刑事诉讼法仅将被告人是否同意作为适用简易程序的条件,没有规定也应当取得被害人同意,故无须征求被害人的意见。被告人当然也可以主动要求或者申请适用简易程序。另外,对于被告人庭前不认罪,但当庭认罪的,人民法院也可以当庭决定适用简易程序审理。

2. 不适用简易程序审理的情形

刑事诉讼法第二百零九条规定了不适用简易程序审理的情形,《解释》参考《1998 年解释》第二百二十二条的规定,在刑事诉讼法规定的基础上增加了两项:"辩护人作无罪辩护的"、"被告人认罪但经审查认为可能不构成犯罪的"。

起草《解释》过程中,有意见提出,应将"比较复杂的共同犯罪案件"、"辩护人对主要犯罪事实有异议的"、"被害人不同意适用的"以及"经审理可能改变罪名的"增加为不应适用简易程序的情形。经研究认为,刑事诉讼法规定的不应适用简易程序的情形主要有三种:一是可能影响被告人的诉讼权利的;二是难以取得较好的社会效果的;三是对案件事实和程序适用存在争议,不符合刑事诉讼法明确规定的适用条件的。对"比较复杂的共同犯罪案件",实践中不好区分,在被告人认罪且同意适用的情况下,完全可以适用简易程序,故不应将"比较复杂的共同犯罪案件"排除在可以适用简易程序审理的案件范围之外。对于"辩护人对主要犯罪事实有异议的",由于刑事诉讼法仅规定适用简易程序应取得被告人同意,因此,辩护人提出异议的,应不影响简易程序的适用,特别是对哪些属于"主要犯罪事实",实践中亦不好把握,但考虑到辩护人意见的重要性,可以吸收《1998 年解释》中的规定,将"辩护人作无罪辩护的"增加为不适用简易程序的情形。对于"被害人不同意适用"的情形,由于于法无据,不能采纳。对于"经审理可能改变罪名的",根据刑事诉讼法规定的可以适用简易程序的条件并不能排除此项,因此,不能将"经审理可能改变罪名的"列为不适用的一种情形。

3. 适用简易程序审理案件对被告人辩护权的保障

与适用普通程序相比,适用简易程序审理案件,只是程序上的简化和省略,以提高诉讼效率,但不是对被告人应有诉权的简化和省略。对被告人的辩护权,应与适用普通程序审理一样,予以充分保障。实践中,应注意以下几点:

(1)开庭审理前,应当依照刑事诉讼法第三十三条、第三十四条等的规定,告知被告人可以委托辩护人。被告人符合法律援助条件的,应通知法律援助机构指派律师为被告人提供辩护。《解释》第二百九十一条规定了这一问题。

(2)开庭审理案件,被告人有辩护人的,应通知其出庭。《1998年解释》规定适用简易程序审理案件,辩护人可以不出庭,只要将书面意见提交法庭即可。起草《解释》过程中,对于应否继续沿用上述规定存在不同意见。第一种意见认为,修改后的刑事诉讼法要求公诉案件公诉人应当出庭,从控辩平衡的角度出发,辩护人应当出庭。第二种意见认为,简易程序案件都是被告人认罪且事实清楚的案件,在提交书面辩护意见且被告人同意的情况下,为体现简易程序的简易性,可以不出庭。第三种意见提出,辩护人是否出庭应作区分,可能判处的有期徒刑超过三年的,或者被告人为未成年人的,辩护人应当出庭。经反复研究,为充分体现对被告人辩护权的保障,《解释》第二百九十三条明确规定:"适用简易程序审理案件,被告人有辩护人的,应当通知其出庭。"

4. 适用简易程序审理案件通知当事人、诉讼参与人参加庭审等问题

《解释》第二百九十二条规定了适用简易程序审理案件,应于何时通知当事人、诉讼参与人参加庭审的问题。《1998年解释》仅规定应于开庭前通知相关人员,《解释》明确为开庭三日前。针对本条,有意见提出,根据刑事诉讼法第二百一十三条的规定,适用简易程序审理案件,送达不受关于普通程序中送达期限规定的限制,规定应当在开庭三日前通知,没有体现简易程序的简易性,可不明确规定,在实践中具体把握。经反复研究,为给相关方以充足的庭审准备时间,特别是在适用简易程序审理公诉案件公诉人都应当出庭的情况下,应尽可能提请通知相关方,故仍明确为三日前通知。还有意见提出,应明确"其他诉讼参与人"的范围;将"可以通知"修改为"应当通知"。经研究认为,关于通知人员范围的规定主要来源于《1998年解释》,实践中没有出现问题,前面已有列举,为充分体现简易程序的简易性,人民法院可以根据案件的不同情况,确定应当通知的其他诉讼参与人,故没有采纳该意见。

有意见提出,公开审判案件公告的时间似无必要受刑事诉讼法第一百八十二条第三款规定的公告应在开庭三日以前的限制,但必须先期公告,以贯彻公开审判原则,可以规定在开庭一日以前公告有关事项。经研究,考虑到实践中的做法不一,为充分体现简易程序的简易性,解释没有规定先期公告的时间,但是公开审判案件,必须在开庭前先期公布案由、被告人姓名和开庭的时间、地点。

5. 适用简易程序审理案件的期限

修改后的刑事诉讼法对适用简易程序审理案件的期限规定也作了完善，第二百一十四条规定："适用简易程序审理案件，人民法院应当在受理后二十日内审结；对可能判处的有期徒刑超过三年的，可以延长至一个半月。"审判实践中，有些已经适用简易程序审理的案件，由于有附带民事诉讼，需要更多的时间用于民事调解、化解矛盾，确实难以在审限内结案的，对能否延长审限，有不同认识。一种意见认为，不得延长审限。主要考虑：我国刑事诉讼法对每一个审判程序都规定了审理期限（死刑复核程序除外，但死刑复核程序是否属于审判程序存有争议），适用哪一个程序审理案件，就应当遵守哪一个程序的审限规定，不能"嫁接"。一旦确定适用简易程序审理，就应当适用简易程序的审限规定，不得延长审限。若可以延长审限，就难以体现简易性。为防止超审限，且确保有充裕时间做好调解、和解等矛盾化解工作，对于有附带民事诉讼的案件，可以在开庭前先就附带民事赔偿问题进行了解、调查，如有可能在简易程序的审限内审结附带民事诉讼的，可适用简易程序；否则应适用普通程序；若已经适用简易程序，但不能在审理内审结附带民事诉讼的，也不能报请延长审限，应当转为普通程序审理。另一种意见认为，对于附带民事诉讼案件，不管适用普通程序审理还是适用简易程序审理，均可以根据刑事诉讼法第二百零二条的规定，报请上一级人民法院延长审限三个月。主要考虑是：简易程序主要针对刑事部分设计，只要符合法定条件的案件就可以适用简易程序，不能因有附带民事诉讼就一律排除适用。刑事诉讼法第二百零二条规定，对于有附带民事诉讼的，可以延长审限，并未明确将简易程序排除在外，因此，不管是普通程序还是简易程序，只要有附带民事诉讼的，就可以依法延长审限。经研究，从实践来看，上述第二种意见有合理的一面；但从法律规定来看，刑事诉讼法有关延长审限的规定似只能适用于普通程序。这一问题尚需继续研究。

（十三）二审程序

此次刑事诉讼法修改，对二审程序做了重要完善：第一，明确了二审应当开庭审理的案件范围；第二，明确了二审中人民检察院阅卷时间的处理；第三，完善了发回重审制度；第四，完善了二审审理期限的规定。《解释》根据修改后的刑事诉讼法，在《1998 年解释》的基础上，结合《最高人民法院、最高人民检察院关于死刑第二审案件开庭审理若干问题的规定（试行）》（以下简称《死刑二审案件开庭规定》）等规范性文件的规定，综合考虑审判实践情况和各方面意见，对二审程序作出了具体规定。

1. 二审开庭审理的案件范围

刑事诉讼法第二百二十三条第一款明确了二审应开庭审理案件的范围，《解释》第三百一十七条对此规定予以具体化,规定:"下列案件,根据刑事诉讼法第二百二十三条的规定,应当开庭审理:(一)被告人、自诉人及其法定代理人对第一审认定的事实、证据提出异议,可能影响定罪量刑的上诉案件;(二)被告人被判处死刑立即执行的上诉案件;(三)人民检察院抗诉的案件;(四)应当开庭审理的其他案件。""被判处死刑立即执行的被告人没有上诉,同案的其他被告人上诉的案件,第二审人民法院应当开庭审理。""被告人被判处死刑缓期执行的上诉案件,虽不属于第一款第一项规定的情形,有条件的,也应当开庭审理。"对于本条,需要说明的是:

(1)对于死刑缓期执行的二审案件,《解释》并没有规定一律开庭审理。有意见提出,死刑包括死刑缓期执行,死刑缓期执行的上诉案件也应当全部开庭审理。经研究认为,关于死刑缓期执行案件是否应开庭的问题,暂不能规定一律开庭:其一,刑法、刑事诉讼法中"死刑"根据语境不同,有两种含义,有的仅指死刑立即执行,有的则还包括死刑缓期执行。如刑法第四十八条有关"死刑除依法由最高人民法院判决的以外,都应当报请最高人民法院核准。死刑缓期执行的,可以由高级人民法院判决或者核准"、刑事诉讼法第二百四十八条有关"最高人民法院核准的死刑判决和高级人民法院核准的死刑缓期二年执行的判决"规定中的"死刑"显然均只指死刑立即执行。将刑事诉讼法第二百二十三条第一款第二项规定的"死刑"具体明确为死刑立即执行并不违反法律规定。其二,死刑立即执行的二审案件一律开庭审理是经各方面做出巨大努力,在人财物方面做出巨大投入才得以落实的。目前,死刑缓期执行案件的总数已多于死刑立即执行,再将死刑缓期执行的二审案件一律纳入二审开庭范围,现实条件显然尚不具备。其三,根据刑事诉讼法第二百二十三条第一款第一项的规定,对死刑缓期执行案件,如被告人对一审认定的事实、证据存有异议提出上诉的,可以适用本条第一款第一项的规定开庭审理;如被告人仅就法律适用、量刑问题上诉的,则开庭审理并无必要,不开庭并不会影响案件公正审理。经深入研究并征求多方意见,《解释》虽没有要求对死刑缓期执行的上诉案件一律开庭审理,但本条第三款规定,具备开庭审理条件的,应当开庭审理。

《解释》征求意见稿曾规定,出现新的事实、证据,可能影响定罪量刑的案件也应当开庭审理,有意见建议删除此规定。理由为:一是在二审期间出现新的事实和证据,通常需要发回重审,在这种情况下,二审没有必要开庭。二是二审期间被告人检举揭发他人犯罪的,是否属于新的犯罪事实、证据,颇有争议,若认为是新的事实、证据而对此类案件开庭审理,则实际意义不大。因此,解释采纳了这一意见,删除了此规定。

(2)对于被判处死刑立即执行的被告人没有上诉,同案的其他被告人上诉的案件,二审是否应当开庭审理,过去有关司法解释的规定不一致。为保障死刑案件公正、慎重审理,明确法律适用,《解释》规定:“被判处死刑立即执行的被告人没有上诉,同案的其他被告人上诉的案件,第二审人民法院应当开庭审理。”

(3)根据《解释》第三百一十八条的规定,两类二审案件可以不开庭审理:一是经审查,认为原判明显事实不清、证据不足,需要发回重审的,可以不开庭审理。二是具有刑事诉讼法第二百二十七条规定的违反法定诉讼程序情形,需要发回重审的,可以不开庭审理。

2. 二审全面审查与重点审理相结合的原则

《解释》第三百一十条重申了立法规定的全面审查原则,第三百一十一条至第三百一十三条是全面审查原则在一些特殊类型案件上的具体化,以确保二审监督、纠错功能的充分发挥。同时,为突出重点,确保庭审质效,《解释》第三百二十三条吸收《死刑二审案件开庭规定》第十四条的规定,明确:“开庭审理上诉、抗诉案件,可以重点围绕对第一审判决、裁定有争议的问题或者有疑问的部分进行。根据案件情况,可以按照下列方式审理:(一)宣读第一审判决书,可以只宣读案由、主要事实、证据名称和判决主文等;(二)法庭调查应当重点围绕对第一审判决提出异议的事实、证据以及提交的新的证据等进行;没有异议的事实、证据和情节,可以直接确认;(三)对同案审理案件中未上诉的被告人,未被申请出庭或者人民法院认为没有必要到庭的,可以不再传唤到庭;(四)被告人犯有数罪,对其中事实清楚且无异议的犯罪,可以不在庭审时审理。同案审理的案件,未提出上诉、人民检察院也未对其判决提出抗诉的被告人要求出庭的,应当准许。出庭的被告人可以参加法庭调查和辩论。”

对《解释》第三百二十三条的规定,需说明的是,全面审查是开庭审理前对全案的审查,一方面,有利于掌握全部案件情况,确保庭审质量,发现和纠正一审错误;另一方面,为开庭审理把握重点,提高质效打好基础。重点审理是开庭审理时对有争议问题和有疑问部分的重点审理,是在确保质量基础的效率提高。

3. 限制发回重审的问题

为避免案件被反复发回,久拖不决,影响司法权威和当事人权益,刑事诉讼法第二百二十五条第二款规定:“原审人民法院对于依照前款第三项规定发回重新审判的案件作出判决后,被告人提出上诉或者人民检察院提出抗诉的,第二审人民法院应当依法作出判决或者裁定,不得再发回原审人民法院重新审判。”《解释》第三百二十八条、第三百二十九条对该款规定作了进一步明确。需要注意的是:

(1)具有刑事诉讼法第二百二十七条规定的情形之一,或者违反第二百二十八条规定的,不受限制发回重审的限制,即二审法院经审理,认为一审法院在再审中违反刑事诉讼法第二百二十七条、第二百二十八条规定的程序性事项，可以再次发回。

(2)根据司法实践情况，《解释》征求意见稿还规定了两种限制发回重审的例外情形，即"第二审期间发现新的犯罪事实，需要对原判决认定的犯罪与新发现的犯罪一并作出处理的"、"第二审期间在逃的共同犯罪人归案，需要对全案合并审理的"。对此，有关部门提出，有关限制发回重审的规定是此次刑事诉讼法修改的重要内容，司法解释在法律有明确规定的情况下，仍作除外规定，不妥。经反复研究，采纳了有关部分意见，删除了此两种情形。今后遇有此类案件，可再通过专门批复等形式予以解决。

(十四)在法定刑以下判处刑罚和特殊假释的核准

刑法规定特殊减轻和特殊假释应当报最高人民法院核准，但刑事诉讼法未设置相应的程序，《1998年解释》予以了明确。《解释》进一步作了三方面的修改完善，即明确复核性质、简化重审程序、明确审理期限，以切实提高复核法定刑以下判处刑罚案件的效率。

1. 明确复核性质

《1998年解释》规定："上一级人民法院同意原判的，应当逐级报请最高人民法院核准；上一级人民法院不同意原判的，应当裁定发回重新审判或者改变管辖，按照第一审程序重新审理。"对于上一级人民法院同意原判的，应当以何种形式逐级报请最高人民法院核准，实践中意见分歧较大：一种意见认为，既然不同意原判的应当作出裁定，那么，同意原判的，也应当作出裁定，以规范程序、统一做法；另一种意见认为，没有必要作出裁定，可直接以《报请核准法定刑以下判处刑罚的报告》层报最高人民法院核准。

经研究认为，上一级人民法院同意原判的，不必作出裁定，但应当制作书面报告。主要考虑是：法定刑以下判处刑罚的核准程序不是审判程序，也不同于死刑复核程序。刑事诉讼法明确规定，死刑案件应当逐级报核；而刑事诉讼法未规定，法定刑以下判处刑罚案件也应当逐级报核。根据刑法第六十三条第二款"经最高人民法院核准，也可以在法定刑以下判处刑罚"的规定，法定刑以下判处刑罚案件的核准权专属于最高人民法院，上一级人民法院履行的不是法定的审判程序，也不是法定的复核程序，其没有"复核"权，只是根据最高人民法院司法解释的授权代为"审查"、"把关"，防止大量不符合条件的案件直接报送最高人民法院，以切实减轻最高人民法院的办案压力。上一级人民法院对于同意原判的，不宜作出同意原判的裁定，只能将材料转呈上级法院，并制作载明审查把关过程和结论的内部报告，一并报送上级法院。据此，《解释》将相关内容修改为"上一级人民法院同意原判的,应当书面层报最高人民法院核准;不同意的,应当裁定发回重新审判,或者改变管辖按照第一审程序重新审理”。至于书面报告的样式,留待下一步修改、增补法律文书样式时再研究确定。

对于上一级人民法院能否直接改判的问题,也有争议。一种意见认为,上一级人民法院不能对案件实体问题作出处理,只能在程序上作出同意或者不同意的决定。且如果可以改判,则引申出当事人是否可以参与复核程序、复核审理是否应当开庭审理、检察机关能否抗诉等一系列问题。另一种意见认为,上一级人民法院对于同意在法定刑以下判处刑罚,但认为原判量刑仍过重的,可以直接改判,以提高审判效率,维护司法公正。经研究,我们认为此程序中的“复核”性质与死刑核准程序不同,上一级人民法院不能直接改判,遂维持《1998 年解释》的相关规定。

2. 简化重审程序

起草《解释》过程中,有意见认为,对于原判认定事实清楚、证据确实充分,仅仅是量刑过重的,最高人民法院应当有权改判,以适应形势发展需要,切实提高审判效率。死刑核准案件和法定刑以下判处刑罚核准案件的性质有些类似,如均非审判程序,当事人不参与,也不开庭审理,只是内部的核查、批准程序。既然最高人民法院复核死刑案件可以改判,那么,最高人民法院复核法定刑以下判处刑罚案件应当也可以改判。如此类案件只能发回重审或者提审后改判,而后再次报请核准,确实浪费司法资源,也无益于司法公正。经研究认为,最高人民法院复核改判缺乏法律依据,且即使在死刑复核案件中,改判也只是例外、个别情形。但是,对于原判认定事实清楚、证据确实充分,仅仅是量刑不当的,最高人民法院发回重审后,若仍须开庭审理,也确实浪费司法资源,不利于及时实现公正。因此,为了简化重审程序,节约司法资源,借鉴死刑复核程序的相关规定,《解释》第三百三十九条规定:“依照本解释第三百三十六条、第三百三十八条规定发回第二审人民法院重新审判的案件,第二审人民法院可以直接改判;必须通过开庭查清事实、核实证据或者纠正原审程序违法的,应当开庭审理。”

起草《解释》过程中,有意见认为,建议参照死刑复核案件的规定,对于事实清楚、证据确实充分、程序合法的案件,仅因量刑不当发回重新审判的,原审人民法院也可不必另行组成合议庭审理。因为,刑事诉讼法只是在第二审程序和审判监督程序中分别规定,“原审人民法院对于发回重新审判的案件,应当另行组成合议庭,依照第一审程序进行审判”;“人民法院按照审判监督程序重新审判的案件,由原审人民法院审理的,应当另行组成合议庭进行”。对于法律没有明确规定应当另行组成合议庭的,根据案件情况,不影响案件公正审理的,可以不另行组成合议庭,以提高审判效率。经研究认为,此类案件较少,暂不作一般性规定。

3. 明确审理期限

《1998年解释》未规定复核期限，导致一些案件的核准时间过长，有些下级法院为了及时结案，不愿报核。为妥善解决现实中问题，提高复核效率，确有必要明确复核期限。据此，《解释》第三百四十条规定："最高人民法院和上级人民法院复核在法定刑以下判处刑罚案件的审理期限，参照适用刑事诉讼法第二百三十二条的规定。"主要考虑：此类案件一般仅涉及法律适用问题，事实清楚、证据充分，且不必调查也不必开庭，参照适用二审程序的审理期限可以满足办案需要。若确实由于各种特别情况，难以在审限内结案，且符合刑事诉讼法相关规定的，可以依法报请延长审理期限。

（十五）死刑复核程序

此次刑事诉讼法修改，对死刑复核程序作了修改完善，对死刑复核案件处理结果、讯问被告人、听取辩护律师意见和最高人民检察院的监督等问题作了明确规定。《解释》第十五章"死刑复核程序"，根据刑事诉讼法的规定和死刑复核的实际情况，对死刑复核程序中的相关问题作了进一步明确。

1. 死刑立即执行案件的报请复核

《1998年解释》第二百七十五条第一款第一项规定，中级人民法院判处死刑的第一审案件，被告人未上诉、人民检察院未抗诉，报请高级人民法院复核，高级人民法院不同意判处被告人死刑的，应当提审或者发回重审。按照何种程序提审，此处未作明确规定，司法实践中认识不一。此前，已有高级法院就相关问题请示最高人民法院。经征求有关方面意见，综合考虑司法公正与司法成本，我们认为，中级人民法院判处死刑的第一审案件，被告人未上诉、人民检察院未抗诉，报请高级人民法院复核，高级人民法院不同意判处被告人死刑的，应当提审或者发回重审；决定提审的，按照第二审程序进行。因此，《解释》第三百四十四条第一款第一项明确此种情形"应当依照第二审程序提审"。

中级人民法院判处死刑的第一审案件，被告人上诉或者人民检察院抗诉，高级人民法院裁定维持的，应当在作出裁定后十日内报请最高人民法院核准。需要注意的是，为提高诉讼效率，更好地维护被告人的合法权益，《解释》第三百四十四条第一款第二项明确了此种情形下高级人民法院向最高人民法院报核的时限。

高级人民法院判处死刑的第一审案件，被告人未上诉、人民检察院未抗诉的，应当在上诉、抗诉期满后十日内报请最高人民法院核准。需要注意的是，《1998年解释》第二百七十五条第三项规定此种情形下应当在上诉、抗诉期满后三日内报核，《解释》第三百四十四条第一款第三项根据各方面的意见，调整为"十日内"。

2. 死刑、死刑缓期执行案件报请复核的要求

《解释》第三百四十六条规定，报送的材料包括报请复核的报告，第一、二审裁判文书，死刑案件综合报告各五份以及全部案卷、证据。死刑案件综合报告，第一、二审裁判文书和审理报告应当附送电子文本。征求意见过程中，有意见提出审理报告和死刑案件综合报告内容一致，不应当列入报送的材料范围。经研究认为，承办人撰写的审理报告往往比死刑综合报告更加详细，仍有必要一并报送审理报告的电子版，且多年来执行这一规定未现明显问题。因此，未采纳上述意见。

3. 死刑缓期二年执行案件复核后的处理

《1998 年解释》第二百七十八第二款第二项规定，高级人民法院对于报请核准的死刑缓期二年执行的案件，认为原判事实不清、证据不足的，应当裁定发回重新审判。经研究认为，对于事实不清、证据不足的，高级人民法院可以查清事实和证据的，依法改判，没有必要再发回重审，以提升审判效率、节约诉讼资源。因此，《解释》第三百四十九条第一款第四项规定："原判事实不清、证据不足的，可以裁定不予核准，并撤销原判，发回重新审判，或者依法改判。"

复核期间出现新的影响定罪量刑的事实、证据的，可以裁定不予核准，并撤销原判，发回重新审判，或者依照《解释》第二百一十九条规定审理后依法改判。此项内容系《解释》第三百四十九条第一款第五项新增内容。征求意见过程中，有意见建议，对于死缓复核期间，被告人有揭发他人犯罪或者提供重要线索，从而得以侦破其他案件等立功表现的，在查证属实的情况下可以改判，以节约司法资源。经研究认为，上述意见确有道理，予以采纳。同时，考虑到此种情况系出现在复核期间，而非法庭审理过程中，专门规定可以依据《解释》第二百二十条的规定，对相关证据在庭外征求控辩双方的意见。

4. 死刑立即执行案件复核后的处理

根据《解释》第三百五十一条的规定，对一人有两罪以上被判处死刑的数罪并罚案件，最高人民法院复核后，认为其中部分犯罪的死刑判决、裁定事实不清、证据不足的，应当对全案裁定不予核准，并撤销原判，发回重新审判；认为其中部分犯罪的死刑判决、裁定认定事实正确，但依法不应当判处死刑的，可以改判，并对其他应当判处死刑的犯罪作出核准死刑的判决。需要注意的是，《解释》第三百五十一条吸收《最高人民法院关于复核死刑案件若干问题的规定》（以下简称《复核死刑规定》）第六条的内容，作出了上述规定。征求意见过程中，有意见提出，对于一人有两罪以上被判处死刑，复核后发现仅部分犯罪事实不清，其余犯罪事实清楚的，是否必须全案发回？此种情形在大型黑社会案件中可能经常存在，建议复核时可以改判，以节约司法资源。经研究认为，上述规定的内容已实施多年，未发现明显问

题。而且,此种情况下,如果直接改判,可能引发被害方质疑,造成被动。故未采纳上述意见。

5.不予核准死刑,发回重新审判案件的处理

根据《解释》第三百五十四条的规定,高级人民法院依照复核程序审理后报请最高人民法院核准死刑,最高人民法院裁定不予核准,发回高级人民法院重新审判的,高级人民法院可以依照第二审程序提审或者发回重新审判。需要注意的是,《解释》第三百五十四条系吸收《复核死刑规定》第八条的相关内容。征求意见过程中,有意见建议规定在此情形下,高级人民法院也可以直接改判,以节约司法资源。经研究认为,高级人民法院在复核程序中直接改判,没有法律依据,故未采纳上述意见。此外,专门规定"依照第二审程序提审",主要考虑与第三百四十四条第一款第一项相协调。

根据《解释》第三百五十五条的规定,最高人民法院裁定不予核准死刑,发回重新审判的案件,原审人民法院应当另行组成合议庭审理,但《解释》第三百五十条第四项、第五项规定的案件除外。详言之,因复核期间出现新的影响定罪量刑的事实、证据,或者因原判认定事实正确,但依法不应当判处死刑,裁定不予核准,并撤销原判,发回重新审判的案件,原审人民法院可以不另行组成合议庭,而由原合议庭审理。征求意见过程中,有意见认为,根据刑事诉讼法第二百二十八条的规定,原审人民法院对于发回重审的案件,应当另行组成合议庭审判。根据这一规定精神,最高人民法院裁定不予核准死刑,发回重新审判的案件,均应另行组成合议庭审理。经研究认为,上述规定并无不妥,维持不变。主要考虑如下:(1)对于原判认定事实并无不当,但因复核期间出现新的影响定罪量刑的事实、证据或者量刑不当的案件,最高人民法院裁定不予核准,并撤销原判,发回重新审判,由原合议庭审理,并不会影响案件公正审理;如规定需另行组成合议庭,没有实际必要,且会极大浪费司法资源。(2)刑事诉讼法第二百二十八条是关于二审发回重审的规定,在死刑复核程序中,并无类似规定。因此,上述规定同刑事诉讼法的规定并不矛盾。

(十六)查封、扣押、冻结财物及其处理

刑法第六十四条和刑事诉讼法第二百三十四条对涉案财物的处理作了原则性规定,《1998年解释》对查封、扣押、冻结财物的审查处理程序也规定得不够具体。考虑到涉案财物的判决与处理事关当事人及有关社会公众的切身利益,为了切实保障公民合法财产权利,《解释》结合审判工作实际,对查封、扣押、冻结财物及其处理程序作了重要修改和完善,即完善被害人财物先行发还原则,增设特殊财物及时出卖、变现制度,增设异议程序,贯彻依法判决原则,等等。

1. 完善被害人财物先行发还原则

《解释》第三百六十条规定“对被害人的合法财产,权属明确的,应当依法及时返还”,以维护被害人的合法权益。但是,对于追缴在案财物不足以清偿所有被害人损失的,为了平等保护所有被害人的权利,《解释》同时明确规定“权属不明的,应当在人民法院判决、裁定生效后,按比例返还被害人”。

2. 增设特殊财物及时出卖、变现制度

司法实践中,股票、债券、基金、权证、期货、仓单、黄金等权证或贵金属的价值,受市场影响明显,处理的时机非常重要,如果非要等到案件审理终结后再行处理,有可能出现价值明显受损的情况。因此,权利人提出出卖的请求,只要不损害国家利益,也不损害被害人利益,且不影响诉讼正常进行的,均可以同意出卖;汇票、本票、支票等的兑付一般有期限要求,如果不在有效期限内进行处理,将给之后的财物处理工作增添不必要的麻烦。据此,《解释》第三百六十一条明确规定,这些特殊财物可以在判决、裁定生效前依法出卖,所得价款由人民法院保管,并及时告知当事人或者其近亲属。人民法院既可以自己依法出卖,也完全可以委托专业机构依法出卖,甚至可以以其他方式出卖。

3. 强化法庭调查、增设异议程序

《1998 年解释》未对查封、扣押、冻结财物的审查认定和处理程序作出详细规定,以往不够重视对涉案财物进行法庭调查并依法处理,导致部分案件虽然定罪量刑正确,但财物处理却遭受质疑,甚至引发炒作。为了保护被告人、被害人及相关财产所有人的合法权益,《解释》第三百六十四条明确规定:“法庭审理过程中,对查封、扣押、冻结的财物及其孳息,应当调查其权属情况,是否属于违法所得或者依法应当追缴的其他涉案财物……经审查,不能确认查封、扣押、冻结的财物及其孳息属于违法所得或者依法应当追缴的其他涉案财物的,不得没收。”同时,借鉴执行程序相关规定,《解释》增设了案外人异议程序,规定“案外人对查封、扣押、冻结的财物及其孳息提出权属异议的,人民法院应当审查并依法处理”。对于案外人提出异议的渠道、方式、期限,对案外人异议的具体处理程序,《解释》未作具体规定,各地可以探索实践。

4. 贯彻依法判决原则

刑事诉讼法第二百三十四条第三款明确规定:“人民法院作出的判决,应当对查封、扣押、冻结的财物及其孳息作出处理。”据此,不论涉案财物是否随案移送,法院均应当进行审查并依法作出处理。实践中应注意以下几个问题:一是经审查,确属违法所得或者依法应当追缴的其他涉案财物的,应当判决返还被害人,或者没收上缴国库,但法律另有规定的除外。鉴于未随案移送的财物,法院难以执行和处理,故《解释》第三百六十五条第二款明确规定:“涉案财物未随案移送的,应当在判决书中写明,并写明由查封、扣押、冻结机关负责处理。”二是经审查,查封、扣押、冻结的财物与本案无关但已列入清单的,应当由查封、扣押、冻结机关依法处理。如果财物已经随案移送至法院的,法院应当及时返还财物所有人。查封、扣押、冻结的财物属于被告人合法所有的,应当在赔偿被害人损失、执行财产刑后及时返还被告人;财物未随案移送的,应当通知查封、扣押、冻结机关将用于赔偿被害人损失、执行财产刑的部分移送人民法院。三是对于尚未追缴到案的违法所得,法院应当依法判决予以追缴或者责令退赔。对于犯罪分子非法占有、处置被害人财产而使其遭受物质损失的,被害人不能提起附带民事诉讼。如果法院不依法判处继续追缴或者责令退赔,被害人的权益就无法得到保护。因此,应当依法判决继续追缴或者责令退赔。至于判决后的执行问题,可以另行解决。

(十七)审判监督程序

《修改刑事诉讼法决定》对审判监督程序的完善之处有:第一,完善了申诉人申诉,人民法院应当重新审判的情形;第二,规定了指令下级人民法院再审的原则;第三,强调人民法院开庭审理再审案件,同级人民检察院应当派员出席法庭;第四,明确了再审期间对被告人采取强制措施及中止原判决、裁定执行的规定。《解释》在《1998年解释》的基础上,结合《最高人民法院关于刑事再审案件开庭审理程序的具体规定(试行)》(以下简称《再审开庭规定》)、《最高人民法院关于规范人民法院再审立案的若干意见(试行)》(以下简称《再审立案意见》)等的规定,综合审判实践情况,对审判监督程序的相关问题作出了规定。

1.申诉主体

《解释》第三百七十一条明确了申诉的主体。需要注意的主要是:

(1)案外人可以提起申诉。有意见提出,有些人虽然不是当事人或者当事人的法定代理人、近亲属,但案件的处理结果也与其存在一定的利害关系,即已经发生法律效力的判决、裁定侵害了其合法权益,对于这样的主体能否提出申诉的问题,法律没有明确的规定,司法实践中此类情形并不少见,建议予以明确。实践中,对有些案外人提出的申诉,也启动了再审程序。经研究,采纳这一意见,增加规定“案外人认为已经发生法律效力的判决、裁定侵害其合法权益,提出申诉的,人民法院应当审查处理”。

(2)为弥补申诉人主张权利能力的不足,保障申诉人权益,增加规定申诉可以委托律师代为进行。

2.关于人民法院对刑事申诉的审查应注意的问题

根据《解释》第三百七十三条的规定:(1)申诉原则上由终审人民法院审查处

理。对于第二审人民法院裁定准许撤回上诉的案件,申诉人对第一审判决提出申诉的,可以由第一审人民法院审查处理。因此种情况下的生效判决仍是一审判决。上一级人民法院对未经终审人民法院审查处理的申诉,可以告知申诉人向终审人民法院提出申诉,或者直接交终审人民法院审查处理,并告知申诉人。一般情况下不直接交办,以免给下级法院造成压力。(2)案件疑难、复杂、重大的,上一级法院可以直接审查处理。(3)对未经终审人民法院及其上一级人民法院审查处理,直接向上级人民法院申诉的,上级人民法院可以告知申诉人向下级人民法院提出。

需要特别说明的是,对于死刑案件申诉的审查有特别规定,《解释》第三百七十四条规定,由原核准的人民法院直接审查处理。如果原核准法院认为由原审人民法院审查更为适宜的,也可以交由原审人民法院审查,原审人民法院审查后,不能自行处理,应当写出审查报告,提出处理意见,层报原核准的人民法院审查处理。

3. 决定重新审判的事由

对于决定重新审判的理由,《1998年解释》第三百零二条中只原则性表述为"经审查,认为有刑事诉讼法第二百零四条规定的情形之一的,由院长提交审判委员会决定重新审判"。《解释》第三百七十五条根据修改后刑事诉讼法第二百四十二条的规定,吸收了2002年《再审立案意见》第七条的内容,对决定重新审判的事由作了具体规定。需要注意的主要是:《解释》根据有关方面意见,删除了《1998年解释》中规定的"由院长提交审判委员会决定重新审判"的规定,主要考虑是,对上级人民法院指令再审的案件,没有必要再提请本院审委会讨论决定是否再审。

4. 指定异地再审的问题

刑事诉讼法第二百四十四条规定:"上级人民法院指令下级人民法院再审的,应当指令原审人民法院以外的下级人民法院审理;由原审人民法院审理更为适宜的,也可以指令原审人民法院审理。"《解释》第三百七十九条第二款对立法的这一规定予以重申和具体化:"上级人民法院指令下级人民法院再审的,一般应当指令原审人民法院以外的下级人民法院审理;由原审人民法院审理更有利于查明案件事实、纠正裁判错误的,可以指令原审人民法院审理。"《解释》将立法中"由原审人民法院审理更为适宜的"修改为"由原审人民法院审理更有利于查明案件事实、纠正裁判错误的"。

有意见提出,指令原审人民法院以外的其他人民法院审理案件,应明确由何地检察机关派员出席法庭,可规定"如果指令原审人民法院以外的下级人民法院再审,仍应当由原办案检察机关派员出庭或履行职责"。经研究认为,虽由原办案检察机关派员效率更高;但由被指令法院对应的检察机关派员更符合法理,更有利于监督,更为合适。此类问题也存在于因抗诉而导致的二审指令再审中。我们倾向于由被指令法院相对应的同级检察机关派员出庭。由于这一问题涉及法、检两家,如果法、检两家就此问题达成一致意见,可根据以后的一致意见办理。

5. 再审中可中止原判决、裁定的执行问题

为及时纠正原判决、裁定中存在的明显错误,减少或者停止对被告人权益的继续侵害,修改后的刑事诉讼法第二百四十六条第二款规定:“人民法院按照审判监督程序审判的案件,可以决定中止原判决、裁定的执行。”为切实落实这一规定,《解释》第三百八十二条中规定,被告人可能经再审改判无罪,或者可能经再审减轻原判刑罚而致刑期届满的,可以决定中止原判决、裁定的执行,必要时,可以对被告人采取取保候审、监视居住措施。针对本条,有意见提出,应借鉴民事诉讼法中规定的“裁定中止原判决、裁定、调解书的执行”,将“决定中止执行”修改为“裁定中止执行”。经研究认为,此意见于法无据,没有采纳。

6. 依照审判监督程序审理案件的方式

《解释》第三百八十四条吸收《1998年解释》第三百零九条的内容,明确了再审案件的审理方式。关于这一问题和《解释》的规定,需要说明以下几点:

(1)关于审判组织。根据刑事诉讼法第二百四十五条及《解释》第三百八十四条第一款,再审必须组成合议庭进行,不能进行独任审判;由原审人民法院审理的,应当另行组成合议庭进行。

(2)关于审理程序。根据刑事诉讼法第二百四十五条和《解释》第三百八十四条第二款,原来是第一审案件的,应当依照第一审程序进行审判,所作的判决、裁定可以上诉、抗诉;原来是第二审案件,或者是上级人民法院提审的案件,应当依照第二审程序进行审判,所作的判决、裁定是终审的判决、裁定。

(3)关于哪些再审案件应开庭审理。对此,刑事诉讼法未作明确规定。《再审开庭规定》中对此提出要求,人民法院审理下列再审案件,应当依法开庭审理:依照第一审程序审理的;依照第二审程序需要对事实或者证据进行审理的;人民检察院按照审判监督程序提出抗诉的;可能对原审被告人(原审上诉人)加重刑罚的;有其他应当开庭审理情形的。同时,《再审开庭规定》也规定,下列再审案件可以不开庭审理:原判决、裁定认定事实清楚,证据确实、充分,但适用法律错误,量刑畸重的;1979年《中华人民共和国刑事诉讼法》施行以前裁判的;原审被告人(原审上诉人)、原审自诉人已经死亡,或者丧失刑事责任能力的;原审被告人(原审上诉人)在交通十分不便的边远地区监狱服刑,提押到庭确有困难的(但人民检察院提出抗诉的,人民法院应征得人民检察院的同意);人民法院按照审判监督程序决定再审,按规定通知人民检察院派员出庭,经两次通知,人民检察院不派员出庭的。

《解释》征求意见稿曾借鉴了上述内容。有意见提出,既然刑事诉讼法规定再

审根据一审或者二审的程序进行，那么是否开庭的问题也应当根据一审或者二审的规定执行，不应再单独规定，且《再审开庭规定》的有关规定也存在模糊、矛盾之处。经研究，删除了有关内容。根据实践情况，《解释》第三百八十四条第三款中规定："对原审被告人、原审自诉人已经死亡或者丧失行为能力的案件，可以不开庭审理。"

(4)关于再审审限问题。根据刑事诉讼法第二百四十七条第一款，审理再审案件，应当在作出提审或者再审决定后三个月，延长的不得超过六个月。

7. 对原判决、裁定中身份信息错误的纠正

司法实践中，存在对判决、裁定记载当事人身份信息的错误提出申诉的情况，如何纠正以及由哪级法院纠正应予以明确。《解释》第三百九十条规定："原判决、裁定认定被告人姓名等身份信息有误，但认定事实和适用法律正确、量刑适当的，作出生效判决、裁定的人民法院可以通过裁定对有关信息予以更正。"

(十八)涉外刑事案件的审理和司法协助

关于涉外刑事案件的审理和司法协助，修改后的刑事诉讼法仅有一处修改，即在第二十条对中级人民法院管辖的一审刑事案件的范围作了调整，删除了外国人犯罪的刑事案件一律由中级人民法院一审的规定。《解释》根据法律修改情况，在《1998年解释》、《外交部、最高人民法院、最高人民检察院、公安部、安全部、司法部关于处理涉外案件若干问题的规定》(1995年6月20日，以下简称《关于涉外案件规定》)等司法解释和规范性文件基础上，结合涉外刑事案件审判工作实际，对涉外刑事案件的审理和司法协助问题作了较大幅度的修改和完善。

1. 涉外刑事案件的范围

《解释》第三百九十二条吸收了《1998年解释》第三百一十三条的内容，对涉外刑事案件的范围作了规定，包括：

(1)在中华人民共和国领域内，外国人犯罪的或者我国公民侵犯外国人合法权利的刑事案件。

(2)符合刑法第七条、第十条规定情形的我国公民在中华人民共和国领域外犯罪的案件。亦即根据我国刑法第七条规定的属人管辖原则，对我国公民在中国领域外犯罪，应予追究刑事责任的案件。

(3)符合刑法第八条、第十条规定情形的外国人对中华人民共和国国家或者公民犯罪的案件。亦即根据我国刑法第八条规定的保护管辖原则，对外国人在中国领域外对我国国家或者公民犯罪，应予追究刑事责任的案件。

(4)符合刑法第九条规定情形的中华人民共和国在所承担国际条约义务范围内行使管辖权的案件。亦即根据我国刑法第九条规定的普遍管辖原则，对外国人

在中国领域外犯罪,我国在所承担的国际条约义务范围内有义务进行管辖的案件。

2. 涉外刑事案件的级别管辖

修改后刑事诉讼法第二十条对中级人民法院的管辖范围作了调整,规定:"中级人民法院管辖下列第一审刑事案件:(一)危害国家安全、恐怖活动案件;(二)可能判处无期徒刑、死刑的案件。"据此,涉外刑事案件,原则上应由基层人民法院一审。但是,考虑到涉外刑事案件相对敏感、复杂,而基层人民法院普遍欠缺审理此类案件的经验,《解释》第三百九十三条对此类案件的级别管辖问题作出了特别规定:

(1)涉外刑事案件,除可能判处无期徒刑、死刑,或者案件是全省(自治区、直辖市)性、全国性的重大刑事案件,依法应由中级以上人民法院一审的以外,应由基层人民法院一审。

(2)中级人民法院可以根据辖区内基层人民法院受理涉外刑事案件的数量情况、有关基层人民法院的审判力量和经验等,指定若干基层人民法院集中管辖第一审涉外刑事案件。

(3)必要时,中级人民法院可以依照刑事诉讼法第二十三条的规定,向基层人民法院下达改变管辖决定书,直接审理基层人民法院管辖的第一审涉外刑事案件。

3. 国籍确认

当事人国籍的确认是涉外刑事案件审理中的基础性问题。实践中,当事人持有两国甚至多国护照,或者没有有效证件的情况较为普遍。有鉴于此,《解释》第三百九十四条在吸收《1998年解释》第三百一十四条有关内容基础上,对国籍确认问题作出了专门规定:"外国人的国籍,根据其入境时的有效证件确认;国籍不明的,根据公安机关或者有关国家驻华使、领馆出具的证明确认。国籍无法查明的,以无国籍人对待,适用本章有关规定,在裁判文书中写明'国籍不明'。"适用中应注意:

(1)对外国籍被告人通过海关进入我国境内,但其拥有两国甚至多国护照的,应当以其通关时所持的护照确认其国籍。未经海关偷越国(边)境进入我国境内的,以其所持真实有效的证件确认其国籍,必要时需与外国使、领馆联系,根据外国使、领馆出具的证明确认其国籍。

(2)《中华人民共和国国籍法》第三条明确规定:"中华人民共和国不承认中国公民具有双重国籍。"对中国公民以购买等方式取得外国国籍且同时具有中国国籍的,应当根据《中华人民共和国国籍法》第九条、第十一条的规定确认其国籍。也即,中国公民必须同时具备定居国外,以及自动加入或取得外国国籍两个条件,才自动丧失中国国籍,如非同时具备,则不能认定其具有外国国籍,而仍应认定其属于中国公民。国家工作人员和现役军人不得退出中国国籍。

(3)香港、澳门特别行政区居民具有中国国籍,同时持有英国、葡萄牙等国护照的,根据全国人民代表大会常务委员会《关于〈中华人民共和国国籍法〉在香港特别行政区实施的几个问题的解释》、《关于〈中华人民共和国国籍法〉在澳门特别行政区实施的几个问题的解释》等确认其国籍。

4. 涉外刑事案件的对内通报和对外通知

涉外刑事案件涉及外国籍当事人,为保障案件审理过程中的有关问题得到及时、妥善处理,需要向人民政府外事主管部门通报有关事项。此外,根据《维也纳领事关系公约》①和我国与有关国家签订的双边领事条约的规定,我国承担向外国籍当事人国籍国驻华使、领馆通知有关事项的义务。这是涉外刑事案件审理中的一项重要工作。不通知或者延误通知会引发外事交涉,甚至可能对我国与相关国家的关系造成影响。相关通知义务是双向的,我国若不能严格履行通知义务,往往会影响我驻外使、领馆对境外中国公民、机构的有效保护。《解释》第三百九十六条、第三百九十七条,在《1998 年解释》第三百二十一条、第三百三十四条的基础上,参照《关于涉外案件规定》的有关规定,对涉外刑事案件的内部通报和对外通知问题作了规定。

(1)需要内部通报、对外通知的具体事项

涉外刑事案件的处理涉及侦查、审查起诉、审判和执行一系列工作环节。根据所处诉讼阶段和案件情况,人民法院在受理涉外刑事案件后,对下列事项,应当及时通报同级人民政府外事主管部门,并通知外国籍当事人国籍国驻华使、领馆:其一,对外国籍被告人采取强制措施的情况。这里的"对外国籍被告人采取强制措施",仅限于人民法院决定采取强制措施时。如是公安、检察机关决定采取,已由公安、检察机关负责通报,无须重复通报。通报的内容包括将外国籍当事人的姓名(包括译名)、性别、入境时间、护照或者证件号码、采取的强制措施及法律依据、羁押地点等。其二,开庭的时间、地点、是否公开审理等事项。其三,宣判的时间、地点。

此外,涉外刑事案件宣判后,应当及时将处理结果通报同级人民政府外事主管部门;对外国籍被告人执行死刑的,死刑裁决下达后执行前,应当通知其国籍国驻

① 1963 年 4 月 24 日订于维也纳,1967 年 3 月 19 日生效,1979 年 7 月 3 日我国政府向联合国秘书长交存加入书,同年 8 月 1 日对我生效。《维也纳领事关系公约》第三十六条规定:"遇有领馆辖区内有派遣国国民受逮捕或监禁或羁押候审,或受任何其他方式之拘禁之情事,经其本人请求时,接受国主管当局应迅即通知派遣国领馆。受逮捕、监禁、羁押或拘禁之人致领馆之信件亦应由该当局迅予递交。该当局应将本款规定之权利迅即告知当事人。领事官员有权探访受监禁、羁押或拘禁之派遣国国民,与之交谈或通讯,并代聘其法律代表。领事官员并有权探访其辖区内依判决而受监禁、羁押或拘禁之派遣国国民。但如受监禁、羁押或拘禁之国民明示反对为其采取行动时,领事官员应避免采取此种行动。"

华使、领馆；外国籍被告人在案件审理中死亡的，应当将死亡的时间、地点、原因等及时通报同级人民政府外事主管部门，并通知有关国家驻华使、领馆；在规定的通报、通知期限内无法确定死亡原因的，应当在确定死亡原因后及时补充通报、通知。另根据《解释》第四百零五条的规定，限制外国人出境的，也应当通报同级人民政府外事主管部门和当事人国籍国驻华使、领馆。

(2)对外通知的具体程序

需要向有关国家驻华使、领馆通知有关事项的，应当层报高级人民法院，一律由高级人民法院负责通知；必要时，高级人民法院可以请人民政府外事主管部门给予协助。通知按照下列规定办理：

其一，外国籍当事人国籍国与我国签订有双边领事条约的，根据条约规定办理；未与我国签订双边领事条约，但参加《维也纳领事关系公约》的，根据该公约规定办理；未与我国签订领事条约，也未参加《维也纳领事关系公约》，但与我国有外交关系的，可以根据外事主管部门的意见，按照互惠原则，根据有关规定和国际惯例办理。

其二，在外国驻华领馆领区内发生的涉外刑事案件，通知有关外国驻该地区的领馆；在外国领馆领区外发生的涉外刑事案件，通知有关外国驻华使馆；与我国有外交关系，但未设使、领馆的国家，可以通知其代管国家驻华使、领馆；无代管国家、代管国家不明的，可以不通知。

其三，双边领事条约规定通知时限的，应当在规定的期限内通知；无双边领事条约规定的，应当根据或者参照《维也纳领事关系公约》和国际惯例尽快通知，至迟在七日内通知。

其四，双边领事条约没有规定必须通知，外国籍当事人要求不通知其国籍国驻华使、领馆的，可以不通知，但应当由其本人出具书面声明。根据我国与其他国家签订的双边领事条约，对外通知有强制性通知和非强制性通知之分。所谓强制性通知，是指涉外案件发生后，有关单位无须询问涉案人的意见，即通知其国籍国驻华使、领馆。截至2010年3月31日，我国与美国、英国、法国、俄罗斯、日本、印度等43个国家签订的双边领事条约中规定有强制通知条款。如这些国家的公民涉案，即使其本人不希望通知，也须向其国籍国驻华使、领馆通知有关事项。所谓非强制性通知，是指在我国与有关国家签订的双边领事条约中没有规定必须通知，如有关国家的公民涉案，其本人不希望通知，则我可不予通知，但需由其本人出具《关于领事通报的声明书》。

5. 关于探视、会见外国籍被告人

根据《维也纳领事关系公约》及我国与有关国家签订的双边条约的规定，外国籍被告人享有与其国籍国驻华使、领馆联系，与其监护人、近亲属会见、通信的权利。《解释》第三百九十九条对外国驻华使、领馆官员探视，外国籍被告人近亲属会见在押的外国籍被告人问题作出了规定。

(1)涉外刑事案件审判期间，外国籍被告人在押，其国籍国驻华使、领馆官员要求探视的，可以向受理案件的人民法院所在地的高级人民法院提出。人民法院应当根据我国与被告人国籍国签订的双边领事条约规定的时限予以安排；没有条约规定的，应当尽快安排。必要时，可以请人民政府外事主管部门协助。

(2)涉外刑事案件审判期间，外国籍被告人在押，其监护人、近亲属申请会见的，可以向受理案件的人民法院所在地的高级人民法院提出，并提供与被告人关系的证明。证明必须经所在国公证机关证明，所在国中央外交主管机关或者其授权机关认证，并经我国驻该国使、领馆认证，但我国与有关国家之间有互免认证协定的除外。人民法院经审查认为会见不妨碍案件审判的，可以批准。

(3)外国籍被告人拒绝接受国籍国驻华使、领馆官员探视或者拒绝会见其监护人、近亲属的，可以不予安排，但应当由其本人出具书面声明。

(4)探视、会见被告人应当遵守我国法律规定，违反规定的应当制止，并依法作相应处理。

6. 外国驻华使、领馆官员旁听涉外刑事案件审理

根据当前审判实践，《解释》第四百条规定："公开审理的涉外刑事案件，外国籍当事人国籍国驻华使、领馆官员要求旁听的，可以向受理案件的人民法院所在地的高级人民法院提出申请，人民法院应当安排。"

对此需要说明的是，《关于涉外案件规定》曾规定："对于依法不公开审理的涉外案件，外国驻华使、领馆官员要求旁听的，如有关国家与我国已签订的领事条约中明确承担有关义务的，应履行义务；未明确承担有关义务的，应根据我国法律规定，由主管部门商同外事部门解决。"在起草《解释》过程中，对于是否将上述内容写入，曾作过专门讨论。经研究，目前我国只与个别国家在双边领事条约中规定有旁听条款，同时均规定有关权利的行使，应遵照接受国的法律。故对依照我国刑事诉讼法规定不公开审理的涉外刑事案件，外国驻华使、领馆官员要求旁听的，应当不予安排。

7. 为外国籍当事人提供翻译

《解释》第四百零一条对涉外刑事案件审理中的翻译问题作了规定，要求人民法院在审理案件过程中，应当为外国籍当事人提供翻译，并应当为其提供诉讼文书的外文译本。外国籍当事人通晓中国语言、文字，拒绝他人翻译，或者不需要诉讼文书外文译本的，应当由其本人出具书面声明。相关规定与《1998 年解释》第三百

一十九条的规定有所不同,修改之处主要是:

(1)将"外国籍被告人"改为"外国籍当事人"。理由是:对不通晓中国语言、文字的外国籍被害人,人民法院也应当为他们提供翻译。

(2)删除了"翻译费用由被告人承担"的规定。主要考虑是:对不通晓中国语言、文字的外国籍当事人获得翻译,是其应享有的诉讼权利,不应由其承担费用。

(3)对外国籍当事人通晓中国语言、文字,拒绝他人翻译,或者不需要诉讼文书外文译本的,应当由其本人出具书面声明,不能仅作口头声明。主要考虑是:获得翻译是外国籍当事人重要的诉讼权利。如外国籍当事人通晓中国语言、文字,自愿放弃该项权利的,应严格相关手续,由其本人出具书面声明,以免日后引发争议,难以查证。

需要说明的是,在《解释》起草过程中,曾有意见提出,当前,涉外刑事案件呈增多趋势,当事人的国籍也越来越多样。有的案件中,要找到通晓当事人所使用的语言、文字的翻译人员十分困难,有鉴于此,建议规定:外国籍当事人或者其国籍国驻华使、领馆申请自行聘请翻译人员的,人民法院可以准许,有关费用由外国籍当事人或者其国籍国驻华使、领馆承担。征求意见过程中,有关部门提出,涉外刑事案件中,翻译工作对于准确查明案件事实具有重要影响,不应接受当事人或者其国籍国驻华使、领馆自行聘请翻译。经研究,《解释》未对上述问题作出明确规定。审判实践中,可根据具体案件情况加以把握:如系外国籍被告人或者其国籍国驻华使、领馆申请自行聘请翻译,而该外国籍被告人被指控的并非重大犯罪的,人民法院可以准许;对外国籍被害人或者附带民事诉讼中的外国籍当事人要求自行聘请翻译的,人民法院也可以准许。对自行聘请翻译的,应当由申请人承担翻译费用。当然,对自行聘请翻译的申请,人民法院应当加以审查,认为可能妨碍案件公正审理的,不应准许。

8. 涉外刑事案件当事人委托辩护人、诉讼代理人

《解释》第四百零二条、第四百零三条在吸收《1998年解释》第三百二十条有关内容基础上,对涉外刑事案件当事人委托辩护人、诉讼代理人作出以下规定:

(1)外国籍当事人委托律师辩护或者代理诉讼的,应当委托中国律师。

(2)外国籍被告人在押的,其监护人、近亲属或者其国籍国驻华使、领馆可以代为委托辩护人。其监护人、近亲属代为委托辩护人,需提供与被告人关系的有效证明。这是新增的内容。

(3)外国籍当事人可以委托其监护人、近亲属担任辩护人、诉讼代理人,但被委托人应当提供与当事人关系的有效证明。这也是新增的内容。

(4)外国籍被告人没有委托辩护人的,人民法院可以通知法律援助机构为其指

派律师提供辩护。被告人拒绝辩护人辩护的,应当由其出具书面声明,或者将其口头声明记录在案。被告人属于应当提供法律援助情形的,人民法院应当查明原因。理由正当的,应当准许,但被告人须另行委托辩护人;被告人未另行委托辩护人的,人民法院应当通知法律援助机构另行指派律师为其提供辩护;重新开庭后再次当庭拒绝辩护人辩护的,不予准许。

(5)外国籍当事人从中国领域外寄交或者托交给中国律师或者中国公民的委托书,以及外国籍当事人的监护人、近亲属提供的与当事人关系的证明,必须经所在国公证机关证明,所在国中央外交主管机关或者其授权机关认证,并经我国驻该国使、领馆认证,但我国与该国之间有互免认证协定的除外。需要指出的是,"经所在国公证机关证明"与"所在国中央外交主管机关或者其授权机关认证"不是选择关系,而是并列关系,换言之,二者必须同时具备。

9. 限制出境

《解释》第四百零四条在吸收《1998 年解释》第三百二十二条、第三百二十三条、第三百二十四条有关内容基础上,对限制涉外刑事案件被告人、证人出境问题作了规定。

(1)对涉外刑事案件的被告人,可以决定限制出境;对开庭审理案件时必须到庭的证人,可以要求暂缓出境。作出限制出境的决定,应当通报同级公安机关或者国家安全机关;限制外国人出境的,应当同时通报同级人民政府外事主管部门和当事人国籍国驻华使、领馆。

(2)人民法院决定限制外国人和中国公民出境的,应当书面通知被限制出境的人在案件审理终结前不得离境,并可以采取扣留护照或者其他出入境证件的办法限制其出境;扣留证件的,应当履行必要手续,并发给本人扣留证件的证明。

(3)对需要在边防检查站阻止外国人和中国公民出境的,受理案件的人民法院应当层报高级人民法院,由高级人民法院填写口岸阻止人员出境通知书,向同级公安机关办理交控手续。控制口岸不在本省、自治区、直辖市的,应当通过有关省、自治区、直辖市公安机关办理交控手续。紧急情况下,确有必要的,也可以先向边防检查站交控,再补办交控手续。

与《1998 年解释》相比,《解释》主要作了三点修改:一是增加规定限制外国人出境的,应当同时通报同级人民政府外事主管部门和当事人国籍国驻华使、领馆。二是删除了可以口头通知被限制出境的人的规定。决定限制外国人和中国公民出境的,必须一律书面通知。三是增加规定采取扣留证件方式限制出境的,应当履行必要手续,并发给本人扣留证件的证明。

10. 来自境外的证据材料的审查和运用

《解释》第四百零五条在《海关总署缉私局、最高人民检察院侦查监督厅、公诉厅、最高人民法院刑二庭关于走私犯罪案件中境外证据的认定与使用有关问题的联席会议的纪要》(缉私〔2005〕349号,以下简称《联席会议纪要》)有关内容的基础上,对来自境外的证据材料的审查和运用问题作出了规定。适用该条规定应当注意:

(1)根据我国刑事诉讼法的规定,可以用于证明案件事实的材料,都是证据。来自境外的证据材料,只要能够证明案件事实且符合刑事诉讼法规定的,就可以在刑事诉讼中作为证据使用。

(2)对来自境外的证据材料,人民法院应当依法进行审查。如有关证据材料是公安、司法机关通过司法协助等途径收集的,应当审查检察机关移送的案卷、证据材料中是否附有有关证据材料来源、提供人、提供时间以及提取人、提取时间等的书面说明,如无相关说明的,可要求检察机关补充;如有关证据材料系由当事人及其辩护人、诉讼代理人提供的,则应当审查是否经所在国公证机关证明,所在国中央外交主管机关或者其授权机关认证,并经我国驻该国使、领馆认证。如未经证明、认证,不能作为证据使用。

(3)来自境外的证据材料,应当与其他证据一样,接受控辩双方质证。只有经法庭依法定程序查证属实的,才能作为定案的根据。如经法庭调查,材料来源不明或者其真实性无法确认的,不得作为定案的根据。

(4)对境外单位(含境外司法机构、政府机构、国际组织)或者个人提供的证据,如提供人或者我国与有关国家签订的双边条约对材料的使用范围有明确限制,如要求不得公开,不得作为庭审证据使用,或者不得作为对有关人员定罪判刑的依据等的,则不得在刑事审判中作为证据使用。

需要说明的是,在起草《解释》过程中,有关方面曾建议参考《联席会议纪要》的内容,对来自境外的证据材料的转化问题作出明确,即增加规定:“境外证据材料提供者对所提供的证据材料的使用范围有明确限制的,应当对原始证据材料予以形式转换后使用,但我国与有关国家签订的双边条约对材料的使用范围有明确限制的除外。境外证据材料的形式转换,应当针对原始证据材料的限制条件和特殊要求,由侦查机关将境外原始证据材料的取证过程和具体内容转换为工作说明,在加盖侦查机关印章后供庭审使用。工作说明所依据的境外原始证据应当另外存档,不得在庭审中公开使用。”经研究,证据转换属于侦查机关的工作,如境外证据材料的提供人或者我国与有关国家签订的双边条约对证据材料的使用范围有明确限制的,应由侦查机关负责转换。在最高人民法院制定的司法解释中不能直接给侦查机关设定义务。故未采纳上述意见。实践中确实遇到有关问题的，可由侦查机关继续参照《联席会议纪要》办理。

11. 涉外刑事案件的审限

针对涉外刑事案件的特殊性，在起草《解释》过程中，原拟规定："审理涉外刑事案件，向有关国家驻华使、领馆通报有关情况、翻译法律文书等工作所占用的时间，不计入审理期限，但应当制作相关工作记录或者说明。"有关部门提出，法律对审理期限及不计入审限的情形有明确规定，由司法解释规定有关时间不计入审限不妥。有鉴于此，删除了有关内容，《解释》第四百零六条只对涉外刑事案件的延长审限问题作出了提示性规定："涉外刑事案件，符合刑事诉讼法第二百零二条第一款、第二百三十二条规定的，经有关人民法院批准或者决定，可以延长审理期限。"

需要指出的是，由于涉外刑事案件的特殊性，其程序的正当性问题更容易引起国内外舆论的关注。对此类案件，如确实不能在法定的基本审限内审结的，应当依照法定程序，经有关人民法院批准或者决定，延长审理期限。

12. 刑事司法协助

《解释》第四百零八条至第四百一十二条对人民法院与外国法院相互请求刑事司法协助问题作了规定。适用相关规定中应当注意：

(1) 对我国参加或者缔结的国际条约规定有刑事司法协助内容的，人民法院和外国法院可以相互请求刑事司法协助；如我国与有关国家没有缔结司法协助条约，也没有共同参加载有司法协助条款的国际公约的，人民法院与该国法院也可以按照互惠原则相互请求刑事司法协助。

(2) 对外国法院请求人民法院提供刑事司法协助，应当进行审查，如请求的事项有损我国的主权、安全、社会公共利益的，应当不予协助；反之，则应当根据有关国际条约规定或者依照互惠原则处理。需要说明的是，在我国与有关国家签订的司法协助条约中，对可拒绝提供协助的情形通常有具体规定，如《中华人民共和国政府和美利坚合众国政府关于刑事司法协助的协定》第三条的规定。对外国法院提出的协助请求，人民法院应当依照有关条约的具体规定进行认真审查。

需要说明的是，《1998 年解释》第三百二十五条原规定，"不属于人民法院职权范围的，应当退回，并说明理由"，《解释》删除了这一规定，主要考虑是：对不属于人民法院职权范围的请求协助事项，有的可由公安、检察机关办理，不能一律退回，而应要求外交部或者有关部门转职能部门办理。

(3) 在我国与有关国家签订的司法协助条约中，均对司法协助条约的联系途径有明确约定；在我国缔结或者参加的国际公约中，通常也要求指定负责办理司法协助事项的中央机关。请求和提供司法协助，应当依照有关国际条约规定的途径进行;没有条约关系的,则应当通过外交途径进行,即应当通过各自的外交部门提出、接受司法协助请求,反馈执行协助请求的结果。

(4)最高人民法院对司法协助的审核程序人民法院请求外国提供司法协助的,应当经高级人民法院审查后报最高人民法院审核同意。外国法院请求我国提供司法协助,属于人民法院职权范围的,经最高人民法院审核同意后转有关人民法院办理。

需要说明的是,对人民法院请求外国提供司法协助的,《1998年解释》第三百二十六条只是规定必须由“高级人民法院报经最高人民法院审查同意”。而根据《解释》第四百一十条第一款的规定,此种情况下,高级人民法院也负有相应的审查责任;高级人民法院确认请求事项、请求书及所附文件等没有问题的,才能报最高人民法院审核。

(5)人民法院请求外国提供司法协助的请求书及其所附文件,应当附有该国文字译本或者国际条约规定的其他文字文本。外国法院请求我国提供司法协助的请求书及其所附文件,应当附有中文译本或者国际条约规定的其他文字文本。

需要说明的是,在我国与有关国家签订的司法协助条约中对请求书的内容均有规定,如《中华人民共和国政府和法兰西共和国政府关于刑事司法协助的协定》第四条的规定。人民法院在请求外国提供司法协助时,应按照条约规定,同时结合请求事项的具体性质,撰写请求书,并附相关文件,以方便外国按照我方要求,及时执行协助事项。

(6)《解释》第四百一十二条对人民法院向在中华人民共和国领域外居住的当事人送达刑事诉讼文书的方式作了规定。相关规定是在《1998年解释》第三百二十七条基础上修改的,修改之处主要是:参考2012年修正的民事诉讼法第二百六十七条的规定,增加了第五项、第七项规定,即当事人是外国单位的,可以向其在中华人民共和国领域内设立的代表机构或者有权接受送达的分支机构、业务代办人送达;受送达人所在国法律允许的,可以采用传真、电子邮件等能够确认受送达人收悉的方式送达,并对有关邮寄送达的规定作了完善。

需要说明的是:其一,向在我国领域外居住的外国籍当事人送达诉讼文书的,如受送达人所在国与我国有条约关系的,应当根据受送达人所在国与我国缔结或者共同参加的国际条约规定的方式送达;没有条约关系的,则通过外交途径送达。其二,采取邮寄、传真、电子邮件等方式送达诉讼文书的,必须以受送达人所在国的法律允许为前提。

(7)《解释》第四百一十三条对人民法院、外国法院通过外交途径送达刑事法律文书的程序作了规定:“人民法院通过外交途径向在中华人民共和国领域外居住的受送达人送达刑事诉讼文书的，所送达的文书应当经高级人民法院审查后报最高人民法院审核。最高人民法院认为可以发出的，由最高人民法院交外交部主管部门转递。”“外国法院通过外交途径请求人民法院送达刑事诉讼文书的，由该国驻华使馆将法律文书交我国外交部主管部门转最高人民法院。最高人民法院审核后认为属于人民法院职权范围，且可以代为送达的，应当转有关人民法院办理。”需要说明的是，《解释》第四百一十三条对《1998 年解释》的有关规定作了修改，主要是：根据《1998 年解释》第三百二十九、第三百三十一条的规定，对外国法院通过外交途径请求我国法院送达刑事诉讼文书的，我国外交部主管部门收到后，直接转递有关高级人民法院；我国法院通过外交途径请求外国法院送达文书的，也是由高级人民法院审查后交外交部主管部门转递。按此操作，不符合国际司法协助一般应通过最高司法机关开展的国际惯例；不利于最高人民法院统一掌握相关情况；由于有关高级人民法院缺乏足够经验，执行中也容易出现问题。有鉴于此，《解释》对有关规定作出了修改，明确对人民法院与外国法院通过外交途径相互请求送达刑事诉讼文书的，一律需经最高人民法院审核。

（十九）执行程序

《修改刑事诉讼法决定》关于执行程序的修改主要有：第一，完善了可以暂予监外执行的规定：其一，明确对判处无期徒刑的罪犯，符合法定条件的，也可以监外执行；其二，明确了暂予监外执行的决定机关。第二，强化了人民检察院对暂予监外执行的监督。第三，明确了对暂予监外执行罪犯收监和不计入执行刑期的情形。第四，规定了对符合法定条件的罪犯可以社区矫正的制度。第五，规定了人民检察院对提请减刑、假释的监督。《解释》在《1998 年解释》的基础上，结合《最高人民法院、最高人民检察院、公安部、司法部关于进一步严格依法办案确保办理死刑案件质量的意见》、《最高人民法院关于适用停止执行死刑程序有关问题的规定》、《最高人民法院关于财产刑执行问题的若干规定》、《最高人民法院关于办理减刑、假释案件具体应用法律若干问题的规定》、《社区矫正实施办法》及其他规范性文件的规定，综合审判实践情况，对执行程序的相关问题作了具体规定。

1. 死刑缓期执行期间故意犯罪的审理问题

根据《解释》第四百一十五条、第四百一十六条的规定，对死刑缓期执行罪犯在死刑缓期执行期间执行刑罚，应注意以下问题：

（1）在死刑缓期执行期间没有故意犯罪的，缓期执行期满，由执行机关提出书面意见，报请高级人民法院裁定减刑。根据刑法第五十条的规定，没有故意犯罪的，减为无期徒刑；确有重大立功表现的，二年期满后，减为二十五年有期徒刑。

（2）在死刑缓期执行期间故意犯罪的，由罪犯服刑地的中级人民法院依法审判,所作的判决可以上诉、抗诉。认定构成故意犯罪的判决、裁定发生法律效力后,应当层报最高人民法院核准执行死刑。如果死缓罪犯在缓期执行期间脱逃后犯罪,在犯罪地被抓获并发现了其实施的犯罪的,应由何地人民法院管辖?《解释》第十一条第三款规定:“罪犯在脱逃期间犯罪的,由服刑地的人民法院管辖;在犯罪地抓获罪犯并发现其在脱逃期间的犯罪的,由犯罪地的人民法院管辖。”根据此规定,《解释》第十一条第三款似与《解释》第四百一十五条相矛盾。我们认为,死缓期间脱逃后犯罪的管辖属于特别规定,按照特别优于一般的原则,应当适用第四百一十五条的规定,即应由服刑地中级人民法院管辖。

(3)死刑缓期执行的期间,从判决或者裁定核准死刑缓期执行的法律文书宣告或者送达之日起计算。死刑缓期执行期满减为无期徒刑、有期徒刑的,刑期自死刑缓期执行期满之日起计算,故《解释》第四百四十九条中没有规定审理死缓罪犯减刑案件的审理期限。有意见提出,由死缓减为无期徒刑的,不应当再规定刑期起算日期。经研究认为,无期徒刑没有起止日期,此观点从理论上讲有一定道理,但实践中,无期徒刑犯一般也要在服刑二年左右后减刑,如不规定无期徒刑犯的刑期起始时间,不利于保障罪犯的相关权利,也不利于鼓励罪犯改造。

2. 执行死刑前罪犯与其亲属会见的问题

《解释》第四百二十三条规定了这一问题,该条吸收了《1998年解释》第三百四十三条和《关于进一步严格依法办案确保办理死刑案件质量的意见》第四十五条的内容,并作了适当修改。适用本条,应注意以下问题:

(1)人民法院在执行死刑前,应当告知罪犯有权会见其近亲属。罪犯提出申请并提供具体联系方式的,应当通知其近亲属;罪犯近亲属提出会见要求的,及时安排会见。

(2)将告知罪犯有权申请会见其近亲属的时间明确为执行死刑前,以解决送达核准死刑的裁判文书时,时间太紧不便安排会见的问题,便于实践中灵活掌握。

3. 死刑复核期间,没有被判处死刑的同案犯交付执行的问题

《解释》第四百三十条规定:“同案审理的案件中,部分被告人被判处死刑,对未被判处死刑的同案被告人需要羁押执行刑罚的,应当在其判决、裁定生效后十日内交付执行。但是,该同案被告人参与实施有关死刑之罪的,应当在最高人民法院复核讯问被判处死刑的被告人后交付执行。”本条是根据修改后的刑事诉讼法关于罪犯应在判决生效后十日以内交付执行的规定,并结合死刑复核实践新增加的一条。针对该条,有必要说明以下问题:

(1)关于“参与实施有关死刑之罪”的范围,有意见提出,此规定范围较为模糊,团伙犯罪案件中主犯被判处死刑后,其他未被判处死刑的同案被告人如何界定

"参与实施有关死刑之罪",建议予以明确。也有意见要求将其修改为"同案被告人的罪行与被判处死刑的被告人的死刑犯罪密切相关的"。经研究认为,实践中情况复杂,准确界定与复核的死刑案件相关的罪行确属不易,由实践中具体把握更为稳妥。因此,没有采纳相关意见。

(2)有意见提出,应慎重考虑"应当在最高人民法院复核讯问被判处死刑的被告人后交付执行"这一规定。实践中,一些地方的看守所中被判处死刑的在押人员等待死刑复核的时间普遍都在二年左右,最久的可达七八年,按照这一规定势必造成同案被告人长期羁押在看守所不能交付执行,既加大看守所管理压力,也变相剥夺了这部分人的减刑、假释等合法权利;此外,这一规定与法律规定亦不相符,应予删除。也有意见主张,应在最高人民法院死刑复核程序终结后交付执行,以确保死刑复核质量,提高复核效率。经研究认为,死刑复核中讯问被告人仅是死刑复核程序中的一个环节,如果等到整个死刑复核程序终结后再交付执行,同案被告人在看守所被羁押的时间会更长,因此,没有采纳这一意见。

4. 被宣告缓刑的罪犯能否减刑

《1998 年解释》第三百六十二条规定对缓刑犯也可以减刑。起草《解释》过程中,有意见提出,缓刑是有条件的不执行原判刑罚,缓刑考验期间不是刑罚执行期间,法律并没有规定对宣告缓刑的可以予以减刑。如确有必要,应由法律作出规定,由司法解释予以规定不妥。经研究,采纳了这一意见,未再规定缓刑犯的减刑问题。

5. 缓刑、假释撤销

《1998 年解释》第三百五十六条规定:"被宣告缓刑、假释的犯罪分子,在缓刑、假释考验期限内再犯新罪或者被发现判决宣告以前还有其他罪没有判决,应当撤销缓刑、假释的,由审判新罪的人民法院在审判新罪时,对原判决、裁定宣告的缓刑、假释予以撤销;如果原来是上级人民法院判决、裁定宣告缓刑、假释的,审判新罪的下级人民法院也可以撤销原判决、裁定宣告的缓刑、假释。审判新罪的人民法院对原审判决、裁定宣告的缓刑、假释撤销后,应当通知原宣告缓刑、假释的人民法院和执行机关。"《解释》第四百五十七条吸收了上述规定的有关内容,但删除了"如果原来是上级人民法院判决、裁定宣告缓刑、假释的,审判新罪的下级人民法院也可以撤销原判决、裁定宣告的缓刑、假释"的规定。这主要是考虑,该规定已可为"由审判新罪的人民法院在审判新罪时,对原判决、裁定宣告的缓刑、假释予以撤销"的规定所包含,无须重复规定。

(二十)关于未成年人刑事案件诉讼程序

将未成年人刑事案件诉讼程序作为特别程序予以规定,是此次刑事诉讼法修改的亮点之一。《解释》根据法律规定，以2001年施行的《最高人民法院关于审理未成年人刑事案件的若干规定》（以下简称《审理未成年人刑事案件规定》）为基础，参考相关规范性文件，结合少年法庭工作实际，对相关问题作了进一步明确。

1. 机构建设

专门的少年审判机构是保证专业队伍的重要前提，也是开展少年审判各项工作的重要保障。《审理未成年人刑事案件规定》第六条的规定已不能适应少年法庭工作发展的需要，主要体现在：该规定中所称少年法庭仅指未成年人刑事审判庭和未成年人刑事案件合议庭，没有包括未成年人案件综合审判庭，也未对高级法院设立独立机构提出要求。2006年8月，最高人民法院决定在全国17个中级人民法院开展设立独立建制的未成年人案件综合审判庭的试点工作，少年法庭机构和工作内容均发生较大变化。基于试点工作取得的良好效果和实践需要，经中央政法委同意，最高人民法院于2012年12月决定增加32个中级人民法院参与试点工作。对于高级人民法院的机构建设，最高人民法院院领导在全国法院第六次少年法庭工作会议上明确要求：高级人民法院要根据形势的发展和工作需要，积极推进成立独立建制的少年法庭工作机构。

根据全国少年审判机构发展的具体情况，《解释》第四百六十二条将未成年人刑事审判庭修改为未成年人案件审判庭，同时规定具备条件的高级人民法院可以设立独立建制的未成年人案件审判庭。这一规定对目前少年审判机构的设置提出要求，也为未来发展留出了空间。

2. 少年法庭审理案件的范围

《审理未成年人刑事案件规定》第十条没有明确犯罪时未成年、审判时已成年的案件是否由少年法庭审理，对此，司法实践中存在一定的争议。多数意见认为，对于犯罪时未成年、审判时刚满十八周岁的案件，由少年法庭审理有利于更好地保护被告人的权益，但对于审判时年龄较大的被告人，则由刑事审判庭审理更为适宜。《解释》第四百六十三条充分考虑少年法庭工作实际，吸收了实践中的多数意见，第一款规定：被告人实施被指控的犯罪时不满十八周岁、人民法院立案时不满二十周岁的案件，以及被告人实施被指控的犯罪时不满十八周岁、人民法院立案时不满二十周岁，并被指控为首要分子或者主犯的共同犯罪案件，由少年法庭审理。第二款中"其他共同犯罪案件中有未成年被告人的案件"，是指未成年被告人不是主犯的共同犯罪案件，这里的"未成年被告人"也应当理解为实施被指控的犯罪时不满十八周岁、人民法院立案时不满二十周岁的被告人。"其他涉及未成年人的刑事案件"，主要指刑事案件被害人是未成年人或者附带民事诉讼原告人有未成年人的案件。

对于被告人实施被指控犯罪时不满十八周岁、人民法院立案时已满二十周岁的案件，能否由少年法庭审理？我们认为，这类案件由刑事审判庭审理比较合适，但院长也可以根据本院少年法庭审判力量、未成年人刑事案件数量等实际情况，决定由少年法庭审理。

3. 分案审理

分案审理，是指在有成年犯又有未成年犯的共同犯罪案件中，将成年犯和未成年犯分开审理的制度。目前，很多地方的人民检察院、人民法院都在试行分案起诉、分案审理制度，取得了良好效果。最高人民检察院2006年12月出台的《办理未成年人刑事案件的规定》第二十三条规定："人民检察院审查未成年人与成年人共同犯罪案件，一般应当将未成年人与成年人分案起诉。"为与检察机关分案起诉制度互相配套，保证认定案件事实证据的一致性以及量刑的公平性，避免重复劳动、司法资源的浪费，《解释》第四百六十四条明确了人民法院分案审理的程序，规定："对分案起诉至同一人民法院的未成年人与成年人共同犯罪案件，可以由同一个审判组织审理；不宜由同一个审判组织审理的，可以分别由少年法庭、刑事审判庭审理。未成年人与成年人共同犯罪案件，由不同人民法院或者不同审判组织分别审理的，有关人民法院或者审判组织应当互相了解共同犯罪被告人的审判情况，注意全案的量刑平衡。"

4. 指定管辖

未成年人刑事案件指定管辖模式有利于解决案源不足和机构闲置的矛盾，稳固少年审判机构；有利于统一司法尺度，实现定罪量刑的平衡；有利于积累少年审判经验，形成较为成熟的少年审判队伍。1998年5月江苏省连云港市首创未成年人案件指定管辖模式，这一模式在江苏、上海、河南、山西等省市推广多年，取得积极成效。目前来看，指定管辖模式已经成为许多大中城市少年法庭机构建设的发展方向。根据司法实践的需要，为肯定并鼓励各地法院指定管辖的做法，进一步推动少年法庭的机构发展，《解释》第四百六十五条对指定管辖作了规定。需要说明的是，未成年人刑事案件指定管辖的具体操作，应当严格按照刑事诉讼法的规定，一案一指定。

5. 法定代理人、合适成年人到场制度

未成年人由于其认知能力和表达能力的局限，在刑事诉讼中难以充分行使诉讼权利，1996年刑事诉讼法第十四条仅规定可以通知法定代理人到场，导致实践中有些地方没有通知法定代理人到场，未能很好地保障未成年人的诉讼权利。修改后的刑事诉讼法第二百七十条规定，应当通知法定代理人到场，无法到场的，也可以通知未成年人的其他成年亲属或者代表。

《解释》第四百六十六条进一步明确了法定代理人、合适成年人到场的权利,在适用中应当注意:(1)在法定代理人未能到场的情况下,一般应当通知合适成年人到场。有条件的法院,通知合适成年人到场之前可以先征求未成年被告人的意见。此外,为节约时间,提高诉讼效率,在通知法定代理人时,即可以提前做好通知合适成年人的准备。(2)到场的合适成年人,经法庭同意,可以参与法庭教育、附带民事调解等工作。(3)如果未成年人拒绝合适成年人到场,法庭应当讲明向其讲明合适成年人到场有利于维护其诉讼权利,但是未成年人仍然反对,合适成年人到场可能起到反作用甚至影响诉讼的,法院可以不通知其到场或者允许退出法庭,并将上述情况记录在案。

6.未成年人情况调查制度

在办理未成年人案件时进行社会调查,了解其生活背景,分析其犯罪原因,从而有针对性地采取相应措施,对其施以教育矫治,可以取得更好的办案效果。《解释》第四百七十六条根据刑事诉讼法第二百六十八条的规定,对情况调查制度作了细化。适用《解释》第四百七十六条应当注意:

(1)情况调查的主体分为启动调查的主体和接受委托的主体。关于启动调查的主体。根据刑事诉讼法第二百六十八条的规定,公检法机关都有权启动调查;除此之外,根据刑事诉讼法第四十一条有关律师取证的一般规定,辩护律师也可以就未成年人的情况进行调查。关于接受委托的调查主体,《关于进一步建立和完善办理未成年人刑事案件配套工作体系的若干意见》规定,“由未成年犯罪嫌疑人、被告人户籍所在地或居住地的司法行政机关社区矫正工作部门负责”。但调研中发现,实践中接受委托的主体既有司法行政部门,也有其他社会团体,主要原因在于:司法行政机关负责情况调查工作的部门是社区矫正部门,而社区矫正部门工作任务重,人手不足,很难全面开展情况调查工作。虽然从调查的规范性和统一性来讲,接受委托的调查主体应当统一,但根据现阶段开展情况调查的工作实际,还可以委托共青团组织以及其他社会团体、组织开展调查。

(2)关于调查程序。目前,有关解释对调查的工作程序没有统一规定,调查报告的样式、内容也各不相同。调查方式有实地走访的,有发信函的,有打电话的;报告样式有采用公文报告形式的,有采用调查表格或调查笔录样式的;调查内容一般是围绕未成年人的性格特点、文化程度、家庭环境、成长经历、社会交往及实施被指控犯罪前后表现等情况展开,但也有的纳入了心理评估、非羁押措施风险评估等内容,还有的就如何量刑、如何帮教提出具体建议,等等。由于各地开展调查工作的人力、物力不尽相同,调查程序也无法完全统一。我们认为,有条件的法院可以就这一问题继续与有关部门沟通、协调,争取早日形成统一规范。目前重庆、上海、北京、苏州等地法院已与相关部门联合签发了未成年人情况调查的规范性文件,值得借鉴。

对于未成年人的情况调查,另一个重要问题是调查报告的地位作用。对此,有两种意见:一种意见认为,调查报告与其他证据具有相同的形式要件,属于广义证据的一种,是量刑的证据;另一种意见认为,调查报告不属于证据,只可以作为量刑的参考。经研究认为,未成年人调查报告是针对未成年人各方面情况进行调查形成的材料,并非证明案件事实的材料,不属于刑事诉讼法第四十八条规定的证据。但是,调查报告一定程度上反映了未成年被告人的主观恶性、人身危险性和监护帮教条件,对于人民法院有针对性地进行法庭教育和准确适用刑罚有重要的参考作用。因此,《解释》第四百八十四条规定,法庭在审查并听取控辩双方意见后,可以将调查报告和有关书面材料作为法庭教育和量刑的参考。此外,人民法院采纳调查报告中内容并将其作为量刑参考的,可以在裁判文书中说明。

7. 心理疏导和心理测评机制的运用

在未成年人案件审判中引入心理疏导和测评机制,是少年法庭为贯彻未成年人保护法对未成年人“特殊、优先”保护的原则、保障未成年人在诉讼中各项合法权益的一项特色工作机制,具有重要意义。《解释》第四百七十七条对此作了规定。心理疏导可以由法官进行,也可以由专业心理咨询师进行,心理测评则通常由专业心理咨询师进行。对未成年人开展心理测评,涉及未成年人的个人信息和个人隐私保护,为落实刑事诉讼法关于未成年人案件不公开审理、轻罪犯罪记录封存等规定,心理测评情况应当严格保密。

8. 法庭教育

《审理未成年人刑事案件规定》规定对未成年被告人进行法庭教育应当在宣判定罪以后,但从实践来看,对案情简单、被告人认罪的一些案件,在法庭审理过程中进行教育,效果更好:一是诉讼参与人均在场,便于各方共同教育;二是在庭审过程中进行教育,更容易使未成年被告人认识到行为的危害性;三是在庭审中教育有利于促成被害方谅解并有利于被告人与被害方之间的和解;四是法庭教育不宜局限于仅对定罪的被告人进行,还应兼有法制宣传的功能,甚至对被告人亲属亦有启发和教育意义。经多次讨论和征求意见,一致认为,法庭教育可以在法庭调查和辩论结束之后进行,但有罪教育必须在宣判后。《解释》第四百八十五条对《审理未成年人刑事案件规定》第三十三条作了相应修改。

适用《解释》第四百八十五条,应当注意以下问题:(1)根据第一款规定,如果在宣判之前已进行法庭教育的,宣判有罪后不必再行教育;如果宣判前没有进行教育,则宣判有罪后必须进行教育。(2)被告人及其法定代理人或者辩护人在提出无罪意见的,在庭审中不进行法庭教育,但是判决宣告有罪后仍然要进行教育。(3)法庭可以邀请到庭的诉讼参与人、参加庭审的其他人员以及未参加庭审的社会调查员、心理咨询师等参与法庭教育。(4)法庭教育,可以围绕“违法行为对社会的危害和应当受到处罚的必要性、导致违法行为发生的主客观原因及应当吸取的教训、正确对待人民法院的裁判”等内容进行。(5)适用简易程序的案件,也应当进行法庭教育。

9. 前科封存制度

《解释》第四百九十条根据刑事诉讼法第二百七十五条的规定,对前科封存制度作了规定。适用时应当注意:

(1)未成年人轻罪犯罪记录封存制度的适用范围,包括未成年被告人被判处五年以下有期徒刑、拘役、管制、单处罚金、驱逐出境以及免除刑事处罚的情形。需要说明的是,对于判决依法不负刑事责任、免予追究刑事责任的未成年人的行为记录,虽然不是犯罪记录,但属于未成年人的不良行为记录,也应当封存。

(2)被判处五年有期徒刑以下刑罚,并且正在管制服刑期间或者缓刑、假释考验期内的未成年人犯罪记录,也应当封存。主要是考虑行为人人身自由没有被剥夺,只是受到一定限制,可能面临就学、就业的问题,在此期间是否报告所受刑事处罚对行为人有重大影响,封存其犯罪记录可以最大限度消除刑事处罚给未成年人带来的不利影响。

(3)行为人在十八周岁前后连续实施数个行为,构成一罪,被判处五年有期徒刑以下刑罚的,能否适用前科封存的规定?我们认为,行为人连续实施数个行为构成一罪的,如盗窃、诈骗或者抢劫等,犯罪数额累计计算,定罪量刑是综合衡量数个行为后作出的,对其十八周岁之前的行为没有作单独评价,无法进行封存,不适用前科封存的规定。但是,如果行为人的主要犯罪事实在十八周岁之前,十八周岁之后的行为单独衡量不能构成犯罪的,人民法院可以决定封存。人民法院决定封存的,应当书面通知当事人、诉讼参与人和其他负有封存义务的机关。

(4)被封存犯罪记录的未成年人被发现有新的犯罪事实,其犯罪记录是否应当解除封存?我们认为,法律没有明确规定,一般不得解除封存。但也有例外情形:一是未成年人在服刑期间发现漏罪或者再犯新罪,如果漏罪、新罪都是其十八周岁之前实施,且与被封存记录之罪数罪并罚后被决定执行五年有期徒刑以上刑罚的,则被封存的犯罪记录应当解除封存;二是如果未成年人服刑期满后发现其在十八周岁之前尚有其他犯罪事实或者重新犯罪的,新判决确定的刑期与被封存之罪的刑期之和超过五年的,人民法院可以根据情况决定是否解除封存。对于以上两种情形,人民法院决定解除封存的,应当书面通知当事人、诉讼参与人和其他负有封存义务的机关。

(5)前科被封存后,司法机关或者有关单位提请查询的依据是国家规定,根据刑法第九十六条的规定,“国家规定”指全国人民代表大会及其常委会制定的法律和决定,国务院制定的行政法规、规定的行政措施、发布的决定和命令,不包括部门规章和地方性法规。

(6)有条件的人民法院,可以建立专门的未成年犯罪人案卷资料库,对应当封存的案卷标注密级,单独管理,同时对相关电子信息加密管理。司法机关为办案需要,或者有关单位根据国家规定提请查询犯罪记录的,经人民法院审查后,可以查询相关记录。需要说明的是,查询的是犯罪记录,而不是案卷材料。

(7)对于2012年12月31日以前审结的案件,符合封存条件的未成年人犯罪记录,也应当封存。当然,封存的方式可以灵活掌握,考虑到现实情况,案卷可以不必一律单独存放或者单独标记,只需做到对犯罪记录保密,非因法定事由,不提供查询即可。

10. 未成年人被害人、证人的权益保护

刑事诉讼法针对我国未成年被害人权益长期未得到应有重视的问题,对询问未成年被害人、证人作了特别规定。《解释》第四百七十三条规定了人民法院应当保障未成年被害人有权获得法律援助,体现对被害人权益的公平保护。需要说明的是,这里的法律援助不是法律规定的强制援助,人民法院帮助未成年被害人提出援助申请后,是否提供援助由法律援助机构决定。

此外,《解释》第四百六十八条对未成年被害人、证人的保护作了规定,适用时应当注意:(1)对于未成年被害人、证人,一般情况下,不应通知其出庭作证,除非其陈述、证言对定罪量刑具有关键性影响,不可替代,且控辩双方存有异议。特别是性侵犯、虐待、暴力伤害等案件的未成年被害人,原则上不应通知其出庭作证。(2)对确有必要出庭的未成年被害人、证人,为了避免其受到伤害,可以采取不暴露身份信息、不暴露外貌、真实声音等特殊保护措施;条件具备的,还可以采取远程视频等方式作证。

(二十一)当事人和解的公诉案件诉讼程序

刑事诉讼法增设了当事人和解的公诉案件诉讼程序,但仅有三条原则性规定。为充分发挥和解程序功能,有效化解社会矛盾,同时规范法律适用,防止出现“花钱买刑”等损害司法公正的问题,《解释》对和解程序的具体适用作了较为全面的规定,切实贯彻了和解自愿、合法原则及和解从宽处罚原则,同时确立了和解的即时履行原则及不得反悔原则。

1. 和解自愿、合法原则

自愿、合法原则是和解程序的灵魂和核心。刑事诉讼法明确规定了和解程序适用的案件类型和范围,同时强调被告人应当真诚悔罪,被害人应当自愿和解,双方当事人才可以和解。

(1)和解的适用条件、范围。对于适用当事人和解程序的案件,除必须符合除刑事诉讼法第二百七十七条规定的条件外,还应当满足事实清楚,证据充分的要求。如果证据不足,不能认定被告人有罪的,不能适用当事人和解程序。

根据刑事诉讼法的规定,对于因民间纠纷引起,涉嫌刑法分则第四章、第五章规定的犯罪案件,可能判处三年有期徒刑以下刑罚的,或者除渎职犯罪以外的可能判处七年有期徒刑以下刑罚的过失犯罪案件,如果被告人在五年以内没有故意犯罪,双方当事人可以和解。理解本条规定,需要注意以下问题:

一是"民间纠纷"。虽然司法部1990年发布的《民间纠纷处理办法》第三条规定:"基层人民政府处理民间纠纷的范围,为《人民调解委员会组织条例》规定的民间纠纷,即公民之间有关人身、财产权益和其他日常生活中发生的纠纷。"但对于刑事诉讼法规定的民间纠纷的内涵,尚有不同意见,故《解释》未对民间纠纷予以明确,为法官留下解释空间,以利于化解矛盾纠纷,促进社会和谐。

二是"可能判处三年有期徒刑以下的刑罚"。应当结合案件具体情节判断,而不能仅以法定最高刑是否为三年为标准。一般而言,在不考虑和解的情况下,根据被告人的犯罪事实、情节,应当判处的刑罚在三年有期徒刑以下的,就可以适用和解程序。比如,被告人参与故意伤害犯罪致人重伤,法定刑是三年以上十年以下有期徒刑,但其系从犯,依法应当判处的刑罚是二年有期徒刑左右,此时,对该被告人就可适用和解程序。

三是"五年以内曾经故意犯罪"。刑事诉讼法规定"五年以内曾经故意犯罪"不适用和解的主要目的是贯彻累犯从重原则,对于累犯,不得适用缓刑,不得假释,可以限制减刑,也不得适用和解。如果后罪是过失犯罪,虽然依法不构成累犯,但也不得适用和解。

(2)和解的主体。根据刑事诉讼法的规定,和解的主体是犯罪嫌疑人、被告人与被害人。当事人和解,原则上应当在双方当事人直接参与的情况下进行。但因各种主客观条件的限制,一些当事人可能无法亲自到场或者无法实际参与和解程序,这就涉及当事人和解的代理问题。

一是被害方代为和解的情形。如果被害人死亡的,可以由他的近亲属作为当事人进行和解。近亲属有多人的,达成和解协议,应当经处于同一继承顺序的所有近亲属同意。实践中比较常见的情况是,被害人死亡后,其妻子和父母,一方愿意和解而另一方反对,或者对和解内容意见不一,此时应当尽量协调解决,经协商后仍然有人坚决反对的,就不宜达成和解协议。被害人丧失行为能力或者系限制责任能力人的,可以由他的法定代理人或者近亲属代为和解。

二是被告方代为和解的情形。被告人的近亲属经被告人同意,可以代为和解。比如被告人被羁押,其往往无法到场协商,此时,经被告人同意,可以由其近亲属、其他亲友甚至被告人委托的律师等代为协商以达成和解。被告人系限制行为能力人的,其法定代理人依法可以代为和解,此时无须征得被告人同意。《解释》还特别强调,被告人的法定代理人、近亲属代为和解的,和解协议约定的赔礼道歉等事项,应当由被告人本人履行。当然,被告人本人履行赔礼道歉等事项,并不影响被告人家属向被害人赔礼道歉。

(3)和解的内容。《解释》第五百零一条规定:"和解协议书应当包括以下内容:(一)被告人承认自己所犯罪行,对犯罪事实没有异议,并真诚悔罪;(二)被告人通过向被害人赔礼道歉、赔偿损失等方式获得被害人谅解;涉及赔偿损失的,应当写明赔偿的数额、方式等;提起附带民事诉讼的,由附带民事诉讼原告人撤回附带民事诉讼;(三)被害人自愿和解,请求或者同意对被告人依法从宽处罚。"

一是和解能否涉及被告人量刑的问题。一些地方主张和解协议中应当包含被害人对被告人表示谅解并同意对其从宽处罚的内容;而反对意见认为,量刑是司法机关的权限,不容许当事人之间协商。经研究认为,和解与量刑密切相关,双方当事人有权就赔偿与量刑的关系问题进行协商,并在和解协议中写明被害人请求或者同意对被告人从宽处罚的内容,但双方当事人不宜对量刑作出具体、明确的约定,否则对司法机关没有约束力。

二是赔偿数额是否应当限制的问题。有意见提出,经济赔偿的目的在于有效补偿被害人的物质和精神损失,而非以金钱换取刑罚的减免,使被告人"花钱消灾",因此,建议对当事人和解的赔偿数额作出原则性规定,一方面避免使社会公众产生"只要有钱不怕犯罪"的误解,另一方面摒除被害人"漫天要价"的投机心理,保持刑法的严肃性和权威性。经研究,和解赔偿的数额确实普遍比判决赔偿的数额要高,法律也因此对和解从宽作了特别规定。只要双方完全出于自愿,被告人经济条件允许,就不宜作过多限制、干涉,以充分保障被害人合法权益。

(4)遵循和解的正当程序。根据《解释》的规定,和解的主要程序如下:

一是释明法律。对于符合刑事诉讼法第二百七十七条规定的公诉案件,事实清楚、证据充分的,人民法院应当告知当事人可以自行和解。

二是审查和解的自愿性、合法性。对于双方当事人在审判期间和解的,人民法院应当听取当事人及其法定代理人等有关人员的意见,对和解的自愿性、合法性进行审查。听取意见的人员范围,可以根据案件情况掌握。

对于双方当事人在侦查、起诉期间和解的,只有当事人提出异议时,人民法院才进行审查。经审查,和解自愿、合法的,予以确认,无须重新制作和解协议书;和解不具有自愿性、合法性的,应当认定和解无效,双方当事人可以重新达成和解协议。认定和解协议无效的,无须制作专门法律文书认定和解无效或者撤销和解协议,只需在裁判文书中客观叙述,不认定双方当事人已达成和解协议即可。

三是主持协商。当事人提出申请的,人民法院可以主持双方当事人协商以达成和解。人民法院仅是主持双方当事人协商以达成和解,而不是主持和解。刑事案件的加害方和被害方往往缺乏有效沟通的渠道,且有些还处于对立状态,缺乏互信,如果法官没有释法明理,没有从中斡旋、调和,不能有效增进双方的理解和信任的话,双方当事人很难自行和解。因此,人民法院应当践行能动司法理念,积极做好矛盾化解工作,认真主持双方当事人协商。同时,我们特别强调,人民法院仅仅是主持协商,而不是主持和解,故人民法院应当恪守中立,充分尊重双方自愿,不得对任何一方施加压力。

双方当事人请求人民法院主持和解的,人民法院也不能像主持调解一样,极力促成双方当事人和解,否则就可能为当事人事后反悔提供口实。因此,《解释》明确规定,"根据案件情况,人民法院可以邀请人民调解员、辩护人、诉讼代理人、当事人亲友等参与促成双方当事人和解"。我们务必充分发挥人民调解员、当事人亲友等的作用,尤其应当注重发挥辩护人、诉讼代理人的作用,尽可能由第三方促成双方当事人和解,确保双方自愿达成和解。

四是主持制作和解协议书。和解协议书应当由审判人员签名,但不加盖人民法院印章。征求意见稿曾规定,审判人员不在和解协议书中签名,也不加盖人民法院印章。后经研究,主持制作和解协议书的审判人员应当以制作人员的身份签名或者署名,以表明其对和解协议书的真实性、合法性进行了审查。但鉴于人民法院没有主持和解,是双方当事人自愿和解,故和解协议书不能加盖人民法院印章,也不能作为强制执行的依据,否则便混淆了和解与调解的界限。

五是法庭调查。由于当事人和解是重要的量刑情节,和解协议书原则上应当在法庭上出示,并进行质证,经查证属实后才能作为量刑的证据。但是,对于双方当事人在庭后达成和解的,可以庭外征求人民检察院的意见,而不必再次开庭举证、质证。

六是赔偿数额可以保密。为避免被害人漫天要价,互相攀比,也避免被误解为"花钱买刑",对和解协议中的赔偿损失内容可以保密,但对于双方当事人达成和解协议这一事实,不能保密。据此,《解释》明确规定:"对和解协议中的赔偿损失内容，双方当事人要求保密的，人民法院应当准许，并采取相应的保密措施。”

2. 即时履行原则

和解协议约定的赔礼道歉等内容，无疑应当在协议签订之前或者签订之时就要履行完毕，这是表明被告人真诚悔罪的基础。但和解协议中的赔偿损失内容应当何时履行，对此问题存在较大认识分歧：一种观点认为，和解协议约定的赔偿损失内容，一般应当即时履行，但被害方自愿接受延期履行、分期履行的，也应当允许；另一种观点认为，和解协议应当即时履行。经研究，《解释》第五百零二条第一款规定：“和解协议约定的赔偿损失内容，被告人应当在协议签署后即时履行。”主要考虑是：

(1)和解协议即时履行，对被告人从宽处罚就有了牢固的基础。和解是重要的量刑情节，必须确定无疑。如果允许延期履行、分期履行和解协议约定的赔偿损失内容，将会使人民法院对被告人的从宽处罚建立在不确定的基础上，也会使被害方的合法权益难以得到切实保障；一旦被告人获得从宽处罚后，拒不履行或者不全部履行赔偿义务，受上诉不加刑原则所限，二审法院不能加重其刑罚，且即使发回重审，也不能加重其刑罚；同时，由于是当事人之间达成的和解协议，也不能作为强制执行的依据，这样，无疑会损害裁判权威，引发被害方申诉、上访等问题，使法院工作陷入被动。

(2)和解协议即时履行，可以更好地发挥公检法机关化解社会矛盾的合力。如果双方当事人在侦查、审查起诉阶段达成和解协议且即时履行完毕，被害方通常就不会在审判环节又提起附带民事诉讼。这无疑有助于减少不必要的重复劳动，减轻审判环节的负担。

(3)和解协议即时履行，可以有效督促被告人及时赔偿被害人，及早化解矛盾，并有效杜绝反悔现象。和解协议即时履行，原则上就要求赔偿款到位后才签署和解协议，和解协议签署后即支付被害人赔偿款，被害人及时得到赔偿、抚慰，就能及时化解怨恨情绪，被告人及时认罪、赔偿，就可以尽早获得从宽处罚，从而有效杜绝反悔现象，也可以在很大程度上解决和解协议的效力、和解协议能否作为强制执行依据等问题。

双方虽然愿意和解，但被告人不能即时履行全部赔偿义务的，人民法院不宜制作和解协议书，而是应当制作附带民事调解书。法院可依法对被告人酌情从轻处罚，但不得根据刑事诉讼法第二百七十九条的规定对其减轻、免除处罚。

3. 不得反悔原则

和解协议签署后能否反悔？对此问题也存在较大认识分歧。从审判实践角度来看，人民法院当然希望当事人双方达成和解协议后，能信守协议，不随意反悔；但从理论上说,和解毕竟只是双方当事人的合意,无法绝对禁止反悔。《解释》征求意见稿从尊重当事人意愿角度,曾规定不管和解协议是否已经履行,只要判决、裁定还没有宣告,都可以反悔。后经研究认为,《解释》应当坚持正确的价值取向,大力鼓励、倡导诚信,只要和解协议已经全部履行,原则上就不得反悔。据此,《解释》第五百零二条第二款规定:“和解协议已经全部履行,当事人反悔的,人民法院不予支持,但有证据证明和解违反自愿、合法原则的除外。”明确规定和解协议全部履行后就不得反悔,不仅有利于倡导诚信,遏制个别被害人投机取巧的心理,有利于被告人尽快筹措资金,及早履行赔偿义务,有利于促成各方积极和解,及时化解矛盾纠纷,也有利于减少法官的顾虑,增强法官做好刑事和解及赔偿工作的积极性、主动性,以尽快恢复和谐的社会关系。

对于双方当事人在侦查、审查起诉期间已经达成和解协议,被害人或者其法定代理人、近亲属又提起附带民事诉讼的,人民法院能否受理,也有不同意见。经研究,《解释》坚持了和解协议全部履行后不得反悔的原则,规定双方当事人在侦查、审查起诉期间已经达成和解协议并全部履行,被害人或者其法定代理人、近亲属又提起附带民事诉讼的,人民法院不予受理。主要考虑是:其一,和解后还到人民法院起诉违背了诚信原则,易被人钻法律漏洞,增加法院不必要的工作量,不利于双方当事人在侦查、审查起诉阶段早和解、早化解矛盾,也会挫伤公安、检察人员主持和解的积极性,故原则上不予支持。其二,不予受理的前提条件是已经全部履行和解协议约定的赔偿义务。是否已经全部履行和解协议约定的赔偿义务,在立案审查时就可以审查判断。其三,如果被害人提出证据证明和解确实违反了自愿、合法原则,则法院可以受理。当然,如果出现了签署和解协议时不能预见的情况,如当时伤情稳定,但后来伤情恶化,增加了大量医疗费,被害人以新的事实起诉要求增加赔偿费用的,人民法院可以受理;如果和解协议确实显失公平,被害人以和解违反合法原则起诉的,人民法院也可以受理。

4. 和解从宽原则

《解释》第五百零五条第一款规定:“对达成和解协议的案件,人民法院应当对被告人从轻处罚;符合非监禁刑适用条件的,应当适用非监禁刑;判处法定最低刑仍然过重的,可以减轻处罚;综合全案认为犯罪情节轻微不需要判处刑罚的,可以免除刑事处罚。”

需要说明的是,在征求意见过程中,不少地方提出,和解情节不具有减轻处罚功能。主要理由是:刑法并没有将和解规定为减轻处罚情节。刑法第六十三条规定:“犯罪分子具有本法规定的减轻处罚情节的,应当在法定刑以下判处刑罚。犯罪分子虽然不具有本法规定的减轻处罚情节,但是根据案件的特殊情况,经最高人民法院核准,也可以在法定刑以下判处刑罚。”这就说明,能否减轻处罚,必须看被告人是否具有刑法规定的减轻处罚情节,如果没有,就不能仅依和解情节对被告人减轻处罚。如果根据案件的特殊情况,确需对被告人减轻处罚的,应当报经最高人民法院核准。因此,刑事诉讼法第二百七十九条规定中的“从宽处罚”,仅仅是政策导向,不能成为减轻处罚的法律依据。经研究认为,在程序法上规定从宽处罚情节,确属罕见,但刑事诉讼法作为基本法律,其规定的“从宽处罚”,绝非简单的政策导向,应当具有实质的法律含义。“从宽”的内涵显然大于“从轻”,立法之所以使用“从宽”,正是为了明确对被告人可以减轻,甚至免除处罚。立法机关编著的有关资料也明确,“从宽处罚”包括减轻处罚。[①] 因此,应当视为刑事诉讼法第二百七十九条规定了和解从宽的法定量刑情节,人民法院据此对被告人减轻处罚的,应当援引该条文作为法律依据,无须层报最高人民法院核准。

(二十二)犯罪嫌疑人、被告人逃匿、死亡案件违法所得的没收程序

刑事诉讼法增设了违法所得没收程序,但仅有四条原则规定。为确保正确适用违法所得没收程序,既打击犯罪,维护国家利益,又保护当事人的合法财产,《解释》对违法所得没收程序进行了必要的细化,如明确了受案范围和条件,明确了没收违法所得案件的审理方式,明确了没收违法所得案件的证明标准及处理原则,明确了没收违法所得案件的审理期限等。

1. 没收程序的受案范围、条件

《解释》第五百零七条规定:“依照刑法规定应当追缴违法所得及其他涉案财产,且符合下列情形之一的,人民检察院可以向人民法院提出没收违法所得的申请:(一)犯罪嫌疑人、被告人实施了贪污贿赂犯罪、恐怖活动犯罪等重大犯罪后逃匿,在通缉一年后不能到案的;(二)犯罪嫌疑人、被告人死亡的。”

(1)实施了贪污贿赂犯罪、恐怖活动犯罪等重大犯罪后逃匿,在通缉一年后不能到案的。

一是关于“贪污贿赂犯罪”的认定。刑事诉讼法第二百八十条第一款规定的“贪污贿赂犯罪”,除贪污罪、受贿罪外,还包括刑法分则第八章规定的利用影响力受贿罪、巨额财产来源不明罪、行贿罪等犯罪,不包括非国家工作人员受贿罪、职务侵占罪等。需要强调指出的是,刑法分则第八章规定的具体个罪是否适用没收程序,还取决于其是否符合“重大犯罪案件”的认定标准。

二是关于“恐怖活动犯罪”的认定。根据《全国人大常委会关于加强反恐怖工

① 全国人大常委会法制工作委员会刑法室编著:《〈关于修改刑事诉讼法的决定〉释解与适用》,人民法院出版社2012年版,第285~286页。

作有关问题的决定》第二条“恐怖活动是指以制造社会恐慌、危害公共安全或者胁迫国家机关、国际组织为目的,采取暴力、破坏、恐吓等手段,造成或者意图造成人员伤亡、重大财产损失、公共设施损坏、社会秩序混乱等严重社会危害的行为,以及煽动、资助或者以其他方式协助实施上述活动的行为”的规定,恐怖活动犯罪不仅包括组织、领导、参加恐怖组织罪、资助恐怖活动组织罪,还应当包括由恐怖活动组织及其成员实施的,以制造社会恐慌为目的,危害公共安全、危害公民人身或者财产权利、危害社会管理秩序的放火、决水、爆炸、投放危险物质,非法制造、买卖、运输、储存危险物质,故意杀人、故意伤害、绑架等犯罪。

三是关于“等”的理解。在征求意见稿中,曾将洗钱罪的其他上游犯罪,即毒品犯罪、黑社会性质组织犯罪、走私犯罪、破坏金融管理秩序罪和金融诈骗罪也纳入违法所得没收程序的适用范围。主要考虑是:刑法中的“等”都是指列举未尽,应当还有其他案件可以适用违法所得没收程序,而洗钱罪的七个上游犯罪,均是国际社会共同防范打击的性质较为严重的犯罪,且违法所得及其他涉案财物巨大,若不予以追缴,不利于维护国家利益。但是,综合考虑各方面意见后,《解释》暂时没有扩大范围,主要考虑是:其一,贪污贿赂犯罪、恐怖活动犯罪对社会稳定与安全、经济发展危害严重,我国参加的有关国际条约对这两类犯罪违法所得的追缴有明确要求;其二,没收程序是新设置的特别程序,尚无实践经验,且因被告人缺席,更需注重程序的正当性,目前不宜扩大范围。如积累经验后,确有进一步扩大适用范围的必要,再作研究确定。

四是关于“重大犯罪案件”标准的认定。《最高人民法院关于处理自首和立功具体应用法律若干问题的解释》规定,“重大犯罪”、“重大案件”是指犯罪嫌疑人、被告人可能被判处无期徒刑以上刑罚或者案件在本省、自治区、直辖市或者全国范围内有较大影响等情形。《解释》第五百零八条借鉴了该规定,这也与中级人民法院管辖“可能判处无期徒刑、死刑的案件”的规定相适应。其中,“案件在本省、自治区、直辖市或者全国范围内有较大影响”是软性条件,可以根据个案情况,适当灵活掌握。对于法定最高刑就是有期徒刑的案件,可以根据其是否属于“在本省、自治区、直辖市或者全国范围内有较大影响等情形”认定是否属于重大犯罪案件,进而确定是否适用违法所得没收程序。

(2)犯罪嫌疑人、被告人死亡的。刑事诉讼法公布后,《关于实施刑事诉讼法若干问题的规定》中明确规定,“对于犯罪嫌疑人、被告人死亡,依照刑法规定应当追缴其违法所得及其他涉案财产的,适用刑事诉讼法第五编第三章规定的程序,由人民检察院向人民法院提出没收违法所得的申请”。也就是说,对于犯罪嫌疑人、被告人死亡的,不限于贪污贿赂犯罪、恐怖活动犯罪,只要有违法所得及其他涉案财产需要追缴的,均可适用违法所得没收程序。

(3)关于"违法所得及其他涉案财产"的认定。刑法第六十四条规定:"犯罪分子违法所得的一切财物,应当予以追缴或者责令退赔;对被害人的合法财产,应当及时返还;违禁品和供犯罪所用的本人财物,应当予以没收。"据此,《解释》第五百零九条规定,"违法所得",是指实施犯罪行为所取得的财物及其孳息。"其他涉案财产",是指供犯罪所用的本人财物、非法持有的违禁品。其中,"孳息"应是指法定孳息和自然孳息;"供犯罪所用的本人财物"应是直接、专门用于犯罪的财物,多表现为对犯罪完成有决定性或促进性作用的犯罪工具,对偶然用于犯罪的财物和在犯罪完成之后为保有犯罪效果的财物不宜认定为供犯罪所用的财物。对于实施违法行为所取得的财物,将违法所得用于投资所获财产等,是否也应纳入没收范围,《解释》未作明确规定,法官应当综合考虑案件情况,作出合法合理的认定,实现维护国家利益和保护公民财产之间的平衡。

另外,关于违法所得的数额标准。有意见认为,应当在违法所得的数额上设置适用违法所得没收程序的起点标准,如果违法所得不多,就不值得启动没收程序,否则就"得不偿失",如可将起点标准定为50万元。也有意见认为,设置具体的数额标准相当困难,如50万元的标准,对于追缴在国内的违法所得而言,起点太高;而对于追缴在国外的违法所得而言,起点又可能太低。因此,不宜规定具体标准,可由司法机关参照各罪数额巨大、情节严重等标准,并综合考虑公正、功利等因素后酌情决定。经研究,我们赞成不规定具体数额标准,但同时强调,违法所得及其他涉案财产必须具有相当的价值,才值得启动违法所得没收程序,才不会浪费有限的司法资源。

2. 利害关系人的认定及其申请参加诉讼的方式

(1)利害关系人的认定。首先,犯罪嫌疑人、被告人的近亲属是当然的利害关系人。其次,对申请没收的财产主张所有权的人,应当认定为刑事诉讼法第二百八十一条第二款规定的"其他利害关系人"。有意见认为,对犯罪嫌疑人、被告人享有正当债权,需要以申请没收的财产偿还的人,也应赋予其申请参加诉讼的权利。经研究,没收程序的适用对象是违法所得及其他涉案财产,这些财产在性质上都不属被告人合法所有,而是应当上缴国库或者返还被害人,不能用以偿还被告人所负债务,故对犯罪嫌疑人、被告人享有正当债权的人参加诉讼并无实际意义,即使其提出申请,也不应准许。

(2)利害关系人申请参加诉讼的要求。首先,犯罪嫌疑人、被告人的近亲属申请参加诉讼的,应当提供其与犯罪嫌疑人、被告人关系的证明材料;其他利害关系人申请参加诉讼的,应当提供申请没收的财产系其所有的证据材料。其次,犯罪嫌疑人、被告人的近亲属和其他利害关系人申请参加诉讼的,应当在公告期间提出。

(3)利害关系人在公告期满后申请参加诉讼的处理。有意见认为,利害关系人在公告期满后申请参加诉讼的,应当不予准许,否则公告期间就失去意义,人民法院的审判活动将处于不确定状态,审限也难以落实。经研究认为,对此问题不能简单处理,对于能够合理说明原因,并提供证明申请没收的财产系其所有的证据材料的,人民法院应当准许。主要考虑是:没收程序中的公告期间与民事诉讼中的除斥期间或者诉讼时效有本质区别。刑事诉讼法明确规定:"没收犯罪嫌疑人、被告人财产确有错误的,应当予以返还、赔偿。"据此,在裁判生效后,利害关系人提出权利主张,如经查属实,还需要对已生效的没收裁定进行纠正。那么,在诉讼过程中,利害关系人提出权利主张和证据,申请参加诉讼的,显然不能仅因其已过公告期就置之不理,否则势必会人为造成错误的、日后需要再行纠正的没收裁定。

3.没收程序的审判组织及审理方式

《解释》第五百一十四条规定:"公告期满后,人民法院应当组成合议庭对申请没收违法所得的案件进行审理。利害关系人申请参加诉讼的,人民法院应当开庭审理。没有利害关系人申请参加诉讼的,可以不开庭审理。"

刑事诉讼法第二百八十一条中规定"利害关系人参加诉讼的,人民法院应当开庭审理"。其中的"利害关系人",包括犯罪嫌疑人、被告人的近亲属和其他利害关系人。犯罪嫌疑人、被告人的近亲属未对申请没收的财产提出异议,只是为了跟踪了解诉讼情况而参加诉讼的,人民法院也应当开庭审理。但鉴于其对没收财产的申请没有异议,法庭审理可以适当简化。

对于没有利害关系人参加诉讼的案件,人民法院是否应当开庭审理,刑事诉讼法未作规定。《解释》明确规定,没有利害关系人申请参加诉讼的,可以不开庭审理。因为这种情形下,由于缺少讼争、对抗的一方,开庭并无实质意义。当然,不开庭审理的,合议庭成员必须认真阅卷、审查全部证据材料,必要时,还应依法对相关疑点问题进行调查核实,而后依法作出裁定。

4.刑事案件审理过程中如何启动违法所得没收程序

在刑事案件审理过程中被告人死亡或者脱逃,依法应当追缴其违法所得的,能否直接裁定没收违法所得?有意见认为,应当具体情况具体分析,如案件经过开庭审理,事实清楚,证据确实、充分,已经可以依法认定属于应当追缴的财产的,应当在裁定对死亡被告人终止审理的同时,裁定予以没收;再如,被告人在第二审或者复核程序中死亡,人民法院经审理认为原没收财产的判决、裁定没有不当的,应当在裁定对被告人终止审理的同时,裁定维持原没收财产部分的判决、裁定。经研究认为,对于没收案件,尚无实践经验,宜更为慎重,故《解释》未支持法院可以直接裁定没收违法所得的意见,只是规定人民检察院可以向人民法院提出没收违法所得的申请。

5. 生效没收裁定的救济程序

发现人民法院生效没收裁定确有错误的,原则上应当依照刑事诉讼法规定的审判监督程序处理。比如,案外人确因不可归责于其本人原因而没有看到公告,未能参加诉讼的,对于其民事权利不能当然剥夺。再如,利害关系人虽然参加了诉讼,但裁定生效后出现了新的证据,证明原裁定认定的事实确有错误等情形的,也应当允许利害关系人通过审判监督程序予以纠正。但是,作为例外,犯罪嫌疑人、被告人到案后,对人民法院作出的生效没收裁定提出异议的,人民法院可以在审理被告人犯罪案件时直接对原没收裁定进行审查。原裁定正确的,予以维持,不再对涉案财产作出判决;原裁定确有错误的,应当撤销原裁定,并在判决中对有关涉案财产一并作出处理。主要考虑是:如果这种情况也应当通过审判监督程序予以纠正,不利于及时作出裁判、节约司法资源。且《解释》也明确规定,对于被宣告缓刑、假释的犯罪分子,在缓刑、假释考验期限内再犯新罪或者被发现判决宣告以前还有其他罪没有判决,应当撤销缓刑、假释的,可以由审判新罪的人民法院在审判新罪时,对原判决、裁定宣告的缓刑、假释予以撤销。可见,并非所有错误裁判均必须通过审判监督程序改正。

(二十三)依法不负刑事责任的精神病人的强制医疗程序

刑事诉讼法增设了强制医疗程序,将强制医疗决定权赋予人民法院,但相关程序规定得非常原则。为确保强制医疗程序的规范适用,使精神病人得到应有的关心、照顾和治疗,避免其危害公共安全和公民人身安全,防止"被精神病"或者假冒精神病逃避刑事处罚情况的发生,《解释》对强制医疗程序的相关问题作了规定,主要是明确了强制医疗案件原则上应当开庭审理,并应当会见被申请人,明确了强制医疗的复议程序,明确了强制医疗的解除程序,等等。

1. 强制医疗程序的适用条件

根据刑事诉讼法的规定,适用强制医疗程序应当同时具备下列三个条件:

(1)精神病人实施暴力行为,危害公共安全或者严重危害公民人身安全。"危害公共安全或者严重危害公民人身安全"的"暴力行为"主要集中在刑法分则第二章危害公共安全罪和第四章侵犯公民人身权利罪中,主要包括放火、决水、爆炸、投放危险物质,破坏交通工具、交通设施,劫持航空器、船只、汽车等危害公共安全的犯罪以及杀人、伤害、强奸、绑架、抢劫等侵犯公民人身权利的犯罪。对"暴力行为"达到何种程度才能予以强制医疗的问题,刑法规定的条件是造成"危害结果",刑事诉讼法规定的条件是"危害公共安全或者严重危害公民人身安全",因此,被申请人实施的暴力行为只有造成了危害公共安全或者严重危害公民人身安全的危害结果,才可以予以强制医疗。

至于实施暴力行为必须造成什么危害结果以上才符合强制医疗的条件,法律未作明确。《解释》规定,实施暴力行为,危害公共安全或者严重危害公民人身安全,社会危害性必须已经达到犯罪程度,才符合适用强制医疗的条件。当然,如行为人只是偶尔实施轻微暴力行为,只是造成他人轻微伤,无疑就不属于严重危害公民人身安全,不应适用强制医疗。

(2)经法定程序鉴定依法不负刑事责任的精神病人。只有经法定程序鉴定,实施危害行为时不能辨认或者控制自己行为的精神病人,不具有刑事责任能力的,才可以适用强制医疗。有单位建议对"经法定程序鉴定"作出细化解释。经研究,相关法律法规已对此作出规定,执行中不存在疑义。

(3)有继续危害社会可能。如果精神病人虽然实施了暴力行为,但不再具有继续危害社会可能的,如已经严重残疾等,丧失了继续危害社会的能力,就不必对其实施强制医疗。如果精神病人实施暴力行为后,由其监护人或者单位将其送医治疗,精神病人的病情得到有效控制,从而不具有继续危害社会可能的,也没有必要进行强制医疗。

有地方建议对如何认定"有继续危害社会可能"作出明确规定,以便于实践中掌握。经研究认为,此问题较复杂,难以在解释中规范清楚,实践中应综合被申请人所患精神疾病的类型,被申请人实施暴力行为的起因、过程,被申请人有无接受治疗的条件等情况进行判断。鉴于精神疾病的复杂性和专业性,法官对被申请人是否有继续危害社会可能的评估,可以在咨询专家和专业医疗人员的意见后,依法作出判断。征求意见过程中,还有意见提出,精神病人实施暴力行为后,其家属或者监护人愿意并且有能力、有条件严加看管和医疗,保证不会继续危害社会的,是否就可认定为没有继续危害社会可能,从而不予强制医疗?经研究,此问题尚需协商有关部门研究确定,目前可具体情况具体分析,《解释》暂不作一般性规定。

2. 审理强制医疗案件,应当组成合议庭,开庭审理

《解释》第五百二十九条第一款规定:"审理强制医疗案件,应当组成合议庭,开庭审理。但是,被申请人、被告人的法定代理人请求不开庭审理,并经人民法院审查同意的除外。"

(1)应当组成合议庭审理强制医疗案件。独任审判员在简易程序案件审理过程中发现被告人符合强制医疗条件的,能否直接作出强制医疗的决定?法律对此没有明确规定。经研究认为,为充分保障当事人的合法权益,确保强制医疗程序慎重适用,应当转为合议庭审理。

《解释》征求意见稿曾规定："审理强制医疗案件,应当听取有精神病医学专门知识的人的意见;条件具备的,应当由有精神病医学专门知识的人担任人民陪审员。"主要考虑:强制医疗案件专业性极强,而法官通常不具备精神病学专门知识,如果让有精神病学专门知识的人民陪审员参与案件审理,有利于确保公正审理、提高案件质量。但有部门提出,有精神病医学专门知识的人发表意见,应当在案件审理过程中进行,若由其担任人民陪审员,在评议中发表意见而不经过质证程序,似不合适。同时,全国人大常委会《关于完善人民陪审员制度的决定》规定,参加合议庭审判的人民陪审员应当在人民陪审员名单中随机抽取确定。若规定应当由有精神病医学专门知识的人担任人民陪审员,可能违反规定确定人民陪审员。经研究,采纳了该意见,删除了有关内容,由法院在实践中根据案件情况灵活掌握。

(2)原则上应当开庭审理强制医疗案件,只有被申请人、被告人的法定代理人请求不开庭审理,并经人民法院审查同意的,可以不开庭审理。主要考虑是:其一,对精神病人强制医疗势必在一定程度上限制或剥夺被申请人的人身自由,因此应当赋予其不低于普通程序中被告人的诉讼权利,应当保障其接受开庭审理的权利。其二,开庭时,虽然被申请人不能出庭,但根据刑事诉讼法规定,应当通知其法定代理人到场,且如果被申请人没有委托诉讼代理人的,人民法院应当通知法律援助机构指派律师为其提供法律帮助,担任其诉讼代理人。加之申请人必须到场,因此,具有诉辩式庭审的特征,适宜开庭审理。

(3)开庭审理强制医疗案件,可以不公开进行。我国《精神卫生法》第四条第三款规定:"有关单位和个人应当对精神障碍患者的姓名、肖像、住址、工作单位、病历资料以及其他可能推断出其身份的信息予以保密;但是,依法履行职责需要公开的除外。"因此,被申请人的法定代理人、近亲属以涉及个人隐私为由申请不开庭审理或者不公开开庭审理的,人民法院原则上应当允许。

3. 审理强制医疗案件应当会见被申请人

为体现程序的公正和慎重,既防止"被精神病",切实保障人权,又防止假冒精神病人逃避刑事处罚的情况发生,《解释》第五百二十九条第二款明确规定:"审理人民检察院申请强制医疗的案件,应当会见被申请人。"即无论是否开庭审理,都应当会见被申请人,通过与其直接接触、交谈,了解其精神状况。

4. 强制医疗案件的开庭程序

《解释》第五百三十条对强制医疗案件的开庭程序作了具体规定,实践中应当注意以下问题:

(1)出庭人员。人民法院开庭审理申请强制医疗的案件,应当在开庭三日以前通知人民检察院、被申请人的法定代表人及其诉讼代理人出庭;鉴于强制医疗案件中最核心的证据就是精神病医学鉴定,为了保证案件质量,鉴定人原则上应当出庭作证,并回答被申请人的法定代理人、诉讼代理人的发问。另外,被申请人要求出庭,人民法院经审查其身体和精神状态,认为可以出庭的,应当准许。出庭的被申请人,在法庭调查、辩论阶段,可以发表意见。

(2)程序简化。参照简易程序的规定,检察员宣读申请书后,被申请人的法定代理人、诉讼代理人无异议的,法庭调查可以简化。

(3)特殊情况。被申请人的法定代理人经通知后拒不到场,或者未经法庭许可中途退庭的,对此应当如何处理,刑事诉讼法没有规定。经研究认为,对于决定开庭审理的强制医疗案件,被申请人的法定代理人经通知后拒不到庭的,不宜强制其到庭,因其不属于被告人,也不属于应当出庭作证的证人。被申请人的法定代理人拒不到庭,或者未经法庭许可中途退庭的,如果事实清楚,证据确实、充分,人民法院可以不开庭审理。

5. 在审理刑事案件过程中作出强制医疗决定的程序

(1)不能径行作出强制医疗的决定。刑事诉讼法规定,"人民法院在审理案件过程中发现被告人符合强制医疗条件的,可以作出强制医疗的决定"。有意见认为,此时人民法院可以不再按照强制医疗的相关程序进行审理,直接作出强制医疗的决定。因为,在普通程序刑事案件审理过程中,已经对证据进行了充分的举证、质证,相关事实已经调查清楚,无须再参照强制医疗程序再审理一遍。经研究认为,人民法院在审理刑事案件过程中发现被告人可能属于不负刑事责任的精神病人的,不需要将该案退回人民检察院,由人民检察院提出强制医疗的申请,而是在审理刑事案件过程中一并解决,以提高审判效率。但为了更好地维护被告人的诉讼权利和其他合法权益,在确认被告人属于依法不负刑事责任的精神病人后,不宜径行作出强制医疗的决定,而是应当通知被告人的法定代理人到场,参与被告人是否符合强制医疗条件的审理,具体程序参照强制医疗审理程序进行。主要考虑是:其一,强制医疗有其特定的适用条件,原来的庭审不可能对相关事实、证据作出全面审查;其二,刑事诉讼法有关通知法定代理人到场、通知法律援助机构指派律师提供法律帮助的规定,不只适用于人民检察院申请强制医疗的案件,也应当适用于人民法院自行决定强制医疗的案件;其三,此类案件原是由人民检察院按照被告人具有完全或者部分刑事责任能力提出有罪指控的,如不按强制医疗程序进行审理,直接作出强制医疗决定,有违程序正义。

(2)应当在判决的同时作出强调医疗决定。《解释》明确规定,"被告人符合强制医疗条件的,应当判决宣告被告人不负刑事责任,同时作出对被告人强制医疗的决定",但对于是一并在宣告被告人不负刑事责任的判决中决定对被告人强制医疗,还是另行制作对被告人强制医疗的决定书,《解释》未作规定。经研究,两种做法各有优缺点,前者有利于节约司法资源,提高审判效率,但需要在判决书中分别写明对判决部分不服的上诉、抗诉期限是十日,对强制医疗决定部分不服申请复议的期限是五日;后者虽然需要多制作一份决定书,但有利于分别由被告人、自诉人和人民检察院针对判决在十日内提出上诉、抗诉,由被决定强制医疗的人、被害人针对决定在五日内申请复议。实践中可以尝试,待实践一段时间后,再进行研究、比较,而后在诉讼文书样式中予以明确。

(3)在审理第二审刑事案件过程中作出强制医疗决定的限制。《解释》第五百三十四条规定:"人民法院在审理第二审刑事案件过程中,发现被告人可能符合强制医疗条件的,可以依照强制医疗程序对案件作出处理,也可以裁定发回原审人民法院重新审判。"但是,如果是高级人民法院在二审中查明被告人属于不负刑事责任的精神病人,可能符合强制医疗条件的,可以裁定发回原审人民法院重新审判,也可以只判决被告人不负刑事责任,但原则上不得同时作出强制医疗的决定,否则,不服强制医疗决定向上一级人民法院申请复议的,案件就到了最高人民法院,将无谓增加最高人民法院的办案压力,也不利于案件得到及时处理。对于二审只判决被告人不负刑事责任,未同时作出强制医疗决定的,可以由人民检察院另行向基层人民法院提出强制医疗的申请。

6. 申请复议与检察监督

(1)申请复议

根据刑事诉讼法第二百八十七条第二款的规定,对人民法院作出的强制医疗决定,只有被决定强制医疗的人、被害人及其法定代理人、近亲属不服的,才可以向上一级人民法院申请复议;而提出申请的人民检察院不能申请复议。《解释》进一步明确申请复议的期限是自收到决定书之日起五日内,与提起上诉的期限相协调。《解释》亦明确对强制医疗决定进行复议也应当由合议庭进行审理,并应当在一个月内作出复议决定。另外,复议申请一般较为简单,原则上采取书面形式审理即可。

(2)检察监督

虽然人民检察院对人民法院的强制医疗决定不服的,不能向上一级人民法院申请复议。但刑事诉讼法第二百八十九条又规定:"人民检察院对强制医疗的决定和执行实行监督。"据此,《解释》第五百四十三条规定:"人民检察院认为强制医疗决定或者解除强制医疗决定不当,在收到决定书后二十日内提出书面纠正意见的,人民法院应当另行组成合议庭审理,并在一个月内作出决定。"

7. 强制医疗的解除程序

人民法院作出强制医疗的决定时,并未同时决定强制医疗的期限。刑事诉讼法第二百八十八条规定了对被强制医疗的精神病人予以定期诊断评估的制度,一旦被强制医疗的精神病人经治疗后已不具有人身危险性,不再需要强制医疗时,不仅医疗机构应当及时提出解除强制医疗的意见,被强制医疗的人及其近亲属也有权申请解除强制医疗。

被强制医疗的精神病人及其近亲属认为被强制医疗者的精神病情痊愈,不再具有危害社会的危险的,首先应当申请强制医疗机构提出解除意见,强制医疗机构拒绝的,可以直接向作出强制医疗决定的人民法院提出解除强制医疗申请。为减少讼累,被强制医疗的人及其近亲属提出的解除强制医疗申请被人民法院驳回后六个月内,如果没有新的事实、证据,不得再次提出申请,否则人民法院不予受理。当然,对于强制医疗机构则无此约束,一旦符合解除强制医疗的条件,就应当及时提出申请。

考虑到强制医疗限制精神病人的人身自由,为保障其合法权益,一旦决定解除强制医疗,就应当立即解除。因此,《解释》强调,决定解除强制医疗的,人民法院应当通知强制医疗机构在收到决定书的当日解除强制医疗。当然,为了给强制医疗机构一定的准备时间,人民法院可以在决定作出后送达前,先行通知强制医疗机构做好解除强制医疗的准备。

(二十四)附则

由于本解释未设总则,遂将各章节具有共性的一些问题放在附则规定,增加了三条内容:一是对采取视频方式讯问被告人和开庭审理案件作了规定;二是对采取口头方式提出诉求、申请作了统一规定;三是对在相关材料上签名、盖章、捺指印作了统一规定。

1. 关于采取视频方式讯问被告人和开庭审理案件

当前,人民法院"案多人少"的矛盾较为突出,有必要在诉讼活动中应用现代科学技术,以提高审判效率。而且,二审法院开庭审理上诉、抗诉案件,为最大限度地方便当事人和其他诉讼参与人,经常需要到距离二审法院较远的案件发生地或者原审人民法院所在地进行。而如果运用视频方式开庭审理案件,可以减少提押罪犯的工作量和潜在风险,最大限度地节约司法资源、提高审判效率。目前,最高人民法院在通过远程视频讯问被告人方面已积累丰富经验,而浙江等地法院也开展了视频庭审活动多年,取得了良好成效。且各地在实践中,都有一系列配套措施,如将视频开庭的案件范围限制在被告人认罪的案件,不会影响被告人和其他当事人权益的维护。因此,部分高级人民法院建议明确规定可以采取视频方式讯问被告人、开庭审理案件,为地方人民法院推广相关做法提供法律依据。经研究认为,人民法院讯问被告人,宣告判决,审理减刑、假释案件,根据案件情况,可以采取视频方式进行。但是，鉴于能否采取视频方式开庭审理刑事案件，有关方面存在不同意见，《解释》未作规定。实践中，有条件的地方，对被告人认罪案件，仍可在切实维护被告人和其他当事人合法权益，保障程序公正的前提下，继续尝试通过视频方式开庭审理二审案件，经过一段时间的实践后，再总结、研究是否作出专门规范。

2. 关于提出诉求、申请的方式

刑事诉讼法只明确规定，报案、控告、举报和上诉，可以口头提出。《1998 年解释》规定，提起刑事自诉和附带民事诉讼、申请回避、提出声明等，也可以口头形式提出。当前，社会经济文化发展水平有了较大提高，法律援助范围也逐步扩大，有必要确立以书面形式提出为原则。同时，鉴于确实仍有个别当事人书写困难，为充分保障其诉讼权利，也应当允许其口头提出。实践中应注意三点：一是法律、司法解释明确规定应当以书面形式提出的，不得以口头形式提出，如涉外刑事案件审判中规定"被告人拒绝接受探视、会见的，可以不予安排，但应当由其本人出具书面声明"。二是对于书写有困难，也无人帮忙代写的，由人民法院工作人员制作笔录或者记录在案，并向口述人宣读或者交其阅读后由其签名。三是"制作笔录"和"记录在案"有所差别。"制作笔录"往往是指制作形成单独或者专门的笔录，而"记录在案"则无此要求，可以在其他笔录中顺带记录。

3. 关于签名、盖章、捺指印

《解释》第五百四十六条对签名、盖章、捺指印问题作了统一规定，在此强调三点：一是对于自然人，应当签名，不要求盖章；未签名的，不管是否盖章，都应当捺指印。因为个人印章往往没有备案，难以鉴定其真伪。二是对于单位，应当盖章，不要求其法定代表人或者其他个人签名，除非另有规定，因单位印章一般有备案，容易鉴定其真伪。三是根据审判实践通常做法，对刑事被告人作出特殊要求，即除签名外，还应当捺指印。

4. 关于解释的效力

关于解释的效力需要说明三点：一是最高人民法院以前发布的司法解释和规范性文件，与本解释不一致的，以本解释为准；与本解释一致的，也应当适用《解释》的规定。二是以前有规定，而《解释》没有纳入的，若不违背法律、《解释》精神，现有规定在明令废止前仍可参照适用。三是对于之前最高人民法院与有关部门联合发布的司法解释和规范性文件与本解释不一致的，拟与联合发文机关协商废止或者作出修改，在废止、修改前，原则上适用本解释。因为在起草《解释》时，凡与其他单位、部门的互涉问题，本解释尽量不作规定；若作出了规定，就已经征得了相关单位、部门的同意，可以适用。

附录

最高人民法院、最高人民检察院、公安部、国家安全部、司法部、全国人大常委会法制工作委员会关于实施刑事诉讼法若干问题的规定

（2012年12月26日发布）

一、管　　辖

1. 公安机关侦查刑事案件涉及人民检察院管辖的贪污贿赂案件时，应当将贪污贿赂案件移送人民检察院；人民检察院侦查贪污贿赂案件涉及公安机关管辖的刑事案件，应当将属于公安机关管辖的刑事案件移送公安机关。在上述情况中，如果涉嫌主罪属于公安机关管辖，由公安机关为主侦查，人民检察院予以配合；如果涉嫌主罪属于人民检察院管辖，由人民检察院为主侦查，公安机关予以配合。

2. 刑事诉讼法第二十四条中规定："刑事案件由犯罪地的人民法院管辖。"刑事诉讼法规定的"犯罪地"，包括犯罪的行为发生地和结果发生地。

3. 具有下列情形之一的，人民法院、人民检察院、公安机关可以在其职责范围内并案处理：

（一）一人犯数罪的；

（二）共同犯罪的；

（三）共同犯罪的犯罪嫌疑人、被告人还实施其他犯罪的；

（四）多个犯罪嫌疑人、被告人实施的犯罪存在关联，并案处理有利于查明案件事实的。

二、辩护与代理

4. 人民法院、人民检察院、公安机关、国家安全机关、监狱的现职人员，人民陪审员，外国人或者无国籍人，以及与本案有利害关系的人，不得担任辩护人。但是，上述人员系犯罪嫌疑人、被告人的监护人或者近亲属，犯罪嫌疑人、被告人委托其担任辩护人的，可以准许。无行为能力或者限制行为能力的人，不得担任辩护人。

一名辩护人不得为两名以上的同案犯罪嫌疑人、被告人辩护，不得为两名以上的未同案处理但实施的犯罪存在关联的犯罪嫌疑人、被告人辩护。

5. 刑事诉讼法第三十四条、第二百六十七条、第二百八十六条对法律援助作了规定。对于人民法院、人民检察院、公安机关根据上述规定，通知法律援助机构指派律师提供辩护或者法律帮助的，法律援助机构应当在接到通知后三日以内指派律师，并将律师的姓名、单位、联系方式书面通知人民法院、人民检察院、公安机关。

6. 刑事诉讼法第三十六条规定："辩护律师在侦查期间可以为犯罪嫌疑人提供法律帮助；代理申诉、控告；申请变更强制措施；向侦查机关了解犯罪嫌疑人涉嫌的罪名和案件有关情况，提出意见。"根据上述规定，辩护律师在侦查期间可以向侦查机关了解犯罪嫌疑人涉嫌的罪名及当时已查明的该罪的主要事实，犯罪嫌疑人被采取、变更、解除强制措施的情况，侦查机关延长侦查羁押期限等情况。

7. 刑事诉讼法第三十七条第二款规定："辩护律师持律师执业证书、律师事务所证明和委托书或者法律援助公函要求会见在押的犯罪嫌疑人、被告人的，看守所应当及时安排会见，至迟不得超过四十八小时。"根据上述规定，辩护律师要求会见在押的犯罪嫌疑人、被告人的，看守所应当及时安排会见，保证辩护律师在四十八小时以内见到在押的犯罪嫌疑人、被告人。

8. 刑事诉讼法第四十一条第一款规定："辩护律师经证人或者其他有关单位和个人同意，可以向他们收集与本案有关的材料，也可以申请人民检察院、人民法院收集、调取证据，或者申请人民法院通知证人出庭作证。"对于辩护律师申请人民检察院、人民法院收集、调取证据，人民检察院、人民法院认为需要调查取证的，应当由人民检察院、人民法院收集、调取证据，不得向律师签发准许调查决定书，让律师收集、调取证据。

9. 刑事诉讼法第四十二条第二款中规定："违反前款规定的，应当依法追究法律责任，辩护人涉嫌犯罪的，应当由办理辩护人所承办案件的侦查机关以外的侦查机关办理。"根据上述规定，公安机关、人民检察院发现辩护人涉嫌犯罪，或者接受报案、控告、举报、有关机关的移送，依照侦查管辖分工进行审查后认为符合立案条件的，应当按照规定报请办理辩护人所承办案件的侦查机关的上一级侦查机关指定其他侦查机关立案侦查，或者由上一级侦查机关立案侦查。不得指定办理辩护人所承办案件的侦查机关的下级侦查机关立案侦查。

10. 刑事诉讼法第四十七条规定："辩护人、诉讼代理人认为公安机关、人民检察院、人民法院及其工作人员阻碍其依法行使诉讼权利的，有权向同级或者上一级人民检察院申诉或者控告。人民检察院对申诉或者控告应当及时进行审查，情况属实的，通知有关机关予以纠正。"人民检察院受理辩护人、诉讼代理人的申诉或者控告后，应当在十日以内将处理情况书面答复提出申诉或者控告的辩护人、诉讼代理人。

三、证　据

11. 刑事诉讼法第五十六条第一款规定："法庭审理过程中，审判人员认为可能存在本法第五十四条规定的以非法方法收集证据情形的，应当对证据收集的合法性进行法庭调查。"法庭经对当事人及其辩护人、诉讼代理人提供的相关线索或者材料进行审查后，认为可能存在刑事诉讼法第五十四条规定的以非法方法收集证据情形的，应当对证据收集的合法性进行法庭调查。法庭调查的顺序由法庭根据案件审理情况确定。

12. 刑事诉讼法第六十二条规定，对证人、鉴定人、被害人可以采取"不公开真实姓名、住址和工作单位等个人信息"的保护措施。人民法院、人民检察院和公安机关依法决定不公开证人、鉴定人、被害人的真实姓名、住址和工作单位等个人信息的，可以在判决书、裁定书、起诉书、询问笔录等法律文书、证据材料中使用化名等代替证人、鉴定人、被害人的个人信息。但是,应当书面说明使用化名的情况并标明密级,单独成卷。辩护律师经法庭许可,查阅对证人、鉴定人、被害人使用化名情况的,应当签署保密承诺书。

四、强制措施

13. 被取保候审、监视居住的犯罪嫌疑人、被告人无正当理由不得离开所居住的市、县或者执行监视居住的处所,有正当理由需要离开所居住的市、县或者执行监视居住的处所,应当经执行机关批准。如果取保候审、监视居住是由人民检察院、人民法院决定的,执行机关在批准犯罪嫌疑人、被告人离开所居住的市、县或者执行监视居住的处所前,应当征得决定机关同意。

14. 对取保候审保证人是否履行了保证义务,由公安机关认定,对保证人的罚款决定,也由公安机关作出。

15. 指定居所监视居住的,不得要求被监视居住人支付费用。

16. 刑事诉讼法规定,拘留由公安机关执行。对于人民检察院直接受理的案件,人民检察院作出的拘留决定,应当送达公安机关执行,公安机关应当立即执行,人民检察院可以协助公安机关执行。

17. 对于人民检察院批准逮捕的决定,公安机关应当立即执行,并将执行回执及时送达批准逮捕的人民检察院。如果未能执行,也应当将回执送达人民检察院,并写明未能执行的原因。对于人民检察院决定不批准逮捕的,公安机关在收到不批准逮捕决定书后,应当立即释放在押的犯罪嫌疑人或者变更强制措施,并将执行回执在收到不批准逮捕决定书后的三日内送达作出不批准逮捕决定的人民检察院。

五、立　案

18. 刑事诉讼法第一百一十一条规定:“人民检察院认为公安机关对应当立案侦查的案件而不立案侦查的,或者被害人认为公安机关对应当立案侦查的案件而不立案侦查,向人民检察院提出的,人民检察院应当要求公安机关说明不立案的理由。人民检察院认为公安机关不立案理由不能成立的,应当通知公安机关立案,公安机关接到通知后应当立案。”根据上述规定,公安机关收到人民检察院要求说明不立案理由通知书后,应当在七日内将说明情况书面答复人民检察院。人民检察院认为公安机关不立案理由不能成立,发出通知立案书时,应当将有关证明应当立案的材料同时移送公安机关。公安机关收到通知立案书后,应当在十五日内决定立案,并将立案决定书送达人民检察院。

六、侦　查

19. 刑事诉讼法第一百二十一条第一款规定:“侦查人员在讯问犯罪嫌疑人的时候,可以对讯问过程进行录音或者录像;对于可能判处无期徒刑、死刑的案件或者其他重大犯罪案件,应当对讯问过程进行录音或者录像。”侦查人员对讯问过程进行录音或者录像的,应当在讯问笔录中注明。人民检察院、人民法院可以根据需要调取讯问犯罪嫌疑人的录音或者录像,有关机关应当及时提供。

20. 刑事诉讼法第一百四十九条中规定:“批准决定应当根据侦查犯罪的需要,确定采取技术侦查措施的种类和适用对象。”采取技术侦查措施收集的材料作为证据使用的，批准采取技术侦查措施的法律文书应当附卷，辩护律师可以依法查阅、摘抄、复制，在审判过程中可以向法庭出示。

21. 公安机关对案件提请延长羁押期限的，应当在羁押期限届满七日前提出，并书面呈报延长羁押期限案件的主要案情和延长羁押期限的具体理由，人民检察院应当在羁押期限届满前作出决定。

22. 刑事诉讼法第一百五十八条第一款规定：“在侦查期间，发现犯罪嫌疑人另有重要罪行的，自发现之日起依照本法第一百五十四条的规定重新计算侦查羁押期限。”公安机关依照上述规定重新计算侦查羁押期限的，不需要经人民检察院批准，但应当报人民检察院备案，人民检察院可以进行监督。

七、提起公诉

23. 上级公安机关指定下级公安机关立案侦查的案件，需要逮捕犯罪嫌疑人的，由侦查该案件的公安机关提请同级人民检察院审查批准；需要提起公诉的，由侦查该案件的公安机关移送同级人民检察院审查起诉。

人民检察院对于审查起诉的案件，按照刑事诉讼法的管辖规定，认为应当由上级人民检察院或者同级其他人民检察院起诉的，应当将案件移送有管辖权的人民检察院。人民检察院认为需要依照刑事诉讼法的规定指定审判管辖的，应当协商同级人民法院办理指定管辖有关事宜。

24. 人民检察院向人民法院提起公诉时，应当将案卷材料和全部证据移送人民法院，包括犯罪嫌疑人、被告人翻供的材料，证人改变证言的材料，以及对犯罪嫌疑人、被告人有利的其他证据材料。

八、审　判

25. 刑事诉讼法第一百八十一条规定：“人民法院对提起公诉的案件进行审查后，对于起诉书中有明确的指控犯罪事实的，应当决定开庭审判。”对于人民检察院提起公诉的案件，人民法院都应当受理。人民法院对提起公诉的案件进行审查后，对于起诉书中有明确的指控犯罪事实并且附有案卷材料、证据的，应当决定开庭审判，不得以上述材料不充足为由而不开庭审判。如果人民检察院移送的材料中缺少上述材料的，人民法院可以通知人民检察院补充材料，人民检察院应当自收到通知之日起三日内补送。

人民法院对提起公诉的案件进行审查的期限计入人民法院的审理期限。

26. 人民法院开庭审理公诉案件时，出庭的检察人员和辩护人需要出示、宣读、播放已移交人民法院的证据的，可以申请法庭出示、宣读、播放。

27. 刑事诉讼法第三十九条规定：“辩护人认为在侦查、审查起诉期间公安机关、人民检察院收集的证明犯罪嫌疑人、被告人无罪或者罪轻的证据材料未提交的，有权申请人民检察院、人民法院调取。”第一百九十一条第一款规定：“法庭审理过程中，合议庭对证据有疑问的，可以宣布休庭，对证据进行调查核实。”第一百九十二条第一款规定：“法庭审理过程中，当事人和辩护人、诉讼代理人有权申请通知新的证人到庭，调取新的物证，申请重新鉴定或者勘验。”根据上述规定，自案件移送审查起诉之日起，人民检察院可以根据辩护人的申请，向公安机关调取未提交的证明犯罪嫌疑人、被告人无罪或者罪轻的证据材料。在法庭审理过程中,人民法院可以根据辩护人的申请,向人民检察院调取未提交的证明被告人无罪或者罪轻的证据材料,也可以向人民检察院调取需要调查核实的证据材料。公安机关、人民检察院应当自收到要求调取证据材料决定书后三日内移交。

28. 人民法院依法通知证人、鉴定人出庭作证的,应当同时将证人、鉴定人出庭通知书送交控辩双方,控辩双方应当予以配合。

29. 刑事诉讼法第一百八十七条第三款规定:"公诉人、当事人或者辩护人、诉讼代理人对鉴定意见有异议,人民法院认为鉴定人有必要出庭的,鉴定人应当出庭作证。经人民法院通知,鉴定人拒不出庭作证的,鉴定意见不得作为定案的根据。"根据上述规定,依法应当出庭的鉴定人经人民法院通知未出庭作证的,鉴定意见不得作为定案的根据。鉴定人由于不能抗拒的原因或者有其他正当理由无法出庭的,人民法院可以根据案件审理情况决定延期审理。

30. 人民法院审理公诉案件,发现有新的事实,可能影响定罪的,人民检察院可以要求补充起诉或者变更起诉,人民法院可以建议人民检察院补充起诉或者变更起诉。人民法院建议人民检察院补充起诉或者变更起诉的,人民检察院应当在七日以内回复意见。

31. 法庭审理过程中,被告人揭发他人犯罪行为或者提供重要线索,人民检察院认为需要进行查证的,可以建议补充侦查。

32. 刑事诉讼法第二百零三条规定:"人民检察院发现人民法院审理案件违反法律规定的诉讼程序,有权向人民法院提出纠正意见。"人民检察院对违反法定程序的庭审活动提出纠正意见,应当由人民检察院在庭审后提出。

九、执　　行

33. 刑事诉讼法第二百五十四条第五款中规定:"在交付执行前,暂予监外执行由交付执行的人民法院决定"。对于被告人可能被判处拘役、有期徒刑、无期徒刑,符合暂予监外执行条件的,被告人及其辩护人有权向人民法院提出暂予监外执行的申请,看守所可以将有关情况通报人民法院。人民法院应当进行审查,并在交付执行前作出是否暂予监外执行的决定。

34. 刑事诉讼法第二百五十七条第三款规定:"不符合暂予监外执行条件的罪犯通过贿赂等非法手段被暂予监外执行的,在监外执行的期间不计入执行刑期。罪犯在暂予监外执行期间脱逃的,脱逃的期间不计入执行刑期。"对于人民法院决定暂予监外执行的罪犯具有上述情形的,人民法院在决定予以收监的同时,应当确定不计入刑期的期间。对于监狱管理机关或者公安机关决定暂予监外执行的罪犯具有上述情形的,罪犯被收监后,所在监狱或者看守所应当及时向所在地的中级人民法院提出不计入执行刑期的建议书,由人民法院审核裁定。

35. 被决定收监执行的社区矫正人员在逃的,社区矫正机构应当立即通知公安机关,由公安机关负责追捕。

十、涉案财产的处理

36. 对于依照刑法规定应当追缴的违法所得及其他涉案财产,除依法返还被害人的财物以及依法销毁的违禁品外，必须一律上缴国库。查封、扣押的涉案财产，依法不移送的，待人民法院作出生效判决、裁定后，由人民法院通知查封、扣押机关上缴国库，查封、扣押机关应当向人民法院送交执行回单；冻结在金融机构的违法所得及其他涉案财产，待人民法院作出生效判决、裁定后，由人民法院通知有关金融机构上缴国库，有关金融机构应当向人民法院送交执行回单。

对于被扣押、冻结的债券、股票、基金份额等财产，在扣押、冻结期间权利人申请出售，经扣押、冻结机关审查，不损害国家利益、被害人利益，不影响诉讼正常进行的，以及扣押、冻结的汇票、本票、支票的有效期即将届满的，可以在判决生效前依法出售或者变现，所得价款由扣押、冻结机关保管，并及时告知当事人或者其近亲属。

37. 刑事诉讼法第一百四十二条第一款中规定："人民检察院、公安机关根据侦查犯罪的需要，可以依照规定查询、冻结犯罪嫌疑人的存款、汇款、债券、股票、基金份额等财产。"根据上述规定，人民检察院、公安机关不能扣划存款、汇款、债券、股票、基金份额等财产。对于犯罪嫌疑人、被告人死亡，依照刑法规定应当追缴其违法所得及其他涉案财产的，适用刑事诉讼法第五编第三章规定的程序，由人民检察院向人民法院提出没收违法所得的申请。

38. 犯罪嫌疑人、被告人死亡，现有证据证明存在违法所得及其他涉案财产应当予以没收的，公安机关、人民检察院可以进行调查。公安机关、人民检察院进行调查，可以依法进行查封、扣押、查询、冻结。

人民法院在审理案件过程中，被告人死亡的，应当裁定终止审理；被告人脱逃的，应当裁定中止审理。人民检察院可以依法另行向人民法院提出没收违法所得的申请。

39. 对于人民法院依法作出的没收违法所得的裁定，犯罪嫌疑人、被告人的近亲属和其他利害关系人或者人民检察院可以在五日内提出上诉、抗诉。

十一、其　　他

40. 刑事诉讼法第一百四十七条规定："对犯罪嫌疑人作精神病鉴定的期间不计入办案期限。"根据上述规定，犯罪嫌疑人、被告人在押的案件，除对犯罪嫌疑人、被告人的精神病鉴定期间不计入办案期限外，其他鉴定期间都应当计入办案期限。对于因鉴定时间较长，办案期限届满仍不能终结的案件，自期限届满之日起，应当对被羁押的犯罪嫌疑人、被告人变更强制措施，改为取保候审或者监视居住。

国家安全机关依照法律规定，办理危害国家安全的刑事案件，适用本规定中有关公安机关的规定。

本规定自 2013 年 1 月 1 日起施行。1998 年 1 月 19 日发布的《最高人民法院、最高人民检察院、公安部、国家安全部、司法部、全国人大常委会法制工作委员会关于刑事诉讼法实施中若干问题的规定》同时废止。

人民检察院刑事诉讼规则(试行)

(1997年1月15日最高人民检察院第八届检察委员会第六十九次会议通过 1998年12月16日最高人民检察院第九届检察委员会第二十一次会议第一次修订 2012年10月16日最高人民检察院第十一届检察委员会第八十次会议第二次修订)

目　录

第一章　通　　则

第一条　为保证人民检察院在刑事诉讼中严格依照法定程序办案,正确履行职权,实现惩罚犯罪与保障人权的统一,根据《中华人民共和国刑事诉讼法》、《中华人民共和国人民检察院组织法》和有关法律规定,结合人民检察院工作实际,制定本规则。

第二条　人民检察院在刑事诉讼中的任务,是立案侦查直接受理的案件、批准或者决定逮捕、审查起诉和提起公诉、对刑事诉讼实行法律监督,保证准确、及时地查明犯罪事实,正确应用法律,惩罚犯罪分子,保障无罪的人不受刑事追究,保障国家刑事法律的统一正确实施,维护社会主义法制,尊重和保障人权,保护公民的人身权利、财产权利、民主权利和其他权利,保障社会主义建设事业的顺利进行。

第三条　人民检察院办理刑事案件,应当严格遵守《中华人民共和国刑事诉讼法》规定的各项基本原则和程序以及其他法律的有关规定。

第四条　人民检察院办理刑事案件,由检察人员承办,办案部门负责人审核,检察长或者检察委员会决定。

第五条　人民检察院按照法律规定设置内部机构,在刑事诉讼中实行案件受理、立案侦查、侦查监督、公诉、控告、申诉、监所检察等业务分工,各司其职,互相制约,保证办案质量。

第六条　在刑事诉讼中,最高人民检察院领导地方各级人民检察院和专门人民检察院的工作,上级人民检察院领导下级人民检察院的工作。检察长统一领导检察院的工作。

第七条　在刑事诉讼中,上级人民检察院对下级人民检察院作出的决定,有权予以撤销或者变更;发现下级人民检察院办理的案件有错误的,有权指令下级人民检察院予以纠正。

下级人民检察院对上级人民检察院的决定应当执行,如果认为有错误的,应当在执行的同时向上级人民检察院报告。

第二章　管　　辖

第八条　人民检察院立案侦查贪污贿赂犯罪、国家工作人员的渎职犯罪、国家机关工作人员利用职权实施的非法拘禁、刑讯逼供、报复陷害、非法搜查的侵犯公民人身权利的犯罪以及侵犯公民民主权利的犯罪案件。

贪污贿赂犯罪是指刑法分则第八章规定的贪污贿赂犯罪及其他章中明确规定依照第八章相关条文定罪处罚的犯罪案件。

国家工作人员的渎职犯罪是指刑法分则第九章规定的渎职犯罪案件。

国家机关工作人员利用职权实施的侵犯公民人身权利和民主权利的犯罪案件包括：

(一)非法拘禁案(刑法第二百三十八条)；

(二)非法搜查案(刑法第二百四十五条)；

(三)刑讯逼供案(刑法第二百四十七条)；

(四)暴力取证案(刑法第二百四十七条)；

(五)虐待被监管人案(刑法第二百四十八条)；

(六)报复陷害案(刑法第二百五十四条)；

(七)破坏选举案(刑法第二百五十六条)。

第九条 国家机关工作人员利用职权实施的其他重大犯罪案件，需要由人民检察院直接受理的时候，经省级以上人民检察院决定，可以由人民检察院立案侦查。

第十条 对本规则第九条规定的案件，基层人民检察院或者分、州、市人民检察院需要直接立案侦查的，应当层报省级人民检察院决定。分、州、市人民检察院对于基层人民检察院层报省级人民检察院的案件，应当进行审查，提出是否需要立案侦查的意见，报请省级人民检察院决定。

报请省级人民检察院决定立案侦查的案件，应当制作提请批准直接受理书，写明案件情况以及需要由人民检察院立案侦查的理由，并附有关材料。

省级人民检察院应当在收到提请批准直接受理书后的十日以内作出是否立案侦查的决定。省级人民检察院可以决定由下级人民检察院直接立案侦查，也可以决定直接立案侦查。

第十一条 对于根据本规则第九条规定立案侦查的案件，应当根据案件性质，由人民检察院负责侦查的部门进行侦查。

报送案件的具体手续由发现案件线索的业务部门办理。

第十二条 人民检察院侦查直接受理的刑事案件涉及公安机关管辖的刑事案件，应当将属于公安机关管辖的刑事案件移送公安机关。在上述情况中，如果涉嫌主罪属于公安机关管辖，由公安机关为主侦查，人民检察院予以配合；如果涉嫌主罪属于人民检察院管辖，由人民检察院为主侦查，公安机关予以配合。

对于一人犯数罪、共同犯罪、多个犯罪嫌疑人实施的犯罪相互关联，并案处理有利于查明案件事实和诉讼进行的，人民检察院可以对相关犯罪案件并案处理。

第十三条 人民检察院对直接受理的案件实行分级立案侦查的制度。

最高人民检察院立案侦查全国性的重大犯罪案件；省、自治区、直辖市人民检察院立案侦查全省(自治区、直辖市)性的重大犯罪案件；分、州、市人民检察院立案侦查本辖区的重大犯罪案件；基层人民检察院立案侦查本辖区的犯罪案件。

第十四条 上级人民检察院在必要的时候，可以直接立案侦查或者组织、指挥、参与侦查下级人民检察院管辖的案件，也可以将本院管辖的案件指定下级人民检察院立案侦查;下级人民检察院认为案情重大、复杂,需要由上级人民检察院立案侦查的案件,可以请求移送上级人民检察院立案侦查。

第十五条 国家工作人员职务犯罪案件,由犯罪嫌疑人工作单位所在地的人民检察院管辖;如果由其他人民检察院管辖更为适宜的,可以由其他人民检察院管辖。

第十六条 对管辖不明确的案件,可以由有关人民检察院协商确定管辖。对管辖有争议的或者情况特殊的案件,由共同的上级人民检察院指定管辖。

第十七条 几个人民检察院都有权管辖的案件,由最初受理的人民检察院管辖。必要时,可以由主要犯罪地的人民检察院管辖。

第十八条 上级人民检察院可以指定下级人民检察院立案侦查管辖不明或者需要改变管辖的案件。

人民检察院在立案侦查中指定异地管辖,需要在异地起诉、审判的,应当在移送审查起诉前与人民法院协商指定管辖的相关事宜。

分、州、市人民检察院办理直接立案侦查的案件,需要将属于本院管辖的案件指定下级人民检察院管辖的,应当报请上一级人民检察院批准。

第十九条 军事检察院、铁路运输检察院等专门人民检察院的管辖以及军队、武装警察与地方互涉刑事案件的管辖,按照有关规定执行。

第三章 回　　避

第二十条 检察人员在受理举报和办理案件过程中,发现有刑事诉讼法第二十八条或者第二十九条规定的情形之一的,应当自行提出回避;没有自行提出回避的,人民检察院应当按照本规则第二十四条的规定决定其回避,当事人及其法定代理人有权要求其回避。

第二十一条 检察人员自行回避的,可以口头或者书面提出,并说明理由。口头提出申请的,应当记录在案。

第二十二条 人民检察院应当告知当事人及其法定代理人有依法申请回避的权利,并告知办理相关案件检察人员、书记员等的姓名、职务等有关情况。

第二十三条 当事人及其法定代理人的回避要求,应当书面或者口头向人民检察院提出,并说明理由;根据刑事诉讼法第二十九条的规定提出回避申请的,应当提供有关证明材料。人民检察院经过审查或者调查,符合回避条件的,应当作出回避决定;不符合回避条件的,应当驳回申请。

第二十四条 检察长的回避,由检察委员会讨论决定。检察委员会讨论检察长回避问题时,由副检察长主持,检察长不得参加。其他检察人员的回避,由检察长决定。

第二十五条 当事人及其法定代理人要求公安机关负责人回避,应当向公安机关同级的人民检察院提出,由检察长提交检察委员会讨论决定。

第二十六条 应当回避的人员,本人没有自行回避,当事人及其法定代理人也没有申请其回避的,检察长或者检察委员会应当决定其回避。

第二十七条 人民检察院作出驳回申请回避的决定后,应当告知当事人及其法定代理人如不服本决定,有权在收到驳回申请回避的决定书后五日以内向原决定机关申请复议一次。

第二十八条 当事人及其法定代理人对驳回申请回避的决定不服申请复议的，决定机关应当在三日以内作出复议决定并书面通知申请人。

第二十九条 人民检察院直接受理案件的侦查人员或者进行补充侦查的人员在回避决定作出以前或者复议期间，不得停止对案件的侦查。

第三十条 参加过本案侦查的侦查人员，不得承办本案的审查逮捕、起诉和诉讼监督工作。

第三十一条 因符合刑事诉讼法第二十八条或者第二十九条规定的情形之一而回避的检察人员，在回避决定作出以前所取得的证据和进行的诉讼行为是否有效，由检察委员会或者检察长根据案件具体情况决定。

第三十二条 本章所称检察人员，包括人民检察院检察长、副检察长、检察委员会委员、检察员和助理检察员。

第三十三条 本规则关于回避的规定，适用于书记员、司法警察和人民检察院聘请或者指派的翻译人员、鉴定人。

书记员、司法警察和人民检察院聘请或者指派的翻译人员、鉴定人的回避由检察长决定。

辩护人、诉讼代理人可以依照刑事诉讼法及本规则关于回避的规定要求回避、申请复议。

第四章　辩护与代理

第三十四条 人民检察院在办案过程中，应当依法保障犯罪嫌疑人行使辩护权利。

第三十五条 辩护人、诉讼代理人向人民检察院提出有关申请、要求或者提交有关书面材料的，案件管理部门应当接收并及时移送相关办案部门或者与相关办案部门协调、联系，具体业务由办案部门负责办理，本规则另有规定的除外。

第三十六条 人民检察院侦查部门在第一次开始讯问犯罪嫌疑人或者对其采取强制措施的时候，应当告知犯罪嫌疑人有权委托辩护人，并告知其如果经济困难或者其他原因没有聘请辩护人的，可以申请法律援助。对于属于刑事诉讼法第三十四条规定情形的，应当告知犯罪嫌疑人有权获得法律援助。

人民检察院自收到移送审查起诉的案件材料之日起三日以内，公诉部门应当告知犯罪嫌疑人有权委托辩护人，并告知其如果经济困难或者其他原因没有聘请辩护人的，可以申请法律援助。对于属于刑事诉讼法第三十四条规定情形的，应当告知犯罪嫌疑人有权获得法律援助。

告知可以采取口头或者书面方式。口头告知的，应当记入笔录，由被告知人签名；书面告知的，应当将送达回执入卷。

第三十七条 人民检察院办理直接受理立案侦查案件、审查逮捕案件和审查起诉案件，在押或者被指定居所监视居住的犯罪嫌疑人提出委托辩护人要求的，侦查部门、侦查监督部门和公诉部门应当及时向其监护人、近亲属或者其指定的人员转达其要求，并记录在案。

第三十八条 在侦查期间，犯罪嫌疑人只能委托律师作为辩护人。在审查起诉期间，犯罪嫌疑人可以委托律师作为辩护人，也可以委托人民团体或者所在单位推荐的人以及监护人、亲友作为辩护人。但下列人员不得被委托担任辩护人：

(一)人民法院、人民检察院、公安机关、国家安全机关、监狱的现职人员;

(二)人民陪审员;

(三)外国人或者无国籍人;

(四)与本案有利害关系的人;

(五)依法被剥夺、限制人身自由的人;

(六)处于缓刑、假释考验期间或者刑罚尚未执行完毕的人;

(七)无行为能力或者限制行为能力的人。

一名辩护人不得为两名以上的同案犯罪嫌疑人辩护,不得为两名以上的未同案处理但实施的犯罪相互关联的犯罪嫌疑人辩护。

本条第一款第一至四项规定的人员,如果是犯罪嫌疑人的近亲属或者监护人,并且不属于第一款第五至七项情形的,犯罪嫌疑人可以委托其担任辩护人。

第三十九条 审判人员、检察人员从人民法院、人民检察院离任后二年以内,不得以律师身份担任辩护人。

检察人员从人民检察院离任后,不得担任原任职检察院办理案件的辩护人。但作为犯罪嫌疑人的监护人、近亲属进行辩护的除外。

检察人员的配偶、子女不得担任该检察人员所任职检察院办理案件的辩护人。

第四十条 一名犯罪嫌疑人可以委托一至二人作为辩护人。

律师担任诉讼代理人的,不得同时接受同一案件二名以上被害人的委托,参与刑事诉讼活动。

第四十一条 人民检察院办理直接受理立案侦查案件和审查起诉案件,发现犯罪嫌疑人是盲、聋、哑人或者是尚未完全丧失辨认或者控制自己行为能力的精神病人,或者可能被判处无期徒刑、死刑,没有委托辩护人的,应当及时书面通知法律援助机构指派律师为其提供辩护。

第四十二条 人民检察院收到在押或者被指定居所监视居住的犯罪嫌疑人提出的法律援助申请,应当在三日以内将其申请材料转交法律援助机构,并通知犯罪嫌疑人的监护人、近亲属或者其委托的其他人员协助提供有关证件、证明等相关材料。

第四十三条 犯罪嫌疑人拒绝法律援助机构指派的律师作为辩护人的,人民检察院应当查明拒绝的原因,有正当理由的,予以准许,但犯罪嫌疑人需另行委托辩护人;犯罪嫌疑人未另行委托辩护人的,应当书面通知法律援助机构另行指派律师为其提供辩护。

第四十四条 辩护人接受委托后告知人民检察院或者法律援助机构指派律师后通知人民检察院的,人民检察院案件管理部门应当及时登记辩护人的相关信息,并将有关情况和材料及时通知、移交相关办案部门。

人民检察院案件管理部门对办理业务的辩护人,应当查验其律师执业证书、律师事务所证明和授权委托书或者法律援助公函。对其他辩护人、诉讼代理人,应当查验其身份证明和授权委托书。

第四十五条 对于特别重大贿赂犯罪案件,犯罪嫌疑人被羁押或者监视居住的,人民检察院侦查部门应当在将犯罪嫌疑人送交看守所或者送交公安机关执行时书面通知看守所或者公安机关,在侦查期间辩护律师会见犯罪嫌疑人的,应当经人民检察院许可。

有下列情形之一的,属于特别重大贿赂犯罪:

（一）涉嫌贿赂犯罪数额在五十万元以上，犯罪情节恶劣的；

（二）有重大社会影响的；

（三）涉及国家重大利益的。

第四十六条 对于特别重大贿赂犯罪案件，辩护律师在侦查期间提出会见在押或者被监视居住的犯罪嫌疑人的，人民检察院侦查部门应当提出是否许可的意见，在三日以内报检察长决定并答复辩护律师。

人民检察院办理特别重大贿赂犯罪案件，在有碍侦查的情形消失后，应当通知看守所或者执行监视居住的公安机关和辩护律师，辩护律师可以不经许可会见犯罪嫌疑人。

对于特别重大贿赂犯罪案件，人民检察院在侦查终结前应当许可辩护律师会见犯罪嫌疑人。

第四十七条 自案件移送审查起诉之日起，人民检察院应当允许辩护律师查阅、摘抄、复制本案的案卷材料。

案卷材料包括案件的诉讼文书和证据材料。

第四十八条 自案件移送审查起诉之日起，律师以外的辩护人向人民检察院申请查阅、摘抄、复制本案的案卷材料或者申请同在押、被监视居住的犯罪嫌疑人会见和通信的，人民检察院公诉部门应当对申请人是否具备辩护人资格进行审查并提出是否许可的意见，在三日以内报检察长决定并书面通知申请人。

人民检察院许可律师以外的辩护人同在押或者被监视居住的犯罪嫌疑人通信的，可以要求看守所或者公安机关将书信送交人民检察院进行检查。

对于律师以外的辩护人申请查阅、摘抄、复制案卷材料或者申请同在押、被监视居住的犯罪嫌疑人会见和通信，具有下列情形之一的，人民检察院可以不予许可：

（一）同案犯罪嫌疑人在逃的；

（二）案件事实不清，证据不足，或者遗漏罪行、遗漏同案犯罪嫌疑人需要补充侦查的；

（三）涉及国家秘密或者商业秘密的；

（四）有事实表明存在串供、毁灭、伪造证据或者危害证人人身安全可能的。

第四十九条 辩护律师或者经过许可的其他辩护人到人民检察院查阅、摘抄、复制本案的案卷材料，由案件管理部门及时安排，由公诉部门提供案卷材料。因公诉部门工作等原因无法及时安排的，应当向辩护人说明，并安排辩护人自即日起三个工作日以内阅卷，公诉部门应当予以配合。

查阅、摘抄、复制案卷材料，应当在人民检察院设置的专门场所进行。必要时，人民检察院可以派员在场协助。

辩护人复制案卷材料可以采取复印、拍照等方式，人民检察院只收取必需的工本费用。对于承办法律援助案件的辩护律师复制必要的案卷材料的费用，人民检察院应当根据具体情况予以减收或者免收。

第五十条 案件移送审查逮捕或者审查起诉后，辩护人认为在侦查期间公安机关收集的证明犯罪嫌疑人无罪或者罪轻的证据材料未提交，申请人民检察院向公安机关调取的，人民检察院案件管理部门应当及时将申请材料送侦查监督部门或者公诉部门办理。经审查，认为辩护人申请调取的证据已收集并且与案件事实有联系的，应当予以调取；认为辩护人申请调取的证据未收集或者与案件事实没有联系的，应当决定不予调取并向辩护人说明理由。

公安机关移送相关证据材料的,人民检察院应当在三日以内告知辩护人。

人民检察院办理直接立案侦查的案件,按照本条规定办理。

第五十一条 在人民检察院侦查、审查逮捕、审查起诉过程中,辩护人收集到有关犯罪嫌疑人不在犯罪现场、未达到刑事责任年龄、属于依法不负刑事责任的精神病人的证据,告知人民检察院的,人民检察院相关办案部门应当及时进行审查。

第五十二条 案件移送审查起诉后,辩护律师依据刑事诉讼法第四十一条第一款的规定申请人民检察院收集、调取证据的,人民检察院案件管理部门应当及时将申请材料移送公诉部门办理。

人民检察院认为需要收集、调取证据的,应当决定收集、调取并制作笔录附卷;决定不予收集、调取的,应当书面说明理由。

人民检察院根据辩护律师的申请收集、调取证据时,辩护律师可以在场。

第五十三条 辩护律师向被害人或者其近亲属、被害人提供的证人收集与本案有关的材料,向人民检察院提出申请的,参照本规则第五十二条第一款的规定办理,人民检察院应当在七日以内作出是否许可的决定,通知辩护律师。人民检察院没有许可的,应当书面说明理由。

第五十四条 在人民检察院侦查、审查逮捕、审查起诉过程中,辩护人提出要求听取其意见的,案件管理部门应当及时联系侦查部门、侦查监督部门或者公诉部门对听取意见作出安排。辩护人提出书面意见的,案件管理部门应当及时移送侦查部门、侦查监督部门或者公诉部门。

第五十五条 人民检察院自收到移送审查起诉的案件材料之日起三日以内,应当告知被害人及其法定代理人或者其近亲属、附带民事诉讼的当事人及其法定代理人有权委托诉讼代理人。

告知可以采取口头或者书面方式。口头告知的,应当制作笔录,由被告知人签名;书面告知的,应当将送达回执入卷;无法告知的,应当记录在案。

被害人有法定代理人的,应当告知其法定代理人;没有法定代理人的,应当告知其近亲属。

法定代理人或者近亲属为二人以上的,可以只告知其中一人,告知时应当按照刑事诉讼法第一百零六条第三、六项列举的顺序择先进行。

当事人及其法定代理人、近亲属委托诉讼代理人的,参照刑事诉讼法第三十二条和本规则第三十八条、第三十九条、第四十四条的规定执行。

第五十六条 经人民检察院许可,诉讼代理人查阅、摘抄、复制本案的案卷材料的,参照本规则第四十七条至第四十九条的规定办理。

律师担任诉讼代理人,需要申请人民检察院收集、调取证据的,参照本规则第五十二条的规定办理。

第五十七条 辩护人、诉讼代理人认为公安机关、人民检察院、人民法院及其工作人员具有下列阻碍其依法行使诉讼权利的行为之一的,可以向同级或者上一级人民检察院申诉或者控告,控告检察部门应当接受并依法办理,相关办案部门应当予以配合:

(一)对辩护人、诉讼代理人提出的回避要求不予受理或者对不予回避决定不服的复议申请不予受理的;

（二）未依法告知犯罪嫌疑人、被告人有权委托辩护人的；

（三）未转达在押的或者被监视居住的犯罪嫌疑人、被告人委托辩护人的要求的；

（四）应当通知而不通知法律援助机构为符合条件的犯罪嫌疑人、被告人或者被申请强制医疗的人指派律师提供辩护或者法律援助的；

（五）在规定时间内不受理、不答复辩护人提出的变更强制措施申请或者解除强制措施要求的；

（六）未依法告知辩护律师犯罪嫌疑人涉嫌的罪名和案件有关情况的；

（七）违法限制辩护律师同在押、被监视居住的犯罪嫌疑人、被告人会见和通信的；

（八）违法不允许辩护律师查阅、摘抄、复制本案的案卷材料的；

（九）违法限制辩护律师收集、核实有关证据材料的；

（十）没有正当理由不同意辩护律师提出的收集、调取证据或者通知证人出庭作证的申请，或者不答复、不说明理由的；

（十一）未依法提交证明犯罪嫌疑人、被告人无罪或者罪轻的证据材料的；

（十二）未依法听取辩护人、诉讼代理人的意见的；

（十三）未依法将开庭的时间、地点及时通知辩护人、诉讼代理人的；

（十四）未依法向辩护人、诉讼代理人及时送达本案的法律文书或者及时告知案件移送情况的；

（十五）阻碍辩护人、诉讼代理人在法庭审理过程中依法行使诉讼权利的；

（十六）其他阻碍辩护人、诉讼代理人依法行使诉讼权利的。

辩护人、诉讼代理人认为看守所及其工作人员有阻碍其依法行使诉讼权利的行为，向人民检察院申诉或者控告的，监所检察部门应当接收并依法办理；控告检察部门收到申诉或者控告的，应当及时移送监所检察部门办理。

第五十八条 辩护人、诉讼代理人认为其依法行使诉讼权利受到阻碍向人民检察院申诉或者控告的，人民检察院应当在受理后十日以内进行审查，情况属实的，经检察长决定，通知有关机关或者本院有关部门、下级人民检察院予以纠正，并将处理情况书面答复提出申诉或者控告的辩护人、诉讼代理人。

第五十九条 辩护律师告知人民检察院其委托人或者其他人员准备实施、正在实施危害国家安全、公共安全以及严重危及他人人身安全犯罪的，人民检察院应当接受并立即移送有关机关依法处理。

人民检察院应当为反映有关情况的辩护律师保密。

第六十条 人民检察院发现辩护人有帮助犯罪嫌疑人、被告人隐匿、毁灭、伪造证据或者串供，或者威胁、引诱证人作伪证以及其他干扰司法机关诉讼活动的行为，可能涉嫌犯罪的，经检察长批准，应当按照下列规定办理：

（一）涉嫌犯罪属于公安机关管辖的，应当将辩护人涉嫌犯罪的线索或者证据材料移送同级公安机关按照有关规定处理；

（二）涉嫌犯罪属于人民检察院管辖的，应当报请上一级人民检察院立案侦查或者由上一级人民检察院指定其他人民检察院立案侦查。上一级人民检察院不得指定办理辩护人所承办案件的人民检察院的下级人民检察院立案侦查。

辩护人是律师的,被指定管辖的人民检察院应当在立案侦查的同时书面通知其所在的律师事务所或者所属的律师协会。

第五章　证　　据

第六十一条　人民检察院在立案侦查、审查逮捕、审查起诉等办案活动中认定案件事实,应当以证据为根据。

公诉案件中被告人有罪的举证责任由人民检察院承担。人民检察院在提起公诉指控犯罪时,应当提出确实、充分的证据,并运用证据加以证明。

人民检察院提起公诉,应当遵循客观公正原则,对被告人有罪、罪重、罪轻的证据都应当向人民法院提出。

第六十二条　证据的审查认定,应当结合案件的具体情况,从证据与待证事实的关联程度、各证据之间的联系、是否依照法定程序收集等方面进行综合审查判断。

第六十三条　人民检察院侦查终结或者提起公诉的案件,证据应当确实、充分。证据确实、充分,应当符合以下条件:

(一)定罪量刑的事实都有证据证明;

(二)据以定案的证据均经法定程序查证属实;

(三)综合全案证据,对所认定事实已排除合理怀疑。

第六十四条　行政机关在行政执法和查办案件过程中收集的物证、书证、视听资料、电子数据等证据材料,应当以该机关的名义移送,经人民检察院审查符合法定要求的,可以作为证据使用。

行政机关在行政执法和查办案件过程中收集的鉴定意见、勘验、检查笔录,经人民检察院审查符合法定要求的,可以作为证据使用。

人民检察院办理直接受理立案侦查的案件,对于有关机关在行政执法和查办案件过程中收集的涉案人员供述或者相关人员的证言、陈述,应当重新收集;确有证据证实涉案人员或者相关人员因路途遥远、死亡、失踪或者丧失作证能力,无法重新收集,但供述、证言或者陈述的来源、收集程序合法,并有其他证据相印证,经人民检察院审查符合法定要求的,可以作为证据使用。

根据法律、法规赋予的职责查处行政违法、违纪案件的组织属于本条规定的行政机关。

第六十五条　对采用刑讯逼供等非法方法收集的犯罪嫌疑人供述和采用暴力、威胁等非法方法收集的证人证言、被害人陈述,应当依法排除,不得作为报请逮捕、批准或者决定逮捕、移送审查起诉以及提起公诉的依据。

刑讯逼供是指使用肉刑或者变相使用肉刑,使犯罪嫌疑人在肉体或者精神上遭受剧烈疼痛或者痛苦以逼取供述的行为。

其他非法方法是指违法程度和对犯罪嫌疑人的强迫程度与刑讯逼供或者暴力、威胁相当而迫使其违背意愿供述的方法。

第六十六条　收集物证、书证不符合法定程序,可能严重影响司法公正的,人民检察院应当及时要求侦查机关补正或者作出书面解释;不能补正或者无法作出合理解释的,对该证据应当予以排除。

对侦查机关的补正或者解释,人民检察院应当予以审查。经侦查机关补正或者作出合理解释的,可以作为批准或者决定逮捕、提起公诉的依据。

本条第一款中的可能严重影响司法公正是指收集物证、书证不符合法定程序的行为明显违法或者情节严重，可能对司法机关办理案件的公正性造成严重损害；补正是指对取证程序上的非实质性瑕疵进行补救；合理解释是指对取证程序的瑕疵作出符合常理及逻辑的解释。

第六十七条 人民检察院经审查发现存在刑事诉讼法第五十四条规定的非法取证行为，依法对该证据予以排除后，其他证据不能证明犯罪嫌疑人实施犯罪行为的，应当不批准或者决定逮捕，已经移送审查起诉的，可以将案件退回侦查机关补充侦查或者作出不起诉决定。

第六十八条 在侦查、审查起诉和审判阶段，人民检察院发现侦查人员以非法方法收集证据的，应当报经检察长批准，及时进行调查核实。

当事人及其辩护人、诉讼代理人报案、控告、举报侦查人员采用刑讯逼供等非法方法收集证据并提供涉嫌非法取证的人员、时间、地点、方式和内容等材料或者线索的，人民检察院应当受理并进行审查，对于根据现有材料无法证明证据收集合法性的，应当报经检察长批准，及时进行调查核实。

上一级人民检察院接到对侦查人员采用刑讯逼供等非法方法收集证据的报案、控告、举报的，可以直接进行调查核实，也可以交由下级人民检察院调查核实。交由下级人民检察院调查核实的，下级人民检察院应当及时将调查结果报告上一级人民检察院。

人民检察院决定调查核实的，应当及时通知办案机关。

第六十九条 对于非法证据的调查核实，在侦查阶段由侦查监督部门负责；在审查起诉、审判阶段由公诉部门负责。必要时，渎职侵权检察部门可以派员参加。

第七十条 人民检察院可以采取以下方式对非法取证行为进行调查核实：

（一）讯问犯罪嫌疑人；

（二）询问办案人员；

（三）询问在场人员及证人；

（四）听取辩护律师意见；

（五）调取讯问笔录、讯问录音、录像；

（六）调取、查询犯罪嫌疑人出入看守所的身体检查记录及相关材料；

（七）进行伤情、病情检查或者鉴定；

（八）其他调查核实方式。

第七十一条 人民检察院调查完毕后，应当制作调查报告，根据查明的情况提出处理意见，报请检察长决定后依法处理。

办案人员在审查逮捕、审查起诉中经调查核实依法排除非法证据的，应当在调查报告中予以说明。被排除的非法证据应当随案移送。

对于确有以非法方法收集证据情形，尚未构成犯罪的，应当依法向被调查人所在机关提出纠正意见。对于需要补正或者作出合理解释的，应当提出明确要求。

经审查，认为非法取证行为构成犯罪需要追究刑事责任的，应当依法移送立案侦查。

第七十二条 人民检察院认为存在以非法方法收集证据情形的，可以书面要求侦查机关对证据收集的合法性进行说明。说明应当加盖单位公章，并由侦查人员签名。

第七十三条 对于公安机关立案侦查的案件，存在下列情形之一的，人民检察院在审查逮捕、审查起诉和审判阶段，可以调取公安机关讯问犯罪嫌疑人的录音、录像，对证据收集的合法性以及犯罪嫌疑人、被

告人供述的真实性进行审查:

(一)认为讯问活动可能存在刑讯逼供等非法取证行为的;

(二)犯罪嫌疑人、被告人或者辩护人提出犯罪嫌疑人、被告人供述系非法取得,并提供相关线索或者材料的;

(三)犯罪嫌疑人、被告人对讯问活动合法性提出异议或者翻供,并提供相关线索或者材料的;

(四)案情重大、疑难、复杂的。

人民检察院直接受理立案侦查的案件,侦查部门移送审查逮捕、审查起诉时,应当将讯问录音、录像连同案卷材料一并移送审查。

第七十四条 对于提起公诉的案件,被告人及其辩护人提出审前供述系非法取得,并提供相关线索或者材料的,人民检察院可以将讯问录音、录像连同案卷材料一并移送人民法院。

第七十五条 在法庭审理过程中,被告人或者辩护人对讯问活动合法性提出异议,公诉人可以要求被告人及其辩护人提供相关线索或者材料。必要时,公诉人可以提请法庭当庭播放相关时段的讯问录音、录像,对有关异议或者事实进行质证。

需要播放的讯问录音、录像中涉及国家秘密、商业秘密、个人隐私或者含有其他不宜公开的内容的,公诉人应当建议在法庭组成人员、公诉人、侦查人员、被告人及其辩护人范围内播放。因涉及国家秘密、商业秘密、个人隐私或者其他犯罪线索等内容,人民检察院对讯问录音、录像的相关内容作技术处理的,公诉人应当向法庭作出说明。

第七十六条 对于危害国家安全犯罪、恐怖活动犯罪、黑社会性质的组织犯罪、毒品犯罪等案件,人民检察院在办理案件过程中,证人、鉴定人、被害人因在诉讼中作证,本人或者其近亲属人身安全面临危险,向人民检察院请求保护的,人民检察院应当受理并及时进行审查,对于确实存在人身安全危险的,应当立即采取必要的保护措施。人民检察院发现存在上述情形的,可以主动采取保护措施。

人民检察院可以采取以下一项或者多项保护措施:

(一)不公开真实姓名、住址和工作单位等个人信息;

(二)建议法庭采取不暴露外貌、真实声音等出庭作证措施;

(三)禁止特定的人员接触证人、鉴定人、被害人及其近亲属;

(四)对人身和住宅采取专门性保护措施;

(五)其他必要的保护措施。

人民检察院依法决定不公开证人、鉴定人、被害人的真实姓名、住址和工作单位等个人信息的,可以在起诉书、询问笔录等法律文书、证据材料中使用化名代替证人、鉴定人、被害人的个人信息。但是应当另行书面说明使用化名的情况并标明密级。

人民检察院依法采取保护措施,可以要求有关单位和个人予以配合。

对证人及其近亲属进行威胁、侮辱、殴打或者打击报复,构成犯罪或者应当给予治安管理处罚的,人民检察院应当移送公安机关处理;情节轻微的,予以批评教育、训诫。

第七十七条 证人在人民检察院侦查、审查起诉阶段因履行作证义务而支出的交通、住宿、就餐等费用,人民检察院应当给予补助。

第六章 强制措施

第一节 拘 传

第七十八条 人民检察院根据案件情况，对犯罪嫌疑人可以拘传。

拘传应当经检察长批准，签发拘传证。

第七十九条 拘传时，应当向被拘传的犯罪嫌疑人出示拘传证。对抗拒拘传的，可以使用械具，强制到案。

执行拘传的人员不得少于二人。

第八十条 拘传持续的时间从犯罪嫌疑人到案时开始计算。犯罪嫌疑人到案后，应当责令其在拘传证上填写到案时间，并在拘传证上签名、捺指印或者盖章，然后立即讯问。讯问结束后，应当责令犯罪嫌疑人在拘传证上填写讯问结束时间。犯罪嫌疑人拒绝填写的，检察人员应当在拘传证上注明。

一次拘传持续的时间不得超过十二小时；案情特别重大、复杂，需要采取拘留、逮捕措施的，拘传持续的时间不得超过二十四小时。两次拘传间隔的时间一般不得少于十二小时，不得以连续拘传的方式变相拘禁犯罪嫌疑人。

拘传犯罪嫌疑人，应当保证犯罪嫌疑人的饮食和必要的休息时间。

第八十一条 人民检察院拘传犯罪嫌疑人，应当在犯罪嫌疑人所在市、县内的地点进行。

犯罪嫌疑人的工作单位与居住地不在同一市、县的，拘传应当在犯罪嫌疑人的工作单位所在的市、县进行；特殊情况下，也可以在犯罪嫌疑人居住地所在的市、县内进行。

第八十二条 需要对被拘传的犯罪嫌疑人变更强制措施的，应当经检察长或者检察委员会决定，在拘传期限内办理变更手续。

在拘传期间内决定不采取其他强制措施的，拘传期限届满，应当结束拘传。

第二节 取保候审

第八十三条 人民检察院对于有下列情形之一的犯罪嫌疑人，可以取保候审：

（一）可能判处管制、拘役或者独立适用附加刑的；

（二）可能判处有期徒刑以上刑罚，采取取保候审不致发生社会危险性的；

（三）患有严重疾病、生活不能自理，怀孕或者正在哺乳自己婴儿的妇女，采取取保候审不致发生社会危险性的；

（四）犯罪嫌疑人羁押期限届满，案件尚未办结，需要取保候审的。

第八十四条 人民检察院对于严重危害社会治安的犯罪嫌疑人，以及其他犯罪性质恶劣、情节严重的犯罪嫌疑人不得取保候审。

第八十五条 被羁押或者监视居住的犯罪嫌疑人及其法定代理人、近亲属或者辩护人申请取保候审，经审查具有本规则第八十三条规定情形之一的，经检察长决定，可以对犯罪嫌疑人取保候审。

第八十六条 被羁押或者监视居住的犯罪嫌疑人及其法定代理人、近亲属或者辩护人向人民检察院申请取保候审，人民检察院应当在三日以内作出是否同意的答复。经审查符合本规则第八十三条规定情形之一的，对被羁押的犯罪嫌疑人依法办理取保候审手续；经审查不符合取保候审条件的，应当告知申请人，并说明不同意取保候审的理由。

第八十七条 人民检察院决定对犯罪嫌疑人取保候审，应当责令犯罪嫌疑人提出保证人或者交纳保证金。

对同一犯罪嫌疑人决定取保候审,不得同时使用保证人保证和保证金保证方式。

对符合取保候审条件,具有下列情形之一的犯罪嫌疑人,人民检察院决定取保候审时,可以责令其提供一至二名保证人:

(一)无力交纳保证金的;

(二)系未成年人或者已满七十五周岁的人;

(三)其他不宜收取保证金的。

第八十八条 采取保证人担保方式的,保证人应当符合刑事诉讼法第六十七条规定的条件,并经人民检察院审查同意。

第八十九条 人民检察院应当告知保证人履行以下义务:

(一)监督被保证人遵守刑事诉讼法第六十九条的规定;

(二)发现被保证人可能发生或者已经发生违反刑事诉讼法第六十九条规定的行为的,及时向执行机关报告。

保证人保证承担上述义务后,应当在取保候审保证书上签名或者盖章。

第九十条 采取保证金担保方式的,人民检察院可以根据犯罪嫌疑人的社会危险性,案件的性质、情节、危害后果,可能判处刑罚的轻重,犯罪嫌疑人的经济状况等,责令犯罪嫌疑人交纳一千元以上的保证金,对于未成年犯罪嫌疑人可以责令交纳五百元以上的保证金。

第九十一条 对犯罪嫌疑人取保候审,应当由办案人员提出意见,部门负责人审核,检察长决定。

第九十二条 人民检察院决定对犯罪嫌疑人取保候审的,应当制作取保候审决定书,载明取保候审的期间、担保方式、被取保候审人应当履行的义务和应当遵守的规定。

人民检察院作出取保候审决定时,可以根据犯罪嫌疑人涉嫌犯罪性质、危害后果、社会影响,犯罪嫌疑人、被害人的具体情况等,有针对性地责令其遵守以下一项或者多项规定:

(一)不得进入特定的场所;

(二)不得与特定的人员会见或者通信;

(三)不得从事特定的活动;

(四)将护照等出入境证件、驾驶证件交执行机关保存。

第九十三条 人民检察院应当向取保候审的犯罪嫌疑人宣读取保候审决定书,由犯罪嫌疑人签名、捺指印或者盖章,并责令犯罪嫌疑人遵守刑事诉讼法第六十九条的规定,告知其违反规定应负的法律责任;以保证金方式担保的,应当同时告知犯罪嫌疑人一次性将保证金存入公安机关指定银行的专门账户。

第九十四条 向犯罪嫌疑人宣布取保候审决定后,人民检察院应当将执行取保候审通知书送达公安机关执行,并告知公安机关在执行期间拟批准犯罪嫌疑人离开所居住的市、县的,应当征得人民检察院同意。以保证人方式担保的,应当将取保候审保证书同时送达公安机关。

人民检察院核实保证金已经交纳到公安机关指定银行的凭证后,应当将银行出具的凭证及其他有关材料与执行取保候审通知书一并送交公安机关。

第九十五条 采取保证人保证方式的,如果保证人在取保候审期间不愿继续担保或者丧失担保条件的,人民检察院应当在收到保证人不愿继续担保的申请或者发现其丧失担保条件后的三日以内，责令犯罪嫌疑人重新提出保证人或者交纳保证金，并将变更情况通知公安机关。

第九十六条 采取保证金担保方式的，被取保候审人拒绝交纳保证金或者交纳保证金不足决定数额时，人民检察院应当作出变更取保候审措施、变更保证方式或者变更保证金数额的决定，并将变更情况通知公安机关。

第九十七条 公安机关在执行取保候审期间向人民检察院征询是否同意批准犯罪嫌疑人离开所居住的市、县时，人民检察院应当根据案件的具体情况及时作出决定，并通知公安机关。

第九十八条 人民检察院发现保证人没有履行刑事诉讼法第六十八条规定的义务，应当通知公安机关，要求公安机关对保证人作出罚款决定。构成犯罪的，依法追究保证人的刑事责任。

第九十九条 人民检察院发现犯罪嫌疑人违反刑事诉讼法第六十九条的规定，已交纳保证金的，应当书面通知公安机关没收部分或者全部保证金，并且根据案件的具体情况，责令犯罪嫌疑人具结悔过，重新交纳保证金、提出保证人或者决定监视居住、予以逮捕。

公安机关发现犯罪嫌疑人违反刑事诉讼法第六十九条的规定，提出没收保证金或者变更强制措施意见的，人民检察院应当在收到意见后五日以内作出决定，并通知公安机关。

重新交纳保证金的程序适用本规则第九十条、第九十一条的规定；提出保证人的程序适用本规则第八十八条、第八十九条的规定。对犯罪嫌疑人继续取保候审的，取保候审的时间应当累计计算。

对犯罪嫌疑人决定监视居住的，应当办理监视居住手续，监视居住的期限应当重新计算并告知犯罪嫌疑人。

第一百条 犯罪嫌疑人有下列违反取保候审规定的行为，人民检察院应当对犯罪嫌疑人予以逮捕：

（一）故意实施新的犯罪的；

（二）企图自杀、逃跑，逃避侦查、审查起诉的；

（三）实施毁灭、伪造证据，串供或者干扰证人作证，足以影响侦查、审查起诉工作正常进行的；

（四）对被害人、证人、举报人、控告人及其他人员实施打击报复的。

犯罪嫌疑人有下列违反取保候审规定的行为，人民检察院可以对犯罪嫌疑人予以逮捕：

（一）未经批准，擅自离开所居住的市、县，造成严重后果，或者两次未经批准，擅自离开所居住的市、县的；

（二）经传讯不到案，造成严重后果，或者经两次传讯不到案的；

（三）住址、工作单位和联系方式发生变动，未在二十四小时以内向公安机关报告，造成严重后果的；

（四）违反规定进入特定场所、与特定人员会见或者通信、从事特定活动，严重妨碍诉讼程序正常进行的。

需要对上述犯罪嫌疑人予以逮捕的，可以先行拘留；已交纳保证金的，同时书面通知公安机关没收保证金。

第一百零一条 人民检察院决定对犯罪嫌疑人取保候审，最长不得超过十二个月。

第一百零二条 公安机关决定对犯罪嫌疑人取保候审，案件移送人民检察院审查起诉后,对于需要继续取保候审的,人民检察院应当依法重新作出取保候审决定,并对犯罪嫌疑人办理取保候审手续。取保候审的期限应当重新计算并告知犯罪嫌疑人。对继续采取保证金方式取保候审的,被取保候审人没有违反刑事诉讼法第六十九条规定的,不变更保证金数额,不再重新收取保证金。

第一百零三条 在取保候审期间,不得中断对案件的侦查、审查起诉。

第一百零四条 取保候审期限届满或者发现不应当追究犯罪嫌疑人的刑事责任的,应当及时解除或者撤销取保候审。

第一百零五条 解除或者撤销取保候审,应当由办案人员提出意见,部门负责人审核,检察长决定。

第一百零六条 解除或者撤销取保候审的决定,应当及时通知执行机关,并将解除或者撤销取保候审的决定书送达犯罪嫌疑人;有保证人的,应当通知保证人解除保证义务。

第一百零七条 犯罪嫌疑人在取保候审期间没有违反刑事诉讼法第六十九条的规定,或者发现不应当追究犯罪嫌疑人刑事责任的,变更、解除或者撤销取保候审时,应当告知犯罪嫌疑人可以凭变更、解除或者撤销取保候审的通知或者有关法律文书到银行领取退还的保证金。

第一百零八条 犯罪嫌疑人及其法定代理人、近亲属或者辩护人认为取保候审期限届满,向人民检察院提出解除取保候审要求的,人民检察院应当在三日以内审查决定。经审查认为法定期限届满的,经检察长批准后,解除取保候审;经审查未超过法定期限的,书面答复申请人。

第三节 监视居住

第一百零九条 人民检察院对于符合逮捕条件,有下列情形之一的犯罪嫌疑人,可以监视居住:

(一)患有严重疾病、生活不能自理的;

(二)怀孕或者正在哺乳自己婴儿的妇女;

(三)系生活不能自理的人的唯一扶养人;

(四)因为案件的特殊情况或者办理案件的需要,采取监视居住措施更为适宜的;

(五)羁押期限届满,案件尚未办结,需要采取监视居住措施的。

前款第三项中的扶养包括父母、祖父母、外祖父母对子女、孙子女、外孙子女的抚养和子女、孙子女、外孙子女对父母、祖父母、外祖父母的赡养以及配偶、兄弟姐妹之间的相互扶养。

对符合取保候审条件,但犯罪嫌疑人不能提出保证人,也不交纳保证金的,可以监视居住。

第一百一十条 监视居住应当在犯罪嫌疑人的住处执行。对于犯罪嫌疑人无固定住处或者涉嫌特别重大贿赂犯罪在住处执行可能有碍侦查的,可以在指定的居所执行。

固定住处是指犯罪嫌疑人在办案机关所在地的市、县内工作、生活的合法居所。

本条第一款规定的特别重大贿赂犯罪依照本规则第四十五条第二款规定的条件予以认定。

有下列情形之一的,属于有碍侦查:

(一)可能毁灭、伪造证据,干扰证人作证或者串供的;

(二)可能自杀或者逃跑的;

(三)可能导致同案犯逃避侦查的;

(四)在住处执行监视居住可能导致犯罪嫌疑人面临人身危险的;

（五）犯罪嫌疑人的家属或者其所在单位的人员与犯罪有牵连的；

（六）可能对举报人、控告人、证人及其他人员等实施打击报复的。

指定的居所应当符合下列条件：

（一）具备正常的生活、休息条件；

（二）便于监视、管理；

（三）能够保证办案安全。

采取指定居所监视居住的，不得在看守所、拘留所、监狱等羁押、监管场所以及留置室、讯问室等专门的办案场所、办公区域执行。

第一百一十一条 对犯罪嫌疑人采取监视居住，应当由办案人员提出意见，部门负责人审核，检察长决定。

需要对涉嫌特别重大贿赂犯罪的犯罪嫌疑人采取指定居所监视居住的，由办案人员提出意见，经部门负责人审核，报检察长审批后，连同案卷材料一并报上一级人民检察院侦查部门审查。

对于下级人民检察院报请指定居所监视居住的案件，上一级人民检察院应当在收到案卷材料后及时作出是否批准的决定。

上一级人民检察院批准指定居所监视居住的，应当将指定居所监视居住决定书连同案卷材料一并交由下级人民检察院通知同级公安机关执行。下级人民检察院应当将执行回执报上一级人民检察院。

上一级人民检察院不予批准指定居所监视居住的，应当将不予批准指定监视居住决定书送达下级人民检察院，并说明不予批准的理由。

第一百一十二条 对于特别重大贿赂犯罪案件决定指定居所监视居住的，人民检察院侦查部门应当自决定指定居所监视居住之日起每二个月对指定居所监视居住的必要性进行审查，没有必要继续指定居所监视居住或者案件已经办结的，应当解除指定居所监视居住或者变更强制措施。

犯罪嫌疑人及其法定代理人、近亲属或者辩护人认为不再具备指定居所监视居住条件的，有权向人民检察院申请变更强制措施。人民检察院应当在三日以内作出决定，经审查认为不需要继续指定居所监视居住的，应当解除指定居所监视居住或者变更强制措施；认为需要继续指定居所监视居住的，应当答复申请人并说明理由。

解除指定居所监视居住或者变更强制措施的，下级人民检察院侦查部门应当报送上一级人民检察院备案。

第一百一十三条 人民检察院应当向监视居住的犯罪嫌疑人宣读监视居住决定书，由犯罪嫌疑人签名、捺指印或者盖章，并责令犯罪嫌疑人遵守刑事诉讼法第七十五条的规定，告知其违反规定应负的法律责任。

指定居所监视居住的，不得要求被监视居住人支付费用。

第一百一十四条 对犯罪嫌疑人决定在指定的居所执行监视居住，除无法通知的以外，人民检察院应当在执行监视居住后二十四小时以内，将指定居所监视居住的原因通知被监视居住人的家属。无法通知的，应当向检察长报告，并将原因写明附卷。无法通知的情形消除后，应当立即通知其家属。

无法通知包括以下情形：

（一）被监视居住人无家属的；

（二）与其家属无法取得联系的；

（三）受自然灾害等不可抗力阻碍的。

第一百一十五条 人民检察院核实犯

罪嫌疑人住处或者为其指定居所后,应当制作监视居住执行通知书,将有关法律文书和案由、犯罪嫌疑人基本情况材料,送交监视居住地的公安机关执行,必要时人民检察院可以协助公安机关执行。

人民检察院应当告知公安机关在执行期间拟批准犯罪嫌疑人离开执行监视居住的处所、会见他人或者通信的,批准前应当征得人民检察院同意。

第一百一十六条 公安机关在执行监视居住期间向人民检察院征询是否同意批准犯罪嫌疑人离开执行监视居住的处所、会见他人或者通信时,人民检察院应当根据案件的具体情况决定是否同意。

第一百一十七条 人民检察院可以根据案件的具体情况,商请公安机关对被监视居住的犯罪嫌疑人采取电子监控、不定期检查等监视方法,对其遵守监视居住规定的情况进行监督。

人民检察院办理直接受理立案侦查的案件对犯罪嫌疑人采取监视居住的,在侦查期间可以商请公安机关对其通信进行监控。

第一百一十八条 人民检察院应当依法对指定居所监视居住的决定是否合法实行监督。

对于下级人民检察院报请指定居所监视居住的案件,由上一级人民检察院侦查监督部门依法对决定是否合法进行监督。

对于公安机关决定指定居所监视居住的案件,由作出批准决定公安机关的同级人民检察院侦查监督部门依法对决定是否合法进行监督。

对于人民法院因被告人无固定住处而指定居所监视居住的,由同级人民检察院公诉部门依法对决定是否合法进行监督。

第一百一十九条 被指定居所监视居住人及其法定代理人、近亲属或者辩护人认为侦查机关、人民法院的指定居所监视居住决定存在违法情形,提出控告或者举报的,人民检察院应当受理,并报送或者移送本规则第一百一十八条规定的承担监督职责的部门办理。

人民检察院可以要求侦查机关、人民法院提供指定居所监视居住决定书和相关案件材料。经审查,发现存在下列违法情形的,应当及时通知有关机关纠正:

(一)不符合指定居所监视居住的适用条件的;

(二)未按法定程序履行批准手续的;

(三)在决定过程中有其他违反刑事诉讼法规定的行为的。

第一百二十条 人民检察院监所检察部门依法对指定居所监视居住的执行活动是否合法实行监督。发现下列违法情形的,应当及时提出纠正意见:

(一)在执行指定居所监视居住后二十四小时以内没有通知被监视居住人的家属的;

(二)在羁押场所、专门的办案场所执行监视居住的;

(三)为被监视居住人通风报信、私自传递信件、物品的;

(四)对被监视居住人刑讯逼供、体罚、虐待或者变相体罚、虐待的;

(五)有其他侵犯被监视居住人合法权利或者其他违法行为的。

被监视居住人及其法定代理人、近亲属或者辩护人对于公安机关、本院侦查部门或者侦查人员存在上述违法情形提出控告的,人民检察院控告检察部门应当受理并及时移送监所检察部门处理。

第一百二十一条 犯罪嫌疑人有下列违反监视居住规定的行为，人民检察院应当对犯罪嫌疑人予以逮捕：

（一）故意实施新的犯罪行为的；

（二）企图自杀、逃跑，逃避侦查、审查起诉的；

（三）实施毁灭、伪造证据或者串供、干扰证人作证行为，足以影响侦查、审查起诉工作正常进行的；

（四）对被害人、证人、举报人、控告人及其他人员实施打击报复的。

犯罪嫌疑人有下列违反监视居住规定的行为，人民检察院可以对犯罪嫌疑人予以逮捕：

（一）未经批准，擅自离开执行监视居住的处所，造成严重后果，或者两次未经批准，擅自离开执行监视居住的处所的；

（二）未经批准，擅自会见他人或者通信，造成严重后果，或者两次未经批准，擅自会见他人或者通信的；

（三）经传讯不到案，造成严重后果，或者经两次传讯不到案的。

需要对上述犯罪嫌疑人予以逮捕的，可以先行拘留。

第一百二十二条 人民检察院决定对犯罪嫌疑人监视居住，最长不得超过六个月。

第一百二十三条 公安机关决定对犯罪嫌疑人监视居住，案件移送人民检察院审查起诉后，对于需要继续监视居住的，人民检察院应当依法重新作出监视居住决定，并对犯罪嫌疑人办理监视居住手续。监视居住的期限应当重新计算并告知犯罪嫌疑人。

第一百二十四条 在监视居住期间，不得中断对案件的侦查、审查起诉。

第一百二十五条 监视居住期限届满或者发现不应当追究犯罪嫌疑人刑事责任的，应当解除或者撤销监视居住。

第一百二十六条 解除或者撤销监视居住，应当由办案人员提出意见，部门负责人审核，检察长决定。

第一百二十七条 解除或者撤销监视居住的决定应当通知执行机关，并将解除或者撤销监视居住的决定书送达犯罪嫌疑人。

第一百二十八条 犯罪嫌疑人及其法定代理人、近亲属或者辩护人认为监视居住法定期限届满，向人民检察院提出解除监视居住要求的，人民检察院应当在三日以内审查决定。经审查认为法定期限届满的，经检察长批准后，解除监视居住；经审查未超过法定期限的，书面答复申请人。

第四节　拘　　留

第一百二十九条 人民检察院对于有下列情形之一的犯罪嫌疑人，可以决定拘留：

（一）犯罪后企图自杀、逃跑或者在逃的；

（二）有毁灭、伪造证据或者串供可能的。

第一百三十条 人民检察院拘留犯罪嫌疑人的时候，必须出示拘留证。

拘留犯罪嫌疑人，应当由办案人员提出意见，部门负责人审核，检察长决定。

第一百三十一条 人民检察院作出拘留决定后，应当将有关法律文书和案由、犯罪嫌疑人基本情况的材料送交同级公安机关执行。必要时人民检察院可以协助公安机关执行。

拘留后，应当立即将被拘留人送看守所羁押，至迟不得超过二十四小时。

第一百三十二条 担任县级以上人民代表大会代表的犯罪嫌疑人因现行犯被拘留的,人民检察院应当立即向该代表所属的人民代表大会主席团或者常务委员会报告;因为其他情形需要拘留的,人民检察院应当报请该代表所属的人民代表大会主席团或者常务委员会许可。

人民检察院拘留担任本级人民代表大会代表的犯罪嫌疑人,直接向本级人民代表大会主席团或常务委员会报告或者报请许可。

拘留担任上级人民代表大会代表的犯罪嫌疑人,应当立即层报该代表所属的人民代表大会同级的人民检察院报告或者报请许可。

拘留担任下级人民代表大会代表的犯罪嫌疑人,可以直接向该代表所属的人民代表大会主席团或者常务委员会报告或者报请许可,也可以委托该代表所属的人民代表大会同级的人民检察院报告或者报请许可;拘留担任乡、民族乡、镇的人民代表大会代表的犯罪嫌疑人,由县级人民检察院报告乡、民族乡、镇的人民代表大会。

拘留担任两级以上人民代表大会代表的犯罪嫌疑人,分别按照本条第二、三、四款的规定报告或者报请许可。

拘留担任办案单位所在省、市、县(区)以外的其他地区人民代表大会代表的犯罪嫌疑人,应当委托该代表所属的人民代表大会同级的人民检察院报告或者报请许可;担任两级以上人民代表大会代表的,应当分别委托该代表所属的人民代表大会同级的人民检察院报告或者报请许可。

第一百三十三条 对犯罪嫌疑人拘留后,除无法通知的以外,人民检察院应当在二十四小时以内,通知被拘留人的家属。无法通知的,应当向检察长报告,并将原因写明附卷。无法通知的情形消除后,应当立即通知其家属。

无法通知包括以下情形:

(一)被拘留人无家属的;

(二)与其家属无法取得联系的;

(三)受自然灾害等不可抗力阻碍的。

第一百三十四条 对被拘留的犯罪嫌疑人,应当在拘留后的二十四小时以内进行讯问。

第一百三十五条 对被拘留的犯罪嫌疑人,发现不应当拘留的,应当立即释放;依法可以取保候审或者监视居住的,按照本规则的有关规定办理取保候审或者监视居住手续。

对被拘留的犯罪嫌疑人,需要逮捕的,按照本规则的有关规定办理逮捕手续;决定不予逮捕的,应当及时变更强制措施。

第一百三十六条 人民检察院拘留犯罪嫌疑人的羁押期限为十四日,特殊情况下可以延长一日至三日。

第一百三十七条 公民将正在实行犯罪或者在犯罪后即被发觉的、通缉在案的、越狱逃跑的、正在被追捕的犯罪嫌疑人或者犯罪人扭送到人民检察院的,人民检察院应当予以接受,并且根据具体情况决定是否采取相应的紧急措施。对于不属于自己管辖的,应当移送主管机关处理。

第一百三十八条 犯罪嫌疑人及其法定代理人、近亲属或者辩护人认为人民检察院对拘留的犯罪嫌疑人法定羁押期限届满,向人民检察院提出释放犯罪嫌疑人或者变更拘留措施要求的,人民检察院侦查部门应当在三日以内审查完毕。

侦查部门经审查认为法定期限届满的,应当提出释放犯罪嫌疑人或者变更强制措施的意见,经检察长批准后,通知公安机关执行;经审查认为未满法定期限的,书面答复申诉人。

侦查部门应当将审查结果同时书面通知本院监所检察部门。

第五节　逮　捕

第一百三十九条　人民检察院对有证据证明有犯罪事实,可能判处徒刑以上刑罚的犯罪嫌疑人,采取取保候审尚不足以防止发生下列社会危险性的,应当予以逮捕:

(一)可能实施新的犯罪的,即犯罪嫌疑人多次作案、连续作案、流窜作案,其主观恶性、犯罪习性表明其可能实施新的犯罪,以及有一定证据证明犯罪嫌疑人已经开始策划、预备实施犯罪的;

(二)有危害国家安全、公共安全或者社会秩序的现实危险的,即有一定证据证明或者有迹象表明犯罪嫌疑人在案发前或者案发后正在积极策划、组织或者预备实施危害国家安全、公共安全或者社会秩序的重大违法犯罪行为的;

(三)可能毁灭、伪造证据,干扰证人作证或者串供的,即有一定证据证明或者有迹象表明犯罪嫌疑人在归案前或者归案后已经着手实施或者企图实施毁灭、伪造证据,干扰证人作证或者串供行为的;

(四)有一定证据证明或者有迹象表明犯罪嫌疑人可能对被害人、举报人、控告人实施打击报复的;

(五)企图自杀或者逃跑的,即犯罪嫌疑人归案前或者归案后曾经自杀,或者有一定证据证明或者有迹象表明犯罪嫌疑人试图自杀或者逃跑的。

有证据证明有犯罪事实是指同时具备下列情形:

(一)有证据证明发生了犯罪事实;

(二)有证据证明该犯罪事实是犯罪嫌疑人实施的;

(三)证明犯罪嫌疑人实施犯罪行为的证据已经查证属实的。

犯罪事实既可以是单一犯罪行为的事实,也可以是数个犯罪行为中任何一个犯罪行为的事实。

第一百四十条　对有证据证明有犯罪事实,可能判处十年有期徒刑以上刑罚的犯罪嫌疑人,应当批准或者决定逮捕。

对有证据证明有犯罪事实,可能判处徒刑以上刑罚,犯罪嫌疑人曾经故意犯罪或者不讲真实姓名、住址,身份不明的,应当批准或者决定逮捕。

第一百四十一条　人民检察院经审查认为被取保候审、监视居住的犯罪嫌疑人违反取保候审、监视居住规定的,依照本规则第一百条、第一百二十一条的规定办理。

第一百四十二条　对实施多个犯罪行为或者共同犯罪案件的犯罪嫌疑人,符合本规则第一百三十九条的规定,具有下列情形之一的,应当批准或者决定逮捕:

(一)有证据证明犯有数罪中的一罪的;

(二)有证据证明实施多次犯罪中的一次犯罪的;

(三)共同犯罪中,已有证据证明有犯罪事实的犯罪嫌疑人。

第一百四十三条　对具有下列情形之一的犯罪嫌疑人,人民检察院应当作出不批准逮捕的决定或者不予逮捕:

(一)不符合本规则第一百三十九条至第一百四十二条规定的逮捕条件的;

(二)具有刑事诉讼法第十五条规定的情形之一的。

第一百四十四条 犯罪嫌疑人涉嫌的罪行较轻,且没有其他重大犯罪嫌疑,具有以下情形之一的,可以作出不批准逮捕的决定或者不予逮捕:

(一)属于预备犯、中止犯,或者防卫过当、避险过当的;

(二)主观恶性较小的初犯,共同犯罪中的从犯、胁从犯,犯罪后自首、有立功表现或者积极退赃、赔偿损失、确有悔罪表现的;

(三)过失犯罪的犯罪嫌疑人,犯罪后有悔罪表现,有效控制损失或者积极赔偿损失的;

(四)犯罪嫌疑人与被害人双方根据刑事诉讼法的有关规定达成和解协议,经审查,认为和解系自愿、合法且已经履行或者提供担保的;

(五)犯罪嫌疑人系已满十四周岁未满十八周岁的未成年人或者在校学生,本人有悔罪表现,其家庭、学校或者所在社区、居民委员会、村民委员会具备监护、帮教条件的;

(六)年满七十五周岁以上的老年人。

第一百四十五条 对符合刑事诉讼法第七十二条第一款规定的犯罪嫌疑人,人民检察院经审查认为不需要逮捕的,可以在作出不批准逮捕或者不予逮捕决定的同时,向侦查机关提出监视居住的建议。

第一百四十六条 人民检察院对担任本级人民代表大会代表的犯罪嫌疑人批准或者决定逮捕,应当报请本级人民代表大会主席团或者常务委员会许可。报请许可手续的办理由侦查机关负责。

对担任上级人民代表大会代表的犯罪嫌疑人批准或者决定逮捕,应当层报该代表所属的人民代表大会同级的人民检察院报请许可。

对担任下级人民代表大会代表的犯罪嫌疑人批准或者决定逮捕,可以直接报请该代表所属的人民代表大会主席团或者常务委员会许可,也可以委托该代表所属的人民代表大会同级的人民检察院报请许可;对担任乡、民族乡、镇的人民代表大会代表的犯罪嫌疑人批准或者决定逮捕,由县级人民检察院报告乡、民族乡、镇的人民代表大会。

对担任两级以上的人民代表大会代表的犯罪嫌疑人批准或者决定逮捕,分别依照本条第一、二、三款的规定报请许可。

对担任办案单位所在省、市、县(区)以外的其他地区人民代表大会代表的犯罪嫌疑人批准或者决定逮捕,应当委托该代表所属的人民代表大会同级的人民检察院报请许可;担任两级以上人民代表大会代表的,应当分别委托该代表所属的人民代表大会同级的人民检察院报请许可。

第六节 强制措施解除与变更

第一百四十七条 犯罪嫌疑人及其法定代理人、近亲属或者辩护人认为人民检察院采取强制措施法定期限届满,要求解除强制措施的,由人民检察院侦查部门或者公诉部门审查后报请检察长决定。人民检察院应当在收到申请后三日以内作出决定。

经审查,认为法定期限届满的,应当决定解除或者依法变更强制措施,并通知公安机关执行;认为未满法定期限的,书面答复申请人。

对于被羁押的犯罪嫌疑人解除或者变更强制措施的,侦查部门或者公诉部门应当及时通报本院监所检察部门和案件管理部门。

第一百四十八条 犯罪嫌疑人及其法定代理人、近亲属或者辩护人向人民检察院提出变更强制措施申请的，由人民检察院侦查部门或者公诉部门审查后报请检察长决定。人民检察院应当在收到申请后三日内作出决定。

经审查同意变更强制措施的，在作出决定的同时通知公安机关执行；不同意变更强制措施的，应当书面告知申请人，并说明不同意的理由。

对于被羁押的犯罪嫌疑人变更强制措施的，侦查部门或者公诉部门应当及时通报本院监所检察部门和案件管理部门。

犯罪嫌疑人及其法定代理人、近亲属或者辩护人提出变更强制措施申请的，应当说明理由，有证据和其他材料的，应当附上相关材料。

第一百四十九条 取保候审变更为监视居住，或者取保候审、监视居住变更为拘留、逮捕的，在变更的同时原强制措施自动解除，不再办理解除法律手续。

第一百五十条 人民检察院已经对犯罪嫌疑人取保候审、监视居住，案件起诉至人民法院后，人民法院决定取保候审、监视居住或者变更强制措施的，原强制措施自动解除，不再办理解除法律手续。

第一百五十一条 人民检察院提出抗诉的再审案件，需要对被告人采取强制措施的，适用本章及本规则第十章的规定。

第七章 案件受理

第一百五十二条 对于侦查机关、下级人民检察院移送的审查逮捕、审查起诉、延长侦查羁押期限、申请强制医疗、申请没收违法所得、提出或者提请抗诉、报请指定管辖等案件，由人民检察院案件管理部门统一受理。对人民检察院管辖的其他案件，需要由案件管理部门受理的，可以由案件管理部门受理。

第一百五十三条 人民检察院案件管理部门受理案件时，应当接收案卷材料，并立即审查下列内容：

（一）依据移送的法律文书载明的内容确定案件是否属于本院管辖；

（二）案卷材料是否齐备、规范，符合有关规定的要求；

（三）移送的款项或者物品与移送清单是否相符；

（四）犯罪嫌疑人是否在案以及采取强制措施的情况。

第一百五十四条 案件管理部门对接收的案卷材料审查后，认为具备受理条件的，应当及时进行登记，并立即将案卷材料和案件受理登记表移送相关办案部门办理。

经审查，认为案卷材料不齐备的，应当及时要求移送案件的单位补送相关材料。对于案卷装订不符合要求的，应当要求移送案件的单位重新装订后移送。

对于移送审查起诉的案件，如果犯罪嫌疑人在逃的，应当要求公安机关采取措施保证犯罪嫌疑人到案后再移送审查起诉。共同犯罪案件中部分犯罪嫌疑人在逃的，对在案的犯罪嫌疑人的审查起诉应当依法进行。

第一百五十五条 侦查机关送达的执行情况回执和人民法院送达的判决书、裁定书等法律文书，由案件管理部门负责接收。案件管理部门应当即时登记，并及时移送相关办案部门。

第一百五十六条 人民检察院办理直接立案侦查的案件，移送审查逮捕、审查起诉的,按照本规则第一百五十二条至第一百五十四条的规定办理。

第一百五十七条 人民检察院控告检察部门或者举报中心统一受理报案、控告、举报、申诉和犯罪嫌疑人投案自首,并根据具体情况和管辖规定,在七日以内作出以下处理:

(一)属于人民检察院管辖的,按照相关规定移送本院有关部门或者其他人民检察院办理;

(二)不属于人民检察院管辖的,移送有管辖权的机关处理,并且通知报案人、控告人、举报人、自首人。对于不属于人民检察院管辖又必须采取紧急措施的,应当先采取紧急措施,然后移送主管机关;

(三)对案件事实或者线索不明的,应当进行必要的调查核实,收集相关材料,查明情况后及时移送有管辖权的机关或者部门办理。

控告检察部门或者举报中心可以向下级人民检察院交办控告、申诉、举报案件,交办举报线索前应当向有关侦查部门通报,交办函及有关材料复印件应当转送本院有关侦查部门。控告检察部门或者举报中心对移送本院有关部门和向下级人民检察院交办的案件,应当依照有关规定进行督办。

第一百五十八条 控告检察部门或者举报中心对于以走访形式的报案、控告、举报和犯罪嫌疑人投案自首,应当指派两名以上工作人员接待,问明情况,并制作笔录,经核对无误后,由报案人、控告人、举报人、自首人签名、捺指印,必要时可以录音、录像;对报案人、控告人、举报人、自首人提供的有关证据材料、物品等应当登记,制作接受证据(物品)清单,并由报案人、控告人、举报人、自首人签名,必要时予以拍照,并妥善保管。

第一百五十九条 接受控告、举报的检察人员,应当告知控告人、举报人如实控告、举报和捏造、歪曲事实应当承担的法律责任。

第一百六十条 办案部门应当在规定期限内办理案件,并向控告检察部门或者举报中心书面回复办理结果。回复办理结果应当包括控告、申诉或举报事项、办理过程、认定的事实和证据、处理情况和法律依据以及执法办案风险评估情况等。

第一百六十一条 人民检察院举报中心负责统一管理举报线索。本院其他部门或者人员对所接受的犯罪案件线索,应当在七日以内移送举报中心。

有关机关或者部门移送人民检察院审查是否立案的案件线索和人民检察院侦查部门发现的案件线索,由侦查部门自行审查。

第一百六十二条 控告检察部门或者举报中心对于不愿公开姓名和举报行为的举报人,应当为其保密。

第一百六十三条 人民检察院对于直接受理的要案线索实行分级备案的管理制度。县、处级干部的要案线索一律报省级人民检察院举报中心备案,其中涉嫌犯罪数额特别巨大或者犯罪后果特别严重的,层报最高人民检察院举报中心备案;厅、局级以上干部的要案线索一律报最高人民检察院举报中心备案。

要案线索是指依法由人民检察院直接立案侦查的县、处级以上干部犯罪的案件线索。

第一百六十四条 要案线索的备案,应当逐案填写要案线索备案表。备案应当在受理后七日以内办理；情况紧急的，应当在备案之前及时报告。

接到备案的上级人民检察院举报中心对于备案材料应当及时审查，如果有不同意见，应当在十日以内将审查意见通知报送备案的下级人民检察院。

第一百六十五条 侦查部门收到举报中心移送的举报线索，应当在三个月以内将处理情况回复举报中心；下级人民检察院接到上级人民检察院移送的举报材料后，应当在三个月以内将处理情况回复上级人民检察院举报中心。情况复杂逾期不能办结的，报检察长批准，可以适当延长办理期限。

第一百六十六条 举报中心应当对作出不立案决定的举报线索进行审查，认为不立案决定错误的，应当提出意见报检察长决定。如果符合立案条件的，应当立案侦查。

举报中心审查不立案举报线索，应当在收到侦查部门决定不予立案回复文书之日起一个月以内办结；情况复杂，逾期不能办结的，经举报中心负责人批准，可以延长二个月。

侦查部门对决定不予立案的举报线索，应当在一个月以内退回举报中心。

第一百六十七条 举报中心对性质不明难以归口、检察长批交的举报线索应当进行初核。对群众多次举报未查处的举报线索，可以要求侦查部门说明理由，认为理由不充分的，报检察长决定。

第八章 初查和立案

第一节 初 查

第一百六十八条 侦查部门对举报中心移交的举报线索进行审查后，认为有犯罪事实需要初查的，应当报检察长或者检察委员会决定。

第一百六十九条 初查由侦查部门负责，在刑罚执行和监管活动中发现的应当由人民检察院直接立案侦查的案件线索，由监所检察部门负责初查。

对于重大、复杂的案件线索，监所检察部门可以商请侦查部门协助初查；必要时也可以报检察长批准后，移送侦查部门初查，监所检察部门予以配合。

第一百七十条 各级人民检察院初查的分工，按照检察机关直接立案侦查案件分级管辖的规定确定。

上级人民检察院在必要时，可以直接初查或者组织、指挥、参与下级人民检察院的初查，可以将下级人民检察院管辖的案件线索指定辖区内其他人民检察院初查，也可以将本院管辖的案件线索交由下级人民检察院初查；下级人民检察院认为案情重大、复杂，需要由上级人民检察院初查的案件线索，可以提请移送上级人民检察院初查。

第一百七十一条 检察长或者检察委员会决定初查的，承办人员应当制作初查工作方案，经侦查部门负责人审核后，报检察长审批。

第一百七十二条 初查一般应当秘密进行，不得擅自接触初查对象。公开进行初查或者接触初查对象，应当经检察长批准。

第一百七十三条 在初查过程中，可以采取询问、查询、勘验、检查、鉴定、调取证据材料等不限制初查对象人身、财产权利的措施。不得对初查对象采取强制措施，不得查封、扣押、冻结初查对象的财产，不得采取技术侦查措施。

第一百七十四条 根据初查工作需要,人民检察院可以商请有关部门配合调查。

第一百七十五条 对案件进行初查的人民检察院可以委托其他人民检察院协助调查有关事项,委托协助调查应当提供初查审批表,并列明协助调查事项及有关要求。接受委托的人民检察院应当按照协助调查请求提供协助;对协助调查事项有争议的,应当提请双方共同的上级人民检察院协调解决。

第一百七十六条 侦查部门对举报线索初查后,认为有犯罪事实需要追究刑事责任的,应当制作审查报告,提请批准立案侦查,报检察长决定。

对具有下列情形之一的,提请批准不予立案:

(一)具有刑事诉讼法第十五条规定情形之一的;

(二)认为没有犯罪事实的;

(三)事实或者证据尚不符合立案条件的。

第一百七十七条 对上级人民检察院交办、指定管辖或者按照规定应当向上级人民检察院备案的案件线索,应当在初查终结后十日以内向上级人民检察院报告初查结论。

上级人民检察院认为处理不当的,应当在收到备案材料后十日以内通知下级人民检察院纠正。

第一百七十八条 对于实名举报,经初查决定不立案的,侦查部门应当制作不立案通知书,写明案由和案件来源、决定不立案的理由和法律依据,连同举报材料和调查材料,自作出不立案决定之日起十日以内移送本院举报中心,由举报中心答复举报人。必要时可以由举报中心与侦查部门共同答复。

第一百七十九条 对于其他机关或者部门移送的案件线索,经初查决定不立案的,侦查部门应当制作不立案通知书,写明案由和案件来源、决定不立案的理由和法律依据,自作出不立案决定之日起十日以内送达移送案件线索的单位。

第一百八十条 对于属于错告的,如果对被控告人、被举报人造成不良影响的,应当自作出决定之日起一个月以内向其所在单位或者有关部门通报初查结论,澄清事实。

对于属于诬告陷害的,应当移送有关部门处理。

第一百八十一条 初查终结后,相关材料应当立卷归档。立案进入侦查程序的,对于作为诉讼证据以外的其他材料应当归入侦查内卷。

第一百八十二条 刑事诉讼法以及本规则关于回避的规定,适用于初查。

第二节　立　案

第一百八十三条 人民检察院对于直接受理的案件,经审查认为有犯罪事实需要追究刑事责任的,应当制作立案报告书,经检察长批准后予以立案。在决定立案之日起三日以内,将立案备案登记表、提请立案报告和立案决定书一并报送上一级人民检察院备案。

上一级人民检察院应当审查下级人民检察院报送的备案材料,并在收到备案材料之日起三十日以内,提出是否同意下级人民检察院立案的审查意见。认为下级人民检察院的立案决定错误的,应当在报经检察长或者检察委员会决定后,书面通知下级人民检察院纠正。上一级人民检察院也可以直接作出决定,通知下级人民检察院执行。

下级人民检察院应当执行上一级人民检察院的决定,并在收到上一级人民检察院的书面通知或者决定之日起十日以内将执行情况向上一级人民检察院报告。下级人民检察院对上一级人民检察院的决定有异议的,可以在执行的同时向上一级人民检察院报告。

第一百八十四条 人民检察院决定不予立案的,如果是被害人控告的,应当制作不立案通知书,写明案由和案件来源、决定不立案的原因和法律依据,由侦查部门在十五日以内送达控告人,同时告知本院控告检察部门。控告人如果不服,可以在收到不立案通知书后十日以内申请复议。

对不立案的复议,由人民检察院控告检察部门受理。控告检察部门应当根据事实和法律进行审查,并可以要求控告人、申诉人提供有关材料,认为需要侦查部门说明不立案理由的,应当及时将案件移送侦查监督部门办理。

人民检察院认为被举报人的行为未构成犯罪,决定不予立案,但需要追究其党纪、政纪责任的,应当移送有管辖权的主管机关处理。

第一百八十五条 人民检察院决定对人民代表大会代表立案,应当按照本规则第一百三十二条规定的程序向该代表所属的人民代表大会主席团或者常务委员会进行通报。

第九章 侦　　查

第一节　一般规定

第一百八十六条 人民检察院办理直接受理立案侦查的案件,应当全面、客观地收集、调取犯罪嫌疑人有罪或者无罪、罪轻或者罪重的证据材料,并依法进行审查、核实。

第一百八十七条 人民检察院办理直接受理立案侦查的案件,必须重证据,重调查研究,不轻信口供。严禁刑讯逼供和以威胁、引诱、欺骗以及其他非法方法收集证据,不得强迫任何人证实自己有罪。

第一百八十八条 人民检察院办理直接受理立案侦查的案件,应当保障犯罪嫌疑人和其他诉讼参与人依法享有的辩护权和其他各项诉讼权利。

第一百八十九条 人民检察院办理直接受理立案侦查的案件,应当严格依照刑事诉讼法规定的条件和程序采取强制措施,严格遵守刑事案件办案期限的规定,依法提请批准逮捕、移送起诉、不起诉或撤销案件。

第一百九十条 人民检察院办理直接受理立案侦查的案件,应当对侦查过程中知悉的国家秘密、商业秘密及个人隐私保密。

第一百九十一条 人民检察院对于直接受理案件的侦查,可以适用刑事诉讼法第二编第二章规定的各项侦查措施。

第二节　讯问犯罪嫌疑人

第一百九十二条 讯问犯罪嫌疑人,由检察人员负责进行。讯问的时候,检察人员不得少于二人。

讯问同案的犯罪嫌疑人,应当分别进行。

第一百九十三条 对于不需要逮捕、拘留的犯罪嫌疑人,经检察长批准,可以传唤到犯罪嫌疑人所在市、县内的指定地点或者到他的住处进行讯问。

传唤犯罪嫌疑人,应当向犯罪嫌疑人

出示传唤证和侦查人员的工作证件,并责令犯罪嫌疑人在传唤证上签名、捺指印。

犯罪嫌疑人到案后,应当由其在传唤证上填写到案时间。传唤结束时,应当由其在传唤证上填写传唤结束时间。拒绝填写的,侦查人员应当在传唤证上注明。

对在现场发现的犯罪嫌疑人,经出示工作证件,可以口头传唤,并将传唤的原因和依据告知被传唤人。在讯问笔录中应当注明犯罪嫌疑人到案经过、到案时间和传唤结束时间。

本规则第八十一条第二款的规定适用于传唤犯罪嫌疑人。

第一百九十四条 传唤犯罪嫌疑人时,其家属在场的,应当当场将传唤的原因和处所口头告知其家属,并在讯问笔录中注明。其家属不在场的,侦查人员应当及时将传唤的原因和处所通知被传唤人家属。无法通知的,应当在讯问笔录中注明。

第一百九十五条 传唤持续的时间不得超过十二小时;案情特别重大、复杂,需要采取拘留、逮捕措施的,传唤持续的时间不得超过二十四小时。两次传唤间隔的时间一般不得少于十二小时,不得以连续传唤的方式变相拘禁犯罪嫌疑人。

传唤犯罪嫌疑人,应当保证犯罪嫌疑人的饮食和必要的休息时间。

第一百九十六条 犯罪嫌疑人被送交看守所羁押后,检察人员对其进行讯问,应当填写提讯、提解证,在看守所讯问室进行。

因侦查工作需要,需要提押犯罪嫌疑人出所辨认或者追缴犯罪有关财物的,经检察长批准,可以提押犯罪嫌疑人出所,并应当由二名以上司法警察押解。不得以讯问为目的将犯罪嫌疑人提押出所进行讯问。

第一百九十七条 讯问犯罪嫌疑人一般按照下列顺序进行:

(一)查明犯罪嫌疑人的基本情况,包括姓名、出生年月日、籍贯、身份证号码、民族、职业、文化程度、工作单位及职务、住所、家庭情况、社会经历、是否属于人大代表、政协委员等;

(二)告知犯罪嫌疑人在侦查阶段的诉讼权利,有权自行辩护或委托律师辩护,告知其如实供述自己罪行可以依法从宽处理的法律规定;

(三)讯问犯罪嫌疑人是否有犯罪行为,让他陈述有罪的事实或者无罪的辩解,应当允许其连贯陈述。

犯罪嫌疑人对侦查人员的提问,应当如实回答。但是对与本案无关的问题,有拒绝回答的权利。

讯问犯罪嫌疑人时,应当告知犯罪嫌疑人将对讯问进行全程同步录音、录像,告知情况应当在录音、录像中予以反映,并记明笔录。

讯问时,对犯罪嫌疑人提出的辩解要认真查核。严禁刑讯逼供和以威胁、引诱、欺骗以及其他非法的方法获取供述。

第一百九十八条 讯问聋、哑或者不通晓当地通用语言文字的人,人民检察院应当为其聘请通晓聋、哑手势或者当地通用语言文字且与本案无利害关系的人员进行翻译。翻译人员的姓名、性别、工作单位和职业应当记录在案。翻译人员应当在讯问笔录上签字。

第一百九十九条 讯问犯罪嫌疑人,应当制作讯问笔录。讯问笔录应当忠实于原话,字迹清楚,详细具体,并交犯罪嫌疑人核对。犯罪嫌疑人没有阅读能力的,应当向他宣读。如果记载有遗漏或者差错，应当补充或者改正。犯罪嫌疑人认为讯问笔录没有错误的，由犯罪嫌疑人在笔录上逐页签名、盖章或者捺指印，并在末页写明"以上笔录我看过(向我宣读过)，和我说的相符"，同时签名、盖章、捺指印并注明日期。如果犯罪嫌疑人拒绝签名、盖章、捺指印的，检察人员应当在笔录上注明。讯问的检察人员也应当在笔录上签名。

第二百条 犯罪嫌疑人请求自行书写供述的，检察人员应当准许。必要的时候，检察人员也可以要求犯罪嫌疑人亲笔书写供述。犯罪嫌疑人应当在亲笔供述的末页签名、捺指印，并注明书写日期。检察人员收到后，应当在首页右上方写明"于某年某月某日收到"，并签名。

第二百零一条 人民检察院立案侦查职务犯罪案件，在每次讯问犯罪嫌疑人的时候，应当对讯问过程实行全程录音、录像，并在讯问笔录中注明。

录音、录像应当由检察技术人员负责。特殊情况下，经检察长批准也可以由讯问人员以外的其他检察人员负责。

第二百零二条 人民检察院讯问犯罪嫌疑人实行全程同步录音、录像，应当按照最高人民检察院的有关规定办理。

第三节 询问证人、被害人

第二百零三条 人民检察院在侦查过程中，应当及时询问证人，并且告知证人履行作证的权利和义务。

人民检察院应当保证一切与案件有关或者了解案情的公民，有客观充分地提供证据的条件，并为他们保守秘密。除特殊情况外，人民检察院可以吸收证人协助调查。

第二百零四条 询问证人，应当由检察人员进行。询问的时候，检察人员不得少于二人。

第二百零五条 询问证人，可以在现场进行，也可以到证人所在单位、住处或者证人提出的地点进行。必要时，也可以通知证人到人民检察院提供证言。到证人提出的地点进行询问的，应当在笔录中记明。

询问证人应当个别进行。

在现场询问证人，应当出示工作证件。到证人所在单位、住处或者证人提出的地点询问证人，应当出示人民检察院的证明文件。

第二百零六条 询问证人，应当问明证人的基本情况以及与当事人的关系，并且告知证人应当如实提供证据、证言和故意作伪证或者隐匿罪证应当承担的法律责任，但是不得向证人泄露案情，不得采用羁押、暴力、威胁、引诱、欺骗以及其他非法方法获取证言。

第二百零七条 本规则第一百九十八条、第一百九十九条的规定，适用于询问证人。

第二百零八条 询问被害人，适用询问证人的规定。

第四节 勘验、检查

第二百零九条 检察人员对于与犯罪有关的场所、物品、人身、尸体应当进行勘验或者检查。在必要的时候，可以指派检察技术人员或者聘请其他具有专门知识的人，在检察人员的主持下进行勘验、检查。

第二百一十条 进行勘验、检查，应当持有检察长签发的勘查证。

勘查现场，应当拍摄现场照片，勘查的情况应当写明笔录并制作现场图，由参加勘查的人和见证人签名。对重大案件的现场，应当录像。

第二百一十一条 勘验时,人民检察院应当邀请二名与案件无关的见证人在场。

第二百一十二条 人民检察院解剖死因不明的尸体,应当通知死者家属到场,并让其在解剖通知书上签名或者盖章。

死者家属无正当理由拒不到场或者拒绝签名、盖章的,不影响解剖的进行,但是应当在解剖通知书上记明。对于身份不明的尸体,无法通知死者家属的,应当记明笔录。

第二百一十三条 为了确定被害人、犯罪嫌疑人的某些特征、伤害情况或者生理状态,人民检察院可以对人身进行检查,可以提取指纹信息,采集血液、尿液等生物样本。

必要时,可以指派、聘请法医或者医师进行人身检查。采集血液等生物样本应当由医师进行。

犯罪嫌疑人如果拒绝检查,检察人员认为必要的时候,可以强制检查。

检查妇女的身体,应当由女工作人员或者医师进行。

第二百一十四条 人身检查不得采用损害被检查人生命、健康或贬低其名誉或人格的方法。

在人身检查过程中知悉的被检查人的个人隐私,检察人员应当保密。

第二百一十五条 勘验、检查的情况应当制作笔录,由参加勘验、检查的人员和见证人签名或者盖章。

第二百一十六条 为了查明案情,在必要的时候,经检察长批准,可以进行侦查实验。

侦查实验,禁止一切足以造成危险、侮辱人格或者有伤风化的行为。

第二百一十七条 侦查实验,在必要的时候可以聘请有关专业人员参加,也可以要求犯罪嫌疑人、被害人、证人参加。

第二百一十八条 侦查实验,应当制作笔录,记明侦查实验的条件、经过和结果,由参加侦查实验的人员签名。必要时可以对侦查实验录音、录像。

第五节　搜　查

第二百一十九条 人民检察院有权要求有关单位和个人,交出能够证明犯罪嫌疑人有罪或者无罪以及犯罪情节轻重的证据。

第二百二十条 为了收集犯罪证据,查获犯罪人,经检察长批准,检察人员可以对犯罪嫌疑人以及可能隐藏罪犯或者犯罪证据的人的身体、物品、住处、工作地点和其他有关的地方进行搜查。

第二百二十一条 进行搜查,应当向被搜查人或者他的家属出示搜查证。

搜查证由检察长签发。

第二百二十二条 人民检察院在搜查前,应当了解被搜查对象的基本情况、搜查现场及周围环境,确定搜查的范围和重点,明确搜查人员的分工和责任。

第二百二十三条 搜查应当在检察人员的主持下进行,可以有司法警察参加。必要的时候,可以指派检察技术人员参加或者邀请当地公安机关、有关单位协助进行。

执行搜查的检察人员不得少于二人。

第二百二十四条 在执行逮捕、拘留的时候,遇有下列紧急情况之一,不另用搜查证也可以进行搜查:

(一)可能随身携带凶器的;

(二)可能隐藏爆炸、剧毒等危险物品的;

(三)可能隐匿、毁弃、转移犯罪证据的;

(四)可能隐匿其他犯罪嫌疑人的;

(五)其他紧急情况。

搜查结束后,搜查人员应当在二十四小时内向检察长报告,及时补办有关手续。

第二百二十五条 搜查时,应当有被搜查人或者他的家属、邻居或者其他见证人在场,并且对被搜查人或者其家属说明阻碍搜查、妨碍公务应负的法律责任。

搜查妇女的身体,应当由女工作人员进行。

第二百二十六条 搜查时,如果遇到阻碍,可以强制进行搜查。对以暴力、威胁方法阻碍搜查的,应当予以制止,或者由司法警察将其带离现场;阻碍搜查构成犯罪的,应当依法追究刑事责任。

第二百二十七条 搜查应当全面、细致、及时,并且指派专人严密注视搜查现场的动向。

第二百二十八条 进行搜查的人员,应当遵守纪律,服从指挥,文明执法,不得无故损坏搜查现场的物品,不得擅自扩大搜查对象和范围。对于查获的重要书证、物证、视听资料、电子数据及其放置、存储地点应当拍照,并且用文字说明有关情况,必要的时候可以录像。

第二百二十九条 搜查情况应当制作笔录,由检察人员和被搜查人或者其家属、邻居或者其他见证人签名或者盖章。被搜查人在逃,其家属拒不到场,或者拒绝签名、盖章的,应当记明笔录。

第二百三十条 人民检察院到本辖区以外进行搜查,检察人员应当携带搜查证、工作证以及载有主要案情、搜查目的、要求等内容的公函,与当地人民检察院联系,当地人民检察院应当协助搜查。

第六节 调取、查封、扣押物证、书证和视听资料、电子数据

第二百三十一条 检察人员可以凭人民检察院的证明文件,向有关单位和个人调取能够证明犯罪嫌疑人有罪或者无罪以及犯罪情节轻重的证据材料,并且可以根据需要拍照、录像、复印和复制。

第二百三十二条 人民检察院办理案件,需要向本辖区以外的有关单位和个人调取物证、书证等证据材料的,办案人员应当携带工作证、人民检察院的证明文件和有关法律文书,与当地人民检察院联系,当地人民检察院应当予以协助。

必要时,可以向证据所在地的人民检察院发函调取证据。调取证据的函件应当注明取证对象的具体内容和确切地址。协助的人民检察院应当在收到函件后一个月内将调查结果送达请求的人民检察院。

第二百三十三条 调取物证应当调取原物。原物不便搬运、保存,或者依法应当返还被害人,或者因保密工作需要不能调取原物的,可以将原物封存,并拍照、录像。对原物拍照或者录像应当足以反映原物的外形、内容。

调取书证、视听资料应当调取原件。取得原件确有困难或者因保密需要不能调取原件的,可以调取副本或者复制件。

调取书证、视听资料的副本、复制件和物证的照片、录像的,应当书面记明不能调取原件、原物的原因,制作过程和原件、原物存放地点,并由制作人员和原书证、视听资料、物证持有人签名或者盖章。

第二百三十四条 在侦查活动中发现的可以证明犯罪嫌疑人有罪、无罪或者犯

罪情节轻重的各种财物和文件,应当查封或者扣押;与案件无关的,不得查封或者扣押。

不能立即查明是否与案件有关的可疑的财物和文件,也可以查封或者扣押,但应当及时审查。经查明确实与案件无关的,应当在三日以内解除查封或者予以退还。

持有人拒绝交出应当查封、扣押的财物和文件的,可以强制查封、扣押。

对于犯罪嫌疑人、被告人到案时随身携带的物品需要扣押的,可以依照前款规定办理。对于与案件无关的个人用品,应当逐件登记,并随案移交或者退还其家属。

第二百三十五条 人民检察院查封、扣押财物和文件,应当经检察长批准,由两名以上检察人员执行。

需要查封、扣押的财物和文件不在本辖区的,办理案件的人民检察院应当依照有关法律及有关规定,持相关法律文书及简要案情等说明材料,商请被查封、扣押财物和文件所在地的人民检察院协助执行。

被请求协助的人民检察院有异议的,可以与办理案件的人民检察院进行协商,必要时,报请共同的上级人民检察院决定。

第二百三十六条 对于查封、扣押的财物和文件,检察人员应当会同在场见证人和被查封、扣押物品持有人查点清楚,当场开列查封、扣押清单一式四份,注明查封、扣押物品的名称、型号、规格、数量、质量、颜色、新旧程度、包装等主要特征,由检察人员、见证人和持有人签名或者盖章,一份交给文件、资料和其他物品持有人,一份交被查封、扣押文件、资料和其他物品保管人,一份附卷,一份保存。持有人拒绝签名、盖章或者不在场的,应当在清单上记明。

查封、扣押外币、金银珠宝、文物、名贵字画以及其他不易辨别真伪的贵重物品,应当在拍照或者录像后当场密封,由检察人员、见证人和被扣押物品持有人在密封材料上签名或者盖章,根据办案需要及时委托具有资质的部门出具鉴定报告。启封时应当有见证人或者持有人在场并且签名或者盖章。

查封、扣押存折、信用卡、有价证券等支付凭证和具有一定特征能够证明案情的现金,应当注明特征、编号、种类、面值、张数、金额等,由检察人员、见证人和被扣押物品持有人在密封材料上签名或者盖章。启封时应当有见证人或者持有人在场并签名或者盖章。

查封、扣押易损毁、灭失、变质以及其他不宜长期保存的物品,应当用笔录、绘图、拍照、录像等方法加以保全后进行封存,或者经检察长批准后委托有关部门变卖、拍卖。变卖、拍卖的价款暂予保存,待诉讼终结后一并处理。

第二百三十七条 对于应当查封的不动产和置于该不动产上不宜移动的设施、家具和其他相关财物,以及涉案的车辆、船舶、航空器和大型机械、设备等财物,必要时可以扣押其权利证书,经拍照或者录像后原地封存,并开具查封清单一式四份,注明相关财物的详细地址和相关特征,同时注明已经拍照或者录像及其权利证书已被扣押,由检察人员、见证人和持有人签名或者盖章。持有人拒绝签名、盖章或者不在场的,应当在清单上注明。

人民检察院查封不动产和置于该不动产上不宜移动的设施、家具和其他相关财物,以及涉案的车辆、船舶、航空器和大型机械、设备等财物,应当在保证侦查活动正常进行的同时，尽量不影响有关当事人的正常生活和生产经营活动。必要时，可以将被查封的财物交持有人或者其近亲属保管，并书面告知保管人对被查封的财物应当妥善保管，不得转移、变卖、毁损、出租、抵押、赠予等。

人民检察院应当将查封决定书副本送达不动产、生产设备或者车辆、船舶、航空器等财物的登记、管理部门，告知其在查封期间禁止办理抵押、转让、出售等权属关系变更、转移登记手续。

第二百三十八条 扣押犯罪嫌疑人的邮件、电报或者电子邮件，应当经检察长批准，通知邮电部门或者网络服务单位将有关的邮件、电报或者电子邮件检交扣押。

不需要继续扣押的时候，应当立即通知邮电部门或者网络服务单位。

对于可以作为证据使用的录音、录像带、电子数据存储介质，应当记明案由、对象、内容，录取、复制的时间、地点、规格、类别、应用长度、文件格式及长度等，妥为保管，并制作清单，随案移送。

第二百三十九条 查封单位的涉密电子设备、文件等物品，应当在拍照或者录像后当场密封，由检察人员、见证人、单位有关负责人签名或者盖章。启封时应当有见证人、单位有关负责人在场并签名或者盖章。

对于有关人员拒绝按照前款有关规定签名或者盖章的，人民检察院应当在相关文书上注明。

对犯罪嫌疑人使用违法所得与合法收入共同购置的不可分割的财产，可以先行查封、扣押、冻结。对无法分割退还的财产，应当在结案后予以拍卖、变卖，对不属于违法所得的部分予以退还。

第二百四十条 对于查封、扣押在人民检察院的物品、文件、邮件、电报，应当妥善保管，不得使用、调换、损毁或者自行处理。经查明确实与案件无关的，应当在三日以内作出解除或者退还决定，并通知有关单位、当事人办理相关手续。

第七节　查询、冻结

第二百四十一条 人民检察院根据侦查犯罪的需要，可以依照规定查询、冻结犯罪嫌疑人的存款、汇款、债券、股票、基金份额等财产，并可以要求有关单位和个人配合。

第二百四十二条 查询、冻结犯罪嫌疑人的存款、汇款、债券、股票、基金份额等财产，应当经检察长批准，制作查询、冻结财产通知书，通知银行或者其他金融机构、邮电部门执行。

第二百四十三条 犯罪嫌疑人的存款、汇款、债券、股票、基金份额等财产已冻结的，人民检察院不得重复冻结，但是应当要求有关银行或者其他金融机构、邮电部门在解除冻结或者作出处理前通知人民检察院。

第二百四十四条 扣押、冻结债券、股票、基金份额等财产，应当书面告知当事人或者其法定代理人、委托代理人有权申请出售。

对于被扣押、冻结的债券、股票、基金份额等财产，在扣押、冻结期间权利人申请出售，经审查认为不损害国家利益、被害人利益，不影响诉讼正常进行的，以及扣押、冻结的汇票、本票、支票的有效期即将届满的，经检察长批准，可以在案件办结前依法出售或者变现，所得价款由检察机关指定专门的银行账户保管，并及时告知当事人或者其近亲属。

第二百四十五条 对于冻结的存款、汇款、债券、股票、基金份额等财产,经查明确实与案件无关的,应当在三日以内解除冻结,并通知被冻结存款、汇款、债券、股票、基金份额等财产的所有人。

第二百四十六条 查询、冻结与案件有关的单位的存款、汇款、债券、股票、基金份额等财产的办法适用本规则第二百四十一条至第二百四十五条的规定。

第八节 鉴 定

第二百四十七条 人民检察院为了查明案情,解决案件中某些专门性的问题,可以进行鉴定。

第二百四十八条 鉴定由检察长批准,由人民检察院技术部门有鉴定资格的人员进行。必要的时候,也可以聘请其他有鉴定资格的人员进行,但是应当征得鉴定人所在单位的同意。

具有刑事诉讼法第二十八条、第二十九条规定的应当回避的情形的,不能担任鉴定人。

第二百四十九条 人民检察院应当为鉴定人进行鉴定提供必要条件,及时向鉴定人送交有关检材和对比样本等原始材料,介绍与鉴定有关的情况,并明确提出要求鉴定解决的问题,但是不得暗示或者强迫鉴定人作出某种鉴定意见。

第二百五十条 鉴定人进行鉴定后,应当出具鉴定意见、检验报告,同时附上鉴定机构和鉴定人的资质证明,并且签名或者盖章。

多个鉴定人的鉴定意见不一致的,应当在鉴定意见上写明分歧的内容和理由,并且分别签名或者盖章。

第二百五十一条 鉴定人故意作虚假鉴定的,应当承担法律责任。

第二百五十二条 对于鉴定意见,检察人员应当进行审查,必要的时候,可以提出补充鉴定或者重新鉴定的意见,报检察长批准后进行补充鉴定或者重新鉴定。检察长也可以直接决定进行补充鉴定或者重新鉴定。

第二百五十三条 用作证据的鉴定意见,人民检察院办案部门应当告知犯罪嫌疑人、被害人;被害人死亡或者没有诉讼行为能力的,应当告知其法定代理人、近亲属或诉讼代理人。

犯罪嫌疑人、被害人或被害人的法定代理人、近亲属、诉讼代理人提出申请,经检察长批准,可以补充鉴定或者重新鉴定,鉴定费用由请求方承担,但原鉴定违反法定程序的,由人民检察院承担。

犯罪嫌疑人的辩护人或者近亲属以犯罪嫌疑人有患精神病可能而申请对犯罪嫌疑人进行鉴定的,鉴定费用由请求方承担。

第二百五十四条 人民检察院决定重新鉴定的,应当另行指派或者聘请鉴定人。

第二百五十五条 对犯罪嫌疑人作精神病鉴定的期间不计入羁押期限和办案期限。

第二百五十六条 对于因鉴定时间较长、办案期限届满仍不能终结的案件,自期限届满之日起,应当依法释放被羁押的犯罪嫌疑人或者变更强制措施。

第九节 辨 认

第二百五十七条 为了查明案情,在必要的时候,检察人员可以让被害人、证人和犯罪嫌疑人对与犯罪有关的物品、文件、尸体或场所进行辨认;也可以让被害人、证人对犯罪嫌疑人进行辨认,或者让犯罪嫌疑人对其他犯罪嫌疑人进行辨认。

对犯罪嫌疑人进行辨认,应当经检察

长批准。

第二百五十八条 辨认应当在检察人员的主持下进行，主持辨认的检察人员不得少于二人。在辨认前，应当向辨认人详细询问被辨认对象的具体特征，避免辨认人见到被辨认对象，并应当告知辨认人有意作虚假辨认应负的法律责任。

第二百五十九条 几名辨认人对同一被辨认对象进行辨认时，应当由每名辨认人单独进行。必要的时候，可以有见证人在场。

第二百六十条 辨认时，应当将辨认对象混杂在其他对象中，不得给辨认人任何暗示。

辨认犯罪嫌疑人、被害人时，被辨认的人数为五到十人，照片五到十张。

辨认物品时，同类物品不得少于五件，照片不得少于五张。

对犯罪嫌疑人的辨认，辨认人不愿公开进行时，可以在不暴露辨认人的情况下进行，并应当为其保守秘密。

第二百六十一条 辨认的情况，应当制作笔录，由检察人员、辨认人、见证人签字。对辨认对象应当拍照，必要时可以对辨认过程进行录音、录像。

第二百六十二条 人民检察院主持进行辨认，可以商请公安机关参加或者协助。

第十节 技术侦查措施

第二百六十三条 人民检察院在立案后，对于涉案数额在十万元以上、采取其他方法难以收集证据的重大贪污、贿赂犯罪案件以及利用职权实施的严重侵犯公民人身权利的重大犯罪案件，经过严格的批准手续，可以采取技术侦查措施，交有关机关执行。

本条规定的贪污、贿赂犯罪包括刑法分则第八章规定的贪污罪、受贿罪、单位受贿罪、行贿罪、对单位行贿罪、介绍贿赂罪、单位行贿罪、利用影响力受贿罪。

本条规定的利用职权实施的严重侵犯公民人身权利的重大犯罪案件包括有重大社会影响的、造成严重后果的或者情节特别严重的非法拘禁、非法搜查、刑讯逼供、暴力取证、虐待被监管人、报复陷害等案件。

第二百六十四条 人民检察院办理直接受理立案侦查的案件，需要追捕被通缉或者批准、决定逮捕的在逃的犯罪嫌疑人、被告人的，经过批准，可以采取追捕所必需的技术侦查措施，不受本规则第二百六十三条规定的案件范围的限制。

第二百六十五条 人民检察院采取技术侦查措施应当根据侦查犯罪的需要，确定采取技术侦查措施的种类和适用对象，按照有关规定报请批准。批准决定自签发之日起三个月以内有效。对于不需要继续采取技术侦查措施的，应当及时解除；对于复杂、疑难案件，期限届满仍有必要继续采取技术侦查措施的，应当在期限届满前十日以内制作呈请延长技术侦查措施期限报告书，写明延长的期限及理由，经过原批准机关批准，有效期可以延长，每次不得超过三个月。

采取技术侦查措施收集的材料作为证据使用的，批准采取技术侦查措施的法律决定文书应当附卷，辩护律师可以依法查阅、摘抄、复制。

第二百六十六条 采取技术侦查措施收集的物证、书证及其他证据材料，侦查人员应当制作相应的说明材料，写明获取证据的时间、地点、数量、特征以及采取技术侦查措施的批准机关、种类等，并签名和盖章。

对于使用技术侦查措施获取的证据材料,如果可能危及特定人员的人身安全、涉及国家秘密或者公开后可能暴露侦查秘密或者严重损害商业秘密、个人隐私的,应当采取不暴露有关人员身份、技术方法等保护措施。在必要的时候,可以建议不在法庭上质证,由审判人员在庭外对证据进行核实。

第二百六十七条 检察人员对采取技术侦查措施过程中知悉的国家秘密、商业秘密和个人隐私,应当保密;对采取技术侦查措施获取的与案件无关的材料,应当及时销毁,并对销毁情况制作记录。

采取技术侦查措施获取的证据、线索及其他有关材料,只能用于对犯罪的侦查、起诉和审判,不得用于其他用途。

第十一节 通 缉

第二百六十八条 人民检察院办理直接受理立案侦查的案件,应当逮捕的犯罪嫌疑人如果在逃,或者已被逮捕的犯罪嫌疑人脱逃的,经检察长批准,可以通缉。

第二百六十九条 各级人民检察院需要在本辖区内通缉犯罪嫌疑人的,可以直接决定通缉;需要在本辖区外通缉犯罪嫌疑人的,由有决定权的上级人民检察院决定。

第二百七十条 人民检察院应当将通缉通知书和通缉对象的照片、身份、特征、案情简况送达公安机关,由公安机关发布通缉令,追捕归案。

第二百七十一条 为防止犯罪嫌疑人等涉案人员逃往境外,需要在边防口岸采取边控措施的,人民检察院应当按照有关规定制作边控对象通知书,商请公安机关办理边控手续。

第二百七十二条 人民检察院应当及时了解通缉的执行情况。

第二百七十三条 对于应当逮捕的犯罪嫌疑人,如果潜逃出境,可以按照有关规定层报最高人民检察院商请国际刑警组织中国国家中心局,请求有关方面协助,或者通过其他法律规定的途径进行追捕。

第十二节 侦 查 终 结

第二百七十四条 对犯罪嫌疑人逮捕后的侦查羁押期限不得超过二个月。基层人民检察院,分、州、市人民检察院和省级人民检察院直接受理立案侦查的案件,案情复杂、期限届满不能终结的案件,可以经上一级人民检察院批准延长一个月。

第二百七十五条 基层人民检察院和分、州、市人民检察院直接受理立案侦查的案件,属于交通十分不便的边远地区的重大复杂案件、重大的犯罪集团案件、流窜作案的重大复杂案件和犯罪涉及面广、取证困难的重大复杂案件,在依照本规则第二百七十四条规定的期限届满前不能侦查终结的,经省、自治区、直辖市人民检察院批准,可以延长二个月。

省级人民检察院直接受理立案侦查的案件,属于上述情形的,可以直接决定延长二个月。

第二百七十六条 基层人民检察院和分、州、市人民检察院直接受理立案侦查的案件,对犯罪嫌疑人可能判处十年有期徒刑以上刑罚,依照本规则第二百七十五条的规定依法延长羁押期限届满,仍不能侦查终结的,经省、自治区、直辖市人民检察院批准,可以再延长二个月。

省级人民检察院直接受理立案侦查的案件,属于上述情形的,可以直接决定再延长二个月。

第二百七十七条 最高人民检察院直

接受理立案侦查的案件,依照刑事诉讼法的规定需要延长侦查羁押期限的,直接决定延长侦查羁押期限。

第二百七十八条 公安机关需要延长侦查羁押期限的,应当在侦查羁押期限届满七日前,向同级人民检察院移送延长侦查羁押期限意见书,写明案件的主要案情和延长侦查羁押期限的具体理由。

人民检察院直接立案侦查的案件,侦查部门认为需要延长侦查羁押期限的,应当按照本条第一款的规定向本院侦查监督部门移送延长侦查羁押期限的意见及有关材料。

第二百七十九条 人民检察院审查批准或者决定延长侦查羁押期限,由侦查监督部门办理。

受理案件的人民检察院侦查监督部门对延长侦查羁押期限的意见审查后,应当提出是否同意延长侦查羁押期限的意见,报检察长决定后,将侦查机关延长侦查羁押期限的意见和本院的审查意见层报有决定权的人民检察院审查决定。有决定权的人民检察院应当在侦查羁押期限届满前作出是否批准延长侦查羁押期限的决定,并交由受理案件的人民检察院侦查监督部门送达公安机关或者本院侦查部门。

第二百八十条 因为特殊原因,在较长时间内不宜交付审判的特别重大复杂的案件,由最高人民检察院报请全国人民代表大会常务委员会批准延期审理。

第二百八十一条 人民检察院在侦查期间发现犯罪嫌疑人另有重要罪行的,自发现之日起依照本规则第二百七十四条的规定重新计算侦查羁押期限。

另有重要罪行是指与逮捕时的罪行不同种的重大犯罪和同种的影响罪名认定、量刑档次的重大犯罪。

第二百八十二条 人民检察院重新计算侦查羁押期限,应当由侦查部门提出重新计算侦查羁押期限的意见,移送本院侦查监督部门审查。侦查监督部门审查后应当提出是否同意重新计算侦查羁押期限的意见,报检察长决定。

第二百八十三条 对公安机关重新计算侦查羁押期限的备案,由侦查监督部门审查。侦查监督部门认为公安机关重新计算侦查羁押期限不当的,应当提出纠正意见,报检察长决定后,通知公安机关纠正。

第二百八十四条 人民检察院直接受理立案侦查的案件,不能在法定侦查羁押期限内侦查终结的,应当依法释放犯罪嫌疑人或者变更强制措施。

第二百八十五条 侦查监督部门审查延长侦查羁押期限、审查重新计算侦查羁押期限案件,可以讯问犯罪嫌疑人,听取律师意见,调取案卷及相关材料等。

第二百八十六条 人民检察院经过侦查,认为犯罪事实清楚,证据确实、充分,依法应当追究刑事责任的案件,应当写出侦查终结报告,并且制作起诉意见书。

对于犯罪情节轻微,依照刑法规定不需要判处刑罚或者免除刑罚的案件,应当写出侦查终结报告,并且制作不起诉意见书。

侦查终结报告和起诉意见书或者不起诉意见书由侦查部门负责人审核,检察长批准。

第二百八十七条 提出起诉意见或者不起诉意见的,侦查部门应当将起诉意见书或者不起诉意见书,查封、扣押、冻结的犯罪嫌疑人的财物及其孳息、文件清单以及对查封、扣押、冻结的涉案款物的处理意见和其他案卷材料，一并移送本院公诉部门审查。国家或者集体财产遭受损失的，在提出提起公诉意见的同时，可以提出提起附带民事诉讼的意见。

第二百八十八条 在案件侦查过程中，犯罪嫌疑人委托辩护律师的，检察人员可以听取辩护律师的意见。

辩护律师要求当面提出意见的，检察人员应当听取意见，并制作笔录附卷。辩护律师提出书面意见的，应当附卷。

案件侦查终结移送审查起诉时，人民检察院应当同时将案件移送情况告知犯罪嫌疑人及其辩护律师。

第二百八十九条 上级人民检察院侦查终结的案件，依照刑事诉讼法的规定应当由下级人民检察院提起公诉或者不起诉的，应当将有关决定、侦查终结报告连同案卷材料、证据移送下级人民检察院，由下级人民检察院按照上级人民检察院有关决定交侦查部门制作起诉意见书或者不起诉意见书，移送本院公诉部门审查。

下级人民检察院公诉部门认为应当对案件补充侦查的，可以退回本院侦查部门补充侦查，上级人民检察院侦查部门应当协助。

下级人民检察院认为上级人民检察院的决定有错误的，可以向上级人民检察院提请复议，上级人民检察院维持原决定的，下级人民检察院应当执行。

第二百九十条 人民检察院在侦查过程中或者侦查终结后，发现具有下列情形之一的，侦查部门应当制作拟撤销案件意见书，报请检察长或者检察委员会决定：

(一)具有刑事诉讼法第十五条规定情形之一的；

(二)没有犯罪事实的，或者依照刑法规定不负刑事责任或者不是犯罪的；

(三)虽有犯罪事实，但不是犯罪嫌疑人所为的。

对于共同犯罪的案件，如有符合本条规定情形的犯罪嫌疑人，应当撤销对该犯罪嫌疑人的立案。

第二百九十一条 检察长或者检察委员会决定撤销案件的，侦查部门应当将撤销案件意见书连同本案全部案卷材料，在法定期限届满七日前报上一级人民检察院审查；重大、复杂案件在法定期限届满十日前报上一级人民检察院审查。

对于共同犯罪案件，应当将处理同案犯罪嫌疑人的有关法律文书以及案件事实、证据材料复印件等，一并报送上一级人民检察院。

上一级人民检察院侦查部门应当对案件事实、证据和适用法律进行全面审查，必要时可以讯问犯罪嫌疑人。

上一级人民检察院侦查部门经审查后，应当提出是否同意撤销案件的意见，报请检察长或者检察委员会决定。

人民检察院决定撤销案件的，应当告知控告人、举报人，听取其意见并记明笔录。

第二百九十二条 上一级人民检察院审查下级人民检察院报送的拟撤销案件，应当于收到案件后七日以内批复；重大、复杂案件，应当于收到案件后十日以内批复下级人民检察院。情况紧急或者因其他特殊原因不能按时送达的，可以先行通知下级人民检察院执行。

第二百九十三条 上一级人民检察院同意撤销案件的，下级人民检察院应当作出撤销案件决定，并制作撤销案件决定书。上一级人民检察院不同意撤销案件的，下级人民检察院应当执行上一级人民检察院的决定。

报请上一级人民检察院审查期间，犯罪嫌疑人羁押期限届满的，应当依法释放犯罪嫌疑人或者变更强制措施。

第二百九十四条 撤销案件的决定，应当分别送达犯罪嫌疑人所在单位和犯罪嫌疑人。犯罪嫌疑人死亡的，应当送达犯罪嫌疑人原所在单位。如果犯罪嫌疑人在押，应当制作决定释放通知书，通知公安机关依法释放。

第二百九十五条 人民检察院作出撤销案件决定的，侦查部门应当在三十日以内对犯罪嫌疑人的违法所得作出处理，并制作查封、扣押、冻结款物的处理报告，详细列明每一项款物的来源、去向并附有关法律文书复印件，报检察长审核后存入案卷，并在撤销案件决定书中写明对查封、扣押、冻结的涉案款物的处理结果。情况特殊的，经检察长决定，可以延长三十日。

第二百九十六条 人民检察院撤销案件时，对犯罪嫌疑人的违法所得应当区分不同情形，作出相应处理：

（一）因犯罪嫌疑人死亡而撤销案件，依照刑法规定应当追缴其违法所得及其他涉案财产的，按照本规则第十三章第三节的规定办理。

（二）因其他原因撤销案件，对于查封、扣押、冻结的犯罪嫌疑人违法所得及其他涉案财产需要没收的，应当提出检察建议，移送有关主管机关处理。

（三）对于冻结的犯罪嫌疑人存款、汇款、债券、股票、基金份额等财产需要返还被害人的，可以通知金融机构返还被害人；对于查封、扣押的犯罪嫌疑人的违法所得及其他涉案财产需要返还被害人的，直接决定返还被害人。

人民检察院申请人民法院裁定处理犯罪嫌疑人涉案财产的，应当向人民法院移送有关案件材料。

第二百九十七条 人民检察院撤销案件时，对查封、扣押、冻结的犯罪嫌疑人的涉案财产需要返还犯罪嫌疑人的，应当解除查封、扣押或者书面通知有关金融机构解除冻结，返还犯罪嫌疑人或者其合法继承人。

第二百九十八条 查封、扣押、冻结的款物，除依法应当返还被害人或者经查明确实与案件无关的以外，不得在诉讼程序终结之前处理。法律和有关规定另有规定的除外。

第二百九十九条 处理查封、扣押、冻结的涉案款物，应当由办案部门提出意见，报请检察长决定。负责保管涉案款物的管理部门会同办案部门办理相关的处理手续。

人民检察院向其他机关移送的案件需要随案移送扣押、冻结的涉案款物的，按照前款的规定办理。

第三百条 人民检察院直接受理立案侦查的共同犯罪案件，如果同案犯罪嫌疑人在逃，但在案犯罪嫌疑人犯罪事实清楚，证据确实、充分的，对在案犯罪嫌疑人应当根据本规则第二百八十六条的规定分别移送审查起诉或者移送审查不起诉。

由于同案犯罪嫌疑人在逃，在案犯罪嫌疑人的犯罪事实无法查清的，对在案犯罪嫌疑人应当根据案件的不同情况分别报请延长侦查羁押期限、变更强制措施或者解除强制措施。

第三百零一条 人民检察院直接受理立案侦查的案件，对犯罪嫌疑人没有采取取保候审、监视居住、拘留或者逮捕措施的,侦查部门应当在立案后二年以内提出移送审查起诉、移送审查不起诉或者撤销案件的意见;对犯罪嫌疑人采取取保候审、监视居住、拘留或者逮捕措施的,侦查部门应当在解除或者撤销强制措施后一年以内提出移送审查起诉、移送审查不起诉或者撤销案件的意见。

第三百零二条 人民检察院直接受理立案侦查的案件,撤销案件以后,又发现新的事实或者证据,认为有犯罪事实需要追究刑事责任的,可以重新立案侦查。

第十章 审查逮捕

第一节 一般规定

第三百零三条 人民检察院审查批准或者决定逮捕犯罪嫌疑人,由侦查监督部门办理。

第三百零四条 侦查监督部门办理审查逮捕案件,应当指定办案人员进行审查。办案人员应当审阅案卷材料和证据,依法讯问犯罪嫌疑人、询问证人等诉讼参与人、听取辩护律师意见,制作审查逮捕意见书,提出批准或者决定逮捕、不批准或者不予逮捕的意见,经部门负责人审核后,报请检察长批准或者决定;重大案件应当经检察委员会讨论决定。

侦查监督部门办理审查逮捕案件,不另行侦查,不得直接提出采取取保候审措施的意见。

第三百零五条 侦查监督部门办理审查逮捕案件,可以讯问犯罪嫌疑人;有下列情形之一的,应当讯问犯罪嫌疑人:

(一)对是否符合逮捕条件有疑问的;

(二)犯罪嫌疑人要求向检察人员当面陈述的;

(三)侦查活动可能有重大违法行为的;

(四)案情重大疑难复杂的;

(五)犯罪嫌疑人系未成年人的;

(六)犯罪嫌疑人是盲、聋、哑人或者是尚未完全丧失辨认或者控制自己行为能力的精神病人的。

讯问未被拘留的犯罪嫌疑人,讯问前应当征求侦查机关的意见,并做好办案安全风险评估预警工作。

是否符合逮捕条件有疑问主要包括罪与非罪界限不清的,据以定罪的证据之间存在矛盾的,犯罪嫌疑人的供述前后矛盾或者违背常理的,有无社会危险性难以把握的,以及犯罪嫌疑人是否达到刑事责任年龄需要确认等情形。

重大违法行为是指办案严重违反法律规定的程序,或者存在刑讯逼供等严重侵犯犯罪嫌疑人人身权利和其他诉讼权利等情形。

第三百零六条 在审查逮捕中对被拘留的犯罪嫌疑人不予讯问的,应当送达听取犯罪嫌疑人意见书,由犯罪嫌疑人填写后及时收回审查并附卷。经审查发现应当讯问犯罪嫌疑人的,应当及时讯问。

第三百零七条 讯问犯罪嫌疑人时,检察人员不得少于二人。

犯罪嫌疑人被送交看守所羁押后,讯问应当在看守所内进行。

讯问时,应当首先查明犯罪嫌疑人的基本情况,依法告知犯罪嫌疑人的诉讼权利和义务,听取其供述和辩解,有检举揭发他人犯罪线索的,应当予以记录,并依照有关规定移送有关部门处理。

讯问犯罪嫌疑人应当制作讯问笔录,并交犯罪嫌疑人核对或者向其宣读,经核对无误后逐页签名、盖章或者捺指印并附卷。犯罪嫌疑人请求自行书写供述的，应当准许，但不得以自行书写的供述代替讯问笔录。

第三百零八条 侦查监督部门办理审查逮捕案件，必要时，可以询问证人、被害人、鉴定人等诉讼参与人，并制作笔录附卷。

第三百零九条 在审查逮捕过程中，犯罪嫌疑人已经委托辩护律师的，侦查监督部门可以听取辩护律师的意见。辩护律师提出要求的，应当听取辩护律师的意见。对辩护律师的意见应当制作笔录附卷。

辩护律师提出不构成犯罪、无社会危险性、不适宜羁押、侦查活动有违法犯罪情形等书面意见的，办案人员应当审查，并在审查逮捕意见书中说明是否采纳的情况和理由。

第三百一十条 对于公安机关立案侦查的案件，侦查监督部门审查逮捕时发现存在本规则第七十三条第一款规定情形的，可以调取公安机关讯问犯罪嫌疑人的录音、录像并审查相关的录音、录像，对于重大、疑难、复杂的案件，必要时可以审查全部录音、录像。

人民检察院直接受理立案侦查的案件，侦查部门在移送或者报请审查逮捕时，应当向侦查监督部门移送全部讯问犯罪嫌疑人的录音、录像，未移送或移送不全的，侦查监督部门应当要求侦查部门补充移送。经要求仍未移送或者未全部移送的，应当将案件退回侦查部门。侦查监督部门审查逮捕时对取证合法性或者讯问笔录真实性等产生疑问的，可以审查相关的录音、录像；对于重大、疑难、复杂的案件，必要时可以审查全部录音、录像。

第三百一十一条 经审查讯问犯罪嫌疑人录音、录像，发现侦查机关讯问不规范，讯问过程存在违法行为，录音、录像内容与讯问笔录不一致等情形的，应当逐一列明并向侦查机关书面提出，要求侦查机关予以纠正、补正或者书面作出合理解释。发现讯问笔录与讯问犯罪嫌疑人录音、录像内容有重大实质性差异的，或者侦查机关不能补正或者作出合理解释的，该讯问笔录不能作为批准逮捕或者决定逮捕的依据。

第三百一十二条 外国人、无国籍人涉嫌危害国家安全犯罪的案件或者涉及国与国之间政治、外交关系的案件以及在适用法律上确有疑难的案件，认为需要逮捕犯罪嫌疑人的，按照刑事诉讼法第十九条、第二十条的规定，分别由基层人民检察院或者分、州、市人民检察院审查并提出意见，层报最高人民检察院审查。最高人民检察院经审查认为需要逮捕的，经征求外交部的意见后，作出批准逮捕的批复，经审查认为不需要逮捕的，作出不批准逮捕的批复。基层人民检察院或者分、州、市人民检察院根据最高人民检察院的批复，依法作出批准或者不批准逮捕的决定。层报过程中，上级人民检察院经审查认为不需要逮捕的，应当作出不批准逮捕的批复，报送的人民检察院根据批复依法作出不批准逮捕的决定。

基层人民检察院或者分、州、市人民检察院经审查认为不需要逮捕的，可以直接依法作出不批准逮捕的决定。

外国人、无国籍人涉嫌本条第一款规定以外的其他犯罪案件，决定批准逮捕的人民检察院应当在作出批准逮捕决定后四十八小时以内报上一级人民检察院备案，同时向同级人民政府外事部门通报。上一级人民检察院对备案材料经审查发现错误的,应当依法及时纠正。

第三百一十三条 人民检察院办理审查逮捕的危害国家安全的案件,应当报上一级人民检察院备案。

上一级人民检察院对报送的备案材料经审查发现错误的,应当依法及时纠正。

第三百一十四条 对于人民检察院正在侦查或者审查起诉的案件,被逮捕的犯罪嫌疑人及其法定代理人、近亲属或者辩护人认为羁押期限届满,向人民检察院提出释放犯罪嫌疑人或者变更逮捕措施要求的,人民检察院应当在三日以内审查决定。经审查,认为法定期限届满的,应当决定释放或者依法变更逮捕措施,并通知公安机关执行;认为未满法定期限的,书面答复申请人。

第三百一十五条 被害人对人民检察院以没有犯罪事实为由作出的不批准逮捕决定不服提出申诉的,由作出不批准逮捕决定的人民检察院刑事申诉检察部门审查处理。对以其他理由作出的不批准逮捕决定不服提出申诉的,由侦查监督部门办理。

第二节 审查批准逮捕

第三百一十六条 对公安机关提请批准逮捕的犯罪嫌疑人,已被拘留的,人民检察院应当在收到提请批准逮捕书后的七日以内作出是否批准逮捕的决定;未被拘留的,应当在收到提请批准逮捕书后的十五日以内作出是否批准逮捕的决定,重大、复杂的案件,不得超过二十日。

第三百一十七条 上级公安机关指定犯罪地或者犯罪嫌疑人居住地以外的下级公安机关立案侦查的案件,需要逮捕犯罪嫌疑人的,由侦查该案件的公安机关提请同级人民检察院审查批准逮捕,人民检察院应当依法作出批准或者不批准逮捕的决定。

第三百一十八条 对公安机关提请批准逮捕的犯罪嫌疑人,人民检察院经审查认为符合本规则第一百三十九条、第一百四十条、第一百四十二条规定情形的,应当作出批准逮捕的决定,连同案卷材料送达公安机关执行,并可以对收集证据、适用法律提出意见。

第三百一十九条 对公安机关提请批准逮捕的犯罪嫌疑人,具有本规则第一百四十三条和第一百四十四条规定情形,人民检察院作出不批准逮捕决定的,应当说明理由,连同案卷材料送达公安机关执行。需要补充侦查的,应当同时通知公安机关。

第三百二十条 对于人民检察院批准逮捕的决定,公安机关应当立即执行,并将执行回执及时送达作出批准决定的人民检察院;如果未能执行,也应当将回执送达人民检察院,并写明未能执行的原因。对于人民检察院决定不批准逮捕的,公安机关在收到不批准逮捕决定书后,应当立即释放在押的犯罪嫌疑人或者变更强制措施,并将执行回执在收到不批准逮捕决定书后的三日以内送达作出不批准逮捕决定的人民检察院。

第三百二十一条 人民检察院办理审查逮捕案件,发现应当逮捕而公安机关未提请批准逮捕的犯罪嫌疑人的,应当建议公安机关提请批准逮捕。如果公安机关仍不提请批准逮捕或者不提请批准逮捕的理由不能成立的,人民检察院也可以直接作出逮捕决定,送达公安机关执行。

第三百二十二条 对已作出的批准逮捕决定发现确有错误的，人民检察院应当撤销原批准逮捕决定，送达公安机关执行。

对已作出的不批准逮捕决定发现确有错误，需要批准逮捕的，人民检察院应当撤销原不批准逮捕决定，并重新作出批准逮捕决定，送达公安机关执行。

对因撤销原批准逮捕决定而被释放的犯罪嫌疑人或者逮捕后公安机关变更为取保候审、监视居住的犯罪嫌疑人，又发现需要逮捕的，人民检察院应当重新作出逮捕决定。

第三百二十三条 对公安机关要求复议的不批准逮捕的案件，人民检察院侦查监督部门应当另行指派办案人员复议，并在收到提请复议书和案卷材料后的七日以内作出是否变更的决定，通知公安机关。

第三百二十四条 对公安机关提请上一级人民检察院复核的不批准逮捕的案件，上一级人民检察院侦查监督部门应当在收到提请复核意见书和案卷材料后的十五日以内由检察长或者检察委员会作出是否变更的决定，通知下级人民检察院和公安机关执行。如果需要改变原决定，应当通知作出不批准逮捕决定的人民检察院撤销原不批准逮捕决定，另行制作批准逮捕决定书。必要时，上级人民检察院也可以直接作出批准逮捕决定，通知下级人民检察院送达公安机关执行。

第三百二十五条 人民检察院作出不批准逮捕决定，并且通知公安机关补充侦查的案件，公安机关在补充侦查后又提请复议的，人民检察院应当告知公安机关重新提请批准逮捕。公安机关坚持复议的，人民检察院不予受理。

公安机关补充侦查后应当提请批准逮捕而不提请批准逮捕的，按照本规则第三百二十一条的规定办理。

第三百二十六条 对公安机关提请批准逮捕的案件，侦查监督部门应当将批准、变更、撤销逮捕措施的情况书面通知本院监所检察部门。

第三节 审查决定逮捕

第三百二十七条 省级以下（不含省级）人民检察院直接受理立案侦查的案件，需要逮捕犯罪嫌疑人的，应当报请上一级人民检察院审查决定。

监所、林业等派出人民检察院立案侦查的案件，需要逮捕犯罪嫌疑人的，应当报请上一级人民检察院审查决定。

第三百二十八条 下级人民检察院报请审查逮捕的案件，由侦查部门制作报请逮捕书，报检察长或者检察委员会审批后，连同案卷材料、讯问犯罪嫌疑人录音、录像一并报上一级人民检察院审查，报请逮捕时应当说明犯罪嫌疑人的社会危险性并附相关证据材料。

侦查部门报请审查逮捕时，应当同时将报请情况告知犯罪嫌疑人及其辩护律师。

第三百二十九条 犯罪嫌疑人已被拘留的，下级人民检察院侦查部门应当在拘留后七日以内报上一级人民检察院审查逮捕。上一级人民检察院应当在收到报请逮捕书后七日以内作出是否逮捕的决定，特殊情况下，决定逮捕的时间可以延长一日至三日。犯罪嫌疑人未被拘留的，上一级人民检察院应当在收到报请逮捕书后十五日以内作出是否逮捕的决定，重大、复杂的案件，不得超过二十日。

报送案卷材料、送达法律文书的路途时间计算在上一级人民检察院审查逮捕期限以内。

第三百三十条 对于重大、疑难、复杂的案件,下级人民检察院侦查部门可以提请上一级人民检察院侦查监督部门和本院侦查监督部门派员介入侦查,参加案件讨论。上一级人民检察院侦查监督部门和下级人民检察院侦查监督部门认为必要时,可以报经检察长批准,派员介入侦查,对收集证据、适用法律提出意见,监督侦查活动是否合法。

第三百三十一条 上一级人民检察院经审查,对符合本规则第三百零五条规定情形的,应当讯问犯罪嫌疑人。讯问时,按照本规则第三百零七条的规定进行。

对未被拘留的犯罪嫌疑人,讯问前应当征求下级人民检察院侦查部门的意见。

讯问犯罪嫌疑人,可以当面讯问,也可以通过视频讯问。通过视频讯问的,上一级人民检察院应当制作笔录附卷。下级人民检察院应当协助做好提押、讯问笔录核对、签字等工作。

因交通、通讯不便等原因,不能当面讯问或者视频讯问的,上一级人民检察院可以拟定讯问提纲,委托下级人民检察院侦查监督部门进行讯问。下级人民检察院应当及时将讯问笔录报送上一级人民检察院。

第三百三十二条 对已被拘留的犯罪嫌疑人,上一级人民检察院拟不讯问的,应当向犯罪嫌疑人送达听取犯罪嫌疑人意见书。因交通不便等原因不能及时送达的,可以委托下级人民检察院侦查监督部门代为送达。下级人民检察院应当及时回收意见书,并报上一级人民检察院。经审查发现应当讯问犯罪嫌疑人的,应当及时讯问。

第三百三十三条 上一级人民检察院决定逮捕的,应当将逮捕决定书连同案卷材料一并交下级人民检察院,由下级人民检察院通知同级公安机关执行。必要时,下级人民检察院可以协助执行。

下级人民检察院应当在公安机关执行逮捕三日以内,将执行回执报上一级人民检察院。

上一级人民检察院作出逮捕决定的,可以对收集证据、适用法律提出意见。

第三百三十四条 上一级人民检察院决定不予逮捕的,应当将不予逮捕决定书连同案卷材料一并交下级人民检察院,同时书面说明不予逮捕的理由。犯罪嫌疑人已被拘留的,下级人民检察院应当通知公安机关立即释放,并报上一级人民检察院;案件需要继续侦查,犯罪嫌疑人符合取保候审、监视居住条件的,由下级人民检察院依法决定取保候审或者监视居住。

上一级人民检察院作出不予逮捕决定,认为需要补充侦查的,应当制作补充侦查提纲,送达下级人民检察院侦查部门。

第三百三十五条 对应当逮捕而下级人民检察院未报请逮捕的犯罪嫌疑人,上一级人民检察院应当通知下级人民检察院报请逮捕犯罪嫌疑人。下级人民检察院不同意报请逮捕犯罪嫌疑人的,应当说明理由。经审查理由不成立的,上一级人民检察院可以依法作出逮捕决定。

第三百三十六条 决定逮捕后,应当立即将被逮捕人送看守所羁押。除无法通知的以外,下级人民检察院侦查部门应当把逮捕的原因和羁押的处所,在二十四小时以内通知被逮捕人的家属。对于无法通知的,在无法通知的情形消除后,应当立即通知其家属。

第三百三十七条 对被逮捕的犯罪嫌

疑人，下级人民检察院侦查部门应当在逮捕后二十四小时以内进行讯问。

下级人民检察院在发现不应当逮捕的时候，应当立即释放犯罪嫌疑人或者变更强制措施，并向上一级人民检察院报告。

对已被释放或者变更为其他强制措施的犯罪嫌疑人，又发现需要逮捕的，应当重新报请审查逮捕。

第三百三十八条 对被逮捕的犯罪嫌疑人，作出逮捕决定的人民检察院发现不应当逮捕的，应当撤销逮捕决定，并通知下级人民检察院送达同级公安机关执行，同时向下级人民检察院说明撤销逮捕的理由。

第三百三十九条 下级人民检察院认为上一级人民检察院作出的不予逮捕决定有错误的，应当在收到不予逮捕决定书后五日以内报请上一级人民检察院重新审查，但是必须将已被拘留的犯罪嫌疑人立即释放或者变更为其他强制措施。

上一级人民检察院侦查监督部门在收到报请重新审查逮捕意见书和案卷材料后，应当另行指派办案人员审查，在七日以内作出是否变更的决定。

第三百四十条 基层人民检察院，分、州、市人民检察院对直接受理立案侦查的案件进行审查起诉时，发现需要逮捕犯罪嫌疑人的，应当报请上一级人民检察院审查决定逮捕。

报请工作由公诉部门负责。

第三百四十一条 需要逮捕担任各级人民代表大会代表的犯罪嫌疑人的，下级人民检察院侦查部门应当按照本规则第一百四十六条的规定报请许可，在获得许可后，向上一级人民检察院报请逮捕。

第三百四十二条 最高人民检察院、省级人民检察院办理直接受理立案侦查的案件，需要逮捕犯罪嫌疑人的，由侦查部门填写逮捕犯罪嫌疑人意见书，连同案卷材料、讯问犯罪嫌疑人录音、录像一并移送本院侦查监督部门审查。犯罪嫌疑人已被拘留的，侦查部门应当在拘留后七日以内将案件移送本院侦查监督部门审查。

第三百四十三条 对本院侦查部门移送审查逮捕的案件，犯罪嫌疑人已被拘留的，应当在侦查监督部门收到逮捕犯罪嫌疑人意见书后的七日以内，由检察长或者检察委员会决定是否逮捕，特殊情况下，决定逮捕的时间可以延长一日至三日；犯罪嫌疑人未被拘留的，应当在侦查监督部门收到逮捕犯罪嫌疑人意见书后的十五日以内由检察长或者检察委员会决定是否逮捕，重大、复杂的案件，不得超过二十日。

第三百四十四条 对本院侦查部门移送审查逮捕的犯罪嫌疑人，经检察长或者检察委员会决定逮捕的，侦查监督部门应当将逮捕决定书连同案卷材料、讯问犯罪嫌疑人录音、录像送交侦查部门，由侦查部门通知公安机关执行，必要时人民检察院可以协助执行，并可以对收集证据、适用法律提出意见。

第三百四十五条 对本院侦查部门移送审查逮捕的犯罪嫌疑人，经检察长或者检察委员会决定不予逮捕的，侦查监督部门应当将不予逮捕的决定连同案卷材料、讯问犯罪嫌疑人录音、录像移交侦查部门。犯罪嫌疑人已被拘留的，侦查部门应当通知公安机关立即释放。

第三百四十六条 对应当逮捕而本院侦查部门未移送审查逮捕的犯罪嫌疑人，侦查监督部门应当向侦查部门提出移送审查逮捕犯罪嫌疑人的建议。如果建议不被采纳,侦查监督部门可以报请检察长提交检察委员会决定。

第三百四十七条 最高人民检察院、省级人民检察院办理直接受理立案侦查的案件,逮捕犯罪嫌疑人后,应当立即将被逮捕人送看守所羁押。除无法通知的以外,侦查部门应当把逮捕的原因和羁押的处所,在二十四小时以内通知被逮捕人的家属。对于无法通知的,在无法通知的情形消除后,应当立即通知其家属。

第三百四十八条 最高人民检察院、省级人民检察院办理直接受理立案侦查的案件,对被逮捕的犯罪嫌疑人,侦查部门应当在逮捕后二十四小时以内进行讯问。

发现不应当逮捕的,应当经检察长批准,撤销逮捕决定或者变更为其他强制措施,并通知公安机关执行,同时通知侦查监督部门。

对按照前款规定被释放或者被变更逮捕措施的犯罪嫌疑人,又发现需要逮捕的,应当重新移送审查逮捕。

第三百四十九条 最高人民检察院、省级人民检察院办理直接受理立案侦查的案件,已经作出不予逮捕的决定,又发现需要逮捕犯罪嫌疑人的,应当重新办理逮捕手续。

第三百五十条 人民检察院办理直接受理立案侦查的案件,侦查部门应当将决定、变更、撤销逮捕措施的情况书面通知本院监所检察部门。

第四节 核准追诉

第三百五十一条 法定最高刑为无期徒刑、死刑的犯罪,已过二十年追诉期限的,不再追诉。如果认为必须追诉的,须报请最高人民检察院核准。

第三百五十二条 须报请最高人民检察院核准追诉的案件,侦查机关在核准之前可以依法对犯罪嫌疑人采取强制措施。

侦查机关报请核准追诉并提请逮捕犯罪嫌疑人,人民检察院经审查认为必须追诉而且符合法定逮捕条件的,可以依法批准逮捕,同时要求侦查机关在报请核准追诉期间不得停止对案件的侦查。

未经最高人民检察院核准,不得对案件提起公诉。

第三百五十三条 报请核准追诉的案件应当同时符合下列条件:

(一)有证据证明存在犯罪事实,且犯罪事实是犯罪嫌疑人实施的;

(二)涉嫌犯罪的行为应当适用的法定量刑幅度的最高刑为无期徒刑或者死刑的;

(三)涉嫌犯罪的性质、情节和后果特别严重,虽然已过二十年追诉期限,但社会危害性和影响依然存在,不追诉会严重影响社会稳定或者产生其他严重后果,而必须追诉的;

(四)犯罪嫌疑人能够及时到案接受追诉的。

第三百五十四条 侦查机关报请核准追诉的案件,由同级人民检察院受理并层报最高人民检察院审查决定。

第三百五十五条 地方各级人民检察院对侦查机关报请核准追诉的案件,应当及时进行审查并开展必要的调查,经检察委员会审议提出是否同意核准追诉的意见,在受理案件后十日以内制作报请核准追诉案件报告书,连同案件材料一并层报最高人民检察院。

第三百五十六条 最高人民检察院收到省级人民检察院报送的报请核准追诉案件报告书及案件材料后,应当及时审查,必要时派人到案发地了解案件有关情况。经检察长批准或者检察委员会审议，应当在受理案件后一个月以内作出是否核准追诉的决定，特殊情况下可以延长十五日，并制作核准追诉决定书或者不予核准追诉决定书，逐级下达最初受理案件的人民检察院，送达报请核准追诉的侦查机关。

第三百五十七条 对已经批准逮捕的案件，侦查羁押期限届满不能做出是否核准追诉决定的，应当对犯罪嫌疑人变更强制措施或者延长侦查羁押期限。

第三百五十八条 最高人民检察院决定核准追诉的案件，最初受理案件的人民检察院应当监督侦查机关的侦查工作。

最高人民检察院决定不予核准追诉，侦查机关未及时撤销案件的，同级人民检察院应当予以监督纠正。犯罪嫌疑人在押的，应当立即释放。

第三百五十九条 人民检察院直接受理立案侦查的案件报请最高人民检察院核准追诉的，参照本节规定办理。

第十一章 审查起诉

第一节 审 查

第三百六十条 人民检察院受理移送审查起诉案件，应当指定检察员或者经检察长批准代行检察员职务的助理检察员办理，也可以由检察长办理。

办案人员应当全面审阅案卷材料，必要时制作阅卷笔录。

第三百六十一条 对于重大、疑难、复杂的案件，人民检察院认为确有必要时，可以派员适时介入侦查活动，对收集证据、适用法律提出意见，监督侦查活动是否合法。

第三百六十二条 各级人民检察院提起公诉，应当与人民法院审判管辖相适应。公诉部门收到移送审查起诉的案件后，经审查认为不属于本院管辖的，应当在五日以内经由案件管理部门移送有管辖权的人民检察院。

认为属于上级人民法院管辖的第一审案件的，应当报送上一级人民检察院，同时通知移送审查起诉的公安机关；认为属于同级其他人民法院管辖的第一审案件的，应当移送有管辖权的人民检察院或者报送共同的上级人民检察院指定管辖，同时通知移送审查起诉的公安机关。

上级人民检察院受理同级公安机关移送审查起诉案件，认为属于下级人民法院管辖的，可以交下级人民检察院审查，由下级人民检察院向同级人民法院提起公诉，同时通知移送审查起诉的公安机关。

一人犯数罪、共同犯罪和其他需要并案审理的案件，只要其中一人或者一罪属于上级人民检察院管辖的，全案由上级人民检察院审查起诉。

需要依照刑事诉讼法的规定指定审判管辖的，人民检察院应当在侦查机关移送审查起诉前协商同级人民法院办理指定管辖有关事宜。

第三百六十三条 人民检察院审查移送起诉的案件，应当查明：

（一）犯罪嫌疑人身份状况是否清楚，包括姓名、性别、国籍、出生年月日、职业和单位等；单位犯罪的，单位的相关情况是否清楚；

（二）犯罪事实、情节是否清楚；实施犯罪的时间、地点、手段、犯罪事实、危害后果是否明确；

（三）认定犯罪性质和罪名的意见是否正确；有无法定的从重、从轻、减轻或者免除处罚的情节及酌定从重、从轻情节；共同

犯罪案件的犯罪嫌疑人在犯罪活动中的责任的认定是否恰当;

(四)证明犯罪事实的证据材料包括采取技术侦查措施的决定书及证据材料是否随案移送;证明相关财产系违法所得的证据材料是否随案移送;不宜移送的证据的清单、复制件、照片或者其他证明文件是否随案移送;

(五)证据是否确实、充分,是否依法收集,有无应当排除非法证据的情形;

(六)侦查的各种法律手续和诉讼文书是否完备;

(七)有无遗漏罪行和其他应当追究刑事责任的人;

(八)是否属于不应当追究刑事责任的;

(九)有无附带民事诉讼;对于国家财产、集体财产遭受损失的,是否需要由人民检察院提起附带民事诉讼;

(十)采取的强制措施是否适当,对于已经逮捕的犯罪嫌疑人,有无继续羁押的必要;

(十一)侦查活动是否合法;

(十二)涉案款物是否查封、扣押、冻结并妥善保管,清单是否齐备;对被害人合法财产的返还和对违禁品或者不宜长期保存的物品的处理是否妥当,移送的证明文件是否完备。

第三百六十四条 人民检察院审查案件,应当讯问犯罪嫌疑人,听取辩护人、被害人及其诉讼代理人的意见,并制作笔录附卷。

辩护人、被害人及其诉讼代理人提出书面意见的,应当附卷。

第三百六十五条 直接听取辩护人、被害人及其诉讼代理人的意见有困难的,可以通知辩护人、被害人及其诉讼代理人提出书面意见,在指定期限内未提出意见的,应当记录在案。

第三百六十六条 人民检察院认为需要对案件中某些专门性问题进行鉴定而侦查机关没有鉴定的,应当要求侦查机关进行鉴定;必要时也可以由人民检察院进行鉴定或者由人民检察院送交有鉴定资格的人进行。

人民检察院自行进行鉴定的,可以商请侦查机关派员参加,必要时可以聘请有鉴定资格的人参加。

第三百六十七条 在审查起诉中,发现犯罪嫌疑人可能患有精神病的,人民检察院应当依照本规则的有关规定对犯罪嫌疑人进行鉴定。

犯罪嫌疑人的辩护人或者近亲属以犯罪嫌疑人可能患有精神病而申请对犯罪嫌疑人进行鉴定的,人民检察院也可以依照本规则的有关规定对犯罪嫌疑人进行鉴定,鉴定费用由申请方承担。

第三百六十八条 人民检察院对鉴定意见有疑问的,可以询问鉴定人并制作笔录附卷,也可以指派检察技术人员或者聘请有鉴定资格的人对案件中的某些专门性问题进行补充鉴定或者重新鉴定。

公诉部门对审查起诉案件中涉及专门技术问题的证据材料需要进行审查的,可以送交检察技术人员或者其他有专门知识的人审查,审查后应当出具审查意见。

第三百六十九条 人民检察院审查案件的时候,对公安机关的勘验、检查,认为需要复验、复查的,应当要求公安机关复验、复查,人民检察院可以派员参加;也可以自行复验、复查,商请公安机关派员参加,必要时也可以聘请专门技术人员参加。

第三百七十条 人民检察院对物证、书证、视听资料、电子数据及勘验、检查、辨认、侦查实验等笔录存在疑问的,可以要求侦查人员提供获取、制作的有关情况。必要时也可以询问提供物证、书证、视听资料、电子数据及勘验、检查、辨认、侦查实验等笔录的人员和见证人并制作笔录附卷,对物证、书证、视听资料、电子数据进行技术鉴定。

第三百七十一条 人民检察院对证人证言笔录存在疑问或者认为对证人的询问不具体或者有遗漏的,可以对证人进行询问并制作笔录附卷。

第三百七十二条 讯问犯罪嫌疑人或者询问被害人、证人、鉴定人时,应当分别告知其在审查起诉阶段所享有的诉讼权利。

第三百七十三条 讯问犯罪嫌疑人,询问被害人、证人、鉴定人,听取辩护人、被害人及其诉讼代理人的意见,应当由二名以上办案人员进行。

讯问犯罪嫌疑人,询问证人、鉴定人、被害人,应当个别进行。

询问证人、被害人的地点按照刑事诉讼法第一百二十二条的规定执行。

第三百七十四条 对于随案移送的讯问犯罪嫌疑人录音、录像或者人民检察院调取的录音、录像,人民检察院应当审查相关的录音、录像;对于重大、疑难、复杂的案件,必要时可以审查全部录音、录像。

第三百七十五条 公诉部门经审查认为需要逮捕犯罪嫌疑人的,应当按照本规则第十章的规定移送侦查监督部门办理。

第三百七十六条 办案人员对案件进行审查后,应当制作案件审查报告,提出起诉或者不起诉以及是否需要提起附带民事诉讼的意见,经公诉部门负责人审核,报请检察长或者检察委员会决定。

办案人员认为应当向人民法院提出量刑建议的,可以在审查报告或者量刑建议书中提出量刑的意见,一并报请决定。

检察长承办的审查起诉案件,除本规则规定应当由检察委员会讨论决定的以外,可以直接作出起诉或者不起诉的决定。

第三百七十七条 人民检察院对侦查机关移送的案件进行审查后,在法院作出生效判决之前,认为需要补充提供法庭审判所必需的证据的,可以书面要求侦查机关提供。

第三百七十八条 人民检察院在审查起诉中,发现可能存在刑事诉讼法第五十四条规定的以非法方法收集证据情形的,可以要求侦查机关对证据收集的合法性作出书面说明或者提供相关证明材料。

第三百七十九条 人民检察院公诉部门在审查中发现侦查人员以非法方法收集犯罪嫌疑人供述、被害人陈述、证人证言等证据材料的,应当依法排除非法证据并提出纠正意见,同时可以要求侦查机关另行指派侦查人员重新调查取证,必要时人民检察院也可以自行调查取证。

第三百八十条 人民检察院认为犯罪事实不清、证据不足或者遗漏罪行、遗漏同案犯罪嫌疑人等情形需要补充侦查的,应当提出具体的书面意见,连同案卷材料一并退回公安机关补充侦查;人民检察院也可以自行侦查,必要时可以要求公安机关提供协助。

第三百八十一条 人民检察院公诉部门对本院侦查部门移送审查起诉的案件审查后,认为犯罪事实不清、证据不足或者遗漏罪行、遗漏同案犯罪嫌疑人等情形需要补充侦查的,应当向侦查部门提出补充侦查的书面意见,连同案卷材料一并退回侦查部门补充侦查;必要时也可以自行侦查,可以要求侦查部门予以协助。

第三百八十二条 对于退回公安机关补充侦查的案件,应当在一个月以内补充侦查完毕。

补充侦查以二次为限。

补充侦查完毕移送审查起诉后,人民检察院重新计算审查起诉期限。

人民检察院公诉部门退回本院侦查部门补充侦查的期限、次数按照本条第一款至第三款的规定执行。

第三百八十三条 人民检察院在审查起诉中决定自行侦查的,应当在审查起诉期限内侦查完毕。

第三百八十四条 人民检察院对已经退回侦查机关二次补充侦查的案件,在审查起诉中又发现新的犯罪事实的,应当移送侦查机关立案侦查;对已经查清的犯罪事实,应当依法提起公诉。

第三百八十五条 对于在审查起诉期间改变管辖的案件,改变后的人民检察院对于符合刑事诉讼法第一百七十一条第二款规定的案件,可以通过原受理案件的人民检察院退回原侦查的公安机关补充侦查,也可以自行侦查。改变管辖前后退回补充侦查的次数总共不得超过二次。

第三百八十六条 人民检察院对于移送审查起诉的案件,应当在一个月以内作出决定;重大、复杂的案件,一个月以内不能作出决定的,经检察长批准,可以延长十五日。

人民检察院审查起诉的案件,改变管辖的,从改变后的人民检察院收到案件之日起计算审查起诉期限。

第三百八十七条 追缴的财物中,属于被害人的合法财产,不需要在法庭出示的,应当及时返还被害人,并由被害人在发还款物清单上签名或者盖章,注明返还的理由,并将清单、照片附卷。

第三百八十八条 追缴的财物中,属于违禁品或者不宜长期保存的物品,应当依照国家有关规定处理,并将清单、照片、处理结果附卷。

第三百八十九条 公诉部门办理案件,可以适用本规则规定的侦查措施和程序。

第二节 起 诉

第三百九十条 人民检察院对案件进行审查后,认为犯罪嫌疑人的犯罪事实已经查清,证据确实、充分,依法应当追究刑事责任的,应当作出起诉决定。

具有下列情形之一的,可以确认犯罪事实已经查清:

(一)属于单一罪行的案件,查清的事实足以定罪量刑或者与定罪量刑有关的事实已经查清,不影响定罪量刑的事实无法查清的;

(二)属于数个罪行的案件,部分罪行已经查清并符合起诉条件,其他罪行无法查清的;

(三)无法查清作案工具、赃物去向,但有其他证据足以对被告人定罪量刑的;

(四)证人证言、犯罪嫌疑人供述和辩解、被害人陈述的内容中主要情节一致,只有个别情节不一致且不影响定罪的。

对于符合第二项情形的,应当以已经查清的罪行起诉。

第三百九十一条 人民检察院在办理公安机关移送起诉的案件中,发现遗漏罪行或者依法应当移送审查起诉同案犯罪嫌疑人的，应当要求公安机关补充移送审查起诉；对于犯罪事实清楚，证据确实、充分的，人民检察院也可以直接提起公诉。

第三百九十二条 人民检察院立案侦查时认为属于直接立案侦查的案件，在审查起诉阶段发现不属于人民检察院管辖，案件事实清楚、证据确实充分，符合起诉条件的，可以直接起诉；事实不清、证据不足的，应当及时移送有管辖权的机关办理。

第三百九十三条 人民检察院决定起诉的，应当制作起诉书。

起诉书的主要内容包括：

（一）被告人的基本情况，包括姓名、性别、出生年月日、出生地和户籍地、身份证号码、民族、文化程度、职业、工作单位及职务、住址，是否受过刑事处分及处分的种类和时间，采取强制措施的情况等；如果是单位犯罪，应当写明犯罪单位的名称和组织机构代码、所在地址、联系方式，法定代表人和诉讼代表人的姓名、职务、联系方式；如果还有应当负刑事责任的直接负责的主管人员或其他直接责任人员，应当按上述被告人基本情况的内容叙写。

（二）案由和案件来源。

（三）案件事实，包括犯罪的时间、地点、经过、手段、动机、目的、危害后果等与定罪量刑有关的事实要素。起诉书叙述的指控犯罪事实的必备要素应当明晰、准确。被告人被控有多项犯罪事实的，应当逐一列举，对于犯罪手段相同的同一犯罪可以概括叙写。

（四）起诉的根据和理由，包括被告人触犯的刑法条款、犯罪的性质及认定的罪名、处罚条款、法定从轻、减轻或者从重处罚的情节，共同犯罪各被告人应负的罪责等。

被告人真实姓名、住址无法查清的，应当按其绰号或者自报的姓名、住址制作起诉书，并在起诉书中注明。被告人自报的姓名可能造成损害他人名誉、败坏道德风俗等不良影响的，可以对被告人编号并按编号制作起诉书，并附具被告人的照片，记明足以确定被告人面貌、体格、指纹以及其他反映被告人特征的事项。

起诉书应当附有被告人现在处所，证人、鉴定人、需要出庭的有专门知识的人的名单，需要保护的被害人、证人、鉴定人的名单，涉案款物情况，附带民事诉讼情况以及其他需要附注的情况。

证人、鉴定人、有专门知识的人的名单应当列明姓名、性别、年龄、职业、住址、联系方式，并注明证人、鉴定人是否出庭。

第三百九十四条 人民检察院提起公诉的案件，应当向人民法院移送起诉书、案卷材料和证据。

起诉书应当一式八份，每增加一名被告人增加起诉书五份。

关于被害人姓名、住址、联系方式、被告人被采取强制措施的种类、是否在案及羁押处所等问题，人民检察院应当在起诉书中列明，不再单独移送材料；对于涉及被害人隐私或者为保护证人、鉴定人、被害人人身安全，而不宜公开证人、鉴定人、被害人姓名、住址、工作单位和联系方式等个人信息，可以在起诉书中使用化名替代证人、鉴定人、被害人的个人信息，但是应当另行书面说明使用化名等情况，并标明密级。

第三百九十五条 人民检察院对于犯罪嫌疑人、被告人或者证人等翻供、翻证的材料以及对于犯罪嫌疑人、被告人有利的其他证据材料，应当移送人民法院。

第三百九十六条 人民法院向人民检

察院提出书面意见要求补充移送材料,人民检察院认为有必要移送的,应当自收到通知之日起三日以内补送。

第三百九十七条 对提起公诉后,在人民法院宣告判决前补充收集的证据材料,人民检察院应当及时移送人民法院。

第三百九十八条 在审查起诉期间,人民检察院可以根据辩护人的申请,向公安机关调取在侦查期间收集的证明犯罪嫌疑人、被告人无罪或者罪轻的证据材料。

第三百九十九条 人民检察院对提起公诉的案件,可以向人民法院提出量刑建议。除有减轻处罚或者免除处罚情节外,量刑建议应当在法定量刑幅度内提出。建议判处有期徒刑、管制、拘役的,可以具有一定的幅度,也可以提出具体确定的建议。

第四百条 对提起公诉的案件提出量刑建议的,可以制作量刑建议书,与起诉书一并移送人民法院。

量刑建议书的主要内容应当包括被告人所犯罪行的法定刑、量刑情节、人民检察院建议人民法院对被告人处以刑罚的种类、刑罚幅度、可以适用的刑罚执行方式以及提出量刑建议的依据和理由等。

第三节　不　起　诉

第四百零一条 人民检察院对于公安机关移送审查起诉的案件,发现犯罪嫌疑人没有犯罪事实,或者符合刑事诉讼法第十五条规定的情形之一的,经检察长或者检察委员会决定,应当作出不起诉决定。

对于犯罪事实并非犯罪嫌疑人所为,需要重新侦查的,应当在作出不起诉决定后书面说明理由,将案卷材料退回公安机关并建议公安机关重新侦查。

第四百零二条 公诉部门对于本院侦查部门移送审查起诉的案件,发现具有本规则第四百零一条第一款规定情形的,应当退回本院侦查部门,建议作出撤销案件的处理。

第四百零三条 人民检察院对于二次退回补充侦查的案件,仍然认为证据不足,不符合起诉条件的,经检察长或者检察委员会决定,应当作出不起诉决定。

人民检察院对于经过一次退回补充侦查的案件,认为证据不足,不符合起诉条件,且没有退回补充侦查必要的,可以作出不起诉决定。

第四百零四条 具有下列情形之一,不能确定犯罪嫌疑人构成犯罪和需要追究刑事责任的,属于证据不足,不符合起诉条件:

(一)犯罪构成要件事实缺乏必要的证据予以证明的;

(二)据以定罪的证据存在疑问,无法查证属实的;

(三)据以定罪的证据之间、证据与案件事实之间的矛盾不能合理排除的;

(四)根据证据得出的结论具有其他可能性,不能排除合理怀疑的;

(五)根据证据认定案件事实不符合逻辑和经验法则,得出的结论明显不符合常理的。

第四百零五条 人民检察院根据刑事诉讼法第一百七十一条第四款规定决定不起诉的,在发现新的证据,符合起诉条件时,可以提起公诉。

第四百零六条 人民检察院对于犯罪情节轻微,依照刑法规定不需要判处刑罚或者免除刑罚的,经检察长或者检察委员会决定,可以作出不起诉决定。

第四百零七条 省级以下人民检察院办理直接受理立案侦查的案件,拟作不起诉决定的，应当报请上一级人民检察院批准。

第四百零八条 人民检察院决定不起诉的，应当制作不起诉决定书。

不起诉决定书的主要内容包括：

（一）被不起诉人的基本情况，包括姓名、性别、出生年月日、出生地和户籍地、身份证号码、民族、文化程度、职业、工作单位及职务、住址，是否受过刑事处分，采取强制措施的情况以及羁押处所等；如果是单位犯罪，应当写明犯罪单位的名称和组织机构代码、所在地址、联系方式，法定代表人和诉讼代表人的姓名、职务、联系方式；

（二）案由和案件来源；

（三）案件事实，包括否定或者指控被不起诉人构成犯罪的事实以及作为不起诉决定根据的事实；

（四）不起诉的法律根据和理由，写明作出不起诉决定适用的法律条款；

（五）查封、扣押、冻结的涉案款物的处理情况；

（六）有关告知事项。

第四百零九条 人民检察院决定不起诉的案件，可以根据案件的不同情况，对被不起诉人予以训诫或者责令具结悔过、赔礼道歉、赔偿损失。

对被不起诉人需要给予行政处罚、行政处分的，人民检察院应当提出检察意见，连同不起诉决定书一并移送有关主管机关处理，并要求有关主管机关及时通报处理情况。

第四百一十条 人民检察院决定不起诉的案件，对犯罪嫌疑人违法所得及其他涉案财产的处理，参照本规则第二百九十六条的规定办理。

第四百一十一条 人民检察院决定不起诉的案件，需要对侦查中查封、扣押、冻结的财物解除查封、扣押、冻结的，应当书面通知作出查封、扣押、冻结决定的机关或者执行查封、扣押、冻结决定的机关解除查封、扣押、冻结。

第四百一十二条 不起诉的决定，由人民检察院公开宣布。公开宣布不起诉决定的活动应当记录在案。

不起诉决定书自公开宣布之日起生效。

被不起诉人在押的，应当立即释放；被采取其他强制措施的，应当通知执行机关解除。

第四百一十三条 不起诉决定书应当送达被害人或者其近亲属及其诉讼代理人、被不起诉人及其辩护人以及被不起诉人的所在单位。送达时，应当告知被害人或者其近亲属及其诉讼代理人，如果对不起诉决定不服，可以自收到不起诉决定书后七日以内向上一级人民检察院申诉，也可以不经申诉，直接向人民法院起诉；告知被不起诉人，如果对不起诉决定不服，可以自收到不起诉决定书后七日以内向人民检察院申诉。

第四百一十四条 对于公安机关移送起诉的案件，人民检察院决定不起诉的，应当将不起诉决定书送达公安机关。

第四百一十五条 公安机关认为不起诉决定有错误，要求复议的，人民检察院公诉部门应当另行指定检察人员进行审查并提出审查意见，经公诉部门负责人审核，报请检察长或者检察委员会决定。

人民检察院应当在收到要求复议意见书后的三十日以内作出复议决定，通知公安机关。

第四百一十六条 上一级人民检察院

收到公安机关对不起诉决定提请复核的意见书后,应当交由公诉部门办理。公诉部门指定检察人员进行审查并提出审查意见,经公诉部门负责人审核,报请检察长或者检察委员会决定。

上一级人民检察院应当在收到提请复核意见书后的三十日以内作出决定,制作复核决定书送交提请复核的公安机关和下级人民检察院。经复核改变下级人民检察院不起诉决定的,应当撤销或者变更下级人民检察院作出的不起诉决定,交由下级人民检察院执行。

第四百一十七条 被害人不服不起诉决定的,在收到不起诉决定书后七日以内申诉的,由作出不起诉决定的人民检察院的上一级人民检察院刑事申诉检察部门立案复查。

被害人向作出不起诉决定的人民检察院提出申诉的,作出决定的人民检察院应当将申诉材料连同案卷一并报送上一级人民检察院。

第四百一十八条 被害人不服不起诉决定,在收到不起诉决定书七日后提出申诉的,由作出不起诉决定的人民检察院刑事申诉检察部门审查后决定是否立案复查。

第四百一十九条 刑事申诉检察部门复查后应当提出复查意见,报请检察长作出复查决定。

复查决定书应当送达被害人、被不起诉人和作出不起诉决定的人民检察院。

上级人民检察院经复查作出起诉决定的,应当撤销下级人民检察院的不起诉决定,交由下级人民检察院提起公诉,并将复查决定抄送移送审查起诉的公安机关。出庭支持公诉由公诉部门办理。

第四百二十条 人民检察院收到人民法院受理被害人对被不起诉人起诉的通知后,人民检察院应当终止复查,将作出不起诉决定所依据的有关案件材料移送人民法院。

第四百二十一条 被不起诉人对不起诉决定不服,在收到不起诉决定书后七日以内提出申诉的,应当由作出决定的人民检察院刑事申诉检察部门立案复查。被不起诉人在收到不起诉决定书七日后提出申诉的,由刑事申诉检察部门审查后决定是否立案复查。

人民检察院刑事申诉检察部门复查后应当提出复查意见,认为应当维持不起诉决定的,报请检察长作出复查决定;认为应当变更不起诉决定的,报请检察长或者检察委员会决定;认为应当撤销不起诉决定提起公诉的,报请检察长或者检察委员会决定。

复查决定书中应当写明复查认定的事实,说明作出决定的理由。

复查决定书应当送达被不起诉人、被害人,撤销不起诉决定或者变更不起诉的事实或者法律根据的,应当同时将复查决定书抄送移送审查起诉的公安机关和本院有关部门。

人民检察院作出撤销不起诉决定提起公诉的复查决定后,应当将案件交由公诉部门提起公诉。

第四百二十二条 人民检察院复查不服不起诉决定的申诉,应当在立案三个月以内作出复查决定,案情复杂的,不得超过六个月。

第四百二十三条 被害人、被不起诉人对不起诉决定不服,提出申诉的,应当递交申诉书,写明申诉理由。被害人、被不起诉人没有书写能力的，也可以口头提出申诉，人民检察院应当根据其口头提出的申诉制作笔录。

第四百二十四条 人民检察院发现不起诉决定确有错误，符合起诉条件的，应当撤销不起诉决定，提起公诉。

第四百二十五条 最高人民检察院对地方各级人民检察院的起诉、不起诉决定，上级人民检察院对下级人民检察院的起诉、不起诉决定，发现确有错误的，应当予以撤销或者指令下级人民检察院纠正。

第十二章 出席法庭

第一节 出席第一审法庭

第四百二十六条 提起公诉的案件，人民检察院应当派员以国家公诉人的身份出席第一审法庭，支持公诉。

公诉人应当由检察长、检察员或者经检察长批准代行检察员职务的助理检察员一人至数人担任，并配备书记员担任记录。

适用简易程序审理的公诉案件，可以不配备书记员担任记录。

第四百二十七条 对于提起公诉后改变管辖的案件，原提起公诉的人民检察院参照本规则第三百六十二条的规定将案件移送与审判管辖相对应的人民检察院。

接受移送的人民检察院重新对案件进行审查的，根据刑事诉讼法第一百六十九条第二款的规定自收到案件之日起计算审查起诉期限。

第四百二十八条 公诉人在人民法院决定开庭审判后，应当做好如下准备工作：

（一）进一步熟悉案情，掌握证据情况；

（二）深入研究与本案有关的法律政策问题；

（三）充实审判中可能涉及的专业知识；

（四）拟定讯问被告人、询问证人、鉴定人、有专门知识的人和宣读、出示、播放证据的计划并制定质证方案；

（五）对可能出现证据合法性争议的，拟定证明证据合法性的提纲并准备相关材料；

（六）拟定公诉意见，准备辩论提纲；

（七）需要对出庭证人等的保护向人民法院提出建议或者配合做好工作的，做好相关准备。

第四百二十九条 人民检察院在开庭审理前收到人民法院或者被告人及其辩护人、被害人、证人等送交的反映证据系非法取得的书面材料的，应当进行审查。对于审查逮捕、审查起诉期间已经提出并经查证不存在非法取证行为的，应当通知人民法院、有关当事人和辩护人，并按照查证的情况做好庭审准备。对于新的材料或者线索，可以要求侦查机关对证据收集的合法性进行说明或者提供相关证明材料，必要时可以自行调查核实。

第四百三十条 人民法院通知人民检察院派员参加庭前会议的，由出席法庭的公诉人参加，必要时配备书记员担任记录。

第四百三十一条 在庭前会议中，公诉人可以对案件管辖、回避、出庭证人、鉴定人、有专门知识的人的名单、辩护人提供的无罪证据、非法证据排除、不公开审理、延期审理、适用简易程序、庭审方案等与审判相关的问题提出和交换意见，了解辩护人收集的证据等情况。

对辩护人收集的证据有异议的，应当提出。

公诉人通过参加庭前会议，了解案件事实、证据和法律适用的争议和不同意见，解决有关程序问题,为参加法庭审理做好准备。

第四百三十二条 当事人、辩护人、诉讼代理人在庭前会议中提出证据系非法取得,人民法院认为可能存在以非法方法收集证据情形的,人民检察院可以对证据收集的合法性进行证明。需要调查核实的,在开庭审理前进行。

第四百三十三条 人民检察院提起公诉向人民法院移送全部案卷材料、证据后,在法庭审理过程中,公诉人需要出示、宣读、播放有关证据的,可以申请法庭出示、宣读、播放。

人民检察院基于出庭准备和庭审举证工作的需要,可以至迟在人民法院送达出庭通知书时取回有关案卷材料和证据。

取回案卷材料和证据后,辩护律师要求查阅案卷材料的,应当允许辩护律师在人民检察院查阅、摘抄、复制案卷材料。

第四百三十四条 公诉人在法庭上应当依法进行下列活动:

(一)宣读起诉书,代表国家指控犯罪,提请人民法院对被告人依法审判;

(二)讯问被告人;

(三)询问证人、被害人、鉴定人;

(四)申请法庭出示物证,宣读书证、未到庭证人的证言笔录、鉴定人的鉴定意见、勘验、检查、辨认、侦查实验等笔录和其他作为证据的文书,播放作为证据的视听资料、电子数据等;

(五)对证据采信、法律适用和案件情况发表意见,提出量刑建议及理由,针对被告人、辩护人的辩护意见进行答辩,全面阐述公诉意见;

(六)维护诉讼参与人的合法权利;

(七)对法庭审理案件有无违反法律规定的诉讼程序的情况记明笔录;

(八)依法从事其他诉讼活动。

第四百三十五条 在法庭审理中,公诉人应当客观、全面、公正地向法庭出示与定罪、量刑有关的证明被告人有罪、罪重或者罪轻的证据。

定罪证据与量刑证据需要分开的,应当分别出示。

第四百三十六条 公诉人讯问被告人,询问证人、被害人、鉴定人,出示物证,宣读书证、未出庭证人的证言笔录等应当围绕下列事实进行:

(一)被告人的身份;

(二)指控的犯罪事实是否存在,是否为被告人所实施;

(三)实施犯罪行为的时间、地点、方法、手段、结果,被告人犯罪后的表现等;

(四)犯罪集团或者其他共同犯罪案件中参与犯罪人员的各自地位和应负的责任;

(五)被告人有无刑事责任能力,有无故意或者过失,行为的动机、目的;

(六)有无依法不应当追究刑事责任的情况,有无法定的从重或者从轻、减轻以及免除处罚的情节;

(七)犯罪对象、作案工具的主要特征,与犯罪有关的财物的来源、数量以及去向;

(八)被告人全部或者部分否认起诉书指控的犯罪事实的,否认的根据和理由能否成立;

(九)与定罪、量刑有关的其他事实。

第四百三十七条 在法庭审理中,下列事实不必提出证据进行证明:

(一)为一般人共同知晓的常识性事实;

(二)人民法院生效裁判所确认的并且

未依审判监督程序重新审理的事实；

（三）法律、法规的内容以及适用等属于审判人员履行职务所应当知晓的事实；

（四）在法庭审理中不存在异议的程序事实；

（五）法律规定的推定事实；

（六）自然规律或者定律。

第四百三十八条 讯问被告人、询问证人应当避免可能影响陈述或者证言客观真实的诱导性讯问、询问以及其他不当讯问、询问。

辩护人对被告人或者证人进行诱导性询问以及其他不当询问可能影响陈述或者证言的客观真实的，公诉人可以要求审判长制止或者要求对该项陈述或者证言不予采纳。

讯问共同犯罪案件的被告人、询问证人应当个别进行。

被告人、证人对同一事实的陈述存在矛盾需要对质的，公诉人可以建议法庭传唤有关被告人、证人同时到庭对质。

第四百三十九条 被告人在庭审中的陈述与在侦查、审查起诉中的供述一致或者不一致的内容不影响定罪量刑的，可以不宣读被告人供述笔录。

被告人在庭审中的陈述与在侦查、审查起诉中的供述不一致，足以影响定罪量刑的，可以宣读被告人供述笔录，并针对笔录中被告人的供述内容对被告人进行讯问，或者提出其他证据进行证明。

第四百四十条 公诉人对证人证言有异议，且该证人证言对案件定罪量刑有重大影响的，可以申请人民法院通知证人出庭作证。

人民警察就其执行职务时目击的犯罪情况作为证人出庭作证，适用前款规定。

公诉人对鉴定意见有异议的，可以申请人民法院通知鉴定人出庭作证。经人民法院通知，鉴定人拒不出庭作证的，公诉人可以建议法庭不得采纳该鉴定意见作为定案的根据，也可以申请法庭重新通知鉴定人出庭作证或者申请重新鉴定。

必要时公诉人可以申请法庭通知有专门知识的人出庭，就鉴定人作出的鉴定意见提出意见。

当事人或者辩护人、诉讼代理人对证人证言、鉴定意见有异议的，公诉人认为必要时，可以申请人民法院通知证人、鉴定人出庭作证。

第四百四十一条 证人应当由人民法院通知并负责安排出庭作证。

对于经人民法院通知而未到庭的证人或者出庭后拒绝作证的证人的证言笔录，公诉人应当当庭宣读。

对于经人民法院通知而未到庭的证人的证言笔录存在疑问、确实需要证人出庭作证，且可以强制其到庭的，公诉人应当建议人民法院强制证人到庭作证和接受质证。

第四百四十二条 证人在法庭上提供证言，公诉人应当按照审判长确定的顺序向证人发问。公诉人可以要求证人就其所了解的与案件有关的事实进行陈述，也可以直接发问。

证人不能连贯陈述的，公诉人也可以直接发问。

对证人发问，应当针对证言中有遗漏、矛盾、模糊不清和有争议的内容，并着重围绕与定罪量刑紧密相关的事实进行。

发问应当采取一问一答形式，提问应当简洁、清楚。

证人进行虚假陈述的，应当通过发问

澄清事实,必要时还应当宣读证人在侦查、审查起诉阶段提供的证言笔录或者出示、宣读其他证据对证人进行询问。

当事人和辩护人、诉讼代理人对证人发问后,公诉人可以根据证人回答的情况,经审判长许可,再次对证人发问。

询问鉴定人、有专门知识的人参照上述规定进行。

第四百四十三条 必要时公诉人可以建议法庭采取不暴露证人、鉴定人、被害人外貌、真实声音等出庭作证措施,或者建议法庭根据刑事诉讼法第一百五十二条的规定在庭外对证据进行核实。

第四百四十四条 对于鉴定意见、勘验、检查、辨认、侦查实验等笔录和其他作为证据的文书以及经法院通知未到庭的被害人的陈述笔录,公诉人应当当庭宣读。

第四百四十五条 公诉人向法庭出示物证,应当对该物证所要证明的内容、获取情况作概括的说明,并向当事人、证人等问明物证的主要特征,让其辨认。

宣读书证应当对书证所要证明的内容、获取情况作概括的说明,向当事人、证人问明书证的主要特征,并让其辨认。对该书证进行鉴定的,应当宣读鉴定意见。

第四百四十六条 在法庭审理过程中,被告人及其辩护人提出被告人庭前供述系非法取得,审判人员认为需要进行法庭调查的,公诉人可以根据讯问笔录、羁押记录、出入看守所的健康检查记录、看守管教人员的谈话记录以及侦查机关对讯问过程合法性的说明等,对庭前讯问被告人的合法性进行证明,可以要求法庭播放讯问录音、录像,必要时可以申请法庭通知侦查人员或者其他人员出庭说明情况。

审判人员认为可能存在刑事诉讼法第五十四条规定的以非法方法收集其他证据的情形,需要进行法庭调查的,公诉人可以参照前款规定对证据收集的合法性进行证明。

公诉人不能当庭证明证据收集的合法性,需要调查核实的,可以建议法庭休庭或者延期审理。

在法庭审理期间,人民检察院可以要求侦查机关对证据收集的合法性进行说明或者提供相关证明材料,必要时可以自行调查核实。

第四百四十七条 公诉人对证据收集的合法性进行证明后,法庭仍有疑问的,可以建议法庭休庭,由人民法院对相关证据进行调查核实。人民法院调查核实证据,通知人民检察院派员到场的,人民检察院可以派员到场。

第四百四十八条 在法庭审理过程中,对证据合法性以外的其他程序事实存在争议的,公诉人应当出示、宣读有关诉讼文书、侦查或者审查起诉活动笔录。

第四百四十九条 对于搜查、查封、扣押、冻结、勘验、检查、辨认、侦查实验等侦查活动中形成的笔录存在争议,需要负责侦查的人员以及搜查、查封、扣押、冻结、勘验、检查、辨认、侦查实验等活动的见证人出庭陈述有关情况的,公诉人可以建议合议庭通知其出庭。

第四百五十条 在法庭审理过程中,合议庭对证据有疑问或者人民法院根据辩护人、被告人的申请,向人民检察院调取在侦查、审查起诉中收集的有关被告人无罪或者罪轻的证据材料的,人民检察院应当自收到人民法院要求调取证据材料决定书后三日以内移交。没有上述材料的,应当向人民法院说明情况。

第四百五十一条 在法庭审理过程中,合议庭对证据有疑问并在休庭后进行勘验、检查、查封、扣押、鉴定和查询、冻结的,人民检察院应当依法进行监督,发现上述活动有违法情况的,应当提出纠正意见。

第四百五十二条 人民法院根据申请收集、调取的证据或者合议庭休庭后自行调查取得的证据,应当经过庭审出示、质证才能决定是否作为判决的依据。未经庭审出示、质证直接采纳为判决依据的,人民检察院应当提出纠正意见;作出的判决确有错误的,应当依法提出抗诉。

第四百五十三条 在法庭审理过程中,经审判长许可,公诉人可以逐一对正在调查的证据和案件情况发表意见,并同被告人、辩护人进行辩论。证据调查结束时,公诉人应当发表总结性意见。

在法庭辩论中,公诉人与被害人、诉讼代理人意见不一致的,公诉人应当认真听取被害人、诉讼代理人的意见,阐明自己的意见和理由。

第四百五十四条 人民检察院向人民法院提出量刑建议的,公诉人应当在发表公诉意见时提出。

第四百五十五条 法庭审判过程中遇有下列情形之一的,公诉人可以建议法庭延期审理:

(一)发现事实不清、证据不足,或者遗漏罪行、遗漏同案犯罪嫌疑人,需要补充侦查或者补充提供证据的;

(二)被告人揭发他人犯罪行为或者提供重要线索,需要补充侦查进行查证的;

(三)发现遗漏罪行或者遗漏同案犯罪嫌疑人,虽不需要补充侦查和补充提供证据,但需要补充、追加或者变更起诉的;

(四)申请人民法院通知证人、鉴定人出庭作证或者有专门知识的人出庭提出意见的;

(五)需要调取新的证据,重新鉴定或者勘验的;

(六)公诉人出示、宣读开庭前移送人民法院的证据以外的证据,或者补充、变更起诉,需要给予被告人、辩护人必要时间进行辩护准备的;

(七)被告人、辩护人向法庭出示公诉人不掌握的与定罪量刑有关的证据,需要调查核实的;

(八)公诉人对证据收集的合法性进行证明,需要调查核实的。

在人民法院开庭审理前发现具有上述情形之一的,人民检察院可以建议人民法院延期审理。

第四百五十六条 法庭宣布延期审理后,人民检察院应当在补充侦查的期限内提请人民法院恢复法庭审理或者撤回起诉。

公诉人在法庭审理过程中建议延期审理的次数不得超过两次,每次不得超过一个月。

第四百五十七条 在审判过程中,对于需要补充提供法庭审判所必需的证据或者补充侦查的,人民检察院应当自行收集证据和进行侦查,必要时可以要求侦查机关提供协助;也可以书面要求侦查机关补充提供证据。

人民检察院补充侦查,适用本规则第六章、第九章、第十章的规定。

补充侦查不得超过一个月。

第四百五十八条 在人民法院宣告判决前,人民检察院发现被告人的真实身份或者犯罪事实与起诉书中叙述的身份或者指控犯罪事实不符的,或者事实、证据没有变化,但罪名、适用法律与起诉书不一致的,可以变更起诉;发现遗漏的同案犯罪嫌疑人或者罪行可以一并起诉和审理的,可以追加、补充起诉。

第四百五十九条 在人民法院宣告判决前,人民检察院发现具有下列情形之一的,可以撤回起诉:

(一)不存在犯罪事实的;

(二)犯罪事实并非被告人所为的;

(三)情节显著轻微、危害不大,不认为是犯罪的;

(四)证据不足或证据发生变化,不符合起诉条件的;

(五)被告人因未达到刑事责任年龄,不负刑事责任的;

(六)法律、司法解释发生变化导致不应当追究被告人刑事责任的;

(七)其他不应当追究被告人刑事责任的。

对于撤回起诉的案件,人民检察院应当在撤回起诉后三十日以内作出不起诉决定。需要重新侦查的,应当在作出不起诉决定后将案卷材料退回公安机关,建议公安机关重新侦查并书面说明理由。

对于撤回起诉的案件,没有新的事实或者新的证据,人民检察院不得再行起诉。

新的事实是指原起诉书中未指控的犯罪事实。该犯罪事实触犯的罪名既可以是原指控罪名的同一罪名,也可以是其他罪名。

新的证据是指撤回起诉后收集、调取的足以证明原指控犯罪事实的证据。

第四百六十条 在法庭审理过程中,人民法院建议人民检察院补充侦查、补充起诉、追加起诉或者变更起诉的,人民检察院应当审查有关理由,并作出是否补充侦查、补充起诉、追加起诉或者变更起诉的决定。人民检察院不同意的,可以要求人民法院就起诉指控的犯罪事实依法作出裁判。

第四百六十一条 变更、追加、补充或者撤回起诉应当报经检察长或者检察委员会决定,并以书面方式在人民法院宣告判决前向人民法院提出。

第四百六十二条 出庭的书记员应当制作出庭笔录,详细记载庭审的时间、地点、参加人员、公诉人出庭执行任务情况和法庭调查、法庭辩论的主要内容以及法庭判决结果,由公诉人和书记员签名。

第四百六十三条 人民检察院应当当庭向人民法院移交取回的案卷材料和证据。在审判长宣布休庭后,公诉人应当与审判人员办理交接手续。无法当庭移交的,应当在休庭后三日以内移交。

第四百六十四条 人民检察院对查封、扣押、冻结的被告人财物及其孳息,应当根据不同情况作以下处理:

(一)对作为证据使用的实物,应当依法随案移送;对不宜移送的,应当将其清单、照片或者其他证明文件随案移送。

(二)冻结在金融机构的违法所得及其他涉案财产,应当向人民法院随案移送该金融机构出具的证明文件,待人民法院作出生效判决、裁定后,由人民法院通知该金融机构上缴国库。

(三)查封、扣押的涉案财产,对依法不移送的,应当随案移送清单、照片或者其他证明文件,待人民法院作出生效判决、裁定后,由人民检察院根据人民法院的通知上缴国库,并向人民法院送交执行回单。

(四)对于被扣押、冻结的债券、股票、基金份额等财产,在扣押、冻结期间权利人申请出售的，参照本规则第二百四十四条的规定办理。

第二节　简易程序

第四百六十五条　人民检察院对于基层人民法院管辖的案件，符合下列条件的，可以建议人民法院适用简易程序审理：

（一）案件事实清楚、证据充分的；

（二）犯罪嫌疑人承认自己所犯罪行，对指控的犯罪事实没有异议的；

（三）犯罪嫌疑人对适用简易程序没有异议的。

办案人员认为可以建议适用简易程序的，应当在审查报告中提出适用简易程序的意见，按照提起公诉的审批程序报请决定。

第四百六十六条　具有下列情形之一的，人民检察院不应当建议人民法院适用简易程序：

（一）犯罪嫌疑人是盲、聋、哑人，或者是尚未完全丧失辨认或者控制自己行为能力的精神病人的；

（二）有重大社会影响的；

（三）共同犯罪案件中部分犯罪嫌疑人不认罪或者对适用简易程序有异议的；

（四）比较复杂的共同犯罪案件；

（五）辩护人作无罪辩护或者对主要犯罪事实有异议的；

（六）其他不宜适用简易程序的。

人民法院决定适用简易程序审理的案件，人民检察院认为具有刑事诉讼法第二百零九条规定情形之一的，应当向人民法院提出纠正意见；具有其他不宜适用简易程序情形的，人民检察院可以建议人民法院不适用简易程序。

第四百六十七条　基层人民检察院审查案件，认为案件事实清楚、证据充分的，应当在讯问犯罪嫌疑人时，了解其是否承认自己所犯罪行，对指控的犯罪事实有无异议，告知其适用简易程序的法律规定，确认其是否同意适用简易程序。

第四百六十八条　适用简易程序审理的公诉案件，人民检察院应当派员出席法庭。

人民检察院可以对适用简易程序的案件相对集中提起公诉，建议人民法院相对集中审理。

第四百六十九条　公诉人出席简易程序法庭时，应当主要围绕量刑以及其他有争议的问题进行法庭调查和法庭辩论。在确认被告人庭前收到起诉书并对起诉书指控的犯罪事实没有异议后，可以简化宣读起诉书，根据案件情况决定是否讯问被告人，是否询问证人、鉴定人，是否需要出示证据。

根据案件情况，公诉人可以建议法庭简化法庭调查和法庭辩论程序。

第四百七十条　适用简易程序审理的公诉案件，公诉人发现不宜适用简易程序审理的，应当建议法庭按照第一审普通程序重新审理。

第四百七十一条　转为普通程序审理的案件，公诉人需要为出席法庭进行准备的，可以建议人民法院延期审理。

第三节　出席第二审法庭

第四百七十二条　对提出抗诉的案件或者公诉案件中人民法院决定开庭审理的上诉案件，同级人民检察院应当派员出席第二审法庭。

第四百七十三条　检察人员出席第二审法庭的任务是：

（一）支持抗诉或者听取上诉意见，对原审人民法院作出的错误判决或者裁定提

出纠正意见;

(二)维护原审人民法院正确的判决或者裁定,建议法庭维持原判;

(三)维护诉讼参与人的合法权利;

(四)对法庭审理案件有无违反法律规定的诉讼程序的情况制作笔录;

(五)依法从事其他诉讼活动。

第四百七十四条 对抗诉和上诉案件,与第二审人民法院同级的人民检察院可以调取下级人民检察院与案件有关的材料。

人民检察院在接到第二审人民法院决定开庭、查阅案卷通知后,可以查阅或者调阅案卷材料,查阅或者调阅案卷材料应当在接到人民法院的通知之日起一个月以内完成。在一个月以内无法完成的,可以商请人民法院延期审理。

第四百七十五条 检察人员应当客观全面地审查原审案卷材料,不受上诉或者抗诉范围的限制,审查原审判决认定案件事实、适用法律是否正确,证据是否确实、充分,量刑是否适当,审判活动是否合法,并应当审查下级人民检察院的抗诉书或者上诉人的上诉书,了解抗诉或者上诉的理由是否正确、充分,重点审查有争议的案件事实、证据和法律适用问题,有针对性地做好庭审准备工作。

第四百七十六条 检察人员在审查第一审案卷材料时,应当复核主要证据,可以讯问原审被告人,必要时可以补充收集证据、重新鉴定或者补充鉴定。需要原侦查机关补充收集证据的,可以要求原侦查机关补充收集。被告人、辩护人提出被告人自首、立功等可能影响定罪量刑的材料和线索的,人民检察院可以依照管辖规定交侦查机关调查核实,也可以自行调查核实。发现遗漏罪行或者同案犯罪嫌疑人的,应当建议侦查机关侦查。

对于下列原审被告人,应当进行讯问:

(一)提出上诉的;

(二)人民检察院提出抗诉的;

(三)被判处无期徒刑以上刑罚的。

第四百七十七条 人民检察院办理死刑上诉、抗诉案件,应当进行下列工作:

(一)讯问原审被告人,听取原审被告人的上诉理由或者辩解;

(二)必要时听取辩护人的意见;

(三)复核主要证据,必要时询问证人;

(四)必要时补充收集证据;

(五)对鉴定意见有疑问的,可以重新鉴定或者补充鉴定;

(六)根据案件情况,可以听取被害人的意见。

第四百七十八条 检察人员出席第二审法庭前,应当制作讯问被告人,询问被害人、证人、鉴定人和出示、宣读、播放证据计划,拟写答辩提纲,并制作出庭意见。

第四百七十九条 在法庭审理中,检察人员应当针对原审判决或者裁定认定事实或适用法律、量刑等方面的问题,围绕抗诉或者上诉理由以及辩护人的辩护意见,讯问被告人,询问被害人、证人、鉴定人,出示和宣读证据,并提出意见和进行辩论。

第四百八十条 需要出示、宣读、播放第一审期间已移交人民法院的证据的,出庭的检察人员可以申请法庭出示、宣读、播放。

在第二审法庭中需要移送证据材料的,参照本规则第四百六十三条的规定办理。

第四节　出席再审法庭

第四百八十一条 人民法院开庭审理

再审案件,同级人民检察院应当派员出席法庭。

第四百八十二条 人民检察院对于人民法院按照审判监督程序重新审判的案件,应当对原判决、裁定认定的事实、证据、适用法律进行全面审查,重点审查有争议的案件事实、证据和法律适用问题。

第四百八十三条 人民检察院派员出席再审法庭,如果再审案件按照第一审程序审理,参照本章第一节有关规定执行;如果再审案件按照第二审程序审理,参照本章第三节有关规定执行。

第十三章 特别程序

第一节 未成年人刑事案件诉讼程序

第四百八十四条 人民检察院应当指定熟悉未成年人身心特点的检察人员办理未成年人刑事案件。

第四百八十五条 人民检察院受理案件后,应当向未成年犯罪嫌疑人及其法定代理人了解其委托辩护人的情况,并告知其有权委托辩护人。

未成年犯罪嫌疑人没有委托辩护人的,人民检察院应当书面通知法律援助机构指派律师为其提供辩护。

第四百八十六条 人民检察院根据情况可以对未成年犯罪嫌疑人的成长经历、犯罪原因、监护教育等情况进行调查,并制作社会调查报告,作为办案和教育的参考。

人民检察院开展社会调查,可以委托有关组织和机构进行。

人民检察院应当对公安机关移送的社会调查报告进行审查,必要时可以进行补充调查。

人民检察院制作的社会调查报告应当随案移送人民法院。

第四百八十七条 人民检察院办理未成年犯罪嫌疑人审查逮捕案件,应当根据未成年犯罪嫌疑人涉嫌犯罪的事实、主观恶性、有无监护与社会帮教条件等,综合衡量其社会危险性,严格限制适用逮捕措施。

第四百八十八条 对于罪行较轻,具备有效监护条件或者社会帮教措施,没有社会危险性或者社会危险性较小,不逮捕不致妨害诉讼正常进行的未成年犯罪嫌疑人,应当不批准逮捕。

对于罪行比较严重,但主观恶性不大,有悔罪表现,具备有效监护条件或者社会帮教措施,具有下列情形之一,不逮捕不致妨害诉讼正常进行的未成年犯罪嫌疑人,可以不批准逮捕:

(一)初次犯罪、过失犯罪的;

(二)犯罪预备、中止、未遂的;

(三)有自首或者立功表现的;

(四)犯罪后如实交代罪行,真诚悔罪,积极退赃,尽力减少和赔偿损失,被害人谅解的;

(五)不属于共同犯罪的主犯或者集团犯罪中的首要分子的;

(六)属于已满十四周岁不满十六周岁的未成年人或者系在校学生的;

(七)其他可以不批准逮捕的情形。

第四百八十九条 审查逮捕未成年犯罪嫌疑人,应当重点查清其是否已满十四、十六、十八周岁。

对犯罪嫌疑人实际年龄难以判断,影响对该犯罪嫌疑人是否应当负刑事责任认定的,应当不批准逮捕。需要补充侦查的,同时通知公安机关。

第四百九十条 在审查逮捕、审查起诉中,人民检察院应当讯问未成年犯罪嫌疑人,听取辩护人的意见,并制作笔录附卷。

讯问未成年犯罪嫌疑人,应当通知其法定代理人到场,告知法定代理人依法享有的诉讼权利和应当履行的义务。无法通知、法定代理人不能到场或者法定代理人是共犯的,也可以通知未成年犯罪嫌疑人的其他成年亲属,所在学校、单位或者居住地的村民委员会、居民委员会、未成年人保护组织的代表到场,并将有关情况记录在案。到场的法定代理人可以代为行使未成年犯罪嫌疑人的诉讼权利,行使时不得侵犯未成年犯罪嫌疑人的合法权益。

到场的法定代理人或者其他人员认为办案人员在讯问中侵犯未成年犯罪嫌疑人合法权益的,可以提出意见。讯问笔录应当交由到场的法定代理人或者其他人员阅读或者向其宣读,并由其在笔录上签字、盖章或者捺指印确认。

讯问女性未成年犯罪嫌疑人,应当有女性检察人员参加。

询问未成年被害人、证人,适用本条第二款至第四款的规定。

第四百九十一条 讯问未成年犯罪嫌疑人一般不得使用械具。对于确有人身危险性,必须使用械具的,在现实危险消除后,应当立即停止使用。

第四百九十二条 对于符合刑事诉讼法第二百七十一条第一款规定条件的未成年人刑事案件,人民检察院可以作出附条件不起诉的决定。

人民检察院在作出附条件不起诉的决定以前,应当听取公安机关、被害人、未成年犯罪嫌疑人的法定代理人、辩护人的意见,并制作笔录附卷。

第四百九十三条 人民检察院作出附条件不起诉的决定后,应当制作附条件不起诉决定书,并在三日以内送达公安机关、被害人或者其近亲属及其诉讼代理人、未成年犯罪嫌疑人及其法定代理人、辩护人。

人民检察院应当当面向未成年犯罪嫌疑人及其法定代理人宣布附条件不起诉决定,告知考验期限、在考验期内应当遵守的规定以及违反规定应负的法律责任,并制作笔录附卷。

第四百九十四条 对附条件不起诉的决定,公安机关要求复议、提请复核或者被害人申诉的,具体程序参照本规则第四百一十五条至第四百二十条的规定办理。

上述复议、复核、申诉的审查由公诉部门或者未成年人犯罪检察工作机构负责。

未成年犯罪嫌疑人及其法定代理人对人民检察院决定附条件不起诉有异议的,人民检察院应当作出起诉的决定。

第四百九十五条 人民检察院作出附条件不起诉决定的,应当确定考验期。考验期为六个月以上一年以下,从人民检察院作出附条件不起诉的决定之日起计算。

第四百九十六条 在附条件不起诉的考验期内,由人民检察院对被附条件不起诉的未成年犯罪嫌疑人进行监督考察。未成年犯罪嫌疑人的监护人,应当对未成年犯罪嫌疑人加强管教,配合人民检察院做好监督考察工作。

人民检察院可以会同未成年犯罪嫌疑人的监护人、所在学校、单位、居住地的村民委员会、居民委员会、未成年人保护组织等的有关人员,定期对未成年犯罪嫌疑人进行考察、教育,实施跟踪帮教。

第四百九十七条 被附条件不起诉的未成年犯罪嫌疑人,应当遵守下列规定:

(一)遵守法律法规,服从监督;

（二）按照考察机关的规定报告自己的活动情况；

（三）离开所居住的市、县或者迁居，应当报经考察机关批准；

（四）按照考察机关的要求接受矫治和教育。

第四百九十八条 人民检察院可以要求被附条件不起诉的未成年犯罪嫌疑人接受下列矫治和教育：

（一）完成戒瘾治疗、心理辅导或者其他适当的处遇措施；

（二）向社区或者公益团体提供公益劳动；

（三）不得进入特定场所，与特定的人员会见或者通信，从事特定的活动；

（四）向被害人赔偿损失、赔礼道歉等；

（五）接受相关教育；

（六）遵守其他保护被害人安全以及预防再犯的禁止性规定。

第四百九十九条 考验期届满，办案人员应当制作附条件不起诉考察意见书，提出起诉或者不起诉的意见，经部门负责人审核，报请检察长决定。

第五百条 被附条件不起诉的未成年犯罪嫌疑人，在考验期内有下列情形之一的，人民检察院应当撤销附条件不起诉的决定，提起公诉：

（一）实施新的犯罪的；

（二）发现决定附条件不起诉以前还有其他犯罪需要追诉的；

（三）违反治安管理规定，造成严重后果，或者多次违反治安管理规定的；

（四）违反考察机关有关附条件不起诉的监督管理规定，造成严重后果，或者多次违反考察机关有关附条件不起诉的监督管理规定的。

第五百零一条 被附条件不起诉的未成年犯罪嫌疑人，在考验期内没有本规则第五百条规定的情形，考验期满的，人民检察院应当作出不起诉的决定。

第五百零二条 人民检察院办理未成年人刑事案件过程中，应当对涉案未成年人的资料予以保密，不得公开或者传播涉案未成年人的姓名、住所、照片、图像及可能推断出该未成年人的其他资料。

第五百零三条 犯罪的时候不满十八周岁，被判处五年有期徒刑以下刑罚的，人民检察院应当在收到人民法院生效判决后，对犯罪记录予以封存。

第五百零四条 人民检察院应当将拟封存的未成年人犯罪记录、卷宗等相关材料装订成册，加密保存，不予公开，并建立专门的未成年人犯罪档案库，执行严格的保管制度。

第五百零五条 除司法机关为办案需要或者有关单位根据国家规定进行查询的以外，人民检察院不得向任何单位和个人提供封存的犯罪记录，并不得提供未成年人有犯罪记录的证明。

司法机关或者有关单位需要查询犯罪记录的，应当向封存犯罪记录的人民检察院提出书面申请，人民检察院应当在七日以内作出是否许可的决定。

第五百零六条 被封存犯罪记录的未成年人，如果发现漏罪，且漏罪与封存记录之罪数罪并罚后被决定执行五年有期徒刑以上刑罚的，应当对其犯罪记录解除封存。

第五百零七条 人民检察院对未成年犯罪嫌疑人作出不起诉决定后，应当对相关记录予以封存。具体程序参照本规则第五百零四条至第五百零六条的规定。

第五百零八条 本节所称未成年人刑

事案件,是指犯罪嫌疑人实施涉嫌犯罪行为时已满十四周岁、未满十八周岁的刑事案件。

本节第四百八十五条、第四百九十条、第四百九十一条所称的未成年犯罪嫌疑人,是指在诉讼过程中未满十八周岁的人。犯罪嫌疑人实施涉嫌犯罪行为时未满十八周岁,在诉讼过程中已满十八周岁的,人民检察院可以根据案件的具体情况适用上述规定。

第五百零九条 办理未成年人刑事案件,除本节已有规定的以外,按照刑事诉讼法和其他有关规定进行。

第二节 当事人和解的公诉案件诉讼程序

第五百一十条 下列公诉案件,双方当事人可以和解:

(一)因民间纠纷引起,涉嫌刑法分则第四章、第五章规定的犯罪案件,可能判处三年有期徒刑以下刑罚的;

(二)除渎职犯罪以外的可能判处七年有期徒刑以下刑罚的过失犯罪案件。

上述公诉案件应当同时符合下列条件:

(一)犯罪嫌疑人真诚悔罪,向被害人赔偿损失、赔礼道歉等;

(二)被害人明确表示对犯罪嫌疑人予以谅解;

(三)双方当事人自愿和解,符合有关法律规定;

(四)属于侵害特定被害人的故意犯罪或者有直接被害人的过失犯罪;

(五)案件事实清楚,证据确实、充分。

犯罪嫌疑人在五年以内曾经故意犯罪的,不适用本节规定的程序。

犯罪嫌疑人在犯刑事诉讼法第二百七十七条第一款规定的犯罪前五年内曾故意犯罪,无论该故意犯罪是否已经追究,均应当认定为前款规定的五年以内曾经故意犯罪。

第五百一十一条 被害人死亡的,其法定代理人、近亲属可以与犯罪嫌疑人和解。

被害人系无行为能力或者限制行为能力人的,其法定代理人可以代为和解。

第五百一十二条 犯罪嫌疑人系限制行为能力人的,其法定代理人可以代为和解。

犯罪嫌疑人在押的,经犯罪嫌疑人同意,其法定代理人、近亲属可以代为和解。

第五百一十三条 双方当事人可以就赔偿损失、赔礼道歉等民事责任事项进行和解,并且可以就被害人及其法定代理人或者近亲属是否要求或者同意公安机关、人民检察院、人民法院对犯罪嫌疑人依法从宽处理进行协商,但不得对案件的事实认定、证据采信、法律适用和定罪量刑等依法属于公安机关、人民检察院、人民法院职权范围的事宜进行协商。

第五百一十四条 双方当事人可以自行达成和解,也可以经人民调解委员会、村民委员会、居民委员会、当事人所在单位或者同事、亲友等组织或者个人调解后达成和解。

人民检察院对于本规则第五百一十条规定的公诉案件,可以建议当事人进行和解,并告知相应的权利义务,必要时可以提供法律咨询。

第五百一十五条 人民检察院应当对和解的自愿性、合法性进行审查,重点审查以下内容:

(一)双方当事人是否自愿和解;

（二）犯罪嫌疑人是否真诚悔罪，是否向被害人赔礼道歉，经济赔偿数额与其所造成的损害和赔偿能力是否相适应；

（三）被害人及其法定代理人或者近亲属是否明确表示对犯罪嫌疑人予以谅解；

（四）是否符合法律规定；

（五）是否损害国家、集体和社会公共利益或者他人的合法权益；

（六）是否符合社会公德。

审查时，应当听取双方当事人和其他有关人员对和解的意见，告知刑事案件可能从宽处理的法律后果和双方的权利义务，并制作笔录附卷。

第五百一十六条 经审查认为双方自愿和解，内容合法，且符合本规则第五百一十条规定的范围和条件的，人民检察院应当主持制作和解协议书。

和解协议书的主要内容包括：

（一）双方当事人的基本情况；

（二）案件的主要事实；

（三）犯罪嫌疑人真诚悔罪，承认自己所犯罪行，对指控的犯罪没有异议，向被害人赔偿损失、赔礼道歉等；赔偿损失的，应当写明赔偿的数额、履行的方式、期限等；

（四）被害人及其法定代理人或者近亲属对犯罪嫌疑人予以谅解，并要求或者同意公安机关、人民检察院、人民法院对犯罪嫌疑人依法从宽处理。

和解协议书应当由双方当事人签字，可以写明和解协议书系在人民检察院主持下制作。检察人员不在当事人和解协议书上签字，也不加盖人民检察院印章。

和解协议书一式三份，双方当事人各持一份，另一份交人民检察院附卷备查。

第五百一十七条 和解协议书约定的赔偿损失内容，应当在双方签署协议后立即履行，至迟在人民检察院作出从宽处理决定前履行。确实难以一次性履行的，在被害人同意并提供有效担保的情况下，也可以分期履行。

第五百一十八条 双方当事人在侦查阶段达成和解协议，公安机关向人民检察院提出从宽处理建议的，人民检察院在审查逮捕和审查起诉时应当充分考虑公安机关的建议。

第五百一十九条 人民检察院对于公安机关提请批准逮捕的案件，双方当事人达成和解协议的，可以作为有无社会危险性或者社会危险性大小的因素予以考虑，经审查认为不需要逮捕的，可以作出不批准逮捕的决定；在审查起诉阶段可以依法变更强制措施。

第五百二十条 人民检察院对于公安机关移送审查起诉的案件，双方当事人达成和解协议的，可以作为是否需要判处刑罚或者免除刑罚的因素予以考虑，符合法律规定的不起诉条件的，可以决定不起诉。

对于依法应当提起公诉的，人民检察院可以向人民法院提出从宽处罚的量刑建议。

第五百二十一条 人民检察院拟对当事人达成和解的公诉案件作出不起诉决定的，应当听取双方当事人对和解的意见，并且查明犯罪嫌疑人是否已经切实履行和解协议、不能即时履行的是否已经提供有效担保，将其作为是否决定不起诉的因素予以考虑。

当事人在不起诉决定作出之前反悔的，可以另行达成和解。不能另行达成和解的，人民检察院应当依法作出起诉或者不起诉决定。

当事人在不起诉决定作出之后反悔

的,人民检察院不撤销原决定,但有证据证明和解违反自愿、合法原则的除外。

第五百二十二条 犯罪嫌疑人或者其亲友等以暴力、威胁、欺骗或者其他非法方法强迫、引诱被害人和解,或者在协议履行完毕之后威胁、报复被害人的,应当认定和解协议无效。已经作出不批准逮捕或者不起诉决定的,人民检察院根据案件情况可以撤销原决定,对犯罪嫌疑人批准逮捕或者提起公诉。

第三节 犯罪嫌疑人、被告人逃匿、死亡案件违法所得的没收程序

第五百二十三条 对于贪污贿赂犯罪、恐怖活动犯罪等重大犯罪案件,犯罪嫌疑人、被告人逃匿,在通缉一年后不能到案,依照刑法规定应当追缴其违法所得及其他涉案财产的,人民检察院可以向人民法院提出没收违法所得的申请。

对于犯罪嫌疑人、被告人死亡,依照刑法规定应当追缴其违法所得及其他涉案财产的,人民检察院也可以向人民法院提出没收违法所得的申请。

犯罪嫌疑人实施犯罪行为所取得的财物及其孳息以及犯罪嫌疑人非法持有的违禁品、供犯罪所用的本人财物,应当认定为前两款规定的违法所得及其他涉案财产。

第五百二十四条 人民检察院审查侦查机关移送的没收违法所得意见书,向人民法院提出没收违法所得的申请以及对违法所得没收程序中调查活动、审判活动的监督,由公诉部门办理。

第五百二十五条 没收违法所得的申请,应当由与有管辖权的中级人民法院相对应的人民检察院提出。

第五百二十六条 人民检察院向人民法院提出没收违法所得的申请,应当制作没收违法所得申请书。没收违法所得申请书的主要内容包括:

(一)犯罪嫌疑人、被告人的基本情况,包括姓名、性别、出生年月日、出生地、户籍地、身份证号码、民族、文化程度、职业、工作单位及职务、住址等;

(二)案由及案件来源;

(三)犯罪嫌疑人、被告人的犯罪事实;

(四)犯罪嫌疑人、被告人逃匿、被通缉或者死亡的情况;

(五)犯罪嫌疑人、被告人的违法所得及其他涉案财产的种类、数量、所在地及查封、扣押、冻结的情况;

(六)犯罪嫌疑人、被告人近亲属和其他利害关系人的姓名、住址、联系方式及其要求等情况;

(七)提出没收违法所得申请的理由和法律依据。

第五百二十七条 公安机关向人民检察院移送没收违法所得意见书,应当由有管辖权的人民检察院的同级公安机关移送。

第五百二十八条 人民检察院审查公安机关移送的没收违法所得意见书,应当查明:

(一)是否属于本院管辖;

(二)是否符合刑事诉讼法第二百八十条第一款规定的条件;

(三)犯罪嫌疑人身份状况,包括姓名、性别、国籍、出生年月日、职业和单位等;

(四)犯罪嫌疑人涉嫌犯罪的情况;

(五)犯罪嫌疑人逃匿、被通缉或者死亡的情况;

(六)违法所得及其他涉案财产的种类、数量、所在地,以及查封、扣押、冻结的

情况；

（七）与犯罪事实、违法所得相关的证据材料是否随案移送，不宜移送的证据的清单、复制件、照片或者其他证明文件是否随案移送；

（八）证据是否确实、充分；

（九）相关利害关系人的情况。

第五百二十九条 人民检察院应当在接到公安机关移送的没收违法所得意见书后三十日以内作出是否提出没收违法所得申请的决定。三十日以内不能作出决定的，经检察长批准，可以延长十五日。

对于公安机关移送的没收违法所得案件，经审查认为不符合刑事诉讼法第二百八十条第一款规定条件的，应当作出不提出没收违法所得申请的决定，并向公安机关书面说明理由；认为需要补充证据的，应当书面要求公安机关补充证据，必要时也可以自行调查。

公安机关补充证据的时间不计入人民检察院办案期限。

第五百三十条 人民检察院发现公安机关应当启动违法所得没收程序而不启动的，可以要求公安机关在七日以内书面说明不启动的理由。

经审查，认为公安机关不启动理由不能成立的，应当通知公安机关启动程序。

第五百三十一条 人民检察院发现公安机关在违法所得没收程序的调查活动中有违法情形的，应当向公安机关提出纠正意见。

第五百三十二条 在审查公安机关移送的没收违法所得意见书的过程中，在逃的犯罪嫌疑人、被告人自动投案或者被抓获的，人民检察院应当终止审查，并将案卷退回公安机关处理。

第五百三十三条 人民检察院直接受理立案侦查的案件，犯罪嫌疑人逃匿或者犯罪嫌疑人死亡而撤销案件，符合刑事诉讼法第二百八十条第一款规定条件的，侦查部门应当启动违法所得没收程序进行调查。

侦查部门进行调查应当查明犯罪嫌疑人涉嫌的犯罪事实，犯罪嫌疑人逃匿、被通缉或者死亡的情况，以及犯罪嫌疑人的违法所得及其他涉案财产的情况，并可以对违法所得及其他涉案财产依法进行查封、扣押、查询、冻结。

侦查部门认为符合刑事诉讼法第二百八十条第一款规定条件的，应当写出没收违法所得意见书，连同案卷材料一并移送有管辖权的人民检察院侦查部门，并由有管辖权的人民检察院侦查部门移送本院公诉部门。

公诉部门对没收违法所得意见书进行审查，作出是否提出没收违法所得申请的决定，具体程序按照本规则第五百二十八条、第五百二十九条的规定办理。

第五百三十四条 在人民检察院审查起诉过程中，犯罪嫌疑人死亡，或者贪污贿赂犯罪、恐怖活动犯罪等重大犯罪案件的犯罪嫌疑人逃匿，在通缉一年后不能到案，依照刑法规定应当追缴其违法所得及其他涉案财产的，人民检察院可以直接提出没收违法所得的申请。

人民法院在审理案件过程中，被告人死亡而裁定终止审理，或者被告人脱逃而裁定中止审理，人民检察院可以依法另行向人民法院提出没收违法所得的申请。

第五百三十五条 人民法院对没收违法所得的申请进行审理，人民检察院应当承担举证责任。

人民法院对没收违法所得的申请开庭审理的，人民检察院应当派员出席法庭。

第五百三十六条 人民检察院发现人民法院或者审判人员审理没收违法所得案件违反法律规定的诉讼程序，应当向人民法院提出纠正意见。

人民检察院认为同级人民法院按照违法所得没收程序所作的第一审裁定确有错误的，应当在五日以内向上一级人民法院提出抗诉。

最高人民检察院、省级人民检察院认为下级人民法院按照违法所得没收程序所作的已经发生法律效力的裁定确有错误的，应当按照审判监督程序向同级人民法院提出抗诉。

第五百三十七条 在审理案件过程中，在逃的犯罪嫌疑人、被告人自动投案或者被抓获，人民法院按照刑事诉讼法第二百八十三条第一款的规定终止审理的，人民检察院应当将案卷退回侦查机关处理。

第五百三十八条 对于刑事诉讼法第二百八十条第一款规定以外需要没收违法所得的，按照有关规定执行。

第四节 依法不负刑事责任的精神病人的强制医疗程序

第五百三十九条 对于实施暴力行为，危害公共安全或者严重危害公民人身安全，已经达到犯罪程度，经法定程序鉴定依法不负刑事责任的精神病人，有继续危害社会可能的，人民检察院应当向人民法院提出强制医疗的申请。

第五百四十条 人民检察院审查公安机关移送的强制医疗意见书，向人民法院提出强制医疗的申请以及对强制医疗决定的监督，由公诉部门办理。

第五百四十一条 强制医疗的申请由被申请人实施暴力行为所在地的基层人民检察院提出；由被申请人居住地的人民检察院提出更为适宜的，可以由被申请人居住地的基层人民检察院提出。

第五百四十二条 人民检察院向人民法院提出强制医疗的申请，应当制作强制医疗申请书。强制医疗申请书的主要内容包括：

（一）涉案精神病人的基本情况，包括姓名、性别、出生年月日、出生地、户籍地、身份证号码、民族、文化程度、职业、工作单位及职务、住址，采取临时保护性约束措施的情况及处所等；

（二）涉案精神病人的法定代理人的基本情况，包括姓名、住址、联系方式等；

（三）案由及案件来源；

（四）涉案精神病人实施危害公共安全或者严重危害公民人身安全的暴力行为的事实，包括实施暴力行为的时间、地点、手段、后果等及相关证据情况；

（五）涉案精神病人不负刑事责任的依据，包括有关鉴定意见和其他证据材料；

（六）涉案精神病人继续危害社会的可能；

（七）提出强制医疗申请的理由和法律依据。

第五百四十三条 人民检察院审查公安机关移送的强制医疗意见书，应当查明：

（一）是否属于本院管辖；

（二）涉案精神病人身份状况是否清楚，包括姓名、性别、国籍、出生年月日、职业和单位等；

（三）涉案精神病人实施危害公共安全或者严重危害公民人身安全的暴力行为的事实；

（四）公安机关对涉案精神病人进行鉴定的程序是否合法，涉案精神病人是否依法不负刑事责任；

（五）涉案精神病人是否有继续危害社会的可能；

（六）证据材料是否随案移送，不宜移送的证据的清单、复制件、照片或者其他证明文件是否随案移送；

（七）证据是否确实、充分；

（八）采取的临时保护性约束措施是否适当。

第五百四十四条 人民检察院应当在接到公安机关移送的强制医疗意见书后三十日以内作出是否提出强制医疗申请的决定。

对于公安机关移送的强制医疗案件，经审查认为不符合刑事诉讼法第二百八十四条规定条件的，应当作出不提出强制医疗申请的决定，并向公安机关书面说明理由；认为需要补充证据的，应当书面要求公安机关补充证据，必要时也可以自行调查。

公安机关补充证据的时间不计入人民检察院办案期限。

第五百四十五条 人民检察院发现公安机关应当启动强制医疗程序而不启动的，可以要求公安机关在七日以内书面说明不启动的理由。

经审查，认为公安机关不启动理由不能成立的，应当通知公安机关启动程序。

第五百四十六条 人民检察院发现公安机关对涉案精神病人进行鉴定的程序违反法律或者采取临时保护性约束措施不当的，应当提出纠正意见。

公安机关应当采取临时保护性约束措施而尚未采取的，人民检察院应当建议公安机关采取临时保护性约束措施。

第五百四十七条 人民检察院发现公安机关对涉案精神病人采取临时保护性约束措施时有体罚、虐待等违法情形的，应当提出纠正意见。

前款规定的工作由监所检察部门负责。

第五百四十八条 在审查起诉中，犯罪嫌疑人经鉴定系依法不负刑事责任的精神病人的，人民检察院应当作出不起诉决定。认为符合刑事诉讼法第二百八十四条规定条件的，应当向人民法院提出强制医疗的申请。

第五百四十九条 人民法院对强制医疗案件开庭审理的，人民检察院应当派员出席法庭。

第五百五十条 人民检察院发现人民法院或者审判人员审理强制医疗案件违反法律规定的诉讼程序，应当向人民法院提出纠正意见。

人民检察院认为人民法院作出的强制医疗决定或者驳回强制医疗申请的决定不当，应当在收到决定书副本后二十日以内向人民法院提出书面纠正意见。

第五百五十一条 人民法院在审理案件过程中发现被告人符合强制医疗条件，作出被告人不负刑事责任的判决后，拟作出强制医疗决定的，人民检察院应当在庭审中发表意见。

第十四章 刑事诉讼法律监督

第一节 刑事立案监督

第五百五十二条 人民检察院依法对公安机关的刑事立案活动实行监督。

第五百五十三条 被害人及其法定代理人、近亲属或者行政执法机关，认为公安机关对其控告或者移送的案件应当立案侦查而不立案侦查,或者当事人认为公安机关不应当立案而立案,向人民检察院提出的,人民检察院应当受理并进行审查。

人民检察院发现公安机关可能存在应当立案侦查而不立案侦查情形的,应当依法进行审查。

人民检察院接到控告、举报或者发现行政执法机关不移送涉嫌犯罪案件的,应当向行政执法机关提出检察意见,要求其按照管辖规定向公安机关或者人民检察院移送涉嫌犯罪案件。

第五百五十四条 人民检察院控告检察部门受理对公安机关应当立案而不立案或者不应当立案而立案的控告、申诉,应当根据事实和法律进行审查,并可以要求控告人、申诉人提供有关材料,认为需要公安机关说明不立案或者立案理由的,应当及时将案件移送侦查监督部门办理。

第五百五十五条 人民检察院侦查监督部门经过调查、核实有关证据材料,认为需要公安机关说明不立案理由的,经检察长批准,应当要求公安机关书面说明不立案的理由。

有证据证明公安机关可能存在违法动用刑事手段插手民事、经济纠纷,或者利用立案实施报复陷害、敲诈勒索以及谋取其他非法利益等违法立案情形,尚未提请批准逮捕或者移送审查起诉的,经检察长批准,应当要求公安机关书面说明立案理由。

第五百五十六条 人民检察院进行调查核实,可以询问办案人员和有关当事人,查阅、复制公安机关刑事受案、立案、破案等登记表册和立案、不立案、撤销案件、治安处罚、劳动教养等相关法律文书及案卷材料。

第五百五十七条 人民检察院要求公安机关说明不立案或者立案理由,应当制作要求说明不立案理由通知书或者要求说明立案理由通知书,及时送达公安机关,并且告知公安机关在收到要求说明不立案理由通知书或者要求说明立案理由通知书后七日以内,书面说明不立案或者立案的情况、依据和理由,连同有关证据材料回复人民检察院。

第五百五十八条 公安机关说明不立案或者立案的理由后,人民检察院侦查监督部门应当进行审查,认为公安机关不立案或者立案理由不能成立的,经检察长或者检察委员会讨论决定,应当通知公安机关立案或者撤销案件。

侦查监督部门认为公安机关不立案或者立案理由成立的,应当通知控告检察部门,由其在十日以内将不立案或者立案的理由和根据告知被害人及其法定代理人、近亲属或者行政执法机关。

第五百五十九条 人民检察院通知公安机关立案或者撤销案件,应当制作通知立案书或者通知撤销案件书,说明依据和理由,连同证据材料送达公安机关,并且告知公安机关应当在收到通知立案书后十五日以内立案,对通知撤销案件书没有异议的应当立即撤销案件,并将立案决定书或者撤销案件决定书及时送达人民检察院。

第五百六十条 人民检察院通知公安机关立案或者撤销案件的,应当依法对执行情况进行监督。

公安机关在收到通知立案书或者通知撤销案件书后超过十五日不予立案或者既不提出复议、复核也不撤销案件的,人民检察院应当发出纠正违法通知书予以纠正。公安机关仍不纠正的,报上一级人民检察院协商同级公安机关处理。

公安机关立案后三个月以内未侦查终结的，人民检察院可以向公安机关发出立案监督案件催办函，要求公安机关及时向人民检察院反馈侦查工作进展情况。

第五百六十一条 对于由公安机关管辖的国家机关工作人员利用职权实施的重大犯罪案件，人民检察院通知公安机关立案，公安机关不予立案的，经省级以上人民检察院决定，人民检察院可以直接立案侦查。

第五百六十二条 对于公安机关认为人民检察院撤销案件通知有错误要求同级人民检察院复议的，人民检察院应当重新审查，在收到要求复议意见书和案卷材料后七日以内作出是否变更的决定，并通知公安机关。

对于公安机关不接受人民检察院复议决定提请上一级人民检察院复核的，上级人民检察院应当在收到提请复核意见书和案卷材料后十五日以内作出是否变更的决定，通知下级人民检察院和公安机关执行。

上级人民检察院复核认为撤销案件通知有错误的，下级人民检察院应当立即纠正；上级人民检察院复核认为撤销案件通知正确的，应当作出复核决定并送达下级公安机关。

第五百六十三条 人民检察院侦查监督部门或者公诉部门发现本院侦查部门对应当立案侦查的案件不报请立案侦查或者对不应当立案侦查的案件进行立案侦查的，应当建议侦查部门报请立案侦查或者撤销案件；建议不被采纳的，应当报请检察长决定。

第二节 侦查活动监督

第五百六十四条 人民检察院依法对公安机关的侦查活动是否合法实行监督。

第五百六十五条 侦查活动监督主要发现和纠正以下违法行为：

（一）采用刑讯逼供以及其他非法方法收集犯罪嫌疑人供述的；

（二）采用暴力、威胁等非法方法收集证人证言、被害人陈述，或者以暴力、威胁等方法阻止证人作证或者指使他人作伪证的；

（三）伪造、隐匿、销毁、调换、私自涂改证据，或者帮助当事人毁灭、伪造证据的；

（四）徇私舞弊，放纵、包庇犯罪分子的；

（五）故意制造冤、假、错案的；

（六）在侦查活动中利用职务之便谋取非法利益的；

（七）非法拘禁他人或者以其他方法非法剥夺他人人身自由的；

（八）非法搜查他人身体、住宅，或者非法侵入他人住宅的；

（九）非法采取技术侦查措施的；

（十）在侦查过程中不应当撤案而撤案的；

（十一）对与案件无关的财物采取查封、扣押、冻结措施，或者应当解除查封、扣押、冻结不解除的；

（十二）贪污、挪用、私分、调换、违反规定使用查封、扣押、冻结的财物及其孳息的；

（十三）应当退还取保候审保证金不退还的；

（十四）违反刑事诉讼法关于决定、执行、变更、撤销强制措施规定的；

（十五）侦查人员应当回避而不回避的；

（十六）应当依法告知犯罪嫌疑人诉讼权利而不告知，影响犯罪嫌疑人行使诉讼

权利的;

(十七)阻碍当事人、辩护人、诉讼代理人依法行使诉讼权利的;

(十八)讯问犯罪嫌疑人依法应当录音或者录像而没有录音或者录像的;

(十九)对犯罪嫌疑人拘留、逮捕、指定居所监视居住后依法应当通知家属而未通知的;

(二十)在侦查中有其他违反刑事诉讼法有关规定的行为的。

第五百六十六条 人民检察院发现公安机关侦查活动中的违法行为,对于情节较轻的,可以由检察人员以口头方式向侦查人员或者公安机关负责人提出纠正意见,并及时向本部门负责人汇报;必要的时候,由部门负责人提出。对于情节较重的违法情形,应当报请检察长批准后,向公安机关发出纠正违法通知书。构成犯罪的,移送有关部门依法追究刑事责任。

监所检察部门发现侦查中违反法律规定的羁押和办案期限规定的,应当依法提出纠正违法意见,并通报侦查监督部门。

第五百六十七条 人民检察院根据需要可以派员参加公安机关对于重大案件的讨论和其他侦查活动,发现违法行为,情节较轻的可以口头纠正,情节较重的应当报请检察长批准后,向公安机关发出纠正违法通知书。

第五百六十八条 对于公安机关执行人民检察院批准或者不批准逮捕决定的情况,以及释放被逮捕的犯罪嫌疑人或者变更逮捕措施的情况,人民检察院发现有违法情形的,应当通知纠正。

第五百六十九条 人民检察院发现侦查机关或者侦查人员决定、执行、变更、撤销强制措施等活动中有违法情形的,应当及时提出纠正意见。

对于情节较轻的违法情形,由检察人员以口头方式向侦查人员或者公安机关负责人提出纠正意见,并及时向本部门负责人汇报;必要的时候,由部门负责人提出。

对于情节较重的违法情形,应当报请检察长批准后,向公安机关发出纠正违法通知书。

第五百七十条 人民检察院发出纠正违法通知书的,应当根据公安机关的回复,监督落实情况;没有回复的,应当督促公安机关回复。

第五百七十一条 人民检察院提出的纠正意见不被接受,公安机关要求复查的,应当在收到公安机关的书面意见后七日以内进行复查。经过复查,认为纠正违法意见正确的,应当及时向上一级人民检察院报告;认为纠正违法意见错误的,应当及时撤销。

上一级人民检察院经审查,认为下级人民检察院的纠正意见正确的,应当及时通知同级公安机关督促下级公安机关纠正;认为下级人民检察院的纠正意见不正确的,应当书面通知下级人民检察院予以撤销,下级人民检察院应当执行,并及时向公安机关及有关侦查人员说明情况。同时,将调查结果及时回复申诉人、控告人。

第五百七十二条 人民检察院侦查监督部门、公诉部门发现侦查人员在侦查活动中的违法行为情节严重,构成犯罪的,应当移送本院侦查部门审查,并报告检察长。侦查部门审查后应当提出是否立案侦查的意见,报请检察长决定。对于不属于本院管辖的,应当移送有管辖权的人民检察院或者其他机关处理。

第五百七十三条 人民检察院侦查监

督部门或者公诉部门对本院侦查部门侦查活动中的违法行为，应当根据情节分别处理。情节较轻的，可以直接向侦查部门提出纠正意见；情节较重或者需要追究刑事责任的，应当报请检察长决定。

上级人民检察院发现下级人民检察院在侦查活动中有违法情形的，应当通知其纠正。下级人民检察院应当及时纠正，并将纠正情况报告上级人民检察院。

第五百七十四条 当事人和辩护人、诉讼代理人、利害关系人对于办理案件的机关及其工作人员有刑事诉讼法第一百一十五条规定的行为，向该机关申诉或者控告，对该机关作出的处理不服，或者该机关未在规定时间内作出答复，向人民检察院申诉的，办理案件的机关的同级人民检察院应当及时受理。

人民检察院直接受理的案件，对办理案件的人民检察院的处理不服的，可以向上一级人民检察院申诉，上一级人民检察院应当受理。

未向办理案件的机关申诉或者控告，或者办理案件的机关在规定时间内尚未作出处理决定，直接向人民检察院申诉的，人民检察院应当告知其向办理案件的机关申诉或者控告。人民检察院在审查逮捕、审查起诉中发现有刑事诉讼法第一百一十五条规定的违法情形的，可以直接监督纠正。

对当事人和辩护人、诉讼代理人、利害关系人提出的刑事诉讼法第一百一十五条规定情形之外的申诉或者控告，人民检察院应当受理，并及时审查，依法处理。

第五百七十五条 对人民检察院办理案件中的违法行为的控告、申诉，以及对其他司法机关对控告、申诉的处理不服向人民检察院提出的申诉，由人民检察院控告检察部门受理。

控告检察部门对本院办理案件中的违法行为的控告，应当及时审查办理；对下级人民检察院和其他司法机关的处理不服向人民检察院提出的申诉，应当根据案件的具体情况，及时移送侦查监督部门、公诉部门或者监所检察部门审查办理。审查办理的部门应当在收到案件材料之日起十五日以内提出审查意见。人民检察院对刑事诉讼法第一百一十五条第一款第三至五项的申诉，经审查认为需要侦查机关说明理由的，应当要求侦查机关说明理由，并在收到理由说明后十五日以内提出审查意见。

认为本院办理案件中存在的违法情形属实的，应当报请检察长决定予以纠正。认为有关司法机关或者下级人民检察院对控告、申诉的处理不正确的，应当报请检察长批准后，通知有关司法机关或者下级人民检察院予以纠正。认为本院办理案件中不存在控告反映的违法行为，或者下级人民检察院和其他司法机关对控告、申诉的处理正确的，应当报请检察长批准后，书面提出答复意见及其理由，答复控告人、申诉人。控告检察部门应当在收到通知后五日以内答复。

第三节　审判活动监督

第五百七十六条 人民检察院依法对人民法院的审判活动是否合法实行监督。

第五百七十七条 审判活动监督主要发现和纠正以下违法行为：

（一）人民法院对刑事案件的受理违反管辖规定的；

（二）人民法院审理案件违反法定审理和送达期限的；

（三）法庭组成人员不符合法律规定，或者违反规定应当回避而不回避的；

(四)法庭审理案件违反法定程序的;

(五)侵犯当事人和其他诉讼参与人的诉讼权利和其他合法权利的;

(六)法庭审理时对有关程序问题所作的决定违反法律规定的;

(七)二审法院违反法律规定裁定发回重审的;

(八)故意毁弃、篡改、隐匿、伪造、偷换证据或者其他诉讼材料,或者依据未经法定程序调查、质证的证据定案的;

(九)依法应当调查收集相关证据而不收集的;

(十)徇私枉法,故意违背事实和法律作枉法裁判的;

(十一)收受、索取当事人及其近亲属或者其委托的律师等人财物或者其他利益的;

(十二)违反法律规定采取强制措施或者采取强制措施法定期限届满,不予释放、解除或者变更的;

(十三)应当退还取保候审保证金不退还的;

(十四)对与案件无关的财物采取查封、扣押、冻结措施,或者应当解除查封、扣押、冻结不解除的;

(十五)贪污、挪用、私分、调换、违反规定使用查封、扣押、冻结的财物及其孳息的;

(十六)其他违反法律规定的审理程序的行为。

第五百七十八条 审判活动监督由公诉部门和刑事申诉检察部门承办,对于人民法院审理案件违反法定期限的,由监所检察部门承办。

人民检察院可以通过调查、审阅案卷、受理申诉、控告等活动,监督审判活动是否合法。

第五百七十九条 人民检察院检察长可以列席人民法院审判委员会会议,对审判委员会讨论的案件等议题发表意见,依法履行法律监督职责。

第五百八十条 人民检察院在审判活动监督中,如果发现人民法院或者审判人员审理案件违反法律规定的诉讼程序,应当向人民法院提出纠正意见。

出席法庭的检察人员发现法庭审判违反法律规定的诉讼程序,应当在休庭后及时向检察长报告。

人民检察院对违反程序的庭审活动提出纠正意见,应当由人民检察院在庭审后提出。

第五百八十一条 人民检察院对人民法院审判活动中违法行为的监督,可以参照本规则有关人民检察院对公安机关侦查活动中违法行为监督的规定办理。

第四节 刑事判决、裁定监督

第五百八十二条 人民检察院依法对人民法院的判决、裁定是否正确实行监督,对人民法院确有错误的判决、裁定,应当依法提出抗诉。

第五百八十三条 对刑事判决、裁定的监督由公诉部门和刑事申诉检察部门承办。当事人及其法定代理人、近亲属认为人民法院已经发生法律效力的判决、裁定确有错误,向人民检察院申诉的,由刑事申诉检察部门依法办理。

人民检察院通过受理申诉、审查人民法院的判决、裁定等活动,监督人民法院的判决、裁定是否正确。

第五百八十四条 人民检察院认为同级人民法院第一审判决、裁定有下列情形之一的,应当提出抗诉:

（一）认定事实不清、证据不足的；

（二）有确实、充分证据证明有罪而判无罪，或者无罪判有罪的；

（三）重罪轻判，轻罪重判，适用刑罚明显不当的；

（四）认定罪名不正确，一罪判数罪、数罪判一罪，影响量刑或者造成严重社会影响的；

（五）免除刑事处罚或者适用缓刑、禁止令、限制减刑错误的；

（六）人民法院在审理过程中严重违反法律规定的诉讼程序的。

第五百八十五条 人民检察院在收到人民法院第一审判决书或者裁定书后，应当及时审查，承办人员应当填写刑事判决、裁定审查表，提出处理意见，报公诉部门负责人审核。对于需要提出抗诉的案件，公诉部门应当报请检察长决定；案情重大、疑难、复杂的案件，由检察长提交检察委员会讨论决定。

第五百八十六条 人民检察院对同级人民法院第一审判决的抗诉，应当在接到判决书的第二日起十日以内提出；对裁定的抗诉，应当在接到裁定书后的第二日起五日以内提出。

第五百八十七条 人民检察院对同级人民法院第一审判决、裁定的抗诉，应当制作抗诉书通过原审人民法院向上一级人民法院提出，并将抗诉书副本连同案件材料报送上一级人民检察院。

第五百八十八条 被害人及其法定代理人不服地方各级人民法院第一审的判决，在收到判决书后五日以内请求人民检察院提出抗诉的，人民检察院应当立即进行审查，在收到被害人及其法定代理人的请求后五日以内作出是否抗诉的决定，并且答复请求人。经审查认为应当抗诉的，适用本规则第五百八十四条至第五百八十七条的规定办理。

被害人及其法定代理人在收到判决书五日以后请求人民检察院提出抗诉的，由人民检察院决定是否受理。

第五百八十九条 上一级人民检察院对下级人民检察院按照第二审程序提出抗诉的案件，认为抗诉正确的，应当支持抗诉；认为抗诉不当的，应当向同级人民法院撤回抗诉，并且通知下级人民检察院。下级人民检察院如果认为上一级人民检察院撤回抗诉不当的，可以提请复议。上一级人民检察院应当复议，并将复议结果通知下级人民检察院。

上一级人民检察院在上诉、抗诉期限内，发现下级人民检察院应当提出抗诉而没有提出抗诉的案件，可以指令下级人民检察院依法提出抗诉。

第五百九十条 第二审人民法院发回原审人民法院重新按照第一审程序审判的案件，如果人民检察院认为重新审判的判决、裁定确有错误的，可以按照第二审程序提出抗诉。

第五百九十一条 人民检察院认为人民法院已经发生法律效力的判决、裁定确有错误，具有下列情形之一的，应当按照审判监督程序向人民法院提出抗诉：

（一）有新的证据证明原判决、裁定认定的事实确有错误，可能影响定罪量刑的；

（二）据以定罪量刑的证据不确实、不充分的；

（三）据以定罪量刑的证据依法应当予以排除的；

（四）据以定罪量刑的主要证据之间存在矛盾的；

(五)原判决、裁定的主要事实依据被依法变更或者撤销的;

(六)认定罪名错误且明显影响量刑的;

(七)违反法律关于追诉时效期限的规定的;

(八)量刑明显不当的;

(九)违反法律规定的诉讼程序,可能影响公正审判的;

(十)审判人员在审理案件的时候有贪污受贿,徇私舞弊,枉法裁判行为的。

对已经发生法律效力的判决、裁定的审查,参照本规则第五百八十五条的规定办理。

第五百九十二条 对于高级人民法院判处死刑缓期二年执行的案件,省级人民检察院认为确有错误提请抗诉的,一般应当在收到生效判决、裁定后三个月以内提出,至迟不得超过六个月。

第五百九十三条 当事人及其法定代理人、近亲属认为人民法院已经发生法律效力的刑事判决、裁定确有错误,向人民检察院申诉的,由作出生效判决、裁定的人民法院的同级人民检察院刑事申诉检察部门依法办理。

当事人及其法定代理人、近亲属直接向上级人民检察院申诉的,上级人民检察院可以交由作出生效判决、裁定的人民法院的同级人民检察院受理;案情重大、疑难、复杂的,上级人民检察院可以直接受理。

当事人及其法定代理人、近亲属对人民法院已经发生法律效力的判决、裁定提出申诉,经人民检察院复查决定不予抗诉后继续提出申诉的,上一级人民检察院应当受理。

不服人民法院死刑终审判决、裁定尚未执行的申诉,由监所检察部门办理。

第五百九十四条 对不服人民法院已经发生法律效力的刑事判决、裁定的申诉,经两级人民检察院办理且省级人民检察院已经复查的,如果没有新的事实和理由,人民检察院不再立案复查,但原审被告人可能被宣告无罪或者判决、裁定有其他重大错误可能的除外。

第五百九十五条 人民检察院刑事申诉检察部门对已经发生法律效力的刑事判决、裁定的申诉复查后,认为需要提出抗诉的,报请检察长或者检察委员会讨论决定。

地方各级人民检察院刑事申诉检察部门对不服同级人民法院已经发生法律效力的刑事判决、裁定的申诉复查后,认为需要提出抗诉的,报请检察长或者检察委员会讨论决定。认为需要提出抗诉的,应当提请上一级人民检察院抗诉。

上级人民检察院刑事申诉检察部门对下一级人民检察院提请抗诉的申诉案件审查后,认为需要提出抗诉的,报请检察长或者检察委员会决定。

人民法院开庭审理时,由同级人民检察院刑事申诉检察部门派员出席法庭。

第五百九十六条 人民检察院刑事申诉检察部门对不服人民法院已经发生法律效力的刑事判决、裁定的申诉案件复查终结后,应当制作刑事申诉复查通知书,并在十日以内通知申诉人。

经复查向上一级人民检察院提请抗诉的,应当在上一级人民检察院作出是否抗诉的决定后制作刑事申诉复查通知书。

第五百九十七条 最高人民检察院发现各级人民法院已经发生法律效力的判决或者裁定,上级人民检察院发现下级人民法院已经发生法律效力的判决或者裁定确有错误时，可以直接向同级人民法院提出抗诉，或者指令作出生效判决、裁定人民法院的上一级人民检察院向同级人民法院提出抗诉。

第五百九十八条 人民检察院按照审判监督程序向人民法院提出抗诉的，应当将抗诉书副本报送上一级人民检察院。

第五百九十九条 对按照审判监督程序提出抗诉的案件，人民检察院认为人民法院作出的判决、裁定仍然确有错误的，如果案件是依照第一审程序审判的，同级人民检察院应当向上一级人民法院提出抗诉；如果案件是依照第二审程序审判的，上一级人民检察院应当按照审判监督程序向同级人民法院提出抗诉。

对按照审判监督程序提出抗诉的申诉案件，人民检察院认为人民法院作出的判决、裁定仍然确有错误的，由派员出席法庭的人民检察院刑事申诉检察部门适用本条第一款的规定办理。

第六百条 人民检察院公诉部门、刑事申诉检察部门办理按照审判监督程序抗诉案件，认为需要对被告人采取逮捕措施的，应当提出意见，参照本规则第十章的规定移送侦查监督部门办理；认为需要对被告人采取取保候审、监视居住措施的，由办案人员提出意见，部门负责人审核后，报检察长决定。

第六百零一条 人民检察院对自诉案件的判决、裁定的监督，适用本节的规定。

第五节 死刑复核法律监督

第六百零二条 最高人民检察院依法对最高人民法院的死刑复核活动实行法律监督。

第六百零三条 最高人民检察院死刑复核检察部门负责承办死刑复核法律监督工作。

第六百零四条 最高人民检察院发现在死刑复核期间的案件具有下列情形之一，经审查认为确有必要的，应当向最高人民法院提出意见：

（一）认为死刑二审裁判确有错误，依法不应当核准死刑的；

（二）发现新情况、新证据，可能影响被告人定罪量刑的；

（三）严重违反法律规定的诉讼程序，可能影响公正审判的；

（四）司法工作人员在办理案件时，有贪污受贿，徇私舞弊，枉法裁判等行为的；

（五）其他需要提出意见的。

第六百零五条 最高人民检察院对于最高人民法院通报的死刑复核案件，认为确有必要的，应当在最高人民法院裁判文书下发前提出意见。

第六百零六条 省级人民检察院对于进入最高人民法院死刑复核程序的下列案件，应当制作提请监督报告并连同案件有关材料及时报送最高人民检察院：

（一）案件事实不清、证据不足，依法应当发回重新审判，高级人民法院二审裁定维持死刑立即执行确有错误的；

（二）被告人具有从轻、减轻处罚情节，依法不应当判处死刑，高级人民法院二审裁定维持死刑立即执行确有错误的；

（三）严重违反法律规定的诉讼程序，可能影响公正审判的；

（四）最高人民法院受理案件后一年以内未能审结的；

（五）最高人民法院不核准死刑发回重审不当的；

（六）其他需要监督的情形。

第六百零七条 省级人民检察院发现死刑复核案件被告人自首、立功、达成赔偿协议取得被害方谅解等新的证据材料和有关情况,可能影响死刑适用的,应当及时向最高人民检察院报告。

第六百零八条 死刑复核期间当事人及其近亲属或者受委托的律师向最高人民检察院提出的不服死刑裁判的申诉,由最高人民检察院死刑复核检察部门审查。

第六百零九条 最高人民检察院死刑复核检察部门对死刑复核监督案件的审查可以采取下列方式进行:

(一)书面审查最高人民法院移送的材料、省级人民检察院报送的相关案件材料、当事人及其近亲属或者受委托的律师提交的申诉材料;

(二)听取原承办案件的省级人民检察院的意见,也可以要求省级人民检察院报送相关案件材料;

(三)必要时可以审阅案卷、讯问被告人、复核主要证据。

第六百一十条 最高人民检察院对于受理的死刑复核监督案件,应当在一个月以内作出决定;因案件重大、疑难、复杂,需要延长审查期限的,应当报请检察长批准,适当延长办理期限。

第六百一十一条 最高人民检察院死刑复核检察部门拟就死刑复核案件提出检察意见的,应当报请检察长或者检察委员会决定。

检察委员会讨论死刑复核案件,可以通知原承办案件的省级人民检察院有关检察人员列席。

第六百一十二条 最高人民检察院对于死刑复核监督案件,经审查认为确有必要向最高人民法院提出意见的,应当以死刑复核案件意见书的形式提出。死刑复核案件意见书应当提出明确的意见或者建议,并说明理由和法律依据。

第六百一十三条 对于最高人民检察院提出应当核准死刑意见的案件,最高人民法院经审查仍拟不核准死刑,决定将案件提交审判委员会会议讨论并通知最高人民检察院派员列席的,最高人民检察院检察长或者受检察长委托的副检察长应当列席审判委员会会议。

第六节　羁押和办案期限监督

第六百一十四条 人民检察院依法对羁押期限和办案期限是否合法实行监督。

第六百一十五条 对公安机关、人民法院办理案件的羁押期限和办案期限的监督,犯罪嫌疑人、被告人被羁押的,由人民检察院监所检察部门负责;犯罪嫌疑人、被告人未被羁押的,由人民检察院侦查监督部门或者公诉部门负责。对人民检察院办理案件的羁押期限和办案期限的监督,由本院案件管理部门负责。

第六百一十六条 犯罪嫌疑人、被告人被逮捕后,人民检察院仍应当对羁押的必要性进行审查。

人民检察院发现或者根据犯罪嫌疑人、被告人及其法定代理人、近亲属或者辩护人的申请,经审查认为不需要继续羁押的,应当建议有关机关予以释放或者变更强制措施。

第六百一十七条 侦查阶段的羁押必要性审查由侦查监督部门负责;审判阶段的羁押必要性审查由公诉部门负责。监所检察部门在监所检察工作中发现不需要继续羁押的,可以提出释放犯罪嫌疑人、被告人或者变更强制措施的建议。

第六百一十八条 犯罪嫌疑人、被告人及其法定代理人、近亲属或者辩护人可以申请人民检察院进行羁押必要性审查，申请时应当说明不需要继续羁押的理由，有相关证据或者其他材料的，应当提供。

第六百一十九条 人民检察院发现有下列情形之一的，可以向有关机关提出予以释放或者变更强制措施的书面建议：

（一）案件证据发生重大变化，不足以证明有犯罪事实或者犯罪行为系犯罪嫌疑人、被告人所为的；

（二）案件事实或者情节发生变化，犯罪嫌疑人、被告人可能被判处管制、拘役、独立适用附加刑、免予刑事处罚或者判决无罪的；

（三）犯罪嫌疑人、被告人实施新的犯罪，毁灭、伪造证据，干扰证人作证，串供，对被害人、举报人、控告人实施打击报复，自杀或者逃跑等的可能性已被排除的；

（四）案件事实基本查清，证据已经收集固定，符合取保候审或者监视居住条件的；

（五）继续羁押犯罪嫌疑人、被告人，羁押期限将超过依法可能判处的刑期的；

（六）羁押期限届满的；

（七）因为案件的特殊情况或者办理案件的需要，变更强制措施更为适宜的；

（八）其他不需要继续羁押犯罪嫌疑人、被告人的情形。

释放或者变更强制措施的建议书应当说明不需要继续羁押犯罪嫌疑人、被告人的理由及法律依据。

第六百二十条 人民检察院可以采取以下方式进行羁押必要性审查：

（一）对犯罪嫌疑人、被告人进行羁押必要性评估；

（二）向侦查机关了解侦查取证的进展情况；

（三）听取有关办案机关、办案人员的意见；

（四）听取犯罪嫌疑人、被告人及其法定代理人、近亲属、辩护人，被害人及其诉讼代理人或者其他有关人员的意见；

（五）调查核实犯罪嫌疑人、被告人的身体健康状况；

（六）查阅有关案卷材料，审查有关人员提供的证明不需要继续羁押犯罪嫌疑人、被告人的有关证明材料；

（七）其他方式。

第六百二十一条 人民检察院向有关办案机关提出对犯罪嫌疑人、被告人予以释放或者变更强制措施的建议的，应当要求有关办案机关在十日以内将处理情况通知本院。有关办案机关没有采纳人民检察院建议的，应当要求其说明理由和依据。

对人民检察院办理的案件，经审查认为不需要继续羁押犯罪嫌疑人的，应当建议办案部门予以释放或者变更强制措施。具体程序按照前款规定办理。

第六百二十二条 人民检察院侦查部门、侦查监督部门、公诉部门在办理案件过程中，犯罪嫌疑人、被告人被羁押的，具有下列情形之一的，应当在作出决定或者收到决定书、裁定书后十日以内通知负有监督职责的人民检察院监所检察部门或者案件管理部门以及看守所：

（一）批准或者决定延长侦查羁押期限的；

（二）对于人民检察院直接受理立案侦查的案件，决定重新计算侦查羁押期限、变更或者解除强制措施的；

（三）对犯罪嫌疑人、被告人进行精神病鉴定的；

(四)审查起诉期间改变管辖、延长审查起诉期限的;

(五)案件退回补充侦查,或者补充侦查完毕移送审查起诉后重新计算审查起诉期限的;

(六)人民法院决定适用简易程序审理第一审案件,或者将案件由简易程序转为普通程序重新审理的;

(七)人民法院改变管辖,决定延期审理、中止审理,或者同意人民检察院撤回起诉的。

第六百二十三条 人民检察院发现看守所的羁押期限管理活动有下列情形之一的,应当依法提出纠正意见:

(一)未及时督促办案机关办理换押手续的;

(二)未在犯罪嫌疑人、被告人羁押期限届满前七日以内向办案机关发出羁押期限即将届满通知书的;

(三)犯罪嫌疑人、被告人被超期羁押后,没有立即书面报告人民检察院并通知办案机关的;

(四)收到犯罪嫌疑人、被告人及其法定代理人、近亲属或者辩护人提出的变更强制措施、羁押必要性审查、羁押期限届满要求释放或者变更强制措施的申请、申诉、控告后,没有及时转送有关办案机关或者人民检察院的;

(五)其他违法情形。

第六百二十四条 人民检察院发现公安机关的侦查羁押期限执行情况有下列情形之一的,应当依法提出纠正意见:

(一)未按规定办理换押手续的;

(二)决定重新计算侦查羁押期限、经批准延长侦查羁押期限,未书面通知人民检察院和看守所的;

(三)对犯罪嫌疑人进行精神病鉴定,没有书面通知人民检察院和看守所的;

(四)其他违法情形。

第六百二十五条 人民检察院发现人民法院的审理期限执行情况有下列情形之一的,应当依法提出纠正意见:

(一)在一审、二审和死刑复核阶段未按规定办理换押手续的;

(二)违反刑事诉讼法的规定重新计算审理期限、批准延长审理期限、改变管辖、延期审理、中止审理或者发回重审的;

(三)决定重新计算审理期限、批准延长审理期限、改变管辖、延期审理、中止审理、对被告人进行精神病鉴定,没有书面通知人民检察院和看守所的;

(四)其他违法情形。

第六百二十六条 人民检察院发现同级或者下级公安机关、人民法院超期羁押的,应当报经本院检察长批准,向该办案机关发出纠正违法通知书。

发现上级公安机关、人民法院超期羁押的,应当及时层报该办案机关的同级人民检察院,由同级人民检察院向该办案机关发出纠正违法通知书。

对异地羁押的案件,发现办案机关超期羁押的,应当通报该办案机关的同级人民检察院,由其依法向办案机关发出纠正违法通知书。

第六百二十七条 人民检察院发出纠正违法通知书后,有关办案机关未回复意见或者继续超期羁押的,应当及时报告上一级人民检察院处理。

对于造成超期羁押的直接责任人员,可以书面建议其所在单位或者有关主管机关依照法律或者有关规定予以行政或者纪律处分;对于造成超期羁押情节严重,涉嫌犯罪的，应当依法追究其刑事责任。

第六百二十八条 对人民检察院办理的直接受理立案侦查案件或者审查逮捕、审查起诉案件，在犯罪嫌疑人侦查羁押期限、办案期限届满前，案件管理部门应当依照有关规定向本院侦查部门、侦查监督部门或者公诉部门进行期限届满提示。发现办案部门办理案件超过规定期限的，应当依照有关规定提出纠正意见。

第七节 看守所执法活动监督

第六百二十九条 人民检察院依法对看守所收押、监管、释放犯罪嫌疑人、被告人以及对留所服刑罪犯执行刑罚等执法活动实行监督。

对看守所执法活动的监督由人民检察院监所检察部门负责。

第六百三十条 人民检察院发现看守所有下列违法情形之一的，应当提出纠正意见：

(一)监管人员殴打、体罚、虐待或者变相体罚、虐待在押人员的；

(二)监管人员为在押人员通风报信，私自传递信件、物品，帮助伪造、毁灭、隐匿证据或者干扰证人作证、串供的；

(三)违法对在押人员使用械具或者禁闭的；

(四)没有将未成年人与成年人分别关押、分别管理、分别教育的；

(五)违反规定同意侦查人员将犯罪嫌疑人提出看守所讯问的；

(六)收到在押犯罪嫌疑人、被告人及其法定代理人、近亲属或者辩护人的变更强制措施申请或者其他申请、申诉、控告、举报，不及时转交、转告人民检察院或者有关办案机关的；

(七)应当安排辩护律师依法会见在押的犯罪嫌疑人、被告人而没有安排的；

(八)违法安排辩护律师或者其他人员会见在押的犯罪嫌疑人、被告人的；

(九)辩护律师会见犯罪嫌疑人、被告人时予以监听的；

(十)其他违法情形。

第六百三十一条 人民检察院发现看守所代为执行刑罚的活动有下列情形之一的，应当依法提出纠正意见：

(一)将被判处有期徒刑剩余刑期在三个月以上的罪犯留所服刑的；

(二)将未成年罪犯留所执行刑罚的；

(三)将留所服刑罪犯与犯罪嫌疑人、被告人混押、混管、混教的；

(四)其他违法情形。

第六百三十二条 对于看守所违法行为情节轻微的，检察人员可以口头提出纠正意见；发现严重违法行为，或者提出口头纠正意见后看守所在七日以内未予以纠正的，应当报经检察长批准，向看守所发出纠正违法通知书，同时将纠正违法通知书副本抄报上一级人民检察院并抄送看守所所属公安机关的上一级公安机关。

人民检察院发出纠正违法通知书十五日后，看守所仍未纠正或者回复意见的，应当及时向上一级人民检察院报告。上一级人民检察院应当通报同级公安机关并建议其督促看守所予以纠正。

第八节 刑事判决、裁定执行监督

第六百三十三条 人民检察院依法对执行刑事判决、裁定的活动实行监督。

对刑事判决、裁定执行活动的监督由人民检察院监所检察部门负责。

第六百三十四条 人民法院判决被告人无罪，免予刑事处罚，判处管制，宣告缓刑,单处罚金或者剥夺政治权利,被告人被羁押的,人民检察院应当监督被告人是否被立即释放。发现被告人没有被立即释放的,应当立即向人民法院或者看守所提出纠正意见。

第六百三十五条 被判处死刑的罪犯在被执行死刑时,人民检察院应当派员临场监督。

死刑执行临场监督由人民检察院监所检察部门负责;必要时,监所检察部门应当在执行前向公诉部门了解案件有关情况,公诉部门应当提供有关情况。

执行死刑临场监督,由检察人员担任,并配备书记员担任记录。

第六百三十六条 人民检察院收到同级人民法院执行死刑临场监督通知后,应当查明同级人民法院是否收到最高人民法院核准死刑的裁定或者作出的死刑判决、裁定和执行死刑的命令。

第六百三十七条 临场监督执行死刑的检察人员应当依法监督执行死刑的场所、方法和执行死刑的活动是否合法。在执行死刑前,发现有下列情形之一的,应当建议人民法院立即停止执行:

(一)被执行人并非应当执行死刑的罪犯的;

(二)罪犯犯罪时不满十八周岁,或者审判的时候已满七十五周岁,依法不应当适用死刑的;

(三)判决可能有错误的;

(四)在执行前罪犯有检举揭发他人重大犯罪行为等重大立功表现,可能需要改判的;

(五)罪犯正在怀孕的。

第六百三十八条 在执行死刑过程中,人民检察院临场监督人员根据需要可以进行拍照、录像;执行死刑后,人民检察院临场监督人员应当检查罪犯是否确已死亡,并填写死刑执行临场监督笔录,签名后入卷归档。

人民检察院发现人民法院在执行死刑活动中有侵犯被执行死刑罪犯的人身权、财产权或者其近亲属、继承人合法权利等违法情形的,应当依法向人民法院提出纠正意见。

第六百三十九条 判处被告人死刑缓期二年执行的判决、裁定在执行过程中,人民检察院监督的内容主要包括:

(一)死刑缓期执行期满,符合法律规定应当减为无期徒刑、有期徒刑条件的,监狱是否及时提出减刑建议提请人民法院裁定,人民法院是否依法裁定;

(二)罪犯在缓期执行期间故意犯罪,监狱是否依法侦查和移送起诉;罪犯确系故意犯罪的,人民法院是否依法核准或者裁定执行死刑。

被判处死刑缓期二年执行的罪犯在死刑缓期执行期间故意犯罪,执行机关移送人民检察院受理的,由罪犯服刑所在地的分、州、市人民检察院审查决定是否提起公诉。

人民检察院发现人民法院对被判处死刑缓期二年执行的罪犯减刑不当的,应当依照本规则第六百五十三条、第六百五十四条的规定,向人民法院提出纠正意见。罪犯在死刑缓期执行期间又故意犯罪,经人民检察院起诉后,人民法院仍然予以减刑的,人民检察院应当依照本规则第十四章第四节的规定,向人民法院提出抗诉。

第六百四十条 人民检察院发现人民法院、公安机关、看守所的交付执行活动有下列违法情形之一的,应当依法提出纠正意见：

(一)交付执行的第一审人民法院没有在判决、裁定生效十日以内将判决书、裁定书、人民检察院的起诉书副本、自诉状复印件、执行通知书、结案登记表等法律文书送达公安机关、监狱或者其他执行机关的；

(二)对被判处死刑缓期二年执行、无期徒刑或者有期徒刑余刑在三个月以上的罪犯，公安机关、看守所自接到人民法院执行通知书等法律文书后三十日以内，没有将成年罪犯送交监狱执行刑罚，或者没有将未成年罪犯送交未成年犯管教所执行刑罚的；

(三)对需要收押执行刑罚而判决、裁定生效前未被羁押的罪犯，第一审人民法院没有及时将罪犯收押送交公安机关，并将判决书、裁定书、执行通知书等法律文书送达公安机关的；

(四)公安机关对需要收押执行刑罚但下落不明的罪犯，在收到人民法院的判决书、裁定书、执行通知书等法律文书后，没有及时抓捕、通缉的；

(五)对被判处管制、宣告缓刑或者人民法院决定暂予监外执行的罪犯，在判决、裁定生效后或者收到人民法院暂予监外执行决定后，未依法交付罪犯居住地社区矫正机构执行，或者对被单处剥夺政治权利的罪犯，在判决、裁定生效后，未依法交付罪犯居住地公安机关执行的；

(六)其他违法情形。

第六百四十一条 人民检察院发现监狱在收押罪犯活动中有下列情形之一的，应当依法提出纠正意见：

(一)对公安机关、看守所依照刑事诉讼法第二百五十三条的规定送交监狱执行刑罚的罪犯，应当收押而拒绝收押的；

(二)没有已经发生法律效力的刑事判决书或者裁定书、执行通知书等有关法律文书而收押的；

(三)收押罪犯与收押凭证不符的；

(四)收押依法不应当关押的罪犯的；

(五)其他违反收押规定的情形。

对监狱依法应当收监执行而拒绝收押罪犯的，送交执行的公安机关、看守所所在地的人民检察院应当及时建议承担监督该监狱职责的人民检察院向监狱提出书面纠正意见。

第六百四十二条 人民检察院发现监狱、看守所等执行机关在管理、教育改造罪犯等活动中有违法行为的，应当依法提出纠正意见。

第六百四十三条 人民检察院发现监狱、看守所、公安机关暂予监外执行的执法活动有下列情形之一的，应当依法提出纠正意见：

(一)将不符合法定条件的罪犯提请暂予监外执行的；

(二)提请暂予监外执行的程序违反法律规定或者没有完备的合法手续，或者对于需要保外就医的罪犯没有省级人民政府指定医院的诊断证明和开具的证明文件的；

(三)监狱、看守所提出暂予监外执行书面意见，没有同时将书面意见副本抄送人民检察院的；

(四)罪犯被决定或者批准暂予监外执行后，未依法交付罪犯居住地社区矫正机构实行社区矫正的；

(五)对符合暂予监外执行条件的罪犯没有依法提请暂予监外执行的；

(六)发现罪犯不符合暂予监外执行条件，或者在暂予监外执行期间严重违反暂

予监外执行监督管理规定,或者暂予监外执行的条件消失且刑期未满,应当收监执行而未及时收监执行或者未提出收监执行建议的;

(七)人民法院决定将暂予监外执行的罪犯收监执行,并将有关法律文书送达公安机关、监狱、看守所后,监狱、看守所未及时收监执行的;

(八)对不符合暂予监外执行条件的罪犯通过贿赂等非法手段被暂予监外执行以及在暂予监外执行期间脱逃的罪犯,监狱、看守所未建议人民法院将其监外执行期间、脱逃期间不计入执行刑期或者对罪犯执行刑期计算的建议违法、不当的;

(九)暂予监外执行的罪犯刑期届满,未及时办理释放手续的;

(十)其他违法情形。

第六百四十四条 人民检察院收到监狱、看守所抄送的暂予监外执行书面意见副本后,应当逐案进行审查,发现罪犯不符合暂予监外执行法定条件或者提请暂予监外执行违反法定程序的,应当在十日以内向决定或者批准机关提出书面检察意见,同时也可以向监狱、看守所提出书面纠正意见。

第六百四十五条 人民检察院接到决定或者批准机关抄送的暂予监外执行决定书后,应当进行审查。审查的内容包括:

(一)是否属于被判处有期徒刑或者拘役的罪犯;

(二)是否属于有严重疾病需要保外就医的罪犯;

(三)是否属于怀孕或者正在哺乳自己婴儿的妇女;

(四)是否属于生活不能自理,适用暂予监外执行不致危害社会的罪犯;

(五)是否属于适用保外就医可能有社会危险性的罪犯,或者自伤自残的罪犯;

(六)决定或者批准机关是否符合刑事诉讼法第二百五十四条第五款的规定;

(七)办理暂予监外执行是否符合法定程序。

检察人员审查暂予监外执行决定,可以向罪犯所在单位和有关人员调查、向有关机关调阅有关材料。

第六百四十六条 人民检察院经审查认为暂予监外执行不当的,应当自接到通知之日起一个月以内,报经检察长批准,向决定或者批准暂予监外执行的机关提出书面纠正意见。下级人民检察院认为暂予监外执行不当的,应当立即层报决定或者批准暂予监外执行的机关的同级人民检察院,由其决定是否向决定或者批准暂予监外执行的机关提出书面纠正意见。

第六百四十七条 人民检察院向决定或者批准暂予监外执行的机关提出不同意暂予监外执行的书面意见后,应当监督其对决定或者批准暂予监外执行的结果进行重新核查,并监督重新核查的结果是否符合法律规定。对核查不符合法律规定的,应当依法提出纠正意见,并向上一级人民检察院报告。

第六百四十八条 对于暂予监外执行的罪犯,人民检察院发现罪犯不符合暂予监外执行条件、严重违反有关暂予监外执行的监督管理规定或者暂予监外执行的情形消失而罪犯刑期未满的,应当通知执行机关收监执行,或者建议决定或者批准暂予监外执行的机关作出收监执行决定。

第六百四十九条 人民检察院收到执行机关抄送的减刑、假释建议书副本后,应当逐案进行审查,发现减刑、假释建议不当或者提请减刑、假释违反法定程序的,应当在十日以内向审理减刑、假释案件的人民法院提出书面检察意见,同时也可以向执行机关提出书面纠正意见。

第六百五十条 人民检察院发现监狱等执行机关提请人民法院裁定减刑、假释的活动有下列情形之一的,应当依法提出纠正意见:

(一)将不符合减刑、假释法定条件的罪犯,提请人民法院裁定减刑、假释的;

(二)对依法应当减刑、假释的罪犯,不提请人民法院裁定减刑、假释的;

(三)提请对罪犯减刑、假释违反法定程序,或者没有完备的合法手续的;

(四)提请对罪犯减刑的减刑幅度、起始时间、间隔时间或者减刑后又假释的间隔时间不符合有关规定的;

(五)被提请减刑、假释的罪犯被减刑后实际执行的刑期或者假释考验期不符合有关法律规定的;

(六)其他违法情形。

第六百五十一条 人民法院开庭审理减刑、假释案件,人民检察院应当指派检察人员出席法庭,发表意见。

第六百五十二条 人民检察院收到人民法院减刑、假释的裁定书副本后,应当及时进行审查。审查的内容包括:

(一)被减刑、假释的罪犯是否符合法定条件,对罪犯减刑的减刑幅度、起始时间、间隔时间或者减刑后又假释的间隔时间、罪犯被减刑后实际执行的刑期或者假释考验期是否符合有关规定;

(二)执行机关提请减刑、假释的程序是否合法;

(三)人民法院审理、裁定减刑、假释的程序是否合法;

(四)按照有关规定应当开庭审理的减刑、假释案件,人民法院是否开庭审理。

检察人员审查人民法院减刑、假释裁定,可以向罪犯所在单位和有关人员进行调查,可以向有关机关调阅有关材料。

第六百五十三条 人民检察院经审查认为人民法院减刑、假释的裁定不当,应当在收到裁定书副本后二十日以内,报经检察长批准,向作出减刑、假释裁定的人民法院提出书面纠正意见。

第六百五十四条 对人民法院减刑、假释裁定的纠正意见,由作出减刑、假释裁定的人民法院的同级人民检察院书面提出。

下级人民检察院发现人民法院减刑、假释裁定不当的,应当向作出减刑、假释裁定的人民法院的同级人民检察院报告。

第六百五十五条 人民检察院对人民法院减刑、假释的裁定提出纠正意见后,应当监督人民法院是否在收到纠正意见后一个月以内重新组成合议庭进行审理,并监督重新作出的裁定是否符合法律规定。对最终裁定不符合法律规定的,应当向同级人民法院提出纠正意见。

第六百五十六条 人民检察院发现监狱、看守所对服刑期满或者依法应当予以释放的人员没有按期释放,对被裁定假释的罪犯依法应当交付罪犯居住地社区矫正机构实行社区矫正而不交付,对主刑执行完毕仍然需要执行附加剥夺政治权利的罪犯依法应当交付罪犯居住地公安机关执行而不交付,或者对服刑期未满又无合法释放根据的罪犯予以释放等违法行为的,应当依法提出纠正意见。

第六百五十七条 人民检察院依法对公安机关执行剥夺政治权利的活动实行监

督,发现公安机关未依法执行或者剥夺政治权利执行期满未书面通知本人及其所在单位、居住地基层组织等违法情形的,应当依法提出纠正意见。

第六百五十八条 人民检察院依法对人民法院执行罚金刑、没收财产刑以及执行生效判决、裁定中没收违法所得及其他涉案财产的活动实行监督,发现人民法院有依法应当执行而不执行,执行不当,罚没的财物未及时上缴国库,或者执行活动中其他违法情形的,应当依法提出纠正意见。

第六百五十九条 人民检察院依法对社区矫正执法活动进行监督,发现有下列情形之一的,应当依法向社区矫正机构提出纠正意见:

(一)没有依法接收交付执行的社区矫正人员的;

(二)违反法律规定批准社区矫正人员离开所居住的市、县,或者违反人民法院禁止令的内容批准社区矫正人员进入特定区域或者场所的;

(三)没有依法监督管理而导致社区矫正人员脱管的;

(四)社区矫正人员违反监督管理规定或者人民法院的禁止令,依法应予治安管理处罚,没有及时提请公安机关依法给予处罚的;

(五)缓刑、假释罪犯在考验期内违反法律、行政法规或者有关缓刑、假释的监督管理规定,或者违反人民法院的禁止令,依法应当撤销缓刑、假释,没有及时向人民法院提出撤销缓刑、假释建议的;

(六)对具有刑事诉讼法第二百五十七条第一款规定情形之一的暂予监外执行的罪犯,没有及时向决定或者批准暂予监外执行的机关提出收监执行建议的;

(七)对符合法定减刑条件的社区矫正人员,没有依法及时向人民法院提出减刑建议的;

(八)对社区矫正人员有殴打、体罚、虐待、侮辱人格、强迫其参加超时间或者超体力社区服务等侵犯其合法权利行为的;

(九)其他违法情形。

人民检察院发现人民法院对依法应当撤销缓刑、假释的罪犯没有依法、及时作出撤销缓刑、假释裁定,对不符合暂予监外执行条件的罪犯通过贿赂等非法手段被暂予监外执行以及在暂予监外执行期间脱逃的罪犯的执行刑期计算错误,或者有权决定、批准暂予监外执行的机关对依法应当收监执行的罪犯没有及时依法作出收监执行决定的,应当依法提出纠正意见。

第六百六十条 对人民法院、公安机关、看守所、监狱、社区矫正机构等的交付执行活动、刑罚执行活动以及其他有关执行刑事判决、裁定活动中违法行为的监督,参照本规则第六百三十二条的规定办理。

第九节 强制医疗执行监督

第六百六十一条 人民检察院对强制医疗执行活动是否合法实行监督。

强制医疗执行监督由人民检察院监所检察部门负责。

第六百六十二条 人民检察院对强制医疗的交付执行活动实行监督。发现交付执行机关未及时交付执行等违法情形的,应当依法提出纠正意见。

第六百六十三条 人民检察院在强制医疗执行监督中发现被强制医疗的人不符合强制医疗条件或者需要依法追究刑事责任,人民法院作出的强制医疗决定可能错误的,应当在五日以内报经检察长批准,将有关材料转交作出强制医疗决定的人民法院的同级人民检察院。收到材料的人民检察院公诉部门应当在二十日以内进行审查,并将审查情况和处理意见反馈负责强制医疗执行监督的人民检察院。

第六百六十四条 人民检察院发现强制医疗机构有下列情形之一的,应当依法提出纠正意见:

(一)对被决定强制医疗的人应当收治而拒绝收治的;

(二)收治的法律文书及其他手续不完备的;

(三)没有依照法律、行政法规等规定对被决定强制医疗的人实施必要的医疗的;

(四)殴打、体罚、虐待或者变相体罚、虐待被强制医疗的人,违反规定对被强制医疗的人使用械具、约束措施,以及其他侵犯被强制医疗的人合法权利的;

(五)没有依照规定定期对被强制医疗的人进行诊断评估的;

(六)对于被强制医疗的人不需要继续强制医疗的,没有及时提出解除意见报请决定强制医疗的人民法院批准的;

(七)对被强制医疗的人及其近亲属、法定代理人提出的解除强制医疗的申请没有及时进行审查处理,或者没有及时转送决定强制医疗的人民法院的;

(八)人民法院作出解除强制医疗决定后,不立即办理解除手续的;

(九)其他违法情形。

对强制医疗机构违法行为的监督,参照本规则第六百三十二条的规定办理。

第六百六十五条 人民检察院应当受理被强制医疗的人及其近亲属、法定代理人的控告、举报和申诉,并及时审查处理。对控告人、举报人、申诉人要求回复处理结果的,人民检察院监所检察部门应当在十五日以内将调查处理情况书面反馈控告人、举报人、申诉人。

人民检察院监所检察部门审查不服强制医疗决定的申诉,认为原决定正确、申诉理由不成立的,可以直接将审查结果答复申诉人;认为原决定可能错误,需要复查的,应当移送作出强制医疗决定的人民法院的同级人民检察院公诉部门办理。

第六百六十六条 人民检察院监所检察部门收到被强制医疗的人及其近亲属、法定代理人解除强制医疗决定的申请后,应当及时转交强制医疗机构审查,并监督强制医疗机构是否及时审查、审查处理活动是否合法。

第六百六十七条 人民检察院对于人民法院批准解除强制医疗的决定实行监督,发现人民法院解除强制医疗的决定不当的,应当依法向人民法院提出纠正意见。

第十五章　案件管理

第六百六十八条 人民检察院案件管理部门对检察机关办理的案件实行统一受理、流程监控、案后评查、统计分析、信息查询、综合考评等,对办案期限、办案程序、办案质量等进行管理、监督、预警。

第六百六十九条 人民检察院案件管理部门发现本院办案部门或者办案人员有下列情形之一的,应当及时提出纠正意见:

(一)查封、扣押、冻结、保管、处理涉案财物不符合有关法律和规定的;

(二)法律文书使用不当或者有明显错漏的;

(三)超过法定的办案期限仍未办结案件的;

(四)侵害当事人、辩护人、诉讼代理人

的诉讼权利的;

(五)未依法对立案、侦查、审查逮捕、公诉、审判等诉讼活动以及执行活动中的违法行为履行法律监督职责的;

(六)其他违法办理案件的情形。

对于情节轻微的,可以向办案部门或者办案人员进行口头提示;对于情节较重的,应当向办案部门发送案件流程监控通知书,提示办案部门及时查明情况并予以纠正;情节严重的,应当向办案部门发送案件流程监控通知书,并向检察长报告。

办案部门收到案件流程监控通知书后,应当在十日以内将核查情况书面回复案件管理部门。

第六百七十条 人民检察院案件管理部门对以本院名义制发的法律文书实施监督管理。

第六百七十一条 人民检察院办理的案件,办结后需要向其他单位移送案卷材料的,统一由案件管理部门审核移送材料是否规范、齐备。案件管理部门认为材料规范、齐备,符合移送条件的,应当立即由有关部门按照相关规定移送;认为材料不符合要求的,应当及时通知办案部门补送、更正。

第六百七十二条 公安机关等侦查机关移送审查起诉时随案移送涉案财物及其孳息的,人民检察院案件管理部门应当在受理案件时进行审查,并及时办理入库保管手续。

第六百七十三条 人民检察院办案部门查封、扣押、冻结涉案财物及其孳息后,应当立即将扣押的款项存入专门账户,将扣押的物品送案件管理部门办理入库保管手续,并将查封、扣押、冻结涉案财物的清单送案件管理部门登记,至迟不得超过三日。法律和有关规定另有规定的除外。

第六百七十四条 人民检察院案件管理部门负责对扣押的涉案财物进行保管,并对查封、扣押、冻结、处理涉案财物工作进行监督管理,对违反规定的行为提出纠正意见;对构成违法或者严重违纪的行为,移送纪检监察部门处理。

第六百七十五条 人民检察院办案部门需要调用、移送、处理查封、扣押、冻结的涉案财物的,应当按照规定办理审批手续。案件管理部门对于审批手续齐全的,应当办理出库手续。

第十六章 刑事司法协助

第一节 一般规定

第六百七十六条 人民检察院进行司法协助,有我国参加或者缔结的国际条约规定的,适用该条约规定,但是我国声明保留的条款除外;无相应条约规定的,按照互惠原则通过外交途径办理。

第六百七十七条 人民检察院应当在相互尊重国家主权和平等互利的基础上,与有关国家的主管机关相互提供司法协助。

第六百七十八条 享有外交特权和豁免权的外国人的刑事责任问题,通过外交途径解决。

第六百七十九条 人民检察院司法协助的范围主要包括刑事方面的调查取证,送达刑事诉讼文书,通报刑事诉讼结果,移交物证、书证和视听资料,扣押、移交赃款、赃物以及法律和国际条约规定的其他司法协助事宜。

第六百八十条 办理引渡案件,按照国家关于引渡的法律和规定执行。

第六百八十一条 人民检察院对外进

行司法协助,应当根据我国有关法律规定的程序向外国提供司法协助和办理司法协助事务。依照国际条约规定,在不违背我国法律规定的前提下,也可以按照请求方的要求适用请求书中所示的程序。

第六百八十二条 外国有关机关请求的事项有损中华人民共和国的主权、安全或者社会公共利益以及违反中国法律的,应当不予协助;不属于人民检察院职权范围的,应当予以退回或者移送有关机关,并说明理由。

第六百八十三条 最高人民检察院是检察机关办理司法协助事务的最高主管机关,依照国际条约规定是人民检察院司法协助的中方中央机关。

地方各级人民检察院是执行司法协助的主管机关,依照职责分工办理司法协助事务。

第六百八十四条 人民检察院与有关国家相互提供司法协助,应当按照我国与有关国家缔结的司法协助条约规定的联系途径或者外交途径进行。

第六百八十五条 有关司法协助条约规定最高人民检察院为司法协助的中方中央机关的,由最高人民检察院直接与有关国家对应的中央机关联系和转递司法协助文件及其他材料。

有关司法协助条约规定其他机关为中方中央机关的,地方各级人民检察院通过最高人民检察院与中方中央机关联系和转递司法协助文件。

第六百八十六条 其他机关需要通过最高人民检察院对外办理司法协助的,应当通过其最高主管机关与最高人民检察院联系。

第六百八十七条 对尚未与我国缔结司法协助条约的国家,相互之间需要提供司法协助的,应当根据互惠原则,通过外交途径办理,也可以按照惯例进行。

具体程序参照本章规定。

第六百八十八条 人民检察院需要通过国际刑事警察组织缉捕人犯、查询资料的,由有关人民检察院提出申请,层报最高人民检察院审查后与有关部门联系办理。

第六百八十九条 我国边境地区人民检察院与相邻国家的司法机关相互进行司法合作,在不违背有关条约、协议和我国法律的前提下,可以按惯例或者遵照有关规定进行,但应当报最高人民检察院备案。

第六百九十条 我国边境地区人民检察院与相邻国家的司法机关相互进行司法合作,可以视情况就双方之间办案过程中的具体事务作出安排,开展友好往来活动。

第二节 人民检察院提供司法协助

第六百九十一条 最高人民检察院通过有关国际条约规定的联系途径或外交途径,接收外国提出的司法协助请求。

第六百九十二条 外国有关机关请求人民检察院提供司法协助的请求书及所附文件,应当附有中文译本或者国际条约规定的其他文字文本。

第六百九十三条 最高人民检察院收到缔约的外国一方提出的司法协助请求后,应当依据我国法律和有关司法协助条约进行审查。对符合条约规定并且所附材料齐全的,交由有关省、自治区、直辖市人民检察院办理或者指定有关人民检察院办理,或者交由其他有关最高主管机关指定有关机关办理。对不符合条约或者有关法律规定的,应当通过接收请求的途径退回请求方不予执行;对所附材料不齐全的,应当要求请求方予以补充。

第六百九十四条 有关省、自治区、直辖市人民检察院收到最高人民检察院转交的司法协助请求书和所附材料后,可以直接办理,也可以指定有关的人民检察院办理。

第六百九十五条 负责执行司法协助请求的人民检察院收到司法协助请求书和所附材料后,应即安排执行,并按条约规定的格式和语言文字将执行结果及有关材料报经省、自治区、直辖市人民检察院审查后,报送最高人民检察院。

对于不能执行的,应当将司法协助请求书和所附材料,连同不能执行的理由通过省、自治区、直辖市人民检察院报送最高人民检察院。

人民检察院因请求书提供的地址不详或材料不齐全难以执行该项请求的,应当立即通过最高人民检察院要求请求方补充提供材料。

第六百九十六条 最高人民检察院应当对执行结果进行审查。对于符合请求要求和有关规定的,由最高人民检察院转递请求协助的缔约外国一方。

第六百九十七条 缔约的外国一方通过其他中方中央机关请求检察机关提供司法协助的,由其他中方中央机关将请求书及所附文件转递最高人民检察院,按本节规定办理。

第三节 人民检察院向外国提出司法协助请求

第六百九十八条 地方各级人民检察院需要向缔约的外国一方请求提供司法协助,应当按有关条约的规定提出司法协助请求书、调查提纲及所附文件和相应的译文,经省级人民检察院审核后,报送最高人民检察院。

请求书及其附件应当提供具体、准确的线索、证据和其他材料。我国与被请求国有条约的,请求书及所附材料按条约规定的语言译制文本;我国与被请求国没有签订条约的,按被请求国官方语言或者可以接受的语言译制文本。

第六百九十九条 最高人民检察院收到地方各级人民检察院请求缔约的外国一方提供司法协助的材料后,应当依照有关条约进行审查。对符合条约有关规定、所附材料齐全的,应当连同上述材料一并转递缔约另一方的中央机关,或者交由其他中方中央机关办理。对不符合条约规定或者材料不齐全的,应当退回提出请求的人民检察院补充或者修正。

第七百条 需要派员赴国外调查取证的,承办案件的人民检察院应当查明在国外证人、犯罪嫌疑人的具体居住地点或者地址、通讯方式等基本情况,制作调查提纲,层报省级人民检察院审核后报送最高人民检察院,通过司法协助或者外交途径向被请求国发出请求书,在被请求国同意后按照有关程序办理赴国外取证事宜。

第四节 期限和费用

第七百零一条 人民检察院提供司法协助,请求书中附有办理期限的,应当按期完成。未附办理期限的,调查取证一般应当在三个月以内完成;送达刑事诉讼文书一般应当在三十日以内完成。

不能按期完成的,应当说明情况和理由,层报最高人民检察院,以便转告请求方。

第七百零二条 人民检察院提供刑事司法协助,根据有关条约规定需要向请求方收取费用的,应当将费用和账单连同执行司法协助的结果一并报送最高人民检察院转递请求方。最高人民检察院收到上述费用后应当立即转交有关人民检察院。

第七百零三条 人民检察院请求外国提供司法协助，根据条约规定应当支付费用的，最高人民检察院收到被请求方开具的收费账单后，应当立即转交有关人民检察院支付。

第十七章 附　则

第七百零四条 人民检察院办理国家安全机关、走私犯罪侦查机关、监狱移送的刑事案件以及对国家安全机关、走私犯罪侦查机关、监狱立案、侦查活动的监督，适用本规则的有关规定。

第七百零五条 军事检察院等专门人民检察院办理刑事案件，适用本规则和其他有关规定。

第七百零六条 人民检察院办理直接立案侦查的案件接受人民监督员的监督，具体程序依照有关规定办理。

第七百零七条 本规则具有司法解释效力，由最高人民检察院负责解释。

第七百零八条 本规则自2013年1月1日起施行。最高人民检察院1999年1月18日发布的《人民检察院刑事诉讼规则》同时废止；最高人民检察院以前发布的司法解释和规范性文件与本规则不一致的，以本规则为准。

公安机关办理刑事案件程序规定

（2012年12月13日公安部令第127号发布
自2013年1月1日起施行）

目　录

第一章　任务和基本原则

第一条　为了保障《中华人民共和国刑事诉讼法》的贯彻实施，保证公安机关在刑事诉讼中正确履行职权，规范办案程序，确保办案质量，提高办案效率，制定本规定。

第二条　公安机关在刑事诉讼中的任务，是保证准确、及时地查明犯罪事实，正确应用法律，惩罚犯罪分子，保障无罪的人不受刑事追究，教育公民自觉遵守法律，积极同犯罪行为作斗争，维护社会主义法制，尊重和保障人权，保护公民的人身权利、财产权利、民主权利和其他权利，保障社会主义建设事业的顺利进行。

第三条　公安机关在刑事诉讼中的基本职权，是依照法律对刑事案件立案、侦查、预审；决定、执行强制措施；对依法不追究刑事责任的不予立案，已经追究的撤销案件；对侦查终结应当起诉的案件，移送人民检察院审查决定；对不够刑事处罚的犯罪嫌疑人需要行政处理的，依法予以处理或者移送有关部门；对被判处有期徒刑的罪犯，在被交付执行刑罚前，剩余刑期在三个月以下的，代为执行刑罚；执行拘役、剥夺政治权利、驱逐出境。

第四条　公安机关进行刑事诉讼，必须依靠群众，以事实为根据，以法律为准绳。对于一切公民，在适用法律上一律平等，在法律面前，不允许有任何特权。

第五条　公安机关进行刑事诉讼，同人民法院、人民检察院分工负责，互相配合，互相制约，以保证准确有效地执行法律。

第六条　公安机关进行刑事诉讼，依法接受人民检察院的法律监督。

第七条　公安机关进行刑事诉讼，应当建立、完善和严格执行办案责任制度、执法过错责任追究制度等内部执法监督制度。

在刑事诉讼中，上级公安机关发现下级公安机关作出的决定或者办理的案件有错误的，有权予以撤销或者变更，也可以指令下级公安机关予以纠正。

下级公安机关对上级公安机关的决定必须执行，如果认为有错误，可以在执行的同时向上级公安机关报告。

第八条　公安机关办理刑事案件，应当重证据，重调查研究，不轻信口供。严禁刑讯逼供和以威胁、引诱、欺骗以及其他非法方法收集证据，不得强迫任何人证实自己有罪。

第九条 公安机关在刑事诉讼中，应当保障犯罪嫌疑人、被告人和其他诉讼参与人依法享有的辩护权和其他诉讼权利。

第十条 公安机关办理刑事案件，应当向同级人民检察院提请批准逮捕、移送审查起诉。

第十一条 公安机关办理刑事案件，对不通晓当地通用的语言文字的诉讼参与人，应当为他们翻译。

在少数民族聚居或者多民族杂居的地区，应当使用当地通用的语言进行讯问。对外公布的诉讼文书，应当使用当地通用的文字。

第十二条 公安机关办理刑事案件，各地区、各部门之间应当加强协作和配合，依法履行协查、协办职责。

上级公安机关应当加强监督、协调和指导。

第十三条 根据中华人民共和国缔结或者参加的国际条约和公安部签订的双边、多边合作协议，或者按照互惠原则，我国公安机关可以和外国警察机关开展刑事司法协助和警务合作。

第二章 管 辖

第十四条 根据刑事诉讼法的规定，刑事案件由公安机关管辖，但下列刑事案件除外：

（一）贪污贿赂犯罪，国家工作人员的渎职犯罪，国家机关工作人员利用职权实施的非法拘禁、刑讯逼供、报复陷害、非法搜查的侵犯公民人身权利的犯罪以及侵犯公民民主权利的犯罪案件，经省级以上人民检察院决定立案侦查的国家机关工作人员利用职权实施的其他重大的犯罪案件；

（二）自诉案件，但对人民法院直接受理的被害人有证据证明的轻微刑事案件，因证据不足驳回起诉，人民法院移送公安机关或者被害人向公安机关控告的，公安机关应当受理；被害人直接向公安机关控告的，公安机关应当受理；

（三）军人违反职责的犯罪和军队内部发生的刑事案件；

（四）罪犯在监狱内犯罪的刑事案件；

（五）其他依照法律和规定应当由其他机关管辖的刑事案件。

第十五条 刑事案件由犯罪地的公安机关管辖。如果由犯罪嫌疑人居住地的公安机关管辖更为适宜的，可以由犯罪嫌疑人居住地的公安机关管辖。

犯罪地包括犯罪行为发生地和犯罪结果发生地。犯罪行为发生地，包括犯罪行为的实施地以及预备地、开始地、途经地、结束地等与犯罪行为有关的地点；犯罪行为有连续、持续或者继续状态的，犯罪行为连续、持续或者继续实施的地方都属于犯罪行为发生地。犯罪结果发生地，包括犯罪对象被侵害地、犯罪所得的实际取得地、藏匿地、转移地、使用地、销售地。

居住地包括户籍所在地、经常居住地。经常居住地是指公民离开户籍所在地最后连续居住一年以上的地方。

法律、司法解释或者其他规范性文件对有关犯罪案件的管辖作出特别规定的，从其规定。

第十六条 针对或者利用计算机网络实施的犯罪，用于实施犯罪行为的网站服务器所在地、网络接入地以及网站建立者或者管理者所在地，被侵害的计算机信息系统及其管理者所在地，以及犯罪过程中犯罪分子、被害人使用的计算机信息系统所在地公安机关可以管辖。

第十七条 行驶中的交通工具上发生的刑事案件，由交通工具最初停靠地公安机关管辖；必要时，交通工具始发地、途经地、到达地公安机关也可以管辖。

第十八条 几个公安机关都有权管辖的刑事案件，由最初受理的公安机关管辖。必要时，可以由主要犯罪地的公安机关管辖。

具有下列情形之一的，公安机关可以在职责范围内并案侦查：

（一）一人犯数罪的；

（二）共同犯罪的；

（三）共同犯罪的犯罪嫌疑人还实施其他犯罪的；

（四）多个犯罪嫌疑人实施的犯罪存在关联，并案处理有利于查明犯罪事实的。

第十九条 对管辖不明确或者有争议的刑事案件，可以由有关公安机关协商。协商不成的，由共同的上级公安机关指定管辖。

对情况特殊的刑事案件，可以由共同的上级公安机关指定管辖。

第二十条 上级公安机关指定管辖的，应当将指定管辖决定书分别送达被指定管辖的公安机关和其他有关的公安机关。

原受理案件的公安机关，在收到上级公安机关指定其他公安机关管辖的决定书后，不再行使管辖权，同时应当将案卷材料移送被指定管辖的公安机关。

对指定管辖的案件，需要逮捕犯罪嫌疑人的，由被指定管辖的公安机关提请同级人民检察院审查批准；需要提起公诉的，由该公安机关移送同级人民检察院审查决定。

第二十一条 县级公安机关负责侦查发生在本辖区内的刑事案件。

设区的市一级以上公安机关负责重大的危害国家安全犯罪、恐怖活动犯罪、涉外犯罪、经济犯罪、集团犯罪案件的侦查。

上级公安机关认为有必要的，可以侦查下级公安机关管辖的刑事案件；下级公安机关认为案情重大需要上级公安机关侦查的刑事案件，可以请求上一级公安机关管辖。

第二十二条 公安机关内部对刑事案件的管辖，按照刑事侦查机构的设置及其职责分工确定。

第二十三条 铁路公安机关管辖铁路系统的机关、厂、段、院、校、所、队、工区等单位发生的刑事案件，车站工作区域内、列车内发生的刑事案件，铁路沿线发生的盗窃或者破坏铁路、通信、电力线路和其他重要设施的刑事案件，以及内部职工在铁路线上工作时发生的刑事案件。

铁路系统的计算机信息系统延伸到地方涉及铁路业务的网点，其计算机信息系统发生的刑事案件由铁路公安机关管辖。

对倒卖、伪造、变造火车票的案件，由最初受理案件的铁路公安机关或者地方公安机关管辖。必要时，可以移送主要犯罪地的铁路公安机关或者地方公安机关管辖。

铁路建设施工工地发生的刑事案件由地方公安机关管辖。

第二十四条 交通公安机关管辖交通系统的机关、厂、段、院、校、所、队、工区等单位发生的刑事案件，港口、码头工作区域内、轮船内发生的刑事案件，水运航线发生的盗窃或者破坏水运、通信、电力线路和其他重要设施的刑事案件,以及内部职工在交通线上工作时发生的刑事案件。

第二十五条 民航公安机关管辖民航系统的机关、厂、段、院、校、所、队、工区等单位、机场工作区域内、民航飞机内发生的刑事案件。

重大飞行事故刑事案件由犯罪结果发生地机场公安机关管辖。犯罪结果发生地未设机场公安机关或者不在机场公安机关管辖范围内的,由地方公安机关管辖,有关机场公安机关予以协助。

第二十六条 森林公安机关管辖破坏森林和野生动植物资源等刑事案件,大面积林区的森林公安机关还负责辖区内其他刑事案件的侦查。未建立专门森林公安机关的,由所在地公安机关管辖。

第二十七条 海关走私犯罪侦查机构管辖中华人民共和国海关关境内发生的涉税走私犯罪案件和发生在海关监管区内的非涉税走私犯罪案件。

第二十八条 公安机关侦查的刑事案件涉及人民检察院管辖的案件时,应当将属于人民检察院管辖的刑事案件移送人民检察院。涉嫌主罪属于公安机关管辖的,由公安机关为主侦查;涉嫌主罪属于人民检察院管辖的,公安机关予以配合。

公安机关侦查的刑事案件涉及其他侦查机关管辖的案件时,参照前款规定办理。

第二十九条 公安机关和军队互涉刑事案件的管辖分工按照有关规定办理。

公安机关和武装警察部队互涉刑事案件的管辖分工依照公安机关和军队互涉刑事案件的管辖分工的原则办理。列入武装警察部队序列的公安边防、消防、警卫部门人员的犯罪案件,由公安机关管辖。

第三章 回 避

第三十条 公安机关负责人、侦查人员有下列情形之一的,应当自行提出回避申请,没有自行提出回避申请的,应当责令其回避,当事人及其法定代理人也有权要求他们回避:

(一)是本案的当事人或者是当事人的近亲属的;

(二)本人或者他的近亲属和本案有利害关系的;

(三)担任过本案的证人、鉴定人、辩护人、诉讼代理人的;

(四)与本案当事人有其他关系,可能影响公正处理案件的。

第三十一条 公安机关负责人、侦查人员不得有下列行为:

(一)违反规定会见本案当事人及其委托人;

(二)索取、接受本案当事人及其委托人的财物或者其他利益;

(三)接受本案当事人及其委托人的宴请,或者参加由其支付费用的活动;

(四)有其他不正当行为,可能影响案件公正办理。

违反前款规定的,应当责令其回避并依法追究法律责任。当事人及其法定代理人有权要求其回避。

第三十二条 公安机关负责人、侦查人员自行提出回避申请的,应当说明回避的理由;口头提出申请的,公安机关应当记录在案。

当事人及其法定代理人要求公安机关负责人、侦查人员回避,应当提出申请,并说明理由;口头提出申请的,公安机关应当记录在案。

第三十三条 侦查人员的回避，由县级以上公安机关负责人决定；县级以上公安机关负责人的回避，由同级人民检察院检察委员会决定。

第三十四条 当事人及其法定代理人对侦查人员提出回避申请的，公安机关应当在收到回避申请后二日以内作出决定并通知申请人；情况复杂的，经县级以上公安机关负责人批准，可以在收到回避申请后五日以内作出决定。

第三十五条 当事人及其法定代理人对驳回申请回避的决定不服的，可以在收到驳回申请回避决定书后五日以内向作出决定的公安机关申请复议。

公安机关应当在收到复议申请后五日以内作出复议决定并书面通知申请人。

第三十六条 在作出回避决定前，申请或者被申请回避的公安机关负责人、侦查人员不得停止对案件的侦查。

作出回避决定后，申请或者被申请回避的公安机关负责人、侦查人员不得再参与本案的侦查工作。

第三十七条 被决定回避的公安机关负责人、侦查人员在回避决定作出以前所进行的诉讼活动是否有效，由作出决定的机关根据案件情况决定。

第三十八条 本章关于回避的规定适用于记录人、翻译人员和鉴定人。

记录人、翻译人员和鉴定人需要回避的，由县级以上公安机关负责人决定。

第三十九条 辩护人、诉讼代理人可以依照本章的规定要求回避、申请复议。

第四章 律师参与刑事诉讼

第四十条 公安机关应当保障辩护律师在侦查阶段依法从事下列执业活动：

（一）向公安机关了解犯罪嫌疑人涉嫌的罪名和案件有关情况，提出意见；

（二）与犯罪嫌疑人会见和通信，向犯罪嫌疑人了解案件有关情况；

（三）为犯罪嫌疑人提供法律帮助、代理申诉、控告；

（四）为犯罪嫌疑人申请变更强制措施。

第四十一条 公安机关在第一次讯问犯罪嫌疑人或者对犯罪嫌疑人采取强制措施的时候，应当告知犯罪嫌疑人有权委托律师作为辩护人，并告知其如果因经济困难或者其他原因没有委托辩护律师的，可以向法律援助机构申请法律援助。告知的情形应当记录在案。

对于同案的犯罪嫌疑人委托同一名辩护律师的，或者两名以上未同案处理但实施的犯罪存在关联的犯罪嫌疑人委托同一名辩护律师的，公安机关应当要求其更换辩护律师。

第四十二条 犯罪嫌疑人可以自己委托辩护律师。犯罪嫌疑人在押的，也可以由其监护人、近亲属代为委托辩护律师。

犯罪嫌疑人委托辩护律师的请求可以书面提出，也可以口头提出。口头提出的，公安机关应当制作笔录，由犯罪嫌疑人签名、捺指印。

第四十三条 在押的犯罪嫌疑人向看守所提出委托辩护律师要求的，看守所应当及时将其请求转达给办案部门，办案部门应当及时向犯罪嫌疑人委托的辩护律师或者律师事务所转达该项请求。

在押的犯罪嫌疑人仅提出委托辩护律师的要求，但提不出具体对象的，办案部门应当及时通知犯罪嫌疑人的监护人、近亲属代为委托辩护律师。犯罪嫌疑人无监护人或者近亲属的,办案部门应当及时通知当地律师协会或者司法行政机关为其推荐辩护律师。

第四十四条 符合下列情形之一,犯罪嫌疑人没有委托辩护人的,公安机关应当及时通知法律援助机构为犯罪嫌疑人指派辩护律师:

(一)犯罪嫌疑人是盲、聋、哑人,或者是尚未完全丧失辨认或者控制自己行为能力的精神病人;

(二)犯罪嫌疑人可能被判处无期徒刑、死刑。

第四十五条 公安机关收到在押的犯罪嫌疑人提出的法律援助申请后,应当在二十四小时以内将其申请转交所在地的法律援助机构,并通知申请人的监护人、近亲属或者其委托的其他人员协助提供有关证件、证明等相关材料。犯罪嫌疑人的监护人、近亲属或者其委托的其他人员地址不详无法通知的,应当在转交申请时一并告知法律援助机构。

犯罪嫌疑人拒绝法律援助机构指派的律师作为辩护人或者自行委托辩护人的,公安机关应当在三日以内通知法律援助机构。

第四十六条 辩护律师接受犯罪嫌疑人委托或者法律援助机构的指派后,应当及时告知公安机关并出示律师执业证书、律师事务所证明和委托书或者法律援助公函。

第四十七条 辩护律师向公安机关了解案件有关情况的,公安机关应当依法将犯罪嫌疑人涉嫌的罪名以及当时已查明的该罪的主要事实,犯罪嫌疑人被采取、变更、解除强制措施,延长侦查羁押期限等案件有关情况,告知接受委托或者指派的辩护律师,并记录在案。

第四十八条 辩护律师可以同在押或者被监视居住的犯罪嫌疑人会见、通信。

第四十九条 对危害国家安全犯罪案件、恐怖活动犯罪案件,办案部门应当在将犯罪嫌疑人送看守所羁押时书面通知看守所;犯罪嫌疑人被监视居住的,应当在送交执行时书面通知执行机关。

辩护律师在侦查期间要求会见前款规定案件的在押或者被监视居住的犯罪嫌疑人,应当提出申请。

对辩护律师提出的会见申请,应当在收到申请后四十八小时以内,报经县级以上公安机关负责人批准,作出许可或者不许可的决定。除有碍侦查或者可能泄露国家秘密的情形外,应当作出许可的决定。

公安机关不许可会见的,应当书面通知辩护律师,并说明理由。有碍侦查或者可能泄露国家秘密的情形消失后,公安机关应当许可会见。

有下列情形之一的,属于本条规定的"有碍侦查":

(一)可能毁灭、伪造证据,干扰证人作证或者串供的;

(二)可能引起犯罪嫌疑人自残、自杀或者逃跑的;

(三)可能引起同案犯逃避、妨碍侦查的;

(四)犯罪嫌疑人的家属与犯罪有牵连的。

第五十条 辩护律师要求会见在押的犯罪嫌疑人,看守所应当在查验其律师执业证书、律师事务所证明和委托书或者法律援助公函后,在四十八小时以内安排律师会见到犯罪嫌疑人,同时通知办案部门。

侦查期间,辩护律师会见危害国家安

全犯罪案件、恐怖活动犯罪案件、特别重大贿赂犯罪案件在押或者被监视居住的犯罪嫌疑人时，看守所或者监视居住执行机关还应当查验侦查机关的许可决定文书。

第五十一条 辩护律师会见在押或者被监视居住的犯罪嫌疑人需要聘请翻译人员的，应当经公安机关审查。对于符合相关规定的，应当许可；对于不符合规定的，及时通知其更换。

翻译人员参与会见的，看守所或者监视居住执行机关应当查验公安机关的许可决定文书。

第五十二条 辩护律师会见在押或者被监视居住的犯罪嫌疑人时，看守所或者监视居住执行机关应当采取必要的管理措施，保障会见顺利进行，并告知其遵守会见的有关规定。辩护律师会见犯罪嫌疑人时，公安机关不得监听，不得派员在场。

辩护律师会见在押或者被监视居住的犯罪嫌疑人时，违反法律规定或者会见的规定的，看守所或者监视居住执行机关应当制止。对于严重违反规定或者不听劝阻的，可以决定停止本次会见，并及时通报其所在的律师事务所或者所属的律师协会。

第五十三条 辩护人或者其他任何人在刑事诉讼中，违反法律规定，实施干扰诉讼活动行为的，应当依法追究法律责任。

辩护人实施干扰诉讼活动行为，涉嫌犯罪，属于公安机关管辖的，应当由办理辩护人所承办案件的公安机关报请上一级公安机关指定其他公安机关立案侦查，或者由上一级公安机关立案侦查。不得指定原承办案件公安机关的下级公安机关立案侦查。辩护人是律师的，立案侦查的公安机关应当及时通知其所在的律师事务所或者所属的律师协会。

第五十四条 辩护律师对在执业活动中知悉的委托人的有关情况和信息，有权予以保密。但是，辩护律师在执业活动中知悉委托人或者其他人，准备或者正在实施危害国家安全、公共安全以及严重危害他人人身安全的犯罪的，应当及时告知司法机关。

第五十五条 案件侦查终结前，辩护律师提出要求的，公安机关应当听取辩护律师的意见，根据情况进行核实，并记录在案。辩护律师提出书面意见的，应当附卷。

对辩护律师收集的犯罪嫌疑人不在犯罪现场、未达到刑事责任年龄、属于依法不负刑事责任的精神病人的证据，公安机关应当进行核实并将有关情况记录在案，有关证据应当附卷。

第五章 证 据

第五十六条 可以用于证明案件事实的材料，都是证据。

证据包括：

（一）物证；

（二）书证；

（三）证人证言；

（四）被害人陈述；

（五）犯罪嫌疑人供述和辩解；

（六）鉴定意见；

（七）勘验、检查、侦查实验、搜查、查封、扣押、提取、辨认等笔录；

（八）视听资料、电子数据。

证据必须经过查证属实，才能作为认定案件事实的根据。

第五十七条 公安机关必须依照法定程序，收集能够证实犯罪嫌疑人有罪或者无罪、犯罪情节轻重的各种证据。必须保证一切与案件有关或者了解案情的公民，有客观地充分地提供证据的条件,除特殊情况外,可以吸收他们协助调查。

第五十八条 公安机关向有关单位和个人收集、调取证据时,应当告知其必须如实提供证据。

对涉及国家秘密、商业秘密、个人隐私的证据,应当保密。

对于伪造证据、隐匿证据或者毁灭证据的,应当追究其法律责任。

第五十九条 公安机关向有关单位和个人调取证据,应当经办案部门负责人批准,开具调取证据通知书。被调取单位、个人应当在通知书上盖章或者签名,拒绝盖章或者签名的,公安机关应当注明。必要时,应当采用录音或者录像等方式固定证据内容及取证过程。

第六十条 公安机关接受或者依法调取的行政机关在行政执法和查办案件过程中收集的物证、书证、视听资料、电子数据、检验报告、鉴定意见、勘验笔录、检查笔录等证据材料,可以作为证据使用。

第六十一条 收集、调取的物证应当是原物。只有在原物不便搬运、不易保存或者依法应当由有关部门保管、处理或者依法应当返还时,才可以拍摄或者制作足以反映原物外形或者内容的照片、录像或者复制品。

物证的照片、录像或者复制品经与原物核实无误或者经鉴定证明为真实的,或者以其他方式确能证明其真实的,可以作为证据使用。原物的照片、录像或者复制品,不能反映原物的外形和特征的,不能作为证据使用。

第六十二条 收集、调取的书证应当是原件。只有在取得原件确有困难时,才可以使用副本或者复制件。

书证的副本、复制件,经与原件核实无误或者经鉴定证明为真实的,或者以其他方式确能证明其真实的,可以作为证据使用。书证有更改或者更改迹象不能作出合理解释的,或者书证的副本、复制件不能反映书证原件及其内容的,不能作为证据使用。

第六十三条 物证的照片、录像或者复制品,书证的副本、复制件,视听资料、电子数据的复制件,应当附有关制作过程及原件、原物存放处的文字说明,并由制作人和物品持有人或者物品持有单位有关人员签名。

第六十四条 公安机关提请批准逮捕书、起诉意见书必须忠实于事实真象。故意隐瞒事实真象的,应当依法追究责任。

第六十五条 需要查明的案件事实包括:

(一)犯罪行为是否存在;

(二)实施犯罪行为的时间、地点、手段、后果以及其他情节;

(三)犯罪行为是否为犯罪嫌疑人实施;

(四)犯罪嫌疑人的身份;

(五)犯罪嫌疑人实施犯罪行为的动机、目的;

(六)犯罪嫌疑人的责任以及与其他同案人的关系;

(七)犯罪嫌疑人有无法定从重、从轻、减轻处罚以及免除处罚的情节;

(八)其他与案件有关的事实。

第六十六条 公安机关移送审查起诉的案件,应当做到犯罪事实清楚,证据确实、充分。

证据确实、充分,应当符合以下条件:

(一)认定的案件事实都有证据证明;

（二）认定案件事实的证据均经法定程序查证属实；

（三）综合全案证据，对所认定事实已排除合理怀疑。

对证据的审查，应当结合案件的具体情况，从各证据与待证事实的关联程度、各证据之间的联系等方面进行审查判断。

只有犯罪嫌疑人供述，没有其他证据的，不能认定案件事实；没有犯罪嫌疑人供述，证据确实、充分的，可以认定案件事实。

第六十七条 采用刑讯逼供等非法方法收集的犯罪嫌疑人供述和采用暴力、威胁等非法方法收集的证人证言、被害人陈述，应当予以排除。

收集物证、书证违反法定程序，可能严重影响司法公正的，应当予以补正或者作出合理解释；不能补正或者作出合理解释的，对该证据应当予以排除。

在侦查阶段发现有应当排除的证据的，经县级以上公安机关负责人批准，应当依法予以排除，不得作为提请批准逮捕、移送审查起诉的依据。

人民检察院认为可能存在以非法方法收集证据情形，要求公安机关进行说明的，公安机关应当及时进行调查，并向人民检察院作出书面说明。

第六十八条 人民法院认为现有证据材料不能证明证据收集的合法性，通知有关侦查人员或者其他人员出庭说明情况的，有关侦查人员或者其他人员应当出庭。必要时，有关侦查人员或者其他人员也可以要求出庭说明情况。

经人民法院通知，人民警察应当就其执行职务时目击的犯罪情况出庭作证。

第六十九条 凡是知道案件情况的人，都有作证的义务。

生理上、精神上有缺陷或者年幼，不能辨别是非，不能正确表达的人，不能作证人。

对于证人能否辨别是非，能否正确表达，必要时可以进行审查或者鉴别。

第七十条 公安机关应当保障证人及其近亲属的安全。

对证人及其近亲属进行威胁、侮辱、殴打或者打击报复，构成犯罪的，依法追究刑事责任；尚不够刑事处罚的，依法给予治安管理处罚。

第七十一条 对危害国家安全犯罪、恐怖活动犯罪、黑社会性质的组织犯罪、毒品犯罪等案件，证人、鉴定人、被害人因在侦查过程中作证，本人或者其近亲属的人身安全面临危险的，公安机关应当采取以下一项或者多项保护措施：

（一）不公开真实姓名、住址和工作单位等个人信息；

（二）禁止特定的人员接触证人、鉴定人、被害人及其近亲属；

（三）对人身和住宅采取专门性保护措施；

（四）其他必要的保护措施。

证人、鉴定人、被害人认为因在侦查过程中作证，本人或者其近亲属的人身安全面临危险，向公安机关请求予以保护，公安机关经审查认为符合前款规定的条件，确有必要采取保护措施的，应当采取上述一项或者多项保护措施。

公安机关依法采取保护措施，可以要求有关单位和个人配合。

案件移送审查起诉时，应当将采取保护措施的相关情况一并移交人民检察院。

第七十二条 公安机关依法决定不公开证人、鉴定人、被害人的真实姓名、住址和工作单位等个人信息的,可以在起诉意见书、询问笔录等法律文书、证据材料中使用化名等代替证人、鉴定人、被害人的个人信息。但是,应当另行书面说明使用化名的情况并标明密级,单独成卷。

第七十三条 证人保护工作所必需的人员、经费、装备等,应当予以保障。

证人因履行作证义务而支出的交通、住宿、就餐等费用,应当给予补助。证人作证的补助列入公安机关业务经费。

第六章 强制措施

第一节 拘 传

第七十四条 公安机关根据案件情况对需要拘传的犯罪嫌疑人,或者经过传唤没有正当理由不到案的犯罪嫌疑人,可以拘传到其所在市、县内的指定地点进行讯问。

需要拘传的,应当填写呈请拘传报告书,并附有关材料,报县级以上公安机关负责人批准。

第七十五条 公安机关拘传犯罪嫌疑人应当出示拘传证,并责令其在拘传证上签名、捺指印。

犯罪嫌疑人到案后,应当责令其在拘传证上填写到案时间;拘传结束后,应当由其在拘传证上填写拘传结束时间。犯罪嫌疑人拒绝填写的,侦查人员应当在拘传证上注明。

第七十六条 拘传持续的时间不得超过十二小时;案情特别重大、复杂,需要采取拘留、逮捕措施的,经县级以上公安机关负责人批准,拘传持续的时间不得超过二十四小时。不得以连续拘传的形式变相拘禁犯罪嫌疑人。

拘传期限届满,未作出采取其他强制措施决定的,应当立即结束拘传。

第二节 取保候审

第七十七条 公安机关对具有下列情形之一的犯罪嫌疑人,可以取保候审:

(一)可能判处管制、拘役或者独立适用附加刑的;

(二)可能判处有期徒刑以上刑罚,采取取保候审不致发生社会危险性的;

(三)患有严重疾病、生活不能自理,怀孕或者正在哺乳自己婴儿的妇女,采取取保候审不致发生社会危险性的;

(四)羁押期限届满,案件尚未办结,需要继续侦查的。

对拘留的犯罪嫌疑人,证据不符合逮捕条件,以及提请逮捕后,人民检察院不批准逮捕,需要继续侦查,并且符合取保候审条件的,可以依法取保候审。

第七十八条 对累犯,犯罪集团的主犯,以自伤、自残办法逃避侦查的犯罪嫌疑人,严重暴力犯罪以及其他严重犯罪的犯罪嫌疑人不得取保候审,但犯罪嫌疑人具有本规定第七十七条第一款第三项、第四项规定情形的除外。

第七十九条 需要对犯罪嫌疑人取保候审的,应当制作呈请取保候审报告书,说明取保候审的理由、采取的保证方式以及应当遵守的规定,经县级以上公安机关负责人批准,制作取保候审决定书。取保候审决定书应当向犯罪嫌疑人宣读,由犯罪嫌疑人签名、捺指印。

第八十条 公安机关决定对犯罪嫌疑人取保候审的,应当责令犯罪嫌疑人提出保证人或者交纳保证金。

对同一犯罪嫌疑人,不得同时责令其提出保证人和交纳保证金。

第八十一条 采取保证人保证的,保证人必须符合以下条件，并经公安机关审查同意：

（一）与本案无牵连；

（二）有能力履行保证义务；

（三）享有政治权利，人身自由未受到限制；

（四）有固定的住处和收入。

第八十二条 保证人应当履行以下义务：

（一）监督被保证人遵守本规定第八十五条、第八十六条的规定；

（二）发现被保证人可能发生或者已经发生违反本规定第八十五条、第八十六条规定的行为的，应当及时向执行机关报告。

保证人应当填写保证书，并在保证书上签名、捺指印。

第八十三条 犯罪嫌疑人的保证金起点数额为人民币一千元。具体数额应当综合考虑保证诉讼活动正常进行的需要、犯罪嫌疑人的社会危险性、案件的性质、情节、可能判处刑罚的轻重以及犯罪嫌疑人的经济状况等情况确定。

第八十四条 县级以上公安机关应当在其指定的银行设立取保候审保证金专门账户，委托银行代为收取和保管保证金。

提供保证金的人，应当一次性将保证金存入取保候审保证金专门账户。保证金应当以人民币交纳。

保证金应当由办案部门以外的部门管理。严禁截留、坐支、挪用或者以其他任何形式侵吞保证金。

第八十五条 公安机关在宣布取保候审决定时，应当告知被取保候审人遵守以下规定：

（一）未经执行机关批准不得离开所居住的市、县；

（二）住址、工作单位和联系方式发生变动的，在二十四小时以内向执行机关报告；

（三）在传讯的时候及时到案；

（四）不得以任何形式干扰证人作证；

（五）不得毁灭、伪造证据或者串供。

第八十六条 公安机关在决定取保候审时，还可以根据案件情况，责令被取保候审人遵守以下一项或者多项规定：

（一）不得进入与其犯罪活动等相关联的特定场所；

（二）不得与证人、被害人及其近亲属、同案犯以及与案件有关联的其他特定人员会见或者以任何方式通信；

（三）不得从事与其犯罪行为等相关联的特定活动；

（四）将护照等出入境证件、驾驶证件交执行机关保存。

公安机关应当综合考虑案件的性质、情节、社会影响、犯罪嫌疑人的社会关系等因素，确定特定场所、特定人员和特定活动的范围。

第八十七条 公安机关决定取保候审的，应当及时通知被取保候审人居住地的派出所执行。必要时，办案部门可以协助执行。

采取保证人担保形式的，应当同时送交有关法律文书、被取保候审人基本情况、保证人基本情况等材料。采取保证金担保形式的，应当同时送交有关法律文书、被取保候审人基本情况和保证金交纳情况等材料。

第八十八条 人民法院、人民检察院决定取保候审的，负责执行的县级公安机关应当在收到法律文书和有关材料后二十四小时以内，指定被取保候审人居住地派出所核实情况后执行。

第八十九条 执行取保候审的派出所应当履行下列职责：

（一）告知被取保候审人必须遵守的规定，及其违反规定或者在取保候审期间重新犯罪应当承担的法律后果；

（二）监督、考察被取保候审人遵守有关规定，及时掌握其活动、住址、工作单位、联系方式及变动情况；

（三）监督保证人履行保证义务；

（四）被取保候审人违反应当遵守的规定以及保证人未履行保证义务的，应当及时制止、采取紧急措施，同时告知决定机关。

第九十条 执行取保候审的派出所可以责令被取保候审人定期报告有关情况并制作笔录。

第九十一条 被取保候审人无正当理由不得离开所居住的市、县。有正当理由需要离开所居住的市、县的，应当经负责执行的派出所负责人批准。

人民法院、人民检察院决定取保候审的，负责执行的派出所在批准被取保候审人离开所居住的市、县前，应当征得决定机关同意。

第九十二条 被取保候审人在取保候审期间违反本规定第八十五条、第八十六条规定，已交纳保证金的，公安机关应当根据其违反规定的情节，决定没收部分或者全部保证金，并且区别情形，责令其具结悔过、重新交纳保证金、提出保证人，变更强制措施或者给予治安管理处罚；需要予以逮捕的，可以对其先行拘留。

人民法院、人民检察院决定取保候审的，被取保候审人违反应当遵守的规定，执行取保候审的县级公安机关应当及时告知决定机关。

第九十三条 需要没收保证金的，应当经过严格审核后，报县级以上公安机关负责人批准，制作没收保证金决定书。

决定没收五万元以上保证金的，应当经设区的市一级以上公安机关负责人批准。

第九十四条 没收保证金的决定，公安机关应当在三日以内向被取保候审人宣读，并责令其在没收保证金决定书上签名、捺指印；被取保候审人在逃或者具有其他情形不能到场的，应当向其成年家属、法定代理人、辩护人或者单位、居住地的居民委员会、村民委员会宣布，由其成年家属、法定代理人、辩护人或者单位、居住地的居民委员会或者村民委员会的负责人在没收保证金决定书上签名。

被取保候审人或者其成年家属、法定代理人、辩护人、单位、居民委员会、村民委员会负责人拒绝签名的，公安机关应当在没收保证金决定书上注明。

第九十五条 公安机关在宣读没收保证金决定书时，应当告知如果对没收保证金的决定不服，被取保候审人或者其法定代理人可以在五日以内向作出决定的公安机关申请复议。公安机关应当在收到复议申请后七日以内作出决定。

被取保候审人或者其法定代理人对复议决定不服的，可以在收到复议决定书后五日以内向上一级公安机关申请复核一次。上一级公安机关应当在收到复核申请后七日以内作出决定。对上级公安机关撤销或者变更没收保证金决定的，下级公安机关应当执行。

第九十六条 没收保证金的决定已过复议期限，或者经上级公安机关复核后维持原决定的，公安机关应当及时通知指定的银行将没收的保证金按照国家的有关规定上缴国库，并在三日以内通知决定取保候审的机关。

第九十七条 被取保候审人在取保候审期间，没有违反本规定第八十五条、第八十六条有关规定，也没有重新故意犯罪的，或者具有本规定第一百八十三条规定的情形之一的，在解除取保候审、变更强制措施的同时，公安机关应当制作退还保证金决定书，通知银行如数退还保证金。

被取保候审人或者其法定代理人可以凭退还保证金决定书到银行领取退还的保证金。

第九十八条 被取保候审人没有违反本规定第八十五条、第八十六条规定，但在取保候审期间涉嫌重新故意犯罪被立案侦查的，负责执行的公安机关应当暂扣其交纳的保证金，待人民法院判决生效后，根据有关判决作出处理。

第九十九条 被保证人违反应当遵守的规定，保证人未履行保证义务的，查证属实后，经县级以上公安机关负责人批准，对保证人处一千元以上二万元以下罚款；构成犯罪的，依法追究刑事责任。

第一百条 决定对保证人罚款的，应当报经县级以上公安机关负责人批准，制作对保证人罚款决定书，在三日以内向保证人宣布，告知其如果对罚款决定不服，可以在五日以内向作出决定的公安机关申请复议。公安机关应当在收到复议申请后七日以内作出决定。

保证人对复议决定不服的，可以在收到复议决定书后五日以内向上一级公安机关申请复核一次。上一级公安机关应当在收到复核申请后七日以内作出决定。对上级公安机关撤销或者变更罚款决定的，下级公安机关应当执行。

第一百零一条 对于保证人罚款的决定已过复议期限，或者经上级公安机关复核后维持原决定的，公安机关应当及时通知指定的银行将保证人罚款按照国家的有关规定上缴国库，并在三日以内通知决定取保候审的机关。

第一百零二条 对于犯罪嫌疑人采取保证人保证的，如果保证人在取保候审期间情况发生变化，不愿继续担保或者丧失担保条件，应当责令被取保候审人重新提出保证人或者交纳保证金，或者作出变更强制措施的决定。

负责执行的公安机关应当自发现保证人不愿继续担保或者丧失担保条件之日起三日以内通知决定取保候审的机关。

第一百零三条 公安机关在取保候审期间不得中断对案件的侦查，对取保候审的犯罪嫌疑人，根据案情变化，应当及时变更强制措施或者解除取保候审。

取保候审最长不得超过十二个月。

第一百零四条 需要解除取保候审的，由决定取保候审的机关制作解除取保候审决定书、通知书，送达负责执行的公安机关。负责执行的公安机关应当根据决定书及时解除取保候审，并通知被取保候审人、保证人和有关单位。

第三节 监视居住

第一百零五条 公安机关对符合逮捕条件，有下列情形之一的犯罪嫌疑人，可以监视居住：

（一）患有严重疾病、生活不能自理的；

（二）怀孕或者正在哺乳自己婴儿的妇女；

（三）系生活不能自理的人的唯一扶

养人；

（四）因案件的特殊情况或者办理案件的需要，采取监视居住措施更为适宜的；

（五）羁押期限届满，案件尚未办结，需要采取监视居住措施的。

对人民检察院决定不批准逮捕的犯罪嫌疑人，需要继续侦查，并且符合监视居住条件的，可以监视居住。

对于符合取保候审条件，但犯罪嫌疑人不能提出保证人，也不交纳保证金的，可以监视居住。

对于被取保候审人违反本规定第八十五条、第八十六条规定的，可以监视居住。

第一百零六条 对犯罪嫌疑人监视居住，应当制作呈请监视居住报告书，说明监视居住的理由、采取监视居住的方式以及应当遵守的规定，经县级以上公安机关负责人批准，制作监视居住决定书。监视居住决定书应当向犯罪嫌疑人宣读，由犯罪嫌疑人签名、捺指印。

第一百零七条 监视居住应当在犯罪嫌疑人、被告人住处执行；无固定住处的，可以在指定的居所执行。对于涉嫌危害国家安全犯罪、恐怖活动犯罪，在住处执行可能有碍侦查的，经上一级公安机关批准，也可以在指定的居所执行。

有下列情形之一的，属于本条规定的"有碍侦查"：

（一）可能毁灭、伪造证据，干扰证人作证或者串供的；

（二）可能引起犯罪嫌疑人自残、自杀或者逃跑的；

（三）可能引起同案犯逃避、妨碍侦查的；

（四）犯罪嫌疑人、被告人在住处执行监视居住有人身危险的；

（五）犯罪嫌疑人、被告人的家属或者所在单位人员与犯罪有牵连的。

指定居所监视居住的，不得要求被监视居住人支付费用。

第一百零八条 固定住处，是指被监视居住人在办案机关所在的市、县内生活的合法住处；指定的居所，是指公安机关根据案件情况，在办案机关所在的市、县内为被监视居住人指定的生活居所。

指定的居所应当符合下列条件：

（一）具备正常的生活、休息条件；

（二）便于监视、管理；

（三）保证安全。

公安机关不得在羁押场所、专门的办案场所或者办公场所执行监视居住。

第一百零九条 指定居所监视居住的，除无法通知的以外，应当制作监视居住通知书，在执行监视居住后二十四小时以内，由决定机关通知被监视居住人的家属。

有下列情形之一的，属于本条规定的"无法通知"：

（一）不讲真实姓名、住址、身份不明的；

（二）没有家属的；

（三）提供的家属联系方式无法取得联系的；

（四）因自然灾害等不可抗力导致无法通知的。

无法通知的情形消失以后，应当立即通知被监视居住人的家属。

无法通知家属的，应当在监视居住通知书中注明原因。

第一百一十条 被监视居住人委托辩护律师，适用本规定第四十一条、第四十二条、第四十三条规定。

第一百一十一条 公安机关在宣布监

视居住决定时，应当告知被监视居住人必须遵守以下规定：

（一）未经执行机关批准不得离开执行监视居住的处所；

（二）未经执行机关批准不得会见他人或者以任何方式通信；

（三）在传讯的时候及时到案；

（四）不得以任何形式干扰证人作证；

（五）不得毁灭、伪造证据或者串供；

（六）将护照等出入境证件、身份证件、驾驶证件交执行机关保存。

第一百一十二条 公安机关对被监视居住人，可以采取电子监控、不定期检查等监视方法对其遵守监视居住规定的情况进行监督；在侦查期间，可以对被监视居住的犯罪嫌疑人的电话、传真、信函、邮件、网络等通信进行监控。

第一百一十三条 公安机关决定监视居住的，由被监视居住人住处或者指定居所所在地的派出所执行，办案部门可以协助执行。必要时，也可以由办案部门负责执行，派出所或者其他部门协助执行。

第一百一十四条 人民法院、人民检察院决定监视居住的，负责执行的县级公安机关应当在收到法律文书和有关材料后二十四小时以内，通知被监视居住人住处或者指定居所所在地的派出所，核实被监视居住人身份、住处或者居所等情况后执行。必要时，可以由人民法院、人民检察院协助执行。

第一百一十五条 负责执行监视居住的派出所或者办案部门应当严格对被监视居住人进行监督考察，确保安全。

对于人民法院、人民检察院决定监视居住的，应当及时将监视居住的执行情况报告决定机关。

第一百一十六条 被监视居住人有正当理由要求离开住处或者指定的居所以及要求会见他人或者通信的，应当经负责执行的派出所或者办案部门负责人批准。

人民法院、人民检察院决定监视居住的，负责执行的派出所在批准被监视居住人离开住处或者指定的居所以及与他人会见或者通信前，应当征得决定机关同意。

第一百一十七条 被监视居住人违反应当遵守的规定，公安机关应当区分情形责令被监视居住人具结悔过或者给予治安管理处罚。情节严重的，可以予以逮捕；需要予以逮捕的，可以对其先行拘留。

人民法院、人民检察院决定监视居住的，被监视居住人违反应当遵守的规定，执行监视居住的县级公安机关应当及时告知决定机关。

第一百一十八条 在监视居住期间，公安机关不得中断案件的侦查，对被监视居住的犯罪嫌疑人，应当根据案情变化，及时解除监视居住或者变更强制措施。

监视居住最长不得超过六个月。

第一百一十九条 公安机关决定解除监视居住，应当经县级以上公安机关负责人批准，制作解除监视居住决定书，并及时通知执行的派出所或者办案部门、被监视居住人和有关单位。

人民法院、人民检察院作出解除、变更监视居住决定的，公安机关应当及时解除并通知被监视居住人和有关单位。

第四节　拘　　留

第一百二十条 公安机关对于现行犯或者重大嫌疑分子，有下列情形之一的，可以先行拘留：

（一）正在预备犯罪、实行犯罪或者在犯罪后即时被发觉的；

（二）被害人或者在场亲眼看见的人指认他犯罪的；

（三）在身边或者住处发现有犯罪证据的；

（四）犯罪后企图自杀、逃跑或者在逃的；

（五）有毁灭、伪造证据或者串供可能的；

（六）不讲真实姓名、住址，身份不明的；

（七）有流窜作案、多次作案、结伙作案重大嫌疑的。

第一百二十一条 拘留犯罪嫌疑人，应当填写呈请拘留报告书，经县级以上公安机关负责人批准，制作拘留证。执行拘留时，必须出示拘留证，并责令被拘留人在拘留证上签名、捺指印，拒绝签名、捺指印的，侦查人员应当注明。

紧急情况下，对于符合本规定第一百二十条所列情形之一的，应当将犯罪嫌疑人带至公安机关后立即审查，办理法律手续。

第一百二十二条 拘留后，应当立即将被拘留人送看守所羁押，至迟不得超过二十四小时。

异地执行拘留的，应当在到达管辖地后二十四小时以内将犯罪嫌疑人送看守所羁押。

第一百二十三条 除无法通知或者涉嫌危害国家安全犯罪、恐怖活动犯罪通知可能有碍侦查的情形以外，应当在拘留后二十四小时以内制作拘留通知书，通知被拘留人的家属。拘留通知书应当写明拘留原因和羁押处所。

本条规定的“无法通知”的情形适用本规定第一百零九条第二款的规定。

有下列情形之一的，属于本条规定的“有碍侦查”：

（一）可能毁灭、伪造证据，干扰证人作证或者串供的；

（二）可能引起同案犯逃避、妨碍侦查的；

（三）犯罪嫌疑人的家属与犯罪有牵连的。

无法通知、有碍侦查的情形消失以后，应当立即通知被拘留人的家属。

对于没有在二十四小时以内通知家属的，应当在拘留通知书中注明原因。

第一百二十四条 对被拘留的人，应当在拘留后二十四小时以内进行讯问。发现不应当拘留的，应当经县级以上公安机关负责人批准，制作释放通知书，看守所凭释放通知书发给被拘留人释放证明书，将其立即释放。

第一百二十五条 对被拘留的犯罪嫌疑人，经过审查认为需要逮捕的，应当在拘留后的三日以内，提请人民检察院审查批准。在特殊情况下，经县级以上公安机关负责人批准，提请审查批准逮捕的时间可以延长一日至四日。

对流窜作案、多次作案、结伙作案的重大嫌疑分子，经县级以上公安机关负责人批准，提请审查批准逮捕的时间可以延长至三十日。

本条规定的“流窜作案”，是指跨市、县管辖范围连续作案，或者在居住地作案后逃跑到外市、县继续作案；“多次作案”，是指三次以上作案；“结伙作案”，是指二人以上共同作案。

第一百二十六条 犯罪嫌疑人不讲真实姓名、住址，身份不明的，应当对其身份进行调查。经县级以上公安机关负责人批准,拘留期限自查清其身份之日起计算,但不得停止对其犯罪行为的侦查取证。

对符合逮捕条件的犯罪嫌疑人,也可以按其自报的姓名提请批准逮捕。

第一百二十七条 对被拘留的犯罪嫌疑人审查后,根据案件情况报经县级以上公安机关负责人批准,分别作出如下处理:

(一)需要逮捕的,在拘留期限内,依法办理提请批准逮捕手续;

(二)应当追究刑事责任,但不需要逮捕的,依法直接向人民检察院移送审查起诉,或者依法办理取保候审或者监视居住手续后,向人民检察院移送审查起诉;

(三)拘留期限届满,案件尚未办结,需要继续侦查的,依法办理取保候审或者监视居住手续;

(四)具有本规定第一百八十三条规定情形之一的,释放被拘留人,发给释放证明书;需要行政处理的,依法予以处理或者移送有关部门。

第一百二十八条 人民检察院决定拘留犯罪嫌疑人的,由县级以上公安机关凭人民检察院送达的决定拘留的法律文书制作拘留证并立即执行。必要时,可以请人民检察院协助。拘留后,应当及时通知人民检察院。

公安机关未能抓获犯罪嫌疑人的,应当将执行情况和未能抓获犯罪嫌疑人的原因通知作出拘留决定的人民检察院。对于犯罪嫌疑人在逃的,在人民检察院撤销拘留决定之前,公安机关应当组织力量继续执行。

第五节 逮　捕

第一百二十九条 对有证据证明有犯罪事实,可能判处徒刑以上刑罚的犯罪嫌疑人,采取取保候审尚不足以防止发生下列社会危险性的,应当提请批准逮捕:

(一)可能实施新的犯罪的;

(二)有危害国家安全、公共安全或者社会秩序的现实危险的;

(三)可能毁灭、伪造证据,干扰证人作证或者串供的;

(四)可能对被害人、举报人、控告人实施打击报复的;

(五)企图自杀或者逃跑的。

对于有证据证明有犯罪事实,可能判处十年有期徒刑以上刑罚的,或者有证据证明有犯罪事实,可能判处徒刑以上刑罚,曾经故意犯罪或者身份不明的,应当提请批准逮捕。

公安机关在根据第一款的规定提请人民检察院审查批准逮捕时,应当对犯罪嫌疑人具有社会危险性说明理由。

第一百三十条 有证据证明有犯罪事实,是指同时具备下列情形:

(一)有证据证明发生了犯罪事实;

(二)有证据证明该犯罪事实是犯罪嫌疑人实施的;

(三)证明犯罪嫌疑人实施犯罪行为的证据已有查证属实的。

前款规定的"犯罪事实"既可以是单一犯罪行为的事实,也可以是数个犯罪行为中任何一个犯罪行为的事实。

第一百三十一条 被取保候审人违反取保候审规定,具有下列情形之一的,可以提请批准逮捕:

(一)涉嫌故意实施新的犯罪行为的;

(二)有危害国家安全、公共安全或者社会秩序的现实危险的;

(三)实施毁灭、伪造证据或者干扰证人作证、串供行为,足以影响侦查工作正常进行的;

（四）对被害人、举报人、控告人实施打击报复的；

（五）企图自杀、逃跑，逃避侦查的；

（六）未经批准，擅自离开所居住的市、县，情节严重的，或者两次以上未经批准，擅自离开所居住的市、县的；

（七）经传讯无正当理由不到案，情节严重的，或者经两次以上传讯不到案的；

（八）违反规定进入特定场所、从事特定活动或者与特定人员会见、通信两次以上的。

第一百三十二条　被监视居住人违反监视居住规定，具有下列情形之一的，可以提请批准逮捕：

（一）涉嫌故意实施新的犯罪行为的；

（二）实施毁灭、伪造证据或者干扰证人作证、串供行为，足以影响侦查工作正常进行的；

（三）对被害人、举报人、控告人实施打击报复的；

（四）企图自杀、逃跑，逃避侦查的；

（五）未经批准，擅自离开执行监视居住的处所，情节严重的，或者两次以上未经批准，擅自离开执行监视居住的处所的；

（六）未经批准，擅自会见他人或者通信，情节严重的，或者两次以上未经批准，擅自会见他人或者通信的；

（七）经传讯无正当理由不到案，情节严重的，或者经两次以上传讯不到案的。

第一百三十三条　需要提请批准逮捕犯罪嫌疑人的，应当经县级以上公安机关负责人批准，制作提请批准逮捕书，连同案卷材料、证据，一并移送同级人民检察院审查批准。

第一百三十四条　对于人民检察院不批准逮捕并通知补充侦查的，公安机关应当按照人民检察院的补充侦查提纲补充侦查。

公安机关补充侦查完毕，认为符合逮捕条件的，应当重新提请批准逮捕。

第一百三十五条　对于人民检察院不批准逮捕而未说明理由的，公安机关可以要求人民检察院说明理由。

第一百三十六条　对于人民检察院决定不批准逮捕的，公安机关在收到不批准逮捕决定书后，如果犯罪嫌疑人已被拘留的，应当立即释放，发给释放证明书，并将执行回执送达作出不批准逮捕决定的人民检察院。

第一百三十七条　对人民检察院不批准逮捕的决定，认为有错误需要复议的，应当在收到不批准逮捕决定书后五日以内制作要求复议意见书，报经县级以上公安机关负责人批准后，送交同级人民检察院复议。

如果意见不被接受，认为需要复核的，应当在收到人民检察院的复议决定书后五日以内制作提请复核意见书，报经县级以上公安机关负责人批准后，连同人民检察院的复议决定书，一并提请上一级人民检察院复核。

第一百三十八条　接到人民检察院批准逮捕决定书后，应当由县级以上公安机关负责人签发逮捕证，立即执行，并将执行回执送达作出批准逮捕决定的人民检察院。如果未能执行，也应当将回执送达人民检察院，并写明未能执行的原因。

第一百三十九条　执行逮捕时，必须出示逮捕证，并责令被逮捕人在逮捕证上签名、捺指印，拒绝签名、捺指印的，侦查人员应当注明。逮捕后，应当立即将被逮捕人送看守所羁押。

执行逮捕的侦查人员不得少于二人。

第一百四十条 对被逮捕的人，必须在逮捕后的二十四小时以内进行讯问。发现不应当逮捕的，经县级以上公安机关负责人批准，制作释放通知书，送看守所和原批准逮捕的人民检察院。看守所凭释放通知书立即释放被逮捕人，并发给释放证明书。

第一百四十一条 对犯罪嫌疑人执行逮捕后，除无法通知的情形以外，应当在逮捕后二十四小时以内，制作逮捕通知书，通知被逮捕人的家属。逮捕通知书应当写明逮捕原因和羁押处所。

本条规定的"无法通知"的情形适用本规定第一百零九条第二款的规定。

无法通知的情形消除后，应当立即通知被逮捕人的家属。

对于没有在二十四小时以内通知家属的，应当在逮捕通知书中注明原因。

第一百四十二条 人民法院、人民检察院决定逮捕犯罪嫌疑人、被告人的，由县级以上公安机关凭人民法院、人民检察院决定逮捕的法律文书制作逮捕证并立即执行。必要时，可以请人民法院、人民检察院协助执行。执行逮捕后，应当及时通知决定机关。

公安机关未能抓获犯罪嫌疑人、被告人的，应当将执行情况和未能抓获的原因通知决定逮捕的人民检察院、人民法院。对于犯罪嫌疑人、被告人在逃的，在人民检察院、人民法院撤销逮捕决定之前，公安机关应当组织力量继续执行。

第一百四十三条 人民检察院在审查批准逮捕工作中发现公安机关的侦查活动存在违法情况，通知公安机关予以纠正的，公安机关应当调查核实，对于发现的违法情况应当及时纠正，并将纠正情况书面通知人民检察院。

第六节　羁　押

第一百四十四条 对犯罪嫌疑人逮捕后的侦查羁押期限不得超过二个月。案情复杂、期限届满不能侦查终结的案件，应当制作提请批准延长侦查羁押期限意见书，经县级以上公安机关负责人批准后，在期限届满七日前送请同级人民检察院转报上一级人民检察院批准延长一个月。

第一百四十五条 下列案件在本规定第一百四十四条规定的期限届满不能侦查终结的，应当制作提请批准延长侦查羁押期限意见书，经县级以上公安机关负责人批准，在期限届满七日前送请同级人民检察院层报省、自治区、直辖市人民检察院批准，延长二个月：

（一）交通十分不便的边远地区的重大复杂案件；

（二）重大的犯罪集团案件；

（三）流窜作案的重大复杂案件；

（四）犯罪涉及面广，取证困难的重大复杂案件。

第一百四十六条 对犯罪嫌疑人可能判处十年有期徒刑以上刑罚，依照本规定第一百四十五条规定的延长期限届满，仍不能侦查终结的，应当制作提请批准延长侦查羁押期限意见书，经县级以上公安机关负责人批准，在期限届满七日前送请同级人民检察院层报省、自治区、直辖市人民检察院批准，再延长二个月。

第一百四十七条 在侦查期间，发现犯罪嫌疑人另有重要罪行的，应当自发现之日起五日以内报县级以上公安机关负责人批准后，重新计算侦查羁押期限，制作重新计算侦查羁押期限通知书，送达看守所，并报批准逮捕的人民检察院备案。

前款规定的“另有重要罪行”，是指与逮捕时的罪行不同种的重大犯罪以及同种犯罪并将影响罪名认定、量刑档次的重大犯罪。

第一百四十八条 犯罪嫌疑人不讲真实姓名、住址，身份不明的，应当对其身份进行调查。经县级以上公安机关负责人批准，侦查羁押期限自查清其身份之日起计算，但不得停止对其犯罪行为的侦查取证。

对于犯罪事实清楚，证据确实、充分，确实无法查明其身份的，按其自报的姓名移送人民检察院审查起诉。

第一百四十九条 看守所应当凭公安机关签发的拘留证、逮捕证收押被拘留、逮捕的犯罪嫌疑人、被告人。犯罪嫌疑人、被告人被送至看守所羁押时，看守所应当在拘留证、逮捕证上注明犯罪嫌疑人、被告人到达看守所的时间。

查获被通缉、脱逃的犯罪嫌疑人以及执行追捕、押解任务需要临时寄押的，应当持通缉令或者其他有关法律文书并经寄押地县级以上公安机关负责人批准，送看守所寄押。

临时寄押的犯罪嫌疑人出所时，看守所应当出具羁押该犯罪嫌疑人的证明，载明该犯罪嫌疑人基本情况、羁押原因、入所和出所时间。

第一百五十条 看守所收押犯罪嫌疑人、被告人和罪犯，应当进行健康和体表检查，并予以记录。

第一百五十一条 看守所收押犯罪嫌疑人、被告人和罪犯，应当对其人身和携带的物品进行安全检查。发现违禁物品、犯罪证据和可疑物品，应当制作笔录，由被羁押人签名、捺指印后，送办案机关处理。

对女性的人身检查，应当由女工作人员进行。

第一百五十二条 犯罪嫌疑人被送交看守所羁押以后，侦查人员对其进行讯问，应当在看守所讯问室内进行。

第七节 其他规定

第一百五十三条 继续盘问期间发现犯罪嫌疑人需要拘留、逮捕、取保候审或者监视居住的，应当立即办理法律手续。

第一百五十四条 对犯罪嫌疑人执行拘传、拘留、逮捕、押解过程中，应当依法使用约束性警械。遇有暴力性对抗或者暴力犯罪行为，可以依法使用制服性警械或者武器。

第一百五十五条 公安机关发现对犯罪嫌疑人采取强制措施不当的，应当及时撤销或者变更。犯罪嫌疑人在押的，应当及时释放。公安机关释放被逮捕的人或者变更逮捕措施的，应当通知批准逮捕的人民检察院。

第一百五十六条 犯罪嫌疑人被逮捕后，人民检察院经审查认为不需要继续羁押提出检察建议的，公安机关应当予以调查核实，认为不需要继续羁押的，应当予以释放或者变更强制措施；认为需要继续羁押的，应当说明理由。

公安机关应当在十日以内将处理情况通知人民检察院。

第一百五十七条 犯罪嫌疑人及其法定代理人、近亲属或者辩护人有权申请变更强制措施。公安机关应当在收到申请后三日以内作出决定；不同意变更强制措施的，应当告知申请人，并说明理由。

第一百五十八条 公安机关对被采取强制措施法定期限届满的犯罪嫌疑人，应当予以释放，解除取保候审、监视居住或者依法变更强制措施。

犯罪嫌疑人及其法定代理人、近亲属或者辩护人对于公安机关采取强制措施法定期限届满的，有权要求公安机关解除强制措施。公安机关应当进行审查，对于情况属实的，应当立即解除或者变更强制措施。

对于犯罪嫌疑人、被告人羁押期限即将届满的，看守所应当立即通知办案机关。

第一百五十九条 取保候审变更为监视居住的，取保候审、监视居住变更为拘留、逮捕的，对原强制措施不再办理解除法律手续。

第一百六十条 案件在取保候审、监视居住期间移送审查起诉后，人民检察院决定重新取保候审、监视居住或者变更强制措施的，对原强制措施不再办理解除法律手续。

第一百六十一条 公安机关依法对县级以上各级人民代表大会代表拘传、取保候审、监视居住、拘留或者提请批准逮捕的，应当书面报请该代表所属的人民代表大会主席团或者常务委员会许可。

第一百六十二条 公安机关对现行犯拘留的时候，发现其是县级以上人民代表大会代表的，应当立即向其所属的人民代表大会主席团或者常务委员会报告。

公安机关在依法执行拘传、取保候审、监视居住、拘留或者逮捕中，发现被执行人是县级以上人民代表大会代表的，应当暂缓执行，并报告决定或者批准机关。如果在执行后发现被执行人是县级以上人民代表大会代表的，应当立即解除，并报告决定或者批准机关。

第一百六十三条 公安机关依法对乡、民族乡、镇的人民代表大会代表拘传、取保候审、监视居住、拘留或者执行逮捕的，应当在执行后立即报告其所属的人民代表大会。

第一百六十四条 公安机关依法对政治协商委员会委员拘传、取保候审、监视居住的，应当将有关情况通报给该委员所属的政协组织。

第一百六十五条 公安机关依法对政治协商委员会委员执行拘留、逮捕前，应当向该委员所属的政协组织通报情况；情况紧急的，可在执行的同时或者执行以后及时通报。

第七章 立案、撤案

第一节 受 案

第一百六十六条 公安机关对于公民扭送、报案、控告、举报或者犯罪嫌疑人自动投案的，都应当立即接受，问明情况，并制作笔录，经核对无误后，由扭送人、报案人、控告人、举报人、自动投案人签名、捺指印。必要时，应当录音或者录像。

第一百六十七条 公安机关对扭送人、报案人、控告人、举报人、自动投案人提供的有关证据材料等应当登记，制作接受证据材料清单，并由扭送人、报案人、控告人、举报人、自动投案人签名。必要时，应当拍照或者录音、录像，并妥善保管。

第一百六十八条 公安机关接受案件时，应当制作受案登记表，并出具回执。

第一百六十九条 公安机关接受控告、举报的工作人员，应当向控告人、举报人说明诬告应负的法律责任。但是，只要不是捏造事实、伪造证据，即使控告、举报的事实有出入，甚至是错告的，也要和诬告严格加以区别。

第一百七十条 公安机关应当保障扭

送人、报案人、控告人、举报人及其近亲属的安全。

扭送人、报案人、控告人、举报人如果不愿意公开自己的身份,应当为其保守秘密,并在材料中注明。

第一百七十一条 对接受的案件,或者发现的犯罪线索,公安机关应当迅速进行审查。

对于在审查中发现案件事实或者线索不明的,必要时,经办案部门负责人批准,可以进行初查。

初查过程中,公安机关可以依照有关法律和规定采取询问、查询、勘验、鉴定和调取证据材料等不限制被调查对象人身、财产权利的措施。

第一百七十二条 经过审查,认为有犯罪事实,但不属于自己管辖的案件,应当立即报经县级以上公安机关负责人批准,制作移送案件通知书,移送有管辖权的机关处理。

对于不属于自己管辖又必须采取紧急措施的,应当先采取紧急措施,然后办理手续,移送主管机关。

第一百七十三条 经过审查,对告诉才处理的案件,公安机关应当告知当事人向人民法院起诉。

对被害人有证据证明的轻微刑事案件,公安机关应当告知被害人可以向人民法院起诉;被害人要求公安机关处理的,公安机关应当依法受理。

人民法院审理自诉案件,依法调取公安机关已经收集的案件材料和有关证据的,公安机关应当及时移交。

第一百七十四条 经过审查,对于不够刑事处罚需要给予行政处理的,依法予以处理或者移送有关部门。

第二节　立　案

第一百七十五条 公安机关接受案件后,经审查,认为有犯罪事实需要追究刑事责任,且属于自己管辖的,经县级以上公安机关负责人批准,予以立案;认为没有犯罪事实,或者犯罪事实显著轻微不需要追究刑事责任,或者具有其他依法不追究刑事责任情形的,经县级以上公安机关负责人批准,不予立案。

对有控告人的案件,决定不予立案的,公安机关应当制作不予立案通知书,并在三日以内送达控告人。

第一百七十六条 控告人对不予立案决定不服的,可以在收到不予立案通知书后七日以内向作出决定的公安机关申请复议;公安机关应当在收到复议申请后七日以内作出决定,并书面通知控告人。

控告人对不予立案的复议决定不服的,可以在收到复议决定书后七日以内向上一级公安机关申请复核;上一级公安机关应当在收到复核申请后七日以内作出决定。对上级公安机关撤销不予立案决定的,下级公安机关应当执行。

第一百七十七条 对行政执法机关移送的案件,公安机关应当自接受案件之日起三日以内进行审查,认为有犯罪事实,需要追究刑事责任,依法决定立案的,应当书面通知移送案件的行政执法机关;认为没有犯罪事实,或者犯罪事实显著轻微,不需要追究刑事责任,依法不予立案的,应当说明理由,并将不予立案通知书送达移送案件的行政执法机关,相应退回案件材料。

第一百七十八条 移送案件的行政执法机关对不予立案决定不服的,可以在收到不予立案通知书后三日以内向作出决定的公安机关申请复议;公安机关应当在收到行政执法机关的复议申请后三日以内作出决定，并书面通知移送案件的行政执法机关。

第一百七十九条 对人民检察院要求说明不立案理由的案件，公安机关应当在收到通知书后七日以内，对不立案的情况、依据和理由作出书面说明，回复人民检察院。公安机关作出立案决定的，应当将立案决定书复印件送达人民检察院。

人民检察院通知公安机关立案的，公安机关应当在收到通知书后十五日以内立案，并将立案决定书复印件送达人民检察院。

第一百八十条 人民检察院认为公安机关不应当立案而立案，提出纠正意见的，公安机关应当进行调查核实，并将有关情况回复人民检察院。

第一百八十一条 经立案侦查，认为有犯罪事实需要追究刑事责任，但不属于自己管辖或者需要由其他公安机关并案侦查的案件，经县级以上公安机关负责人批准，制作移送案件通知书，移送有管辖权的机关或者并案侦查的公安机关，并在移送案件后三日以内书面通知犯罪嫌疑人家属。

第一百八十二条 案件变更管辖或者移送其他公安机关并案侦查时，与案件有关的财物及其孳息、文件应当随案移交。

移交时，由接收人、移交人当面查点清楚，并在交接单据上共同签名。

第三节 撤　　案

第一百八十三条 经过侦查，发现具有下列情形之一的，应当撤销案件：

（一）没有犯罪事实的；

（二）情节显著轻微、危害不大，不认为是犯罪的；

（三）犯罪已过追诉时效期限的；

（四）经特赦令免除刑罚的；

（五）犯罪嫌疑人死亡的；

（六）其他依法不追究刑事责任的。

对于经过侦查，发现有犯罪事实需要追究刑事责任，但不是被立案侦查的犯罪嫌疑人实施的，或者共同犯罪案件中部分犯罪嫌疑人不够刑事处罚的，应当对有关犯罪嫌疑人终止侦查，并对该案件继续侦查。

第一百八十四条 需要撤销案件或者对犯罪嫌疑人终止侦查的，办案部门应当制作撤销案件或者对犯罪嫌疑人终止侦查报告书，报县级以上公安机关负责人批准。

公安机关决定撤销案件或者对犯罪嫌疑人终止侦查时，原犯罪嫌疑人在押的，应当立即释放，发给释放证明书。原犯罪嫌疑人被逮捕的，应当通知原批准逮捕的人民检察院。对原犯罪嫌疑人采取其他强制措施的，应当立即解除强制措施；需要行政处理的，依法予以处理或者移交有关部门。

对查封、扣押的财物及其孳息、文件，或者冻结的财产，除按照法律和有关规定另行处理的以外，应当解除查封、扣押、冻结。

第一百八十五条 公安机关作出撤销案件决定后，应当在三日以内告知原犯罪嫌疑人、被害人或者其近亲属、法定代理人以及案件移送机关。

公安机关作出终止侦查决定后，应当在三日以内告知原犯罪嫌疑人。

第一百八十六条 公安机关撤销案件以后又发现新的事实或者证据，认为有犯罪事实需要追究刑事责任的，应当重新立案侦查。

对于犯罪嫌疑人终止侦查后又发现新

的事实或者证据,认为有犯罪事实需要追究刑事责任的,应当继续侦查。

第八章　侦　　查

第一节　一般规定

第一百八十七条　公安机关对已经立案的刑事案件,应当及时进行侦查,全面、客观地收集、调取犯罪嫌疑人有罪或者无罪、罪轻或者罪重的证据材料。

第一百八十八条　公安机关经过侦查,对有证据证明有犯罪事实的案件,应当进行预审,对收集、调取的证据材料的真实性、合法性及证明力予以审查、核实。

第一百八十九条　公安机关侦查犯罪,应当严格依照法律规定的条件和程序采取强制措施和侦查措施,严禁在没有证据的情况下,仅凭怀疑就对犯罪嫌疑人采取强制措施和侦查措施。

第一百九十条　公安机关侦查犯罪,涉及国家秘密、商业秘密、个人隐私的,应当保密。

第一百九十一条　当事人和辩护人、诉讼代理人、利害关系人对于公安机关及其侦查人员有下列行为之一的,有权向该机关申诉或者控告:

(一)采取强制措施法定期限届满,不予以释放、解除或者变更的;

(二)应当退还取保候审保证金不退还的;

(三)对与案件无关的财物采取查封、扣押、冻结措施的;

(四)应当解除查封、扣押、冻结不解除的;

(五)贪污、挪用、私分、调换、违反规定使用查封、扣押、冻结的财物的。

受理申诉或者控告的公安机关应当及时进行调查核实,并在收到申诉、控告之日起三十日以内作出处理决定,书面回复申诉人、控告人。发现公安机关及其侦查人员有上述行为之一的,应当立即纠正。

第一百九十二条　上级公安机关发现下级公安机关存在本规定第一百九十一条第一款规定的违法行为或者对申诉、控告事项不按照规定处理的,应当责令下级公安机关限期纠正,下级公安机关应当立即执行。必要时,上级公安机关可以就申诉、控告事项直接作出处理决定。

第二节　讯问犯罪嫌疑人

第一百九十三条　公安机关对于不需要拘留、逮捕的犯罪嫌疑人,经办案部门负责人批准,可以传唤到犯罪嫌疑人所在市、县内的指定地点或者到他的住处进行讯问。

第一百九十四条　传唤犯罪嫌疑人时,应当出示传唤证和侦查人员的工作证件,并责令其在传唤证上签名、捺指印。

犯罪嫌疑人到案后,应当由其在传唤证上填写到案时间。传唤结束时,应当由其在传唤证上填写传唤结束时间。犯罪嫌疑人拒绝填写的,侦查人员应当在传唤证上注明。

对在现场发现的犯罪嫌疑人,侦查人员经出示工作证件,可以口头传唤,并将传唤的原因和依据告知被传唤人。在讯问笔录中应当注明犯罪嫌疑人到案方式,并由犯罪嫌疑人注明到案时间和传唤结束时间。

对自动投案或者群众扭送到公安机关的犯罪嫌疑人,可以依法传唤。

第一百九十五条　传唤持续的时间不得超过十二小时。案情特别重大、复杂,需要采取拘留、逮捕措施的,经办案部门负责人批准，传唤持续的时间不得超过二十四小时。不得以连续传唤的形式变相拘禁犯罪嫌疑人。

传唤期限届满，未作出采取其他强制措施决定的，应当立即结束传唤。

第一百九十六条 传唤、拘传、讯问犯罪嫌疑人，应当保证犯罪嫌疑人的饮食和必要的休息时间，并记录在案。

第一百九十七条 讯问犯罪嫌疑人，必须由侦查人员进行。讯问的时候，侦查人员不得少于二人。

讯问同案的犯罪嫌疑人，应当个别进行。

第一百九十八条 侦查人员讯问犯罪嫌疑人时，应当首先讯问犯罪嫌疑人是否有犯罪行为，并告知犯罪嫌疑人如实供述自己罪行可以从轻或者减轻处罚的法律规定，让他陈述有罪的情节或者无罪的辩解，然后向他提出问题。

犯罪嫌疑人对侦查人员的提问，应当如实回答。但是对与本案无关的问题，有拒绝回答的权利。

第一次讯问，应当问明犯罪嫌疑人的姓名、别名、曾用名、出生年月日、户籍所在地、现住地、籍贯、出生地、民族、职业、文化程度、家庭情况、社会经历、是否属于人大代表、政协委员、是否受过刑事处罚或者行政处理等情况。

第一百九十九条 讯问聋、哑的犯罪嫌疑人，应当有通晓聋、哑手势的人参加，并在讯问笔录上注明犯罪嫌疑人的聋、哑情况，以及翻译人员的姓名、工作单位和职业。

讯问不通晓当地语言文字的犯罪嫌疑人，应当配备翻译人员。

第二百条 侦查人员应当将问话和犯罪嫌疑人的供述或者辩解如实地记录清楚。制作讯问笔录应当使用能够长期保持字迹的材料。

第二百零一条 讯问笔录应当交犯罪嫌疑人核对或者向他宣读。如果记录有遗漏或者差错，应当允许犯罪嫌疑人补充或者更正，并捺指印。笔录经犯罪嫌疑人核对无误后，应当由其在笔录上逐页签名、捺指印，并在末页写明"以上笔录我看过(或向我宣读过)，和我说的相符"。拒绝签名、捺指印的，侦查人员应当在笔录上注明。

讯问笔录上所列项目，应当按照规定填写齐全。侦查人员、翻译人员应当在讯问笔录上签名。

第二百零二条 犯罪嫌疑人请求自行书写供述的，应当准许；必要时，侦查人员也可以要求犯罪嫌疑人亲笔书写供词。犯罪嫌疑人应当在亲笔供词上逐页签名、捺指印。侦查人员收到后，应当在首页右上方写明"于某年某月某日收到"，并签名。

第二百零三条 讯问犯罪嫌疑人，在文字记录的同时，可以对讯问过程进行录音或者录像。对于可能判处无期徒刑、死刑的案件或者其他重大犯罪案件，应当对讯问过程进行录音或者录像。

前款规定的"可能判处无期徒刑、死刑的案件"，是指应当适用的法定刑或者量刑档次包含无期徒刑、死刑的案件。"其他重大犯罪案件"，是指致人重伤、死亡的严重危害公共安全犯罪、严重侵犯公民人身权利犯罪，以及黑社会性质组织犯罪、严重毒品犯罪等重大故意犯罪案件。

对讯问过程录音或者录像的，应当对每一次讯问全程不间断进行，保持完整性。不得选择性地录制，不得剪接、删改。

第二百零四条 对犯罪嫌疑人供述的

犯罪事实、无罪或者罪轻的事实、申辩和反证,以及犯罪嫌疑人提供的证明自己无罪、罪轻的证据,公安机关应当认真核查;对有关证据,无论是否采信,都应当如实记录、妥善保管,并连同核查情况附卷。

第三节　询问证人、被害人

第二百零五条　询问证人、被害人,可以在现场进行,也可以到证人、被害人所在单位、住处或者证人、被害人提出的地点进行。在必要的时候,可以通知证人、被害人到公安机关提供证言。

询问证人、被害人应当个别进行。

在现场询问证人、被害人,侦查人员应当出示工作证件。到证人、被害人所在单位、住处或者证人、被害人提出的地点询问证人、被害人,应当经办案部门负责人批准,制作询问通知书。询问前,侦查人员应当出示询问通知书和工作证件。

第二百零六条　询问前,应当了解证人、被害人的身份,证人、犯罪嫌疑人、被害人之间的关系。询问时,应当告知证人、被害人必须如实地提供证据、证言和有意作伪证或者隐匿罪证应负的法律责任。

侦查人员不得向证人、被害人泄露案情或者表示对案件的看法,严禁采用暴力、威胁等非法方法询问证人、被害人。

第二百零七条　本规定第二百零一条、第二百零二条的规定,也适用于询问证人、被害人。

第四节　勘验、检查

第二百零八条　侦查人员对于与犯罪有关的场所、物品、人身、尸体应当进行勘验或者检查,及时提取、采集与案件有关的痕迹、物证、生物样本等。在必要的时候,可以指派或者聘请具有专门知识的人,在侦查人员的主持下进行勘验、检查。

第二百零九条　发案地派出所、巡警等部门应当妥善保护犯罪现场和证据,控制犯罪嫌疑人,并立即报告公安机关主管部门。

执行勘查的侦查人员接到通知后,应当立即赶赴现场;勘查现场,应当持有刑事犯罪现场勘查证。

第二百一十条　公安机关对案件现场进行勘查不得少于二人。勘查现场时,应当邀请与案件无关的公民作为见证人。

第二百一十一条　勘查现场,应当拍摄现场照片、绘制现场图,制作笔录,由参加勘查的人和见证人签名。对重大案件的现场,应当录像。

第二百一十二条　为了确定被害人、犯罪嫌疑人的某些特征、伤害情况或者生理状态,可以对人身进行检查,提取指纹信息,采集血液、尿液等生物样本。被害人死亡的,应当通过被害人近亲属辨认、提取生物样本鉴定等方式确定被害人身份。

犯罪嫌疑人如果拒绝检查、提取、采集的,侦查人员认为必要的时候,经办案部门负责人批准,可以强制检查、提取、采集。

检查妇女的身体,应当由女工作人员或者医师进行。

检查的情况应当制作笔录,由参加检查的侦查人员、检查人员、被检查人员和见证人签名。被检查人员拒绝签名的,侦查人员应当在笔录中注明。

第二百一十三条　为了确定死因,经县级以上公安机关负责人批准,可以解剖尸体,并且通知死者家属到场,让其在解剖尸体通知书上签名。

死者家属无正当理由拒不到场或者拒绝签名的,侦查人员应当在解剖尸体通知书上注明。对身份不明的尸体,无法通知死者家属的,应当在笔录中注明。

第二百一十四条 对已查明死因,没有继续保存必要的尸体,应当通知家属领回处理,对于无法通知或者通知后家属拒绝领回的,经县级以上公安机关负责人批准,可以及时处理。

第二百一十五条 公安机关进行勘验、检查后,人民检察院要求复验、复查的,公安机关应当进行复验、复查,并可以通知人民检察院派员参加。

第二百一十六条 为了查明案情,在必要的时候,经县级以上公安机关负责人批准,可以进行侦查实验。

对侦查实验的经过和结果,应当制作侦查实验笔录,由参加实验的人签名。必要时,应当对侦查实验过程进行录音或者录像。

进行侦查实验,禁止一切足以造成危险、侮辱人格或者有伤风化的行为。

第五节 搜　　查

第二百一十七条 为了收集犯罪证据、查获犯罪人,经县级以上公安机关负责人批准,侦查人员可以对犯罪嫌疑人以及可能隐藏罪犯或者犯罪证据的人的身体、物品、住处和其他有关的地方进行搜查。

第二百一十八条 进行搜查,必须向被搜查人出示搜查证,执行搜查的侦查人员不得少于二人。

第二百一十九条 执行拘留、逮捕的时候,遇有下列紧急情况之一的,不用搜查证也可以进行搜查:

(一)可能随身携带凶器的;

(二)可能隐藏爆炸、剧毒等危险物品的;

(三)可能隐匿、毁弃、转移犯罪证据的;

(四)可能隐匿其他犯罪嫌疑人的;

(五)其他突然发生的紧急情况。

第二百二十条 进行搜查时,应当有被搜查人或者他的家属、邻居或者其他见证人在场。

公安机关可以要求有关单位和个人交出可以证明犯罪嫌疑人有罪或者无罪的物证、书证、视听资料等证据。遇到阻碍搜查的,侦查人员可以强制搜查。

搜查妇女的身体,应当由女工作人员进行。

第二百二十一条 搜查的情况应当制作笔录,由侦查人员和被搜查人或者他的家属,邻居或者其他见证人签名。

如果被搜查人拒绝签名,或者被搜查人在逃,他的家属拒绝签名或者不在场的,侦查人员应当在笔录中注明。

第六节 查封、扣押

第二百二十二条 在侦查活动中发现的可用以证明犯罪嫌疑人有罪或者无罪的各种财物、文件,应当查封、扣押;但与案件无关的财物、文件,不得查封、扣押。

持有人拒绝交出应当查封、扣押的财物、文件的,公安机关可以强制查封、扣押。

第二百二十三条 在侦查过程中需要扣押财物、文件的,应当经办案部门负责人批准,制作扣押决定书;在现场勘查或者搜查中需要扣押财物、文件的,由现场指挥人员决定;但扣押财物、文件价值较高或者可能严重影响正常生产经营的,应当经县级以上公安机关负责人批准,制作扣押决定书。

在侦查过程中需要查封土地、房屋等不动产,或者船舶、航空器以及其他不宜移动的大型机器、设备等特定动产的,应当经县级以上公安机关负责人批准并制作查封决定书。

第二百二十四条 执行查封、扣押的侦查人员不得少于二人，并出示本规定第二百二十三条规定的有关法律文书。

查封、扣押的情况应当制作笔录，由侦查人员、持有人和见证人签名。对于无法确定持有人或者持有人拒绝签名的，侦查人员应当在笔录中注明。

第二百二十五条 对查封、扣押的财物和文件，应当会同在场见证人和被查封、扣押财物、文件的持有人查点清楚，当场开列查封、扣押清单一式三份，写明财物或者文件的名称、编号、数量、特征及其来源等，由侦查人员、持有人和见证人签名，一份交给持有人，一份交给公安机关保管人员，一份附卷备查。

对于无法确定持有人的财物、文件或者持有人拒绝签名的，侦查人员应当在清单中注明。

依法扣押文物、金银、珠宝、名贵字画等贵重财物的，应当拍照或者录像，并及时鉴定、估价。

第二百二十六条 对作为犯罪证据但不便提取的财物、文件，经登记、拍照或者录像、估价后，可以交财物、文件持有人保管或者封存，并且开具登记保存清单一式两份，由侦查人员、持有人和见证人签名，一份交给财物、文件持有人，另一份连同照片或者录像资料附卷备查。财物、文件持有人应当妥善保管，不得转移、变卖、毁损。

第二百二十七条 扣押犯罪嫌疑人的邮件、电子邮件、电报，应当经县级以上公安机关负责人批准，制作扣押邮件、电报通知书，通知邮电部门或者网络服务单位检交扣押。

不需要继续扣押的时候，应当经县级以上公安机关负责人批准，制作解除扣押邮件、电报通知书，立即通知邮电部门或者网络服务单位。

第二百二十八条 对查封、扣押的财物、文件、邮件、电子邮件、电报，经查明确实与案件无关的，应当在三日以内解除查封、扣押，退还原主或者原邮电部门、网络服务单位；原主不明确的，应当采取公告方式告知原主认领。在通知原主或者公告后六个月以内，无人认领的，按照无主财物处理，登记后上缴国库。

第二百二十九条 对被害人的合法财产及其孳息权属明确无争议，并且涉嫌犯罪事实已经查证属实的，应当在登记、拍照或者录像、估价后及时返还，并在案卷中注明返还的理由，将原物照片、清单和被害人的领取手续存卷备查。

查找不到被害人，或者通知被害人后，无人领取的，应当将有关财产及其孳息随案移送。

第二百三十条 对查封、扣押的财物及其孳息、文件，公安机关应当妥善保管，以供核查。任何单位和个人不得使用、调换、损毁或者自行处理。

对容易腐烂变质及其他不易保管的财物，可以根据具体情况，经县级以上公安机关负责人批准，在拍照或者录像后委托有关部门变卖、拍卖，变卖、拍卖的价款暂予保存，待诉讼终结后一并处理。

对违禁品，应当依照国家有关规定处理；对于需要作为证据使用的，应当在诉讼终结后处理。

第七节 查询、冻结

第二百三十一条 公安机关根据侦查犯罪的需要，可以依照规定查询、冻结犯罪嫌疑人的存款、汇款、债券、股票、基金份额等财产,并可以要求有关单位和个人配合。

第二百三十二条 向金融机构等单位查询犯罪嫌疑人的存款、汇款、债券、股票、基金份额等财产,应当经县级以上公安机关负责人批准,制作协助查询财产通知书,通知金融机构等单位执行。

第二百三十三条 需要冻结犯罪嫌疑人在金融机构等单位的存款、汇款、债券、股票、基金份额等财产的,应当经县级以上公安机关负责人批准,制作协助冻结财产通知书,通知金融机构等单位执行。

第二百三十四条 不需要继续冻结犯罪嫌疑人存款、汇款、债券、股票、基金份额等财产时,应当经县级以上公安机关负责人批准,制作协助解除冻结财产通知书,通知金融机构等单位执行。

第二百三十五条 犯罪嫌疑人的存款、汇款、债券、股票、基金份额等财产已被冻结的,不得重复冻结,但可以轮候冻结。

第二百三十六条 冻结存款、汇款等财产的期限为六个月。冻结债券、股票、基金份额等证券的期限为二年。有特殊原因需要延长期限的,公安机关应当在冻结期限届满前办理继续冻结手续。每次续冻存款、汇款等财产的期限最长不得超过六个月;每次续冻债券、股票、基金份额等证券的期限最长不得超过二年。继续冻结的,应当按照本规定第二百三十三条的规定重新办理冻结手续。逾期不办理继续冻结手续的,视为自动解除冻结。

第二百三十七条 对冻结的债券、股票、基金份额等财产,应当告知当事人或者其法定代理人、委托代理人有权申请出售。

权利人书面申请出售被冻结的债券、股票、基金份额等财产,不损害国家利益、被害人、其他权利人利益,不影响诉讼正常进行的,以及冻结的汇票、本票、支票的有效期即将届满的,经县级以上公安机关负责人批准,可以依法出售或者变现,所得价款应当继续冻结在其对应的银行账户中;没有对应的银行账户的,所得价款由公安机关在银行指定专门账户保管,并及时告知当事人或者其近亲属。

第二百三十八条 对冻结的存款、汇款、债券、股票、基金份额等财产,经查明确实与案件无关的,应当在三日以内通知金融机构等单位解除冻结,并通知被冻结存款、汇款、债券、股票、基金份额等财产的所有人。

第八节　鉴　　定

第二百三十九条 为了查明案情,解决案件中某些专门性问题,应当指派、聘请有专门知识的人进行鉴定。

需要聘请有专门知识的人进行鉴定,应当经县级以上公安机关负责人批准后,制作鉴定聘请书。

第二百四十条 公安机关应当为鉴定人进行鉴定提供必要的条件,及时向鉴定人送交有关检材和对比样本等原始材料,介绍与鉴定有关的情况,并且明确提出要求鉴定解决的问题。

禁止暗示或者强迫鉴定人作出某种鉴定意见。

第二百四十一条 侦查人员应当做好检材的保管和送检工作,并注明检材送检环节的责任人,确保检材在流转环节中的同一性和不被污染。

第二百四十二条 鉴定人应当按照鉴定规则,运用科学方法独立进行鉴定。鉴定后,应当出具鉴定意见,并在鉴定意见书上签名,同时附上鉴定机构和鉴定人的资质证明或者其他证明文件。

多人参加鉴定,鉴定人有不同意见的,应当注明。

第二百四十三条 对鉴定意见,侦查人员应当进行审查。

对经审查作为证据使用的鉴定意见,公安机关应当及时告知犯罪嫌疑人、被害人或者其法定代理人。

第二百四十四条 犯罪嫌疑人、被害人对鉴定意见有异议提出申请,以及办案部门或者侦查人员对鉴定意见有疑义的,可以将鉴定意见送交其他有专门知识的人员提出意见。必要时,询问鉴定人并制作笔录附卷。

第二百四十五条 经审查,发现有下列情形之一的,经县级以上公安机关负责人批准,应当补充鉴定:

(一)鉴定内容有明显遗漏的;

(二)发现新的有鉴定意义的证物的;

(三)对鉴定证物有新的鉴定要求的;

(四)鉴定意见不完整,委托事项无法确定的;

(五)其他需要补充鉴定的情形。

经审查,不符合上述情形的,经县级以上公安机关负责人批准,作出不准予补充鉴定的决定,并在作出决定后三日以内书面通知申请人。

第二百四十六条 经审查,发现有下列情形之一的,经县级以上公安机关负责人批准,应当重新鉴定:

(一)鉴定程序违法或者违反相关专业技术要求的;

(二)鉴定机构、鉴定人不具备鉴定资质和条件的;

(三)鉴定人故意作虚假鉴定或者违反回避规定的;

(四)鉴定意见依据明显不足的;

(五)检材虚假或者被损坏的;

(六)其他应当重新鉴定的情形。

重新鉴定,应当另行指派或者聘请鉴定人。

经审查,不符合上述情形的,经县级以上公安机关负责人批准,作出不准予重新鉴定的决定,并在作出决定后三日以内书面通知申请人。

第二百四十七条 公诉人、当事人或者辩护人、诉讼代理人对鉴定意见有异议,经人民法院依法通知的,公安机关鉴定人应当出庭作证。

鉴定人故意作虚假鉴定的,应当依法追究其法律责任。

第二百四十八条 对犯罪嫌疑人作精神病鉴定的时间不计入办案期限,其他鉴定时间都应当计入办案期限。

第九节 辨 认

第二百四十九条 为了查明案情,在必要的时候,侦查人员可以让被害人、证人或者犯罪嫌疑人对与犯罪有关的物品、文件、尸体、场所或者犯罪嫌疑人进行辨认。

第二百五十条 辨认应当在侦查人员的主持下进行。主持辨认的侦查人员不得少于二人。

几名辨认人对同一辨认对象进行辨认时,应当由辨认人个别进行。

第二百五十一条 辨认时,应当将辨认对象混杂在特征相类似的其他对象中,不得给辨认人任何暗示。辨认犯罪嫌疑人时,被辨认的人数不得少于七人;对犯罪嫌疑人照片进行辨认的,不得少于十人的照片;辨认物品时,混杂的同类物品不得少于五件。

对场所、尸体等特定辨认对象进行辨认,或者辨认人能够准确描述物品独有特征的，陪衬物不受数量的限制。

第二百五十二条 对犯罪嫌疑人的辨认，辨认人不愿意公开进行时，可以在不暴露辨认人的情况下进行，并应当为其保守秘密。

第二百五十三条 对辨认经过和结果，应当制作辨认笔录，由侦查人员、辨认人、见证人签名。必要时，应当对辨认过程进行录音或者录像。

第十节 技术侦查

第二百五十四条 公安机关在立案后，根据侦查犯罪的需要，可以对下列严重危害社会的犯罪案件采取技术侦查措施：

（一）危害国家安全犯罪、恐怖活动犯罪、黑社会性质的组织犯罪、重大毒品犯罪案件；

（二）故意杀人、故意伤害致人重伤或者死亡、强奸、抢劫、绑架、放火、爆炸、投放危险物质等严重暴力犯罪案件；

（三）集团性、系列性、跨区域性重大犯罪案件；

（四）利用电信、计算机网络、寄递渠道等实施的重大犯罪案件，以及针对计算机网络实施的重大犯罪案件；

（五）其他严重危害社会的犯罪案件，依法可能判处七年以上有期徒刑的。

公安机关追捕被通缉或者批准、决定逮捕的在逃的犯罪嫌疑人、被告人，可以采取追捕所必需的技术侦查措施。

第二百五十五条 技术侦查措施是指由设区的市一级以上公安机关负责技术侦查的部门实施的记录监控、行踪监控、通信监控、场所监控等措施。

技术侦查措施的适用对象是犯罪嫌疑人、被告人以及与犯罪活动直接关联的人员。

第二百五十六条 需要采取技术侦查措施的，应当制作呈请采取技术侦查措施报告书，报设区的市一级以上公安机关负责人批准，制作采取技术侦查措施决定书。

人民检察院等部门决定采取技术侦查措施，交公安机关执行的，由设区的市一级以上公安机关按照规定办理相关手续后，交负责技术侦查的部门执行，并将执行情况通知人民检察院等部门。

第二百五十七条 批准采取技术侦查措施的决定自签发之日起三个月以内有效。

在有效期限内，对不需要继续采取技术侦查措施的，办案部门应当立即书面通知负责技术侦查的部门解除技术侦查措施；负责技术侦查的部门认为需要解除技术侦查措施的，报批准机关负责人批准，制作解除技术侦查措施决定书，并及时通知办案部门。

对复杂、疑难案件，采取技术侦查措施的有效期限届满仍需要继续采取技术侦查措施的，经负责技术侦查的部门审核后，报批准机关负责人批准，制作延长技术侦查措施期限决定书。批准延长期限，每次不得超过三个月。

有效期限届满，负责技术侦查的部门应当立即解除技术侦查措施。

第二百五十八条 采取技术侦查措施，必须严格按照批准的措施种类、适用对象和期限执行。

在有效期限内，需要变更技术侦查措施种类或者适用对象的，应当按照本规定第二百五十六条规定重新办理批准手续。

第二百五十九条 采取技术侦查措施收集的材料在刑事诉讼中可以作为证据使用。使用技术侦查措施收集的材料作为证据时,可能危及有关人员的人身安全,或者可能产生其他严重后果的,应当采取不暴露有关人员身份和使用的技术设备、侦查方法等保护措施。

采取技术侦查措施收集的材料作为证据使用的,采取技术侦查措施决定书应当附卷。

第二百六十条 采取技术侦查措施收集的材料,应当严格依照有关规定存放,只能用于对犯罪的侦查、起诉和审判,不得用于其他用途。

采取技术侦查措施收集的与案件无关的材料,必须及时销毁,并制作销毁记录。

第二百六十一条 侦查人员对采取技术侦查措施过程中知悉的国家秘密、商业秘密和个人隐私,应当保密。

公安机关依法采取技术侦查措施,有关单位和个人应当配合,并对有关情况予以保密。

第二百六十二条 为了查明案情,在必要的时候,经县级以上公安机关负责人决定,可以由侦查人员或者公安机关指定的其他人员隐匿身份实施侦查。

隐匿身份实施侦查时,不得使用促使他人产生犯罪意图的方法诱使他人犯罪,不得采用可能危害公共安全或者发生重大人身危险的方法。

第二百六十三条 对涉及给付毒品等违禁品或者财物的犯罪活动,为查明参与该项犯罪的人员和犯罪事实,根据侦查需要,经县级以上公安机关负责人决定,可以实施控制下交付。

第二百六十四条 公安机关依照本节规定实施隐匿身份侦查和控制下交付收集的材料在刑事诉讼中可以作为证据使用。

使用隐匿身份侦查和控制下交付收集的材料作为证据时,可能危及隐匿身份人员的人身安全,或者可能产生其他严重后果的,应当采取不暴露有关人员身份等保护措施。

第十一节　通　　缉

第二百六十五条 应当逮捕的犯罪嫌疑人如果在逃,公安机关可以发布通缉令,采取有效措施,追捕归案。

县级以上公安机关在自己管辖的地区内,可以直接发布通缉令;超出自己管辖的地区,应当报请有权决定的上级公安机关发布。

通缉令的发送范围,由签发通缉令的公安机关负责人决定。

第二百六十六条 通缉令中应当尽可能写明被通缉人的姓名、别名、曾用名、绰号、性别、年龄、民族、籍贯、出生地、户籍所在地、居住地、职业、身份证号码、衣着和体貌特征、口音、行为习惯,并附被通缉人近期照片,可以附指纹及其他物证的照片。除了必须保密的事项以外,应当写明发案的时间、地点和简要案情。

第二百六十七条 通缉令发出后,如果发现新的重要情况可以补发通报。通报必须注明原通缉令的编号和日期。

第二百六十八条 公安机关接到通缉令后,应当及时布置查缉。抓获犯罪嫌疑人后,报经县级以上公安机关负责人批准,凭通缉令或者相关法律文书羁押,并通知通缉令发布机关进行核实,办理交接手续。

第二百六十九条 需要对犯罪嫌疑人在口岸采取边控措施的,应当按照有关规定制作边控对象通知书,经县级以上公安机关负责人审核后,层报省级公安机关批准,办理全国范围内的边控措施。需要限制犯罪嫌疑人人身自由的,应当附有关法律文书。

紧急情况下,需要采取边控措施的,县级以上公安机关可以出具公函,先向当地边防检查站交控,但应当在七日以内按照规定程序办理全国范围内的边控措施。

第二百七十条 为发现重大犯罪线索,追缴涉案财物、证据,查获犯罪嫌疑人,必要时,经县级以上公安机关负责人批准,可以发布悬赏通告。

悬赏通告应当写明悬赏对象的基本情况和赏金的具体数额。

第二百七十一条 通缉令、悬赏通告应当广泛张贴,并可以通过广播、电视、报刊、计算机网络等方式发布。

第二百七十二条 经核实,犯罪嫌疑人已经自动投案、被击毙或者被抓获,以及发现有其他不需要采取通缉、边控、悬赏通告的情形的,发布机关应当在原通缉、通知、通告范围内,撤销通缉令、边控通知、悬赏通告。

第二百七十三条 通缉越狱逃跑的犯罪嫌疑人、被告人或者罪犯,适用本节的有关规定。

第十二节 侦查终结

第二百七十四条 侦查终结的案件,应当同时符合以下条件:

(一)案件事实清楚;

(二)证据确实、充分;

(三)犯罪性质和罪名认定正确;

(四)法律手续完备;

(五)依法应当追究刑事责任。

第二百七十五条 侦查终结的案件,侦查人员应当制作结案报告。

结案报告应当包括以下内容:

(一)犯罪嫌疑人的基本情况;

(二)是否采取了强制措施及其理由;

(三)案件的事实和证据;

(四)法律依据和处理意见。

第二百七十六条 侦查终结案件的处理,由县级以上公安机关负责人批准;重大、复杂、疑难的案件应当经过集体讨论。

第二百七十七条 侦查终结后,应当将全部案卷材料按照要求装订立卷。

向人民检察院移送案件时,只移送诉讼卷,侦查卷由公安机关存档备查。

第二百七十八条 对查封、扣押的犯罪嫌疑人的财物及其孳息、文件或者冻结的财产,作为证据使用的,应当随案移送,并制作随案移送清单一式两份,一份留存,一份交人民检察院。

对于实物不宜移送的,应当将其清单、照片或者其他证明文件随案移送。待人民法院作出生效判决后,按照人民法院的通知,上缴国库或者依法予以返还,并向人民法院送交回执。人民法院未作出处理的,应当征求人民法院意见,并根据人民法院的决定依法作出处理。

第二百七十九条 对侦查终结的案件,应当制作起诉意见书,经县级以上公安机关负责人批准后,连同全部案卷材料、证据,以及辩护律师提出的意见,一并移送同级人民检察院审查决定;同时将案件移送情况告知犯罪嫌疑人及其辩护律师。

第二百八十条 共同犯罪案件的起诉意见书,应当写明每个犯罪嫌疑人在共同犯罪中的地位、作用、具体罪责和认罪态度,并分别提出处理意见。

第二百八十一条 被害人提出附带民事诉讼的,应当记录在案;移送审查起诉时,应当在起诉意见书末页注明。

第二百八十二条 人民检察院作出不起诉决定的,如果犯罪嫌疑人在押,公安机关应当立即办理释放手续，并根据人民检察院解除查封、扣押、冻结财物的书面通知，及时解除查封、扣押、冻结。

对人民检察院提出对被不起诉人给予行政处罚、行政处分或者没收其违法所得的检察意见，移送公安机关处理的，公安机关应当将处理结果及时通知人民检察院。

第二百八十三条 认为人民检察院作出的不起诉决定有错误的，应当在收到不起诉决定书后七日以内制作要求复议意见书，经县级以上公安机关负责人批准后，移送同级人民检察院复议。

要求复议的意见不被接受的，可以在收到人民检察院的复议决定书后七日以内制作提请复核意见书，经县级以上公安机关负责人批准后，连同人民检察院的复议决定书，一并提请上一级人民检察院复核。

第十三节 补充侦查

第二百八十四条 侦查终结，移送人民检察院审查起诉的案件，人民检察院退回公安机关补充侦查的，公安机关接到人民检察院退回补充侦查的法律文书后，应当按照补充侦查提纲在一个月以内补充侦查完毕。

补充侦查以二次为限。

第二百八十五条 对人民检察院退回补充侦查的案件，根据不同情况，报县级以上公安机关负责人批准，分别作如下处理：

（一）原认定犯罪事实清楚，证据不够充分的，应当在补充证据后，制作补充侦查报告书，移送人民检察院审查；对无法补充的证据，应当作出说明；

（二）在补充侦查过程中，发现新的同案犯或者新的罪行，需要追究刑事责任的，应当重新制作起诉意见书，移送人民检察院审查；

（三）发现原认定的犯罪事实有重大变化，不应当追究刑事责任的，应当重新提出处理意见，并将处理结果通知退查的人民检察院；

（四）原认定犯罪事实清楚，证据确实、充分，人民检察院退回补充侦查不当的，应当说明理由，移送人民检察院审查。

第二百八十六条 对于人民检察院在审查起诉过程中以及在人民法院作出生效判决前，要求公安机关提供法庭审判所必需的证据材料的，应当及时收集和提供。

第九章 执行刑罚

第一节 罪犯的交付

第二百八十七条 对被依法判处刑罚的罪犯，如果罪犯已被采取强制措施的，公安机关应当依据人民法院生效的判决书、裁定书以及执行通知书，将罪犯交付执行。

对人民法院作出无罪或者免除刑事处罚的判决，如果被告人在押，公安机关在收到相应的法律文书后应当立即办理释放手续；对人民法院建议给予行政处理的，应当依照有关规定处理或者移送有关部门。

第二百八十八条 对被判处死刑的罪犯，公安机关应当依据人民法院执行死刑的命令，将罪犯交由人民法院执行。

第二百八十九条 公安机关接到人民法院生效的判处死刑缓期二年执行、无期徒刑、有期徒刑的判决书、裁定书以及执行通知书后，应当在一个月以内将罪犯送交监狱执行。

对未成年犯应当送交未成年犯管教所执行刑罚。

第二百九十条 对被判处有期徒刑的罪犯，在被交付执行刑罚前，剩余刑期在三个月以下的，由看守所根据人民法院的判决代为执行。

对被判处拘役的罪犯，由看守所执行。

第二百九十一条　对被判处管制、宣告缓刑、假释或者暂予监外执行的罪犯，已被羁押的，由看守所将其交付社区矫正机构执行。

对被判处剥夺政治权利的罪犯，由罪犯居住地的派出所负责执行。

第二百九十二条　对被判处有期徒刑由看守所代为执行和被判处拘役的罪犯，执行期间如果没有再犯新罪，执行期满，看守所应当发给刑满释放证明书。

第二百九十三条　公安机关在执行刑罚中，如果认为判决有错误或者罪犯提出申诉，应当转请人民检察院或者原判人民法院处理。

第二节　减刑、假释、暂予监外执行

第二百九十四条　对依法留看守所执行刑罚的罪犯，符合减刑条件的，由看守所制作减刑建议书，经设区的市一级以上公安机关审查同意后，报请所在地中级以上人民法院审核裁定。

第二百九十五条　对依法留看守所执行刑罚的罪犯，符合假释条件的，由看守所制作假释建议书，经设区的市一级以上公安机关审查同意后，报请所在地中级以上人民法院审核裁定。

第二百九十六条　对依法留所执行刑罚的罪犯，有下列情形之一的，可以暂予监外执行：

（一）有严重疾病需要保外就医的；

（二）怀孕或者正在哺乳自己婴儿的妇女；

（三）生活不能自理，适用暂予监外执行不致危害社会的。

对罪犯暂予监外执行的，看守所应当提出书面意见，报设区的市一级以上公安机关批准，同时将书面意见抄送同级人民检察院。

对适用保外就医可能有社会危险性的罪犯，或者自伤自残的罪犯，不得保外就医。

对罪犯确有严重疾病，必须保外就医的，由省级人民政府指定的医院诊断并开具证明文件。

第二百九十七条　公安机关决定对罪犯暂予监外执行的，应当将暂予监外执行决定书交被暂予监外执行的罪犯和负责监外执行的社区矫正机构，同时抄送同级人民检察院。

第二百九十八条　批准暂予监外执行的公安机关接到人民检察院认为暂予监外执行不当的意见后，应当立即对暂予监外执行的决定进行重新核查。

第二百九十九条　对暂予监外执行的罪犯，有下列情形之一的，批准暂予监外执行的公安机关应当作出收监执行决定：

（一）发现不符合暂予监外执行条件的；

（二）严重违反有关暂予监外执行监督管理规定的；

（三）暂予监外执行的情形消失后，罪犯刑期未满的。

对暂予监外执行的罪犯决定收监执行的，由暂予监外执行地看守所将罪犯收监执行。

不符合暂予监外执行条件的罪犯通过贿赂等非法手段被暂予监外执行的，或者罪犯在暂予监外执行期间脱逃的，罪犯被收监执行后，所在看守所应当提出不计入执行刑期的建议，经设区的市一级以上公

安机关审查同意后，报请所在地中级以上人民法院审核裁定。

第三节　剥夺政治权利

第三百条　负责执行剥夺政治权利的派出所应当按照人民法院的判决，向罪犯及其所在单位、居住地基层组织宣布其犯罪事实、被剥夺政治权利的期限，以及罪犯在执行期间应当遵守的规定。

第三百零一条　被剥夺政治权利的罪犯在执行期间应当遵守下列规定：

（一）遵守国家法律、行政法规和公安部制定的有关规定，服从监督管理；

（二）不得享有选举权和被选举权；

（三）不得组织或者参加集会、游行、示威、结社活动；

（四）不得出版、制作、发行书籍、音像制品；

（五）不得接受采访，发表演说；

（六）不得在境内外发表有损国家荣誉、利益或者其他具有社会危害性的言论；

（七）不得担任国家机关职务；

（八）不得担任国有公司、企业、事业单位和人民团体的领导职务。

第三百零二条　被剥夺政治权利的罪犯违反本规定第三百零一条的规定，尚未构成新的犯罪的，公安机关依法可以给予治安管理处罚。

第三百零三条　被剥夺政治权利的罪犯，执行期满，公安机关应当书面通知本人及其所在单位、居住地基层组织。

第四节　对又犯新罪罪犯的处理

第三百零四条　对留看守所执行刑罚的罪犯，在暂予监外执行期间又犯新罪的，由犯罪地公安机关立案侦查，并通知批准机关。批准机关作出收监执行决定后，应当根据侦查、审判需要，由犯罪地看守所或者暂予监外执行地看守所收监执行。

第三百零五条　被剥夺政治权利、管制、宣告缓刑和假释的罪犯在执行期间又犯新罪的，由犯罪地公安机关立案侦查。

对留看守所执行刑罚的罪犯，因犯新罪被撤销假释的，应当根据侦查、审判需要，由犯罪地看守所或者原执行看守所收监执行。

第十章　特别程序

第一节　未成年人刑事案件诉讼程序

第三百零六条　公安机关办理未成年人刑事案件，实行教育、感化、挽救的方针，坚持教育为主、惩罚为辅的原则。

第三百零七条　公安机关办理未成年人刑事案件，应当保障未成年人行使其诉讼权利并得到法律帮助，依法保护未成年人的名誉和隐私，尊重其人格尊严。

第三百零八条　公安机关应当设置专门机构或者配备专职人员办理未成年人刑事案件。

未成年人刑事案件应当由熟悉未成年人身心特点，善于做未成年人思想教育工作，具有一定办案经验的人员办理。

第三百零九条　未成年犯罪嫌疑人没有委托辩护人的，公安机关应当通知法律援助机构指派律师为其提供辩护。

第三百一十条　公安机关办理未成年人刑事案件时，应当重点查清未成年犯罪嫌疑人实施犯罪行为时是否已满十四周岁、十六周岁、十八周岁的临界年龄。

第三百一十一条　公安机关办理未成年人刑事案件，根据情况可以对未成年犯罪嫌疑人的成长经历、犯罪原因、监护教育等情况进行调查并制作调查报告。

作出调查报告的，在提请批准逮捕、移送审查起诉时，应当结合案情综合考虑，并将调查报告与案卷材料一并移送人民检察院。

第三百一十二条 讯问未成年犯罪嫌疑人，应当通知未成年犯罪嫌疑人的法定代理人到场。无法通知、法定代理人不能到场或者法定代理人是共犯的，也可以通知未成年犯罪嫌疑人的其他成年亲属，所在学校、单位、居住地基层组织或者未成年人保护组织的代表到场，并将有关情况记录在案。到场的法定代理人可以代为行使未成年犯罪嫌疑人的诉讼权利。

到场的法定代理人或者其他人员提出办案人员在讯问中侵犯未成年人合法权益的，公安机关应当认真核查，依法处理。

第三百一十三条 讯问未成年犯罪嫌疑人应当采取适合未成年人的方式，耐心细致地听取其供述或者辩解，认真审核、查证与案件有关的证据和线索，并针对其思想顾虑、恐惧心理、抵触情绪进行疏导和教育。

讯问女性未成年犯罪嫌疑人，应当有女工作人员在场。

第三百一十四条 讯问笔录应当交未成年犯罪嫌疑人、到场的法定代理人或者其他人员阅读或者向其宣读；对笔录内容有异议的，应当核实清楚，准予更正或者补充。

第三百一十五条 询问未成年被害人、证人，适用本规定第三百一十二条、第三百一十三条、第三百一十四条的规定。

第三百一十六条 对未成年犯罪嫌疑人应当严格限制和尽量减少使用逮捕措施。

未成年犯罪嫌疑人被拘留、逮捕后服从管理、依法变更强制措施不致发生社会危险性，能够保证诉讼正常进行的，公安机关应当依法及时变更强制措施；人民检察院批准逮捕的案件，公安机关应当将变更强制措施情况及时通知人民检察院。

第三百一十七条 对被羁押的未成年人应当与成年人分别关押、分别管理、分别教育，并根据其生理和心理特点在生活和学习方面给予照顾。

第三百一十八条 人民检察院在对未成年人作出附条件不起诉的决定前，听取公安机关意见时，公安机关应当提出书面意见，经县级以上公安机关负责人批准，移送同级人民检察院。

第三百一十九条 认为人民检察院作出的附条件不起诉决定有错误的，应当在收到不起诉决定书后七日以内制作要求复议意见书，经县级以上公安机关负责人批准，移送同级人民检察院复议。

要求复议的意见不被接受的，可以在收到人民检察院的复议决定书后七日以内制作提请复核意见书，经县级以上公安机关负责人批准后，连同人民检察院的复议决定书，一并提请上一级人民检察院复核。

第三百二十条 未成年人犯罪的时候不满十八周岁，被判处五年有期徒刑以下刑罚的，公安机关应当依据人民法院已经生效的判决书，将该未成年人的犯罪记录予以封存。

犯罪记录被封存的，除司法机关为办案需要或者有关单位根据国家规定进行查询外，公安机关不得向其他任何单位和个人提供。

被封存犯罪记录的未成年人，如果发现漏罪，合并被判处五年有期徒刑以上刑罚的,应当对其犯罪记录解除封存。

第三百二十一条 办理未成年人刑事案件,除本节已有规定的以外,按照本规定的其他规定进行。

第二节 当事人和解的公诉案件诉讼程序

第三百二十二条 下列公诉案件,犯罪嫌疑人真诚悔罪,通过向被害人赔偿损失、赔礼道歉等方式获得被害人谅解,被害人自愿和解的,经县级以上公安机关负责人批准,可以依法作为当事人和解的公诉案件办理:

(一)因民间纠纷引起,涉嫌刑法分则第四章、第五章规定的犯罪案件,可能判处三年有期徒刑以下刑罚的;

(二)除渎职犯罪以外的可能判处七年有期徒刑以下刑罚的过失犯罪案件。

犯罪嫌疑人在五年以内曾经故意犯罪的,不得作为当事人和解的公诉案件办理。

第三百二十三条 有下列情形之一的,不属于因民间纠纷引起的犯罪案件:

(一)雇凶伤害他人的;

(二)涉及黑社会性质组织犯罪的;

(三)涉及寻衅滋事的;

(四)涉及聚众斗殴的;

(五)多次故意伤害他人身体的;

(六)其他不宜和解的。

第三百二十四条 双方当事人和解的,公安机关应当审查案件事实是否清楚,被害人是否自愿和解,是否符合规定的条件。

公安机关审查时,应当听取双方当事人的意见,并记录在案;必要时,可以听取双方当事人亲属、当地居民委员会或者村民委员会人员以及其他了解案件情况的相关人员的意见。

第三百二十五条 达成和解的,公安机关应当主持制作和解协议书,并由双方当事人及其他参加人员签名。

当事人中有未成年人的,未成年当事人的法定代理人或者其他成年亲属应当在场。

第三百二十六条 和解协议书应当包括以下内容:

(一)案件的基本事实和主要证据;

(二)犯罪嫌疑人承认自己所犯罪行,对指控的犯罪事实没有异议,真诚悔罪;

(三)犯罪嫌疑人通过向被害人赔礼道歉、赔偿损失等方式获得被害人谅解;涉及赔偿损失的,应当写明赔偿的数额、方式等;提起附带民事诉讼的,由附带民事诉讼原告人撤回附带民事诉讼;

(四)被害人自愿和解,请求或者同意对犯罪嫌疑人依法从宽处罚。

和解协议应当及时履行。

第三百二十七条 对达成和解协议的案件,经县级以上公安机关负责人批准,公安机关将案件移送人民检察院审查起诉时,可以提出从宽处理的建议。

第三节 犯罪嫌疑人逃匿、死亡案件违法所得的没收程序

第三百二十八条 有下列情形之一,依照刑法规定应当追缴其违法所得及其他涉案财产的,经县级以上公安机关负责人批准,公安机关应当写出没收违法所得意见书,连同相关证据材料一并移送同级人民检察院:

(一)恐怖活动犯罪等重大犯罪案件,犯罪嫌疑人逃匿,在通缉一年后不能到案的;

(二)犯罪嫌疑人死亡的。

犯罪嫌疑人死亡，现有证据证明其存在违法所得及其他涉案财产应当予以没收的，公安机关可以进行调查。公安机关进行调查，可以依法进行查封、扣押、查询、冻结。

第三百二十九条 没收违法所得意见书应当包括以下内容：

（一）犯罪嫌疑人的基本情况；

（二）犯罪事实和相关的证据材料；

（三）犯罪嫌疑人逃匿、被通缉或者死亡的情况；

（四）犯罪嫌疑人的违法所得及其他涉案财产的种类、数量、所在地；

（五）查封、扣押、冻结的情况等。

第三百三十条 公安机关将没收违法所得意见书移送人民检察院后，在逃的犯罪嫌疑人自动投案或者被抓获的，公安机关应当及时通知同级人民检察院。

第四节 依法不负刑事责任的精神病人的强制医疗程序

第三百三十一条 公安机关发现实施暴力行为，危害公共安全或者严重危害公民人身安全的犯罪嫌疑人，可能属于依法不负刑事责任的精神病人的，应当对其进行精神病鉴定。

第三百三十二条 对经法定程序鉴定依法不负刑事责任的精神病人，有继续危害社会可能，符合强制医疗条件的，公安机关应当在七日以内写出强制医疗意见书，经县级以上公安机关负责人批准，连同相关证据材料和鉴定意见一并移送同级人民检察院。

第三百三十三条 对实施暴力行为的精神病人，在人民法院决定强制医疗前，经县级以上公安机关负责人批准，公安机关可以采取临时的保护性约束措施。必要时，可以将其送精神病医院接受治疗。

第三百三十四条 采取临时的保护性约束措施时，应当对精神病人严加看管，并注意约束的方式、方法和力度，以避免和防止危害他人和精神病人的自身安全为限度。

对于精神病人已没有继续危害社会可能，解除约束后不致发生社会危险性的，公安机关应当及时解除保护性约束措施。

第十一章 办案协作

第三百三十五条 对异地公安机关提出协助调查、执行强制措施等协作请求，只要法律手续完备，协作地公安机关就应当及时无条件予以配合，不得收取任何形式的费用。

第三百三十六条 县级以上公安机关办理刑事案件需要异地公安机关协作的，应当制作办案协作函件。

负责协作的县级以上公安机关接到异地公安机关请求协作的函件后，应当指定主管业务部门办理。

第三百三十七条 对获取的犯罪线索，不属于自己管辖的，应当及时移交有管辖权的公安机关或者其他有关部门。

第三百三十八条 异地执行传唤、拘传，执行人员应当持传唤证、拘传证、办案协作函件和工作证件，与协作地县级以上公安机关联系，协作地公安机关应当协助将犯罪嫌疑人传唤、拘传到本市、县内的指定地点或者到犯罪嫌疑人的住处进行讯问。

第三百三十九条 异地执行拘留、逮捕的，执行人员应当持拘留证、逮捕证、办案协作函件和工作证件，与协作地县级以上公安机关联系，协作地公安机关应当派员协助执行。

第三百四十条 委托异地公安机关代为执行拘留、逮捕的，应当将拘留证、逮捕证、办案协作函件送达协作地公安机关。

已被决定拘留、逮捕的犯罪嫌疑人在逃的，可以通过网上工作平台发布犯罪嫌疑人相关信息、拘留证或者逮捕证。各地公安机关发现网上逃犯的，应当立即组织抓捕。

协作地公安机关抓获犯罪嫌疑人后，应当立即通知委托地公安机关。委托地公安机关应当立即携带法律文书及时提解，提解的侦查人员不得少于二人。

第三百四十一条 异地公安机关请求协查犯罪嫌疑人的身份、年龄、违法犯罪经历等情况的，协查地公安机关接到通知后应当在七日以内将协查结果通知请求协查的公安机关；交通十分不便的边远地区，应当在十五日以内将协查结果通知请求协查的公安机关。

异地公安机关请求协助调查取证或者查询犯罪信息、资料的，协作地公安机关应当及时协查并反馈。

第三百四十二条 需要异地办理查询、查封、扣押或者冻结与犯罪有关的财物、文件的，执行人员应当持相关的法律文书、办案协作函件和工作证件，与协作地县级以上公安机关联系，协作地公安机关应当协助执行。

在紧急情况下，可以将办案协作函件和相关的法律文书电传至协作地县级以上公安机关，协作地公安机关应当及时采取措施。委托地公安机关应当立即派员前往协作地办理。

第三百四十三条 对不履行办案协作职责造成严重后果的，对直接负责的主管人员和其他直接责任人员，应当给予行政处分；构成犯罪的，依法追究刑事责任。

第三百四十四条 协作地公安机关依照请求协作的公安机关的要求，履行办案协作职责所产生的法律责任，由请求协作的公安机关承担。

第十二章 外国人犯罪案件的办理

第三百四十五条 办理外国人犯罪案件，应当严格依照我国法律、法规、规章，维护国家主权和利益，并在对等互惠原则的基础上，履行我国所承担的国际条约义务。

第三百四十六条 外国籍犯罪嫌疑人在刑事诉讼中，享有我国法律规定的诉讼权利，并承担相应的义务。

第三百四十七条 外国籍犯罪嫌疑人的国籍，以其在入境时持用的有效证件予以确认；国籍不明的，由出入境管理部门协助予以查明。国籍确实无法查明的，以无国籍人对待。

第三百四十八条 确认外国籍犯罪嫌疑人身份，可以依照有关国际条约或者通过国际刑事警察组织、警务合作渠道办理。确实无法查明的，可以按其自报的姓名移送人民检察院审查起诉。

第三百四十九条 犯罪嫌疑人为享有外交或者领事特权和豁免权的外国人的，应当层报公安部，同时通报同级人民政府外事办公室，由公安部商请外交部通过外交途径办理。

第三百五十条 公安机关办理外国人犯罪案件使用中华人民共和国通用的语言文字。犯罪嫌疑人不通晓中国语言文字的，公安机关应当为他翻译。

第三百五十一条 外国人犯罪案件，由犯罪地的县级以上公安机关立案侦查。

第三百五十二条 外国人犯中华人民共和国缔结或者参加的国际条约规定的罪行后进入我国领域内的，由该外国人被抓获地的设区的市一级以上公安机关立案侦查。

第三百五十三条 外国人在中华人民共和国领域外的中国船舶或者航空器内犯罪的，由犯罪发生后该船舶或者航空器最初停泊或者降落地、目的地的中国港口的县级以上交通或民航公安机关或者该外国人居住地的县级以上公安机关立案侦查；未设交通或者民航公安机关的，由地方公安机关管辖。

第三百五十四条 外国人在国际列车上犯罪的，由犯罪发生后列车最初停靠的中国车站所在地、目的地的县级以上铁路公安机关或者该外国人居住地的县级以上公安机关立案侦查。

第三百五十五条 外国人在中华人民共和国领域外对中华人民共和国国家或者公民犯罪，应当受刑罚处罚的，由该外国人入境地或者入境后居住地的县级以上公安机关立案侦查；该外国人未入境的，由被害人居住地的县级以上公安机关立案侦查；没有被害人或者是对中华人民共和国国家犯罪的，由公安部指定管辖。

第三百五十六条 发生重大或者可能引起外交交涉的外国人犯罪案件的，有关省级公安机关应当及时将案件办理情况报告公安部，同时通报同级人民政府外事办公室。必要时，由公安部商外交部将案件情况通知我国驻外使馆、领事馆。

第三百五十七条 对外国籍犯罪嫌疑人依法作出取保候审、监视居住决定或者执行拘留、逮捕后，应当在四十八小时以内层报省级公安机关，同时通报同级人民政府外事办公室。

重大涉外案件应当在四十八小时以内层报公安部，同时通报同级人民政府外事办公室。

第三百五十八条 对外国籍犯罪嫌疑人依法作出取保候审、监视居住决定或者执行拘留、逮捕后，由省级公安机关根据有关规定，将其姓名、性别、入境时间、护照或者证件号码、案件发生的时间、地点，涉嫌犯罪的主要事实，已采取的强制措施及其法律依据等，通知该外国人所属国家的驻华使馆、领事馆，同时报告公安部。经省级公安机关批准，领事通报任务较重的副省级城市公安局可以直接行使领事通报职能。

外国人在公安机关侦查或者执行刑罚期间死亡的，有关省级公安机关应当通知该外国人国籍国的驻华使馆、领事馆，同时报告公安部。

未在华设立使馆、领事馆的国家，可以通知其代管国家的驻华使馆、领事馆；无代管国家或者代管国家不明的，可以不予通知。

第三百五十九条 外国籍犯罪嫌疑人委托辩护人的，应当委托在中华人民共和国的律师事务所执业的律师。

第三百六十条 公安机关侦查终结前，外国驻华外交、领事官员要求探视被监视居住、拘留、逮捕或者正在看守所服刑的本国公民的，应当及时安排有关探视事宜。犯罪嫌疑人拒绝其国籍国驻华外交、领事官员探视的，公安机关可以不予安排，但应当由其本人提出书面声明。

在公安机关侦查羁押期间，经公安机

关批准,外国籍犯罪嫌疑人可以与其近亲属、监护人会见、与外界通信。

第三百六十一条 对判处独立适用驱逐出境刑罚的外国人,省级公安机关在收到人民法院的刑事判决书、执行通知书的副本后,应当指定该外国人所在地的设区的市一级公安机关执行。

被判处徒刑的外国人,主刑执行期满后应当执行驱逐出境附加刑的,省级公安机关在收到执行监狱的上级主管部门转交的刑事判决书、执行通知书副本或者复印件后,应当指定该外国人所在地的设区的市一级公安机关执行。

我国政府已按照国际条约或者《中华人民共和国外交特权与豁免条例》的规定,对实施犯罪,但享有外交或者领事特权和豁免权的外国人宣布为不受欢迎的人,或者不可接受并拒绝承认其外交或者领事人员身份,责令限期出境的人,无正当理由逾期不自动出境的,由公安部凭外交部公文指定该外国人所在地的省级公安机关负责执行或者监督执行。

第三百六十二条 办理外国人犯罪案件,本章未规定的,适用本规定其他各章的有关规定。

第三百六十三条 办理无国籍人犯罪案件,适用本章的规定。

第十三章 刑事司法协助和警务合作

第三百六十四条 公安部是公安机关进行刑事司法协助和警务合作的中央主管机关,通过有关国际条约、协议规定的联系途径、外交途径或者国际刑事警察组织渠道,接收或者向外国提出刑事司法协助或者警务合作请求。

地方各级公安机关依照职责分工办理刑事司法协助事务和警务合作事务。

其他司法机关在办理刑事案件中,需要外国警方协助的,由其中央主管机关与公安部联系办理。

第三百六十五条 公安机关进行刑事司法协助和警务合作的范围,主要包括犯罪情报信息的交流与合作,调查取证,送达刑事诉讼文书,移交物证、书证、视听资料或者电子数据等证据材料,引渡、缉捕和递解犯罪嫌疑人、被告人或者罪犯以及国际条约、协议规定的其他刑事司法协助和警务合作事宜。

第三百六十六条 在不违背有关国际条约、协议和我国法律的前提下,我国边境地区设区的市一级公安机关和县级公安机关与相邻国家的警察机关,可以按照惯例相互开展执法会晤、人员往来、边境管控、情报信息交流等警务合作,但应当报省级公安机关批准,并报公安部备案。

第三百六十七条 公安部收到外国的刑事司法协助或者警务合作请求后,应当依据我国法律和国际条约、协议的规定进行审查。对于符合规定的,交有关省级公安机关办理,或者移交其他有关中央主管机关;对于不符合条约或者协议规定的,通过接收请求的途径退回请求方。

第三百六十八条 负责执行刑事司法协助或者警务合作的公安机关收到请求书和所附材料后,应当按照我国法律和有关国际条约、协议的规定安排执行,并将执行结果及其有关材料报经省级公安机关审核后报送公安部。

在执行过程中,需要采取查询、查封、扣押、冻结等措施的,可以根据公安部的执行通知办理有关法律手续。

请求书提供的信息不准确或者材料不齐全难以执行的，应当立即通过省级公安机关报请公安部要求请求方补充材料；因其他原因无法执行或者具有应当拒绝协助、合作的情形等不能执行的，应当将请求书和所附材料，连同不能执行的理由通过省级公安机关报送公安部。

第三百六十九条 执行刑事司法协助和警务合作，请求书中附有办理期限的，应当按期完成。未附办理期限的，调查取证应当在三个月以内完成；送达刑事诉讼文书，应当在十日以内完成。不能按期完成的，应当说明情况和理由，层报公安部。

第三百七十条 需要请求外国警方提供刑事司法协助或者警务合作的，应当按照有关国际条约、协议的规定提出刑事司法协助或者警务合作请求书，所附文件及相应译文，经省级公安机关审核后报送公安部。

第三百七十一条 需要通过国际刑事警察组织缉捕犯罪嫌疑人、被告人或者罪犯、查询资料、调查取证的，应当提出申请层报国际刑事警察组织中国国家中心局。

第三百七十二条 公安机关提供或者请求外国提供刑事司法协助或者警务合作，应当收取或者支付费用的，根据有关国际条约、协议的规定，或者按照对等互惠的原则协商办理。

第三百七十三条 办理引渡案件，依照法律规定和有关条约执行。

第十四章 附 则

第三百七十四条 本规定所称“危害国家安全犯罪”，包括刑法分则第一章规定的危害国家安全罪以及危害国家安全的其他犯罪；“恐怖活动犯罪”，包括以制造社会恐慌、危害公共安全或者胁迫国家机关、国际组织为目的，采取暴力、破坏、恐吓等手段，造成或者意图造成人员伤亡、重大财产损失、公共设施损坏、社会秩序混乱等严重社会危害的犯罪，以及煽动、资助或者以其他方式协助实施上述活动的犯罪。

第三百七十五条 当事人及其法定代理人、诉讼代理人、辩护律师提出的复议复核请求，由公安机关法制部门办理。

第三百七十六条 本规定自2013年1月1日起施行。1998年5月14日发布的《公安机关办理刑事案件程序规定》（公安部令第35号）和2007年10月25日发布的《公安机关办理刑事案件程序规定修正案》（公安部令第95号）同时废止。

图书在版编目(CIP)数据

刑事审判参考.2012年第5集:总第88集/最高人民法院刑事诉讼法司法解释的理解与适用/最高人民法院刑事审判一至五庭主办.—北京:法律出版社,2013.3
ISBN 978-7-5118-4633-4

Ⅰ.①刑… Ⅱ.①最… Ⅲ.①刑事诉讼—审判—中国—参考资料 Ⅳ.①D925.218.2

中国版本图书馆CIP数据核字(2013)第035552号

刑事审判参考(总第88集)
最高人民法院刑事审判一、二、三、四、五庭主办

编辑统筹 法律应用出版分社
责任编辑 聂 颖
装帧设计 李 瞻

出版 法律出版社
总发行 中国法律图书有限公司
经销 新华书店
印刷 固安华明印刷厂
责任印制 陶 松

开本 720毫米×960毫米 1/16
印张 22.25
字数 312千
版本 2013年3月第1版
印次 2013年3月第1次印刷

法律出版社/北京市丰台区莲花池西里7号(100073)
电子邮件/info@lawpress.com.cn
网址/www.lawpress.com.cn
销售热线/010-63939792/9779
咨询电话/010-63939796

中国法律图书有限公司/北京市丰台区莲花池西里7号(100073)
全国各地中法图分、子公司电话:
第一法律书店/010-63939781/9782
西安分公司/029-85388843
重庆公司/023-65382816/2908
上海公司/021-62071010/1636
北京分公司/010-62534456
深圳公司/0755-83072995

书号:ISBN 978-7-5118-4633-4
定价:38.00元
(如有缺页或倒装,中国法律图书有限公司负责退换)

征稿启事

《刑事审判参考》是最高人民法院刑事审判第一、二、三、四、五庭共同主办、法律出版社出版、面向国内外公开发行的刑事司法业务指导和研究性刊物。2013 年出版六集。

为能够以最前沿的视野、最权威的高度和最贴近刑事司法实践的方式编辑本书,欢迎读者向本书以下栏目提供稿件:

(一)指导案例。在认定事实、采信证据和适用法律、司法解释定罪处刑问题上具有研究价值和指导意义的典型、疑难案件,并须附寄加盖人民法院院印的一审、二审裁判文书。

(二)经验交流。地方司法机关制定的刑事司法规范性文件及其背景说明;地方人民法院院长、副院长在刑事审判工作会议上的讲话,等等。

(三)实务探讨。对某一类实务问题提出的解决方案。

(四)裁判文书。具有较强说理性、体现法官适用普遍的法律规范解决具体的疑难、复杂案件的智慧的优秀裁判文书。

(五)编辑部答疑。读者在刑事司法实践中遇到法律适用方面的疑难、复杂问题。

(六) 审判实务释疑。针对刑事审判实务中的争议问题进行分析、探讨。

(七)疑案争鸣。针对刊登的疑难案例争议问题进行分析,发表观点。

来稿请注明作者的联系方式(包括地址、邮编和电话)。除"编辑部答疑"、"疑案争鸣"外,来稿一经采用,按著作权法的规定支付稿酬。凡在本刊发表的文章,自发表之日起一年内,作者如在其他刊物发表,须经本刊同意。因一稿多投,给本刊造成损失的,本刊将依法追究责任。来稿一律不退,如需退稿,请声明并附足邮资。

来稿(案例须附裁判文书,裁判文书请书面邮寄正本)可向以下任何一位执行编辑投递,但为避免各庭之间采稿重复,来稿不可同时多投。

北京市东城区北花市大街 9 号最高人民法院刑一庭　冉　容

gfdg2011@ sina. com

北京市东城区北花市大街 9 号最高人民法院刑二庭　刘晓虎

longfan2001@163.com
北京市东城区北花市大街9号最高人民法院刑三庭　陈　攀
chenpan@yeah.net
北京市东城区北花市大街9号最高人民法院刑四庭　陆建红
Lu_jianhong@126.com
北京市东城区北花市大街9号最高人民法院刑五庭　方文军
fwjzgf@sina.com
邮编:100062

最高人民法院刑事审判第一、二、三、四、五庭

2013 年最高人民法院刑事审判指导系列丛书征订单

第一联：发书凭证　　　　　　　　　　　　　　　　　　　年　　月　　日

订购单位		联　系　人			订购单位章
详细地址		邮　　编			
书　　名		邮购价	册数	总金额	
《刑事审判参考》全年共 6 集（第 90~95 集）		258.00			
《中国刑事审判指导案例》共 6 本		698.00			
总金额（大写）：					
汇款方式	邮局汇款：（　）	银行汇款：（　）			
汇款凭证号		★联系电话			

注：如果您通过邮局汇款，请准确详细填写汇款单并在汇款单附言注明书名、册数及联系电话。请务必将此联传真或邮寄给我们，以便我们能够及时为您发书。传真：010-63939782

2013 年最高人民法院刑事审判指导系列丛书订户收据

第二联：订户收据（此联自留）　　　　　　　　　　　　年　　月　　日

订购单位		联　系　人			收款单位章
详细地址		邮　　编			
书　　名		邮购价	册数	总金额	
《刑事审判参考》全年共 6 集（第 90~95 集）		258.00			
《中国刑事审判指导案例》共 6 本		698.00			
总金额（大写）：					
汇款方式	邮局汇款：（　）	银行汇款：（　）			
汇款凭证号		★联系电话			

注：此联连同汇款回执一并作为报销凭证。如需正式发票另请注明。

汇 款 方 法

银行汇款：
开户行：工商银行北京六里桥支行
户　名：中国法律图书有限公司
账　号：0200 2810 0902 0403 623

邮局汇款：
商务号：111330032
地　址：北京市丰台区莲花池西里7号（100073）
收款人：中国法律图书有限公司（请在附言栏内注明书名、册数）

《新刑事诉讼法配套规则与裁判要点适用全书》

最高人民法院刑事审判第一庭/编

新刑事诉讼法的实施是人民法院2013年刑事审判工作中的一件大事，为帮助广大刑事法官适应新法规定，转变诉讼理念，确保法律的准确、有效和全面实施，最高人民法院刑事审判第一庭编著了《新刑事诉讼法及司法解释：案例精析与理解适用》和《新刑事诉讼法配套规则与裁判要点适用全书》。

《新刑事诉讼法配套规则与裁判要点适用全书》是以条文为核心的实用办案工具书。本书分为三部分，第一部分以新刑事诉讼法为主线，对各条适用中的相关配套规则予以列明，尤其包括了“六机关规定”、“刑诉解释”、“刑诉规则”等新公布的综合性司法解释如何适用于各主体法条文的提示，有利于刑事法官结合相关司法解释准确适用新刑事诉讼法条文。本部分还对典型案例的裁判要点予以汇总，分别列于最适合的主体法条文下，便于刑事法官结合案例审理类案。第二、三部分为刑事诉讼法所有相关法律法规、司法解释汇总，便于刑事法官办案时查询相关法律依据。

相信这本书的出版能为广大刑事法官提供学习、适用新刑事诉讼法的权威资料，对审判实务工作起到参考作用。